Eine Arbeitsgemeinschaft der Verlage

Böhlau Verlag · Wien · Köln · Weimar
Verlag Barbara Budrich · Opladen · Toronto
facultas.wuv · Wien
Wilhelm Fink · München
A. Francke Verlag · Tübingen und Basel
Haupt Verlag · Bern
Verlag Julius Klinkhardt · Bad Heilbrunn
Mohr Siebeck · Tübingen
Nomos Verlagsgesellschaft · Baden-Baden
Ernst Reinhardt Verlag · München · Basel
Ferdinand Schöningh · Paderborn · München · Wien · Zürich
Eugen Ulmer Verlag · Stuttgart
UVK Verlagsgesellschaft · Konstanz, mit UVK / Lucius · München
Vandenhoeck & Ruprecht · Göttingen · Bristol
vdf Hochschulverlag AG an der ETH Zürich

Reinhard Barrabas

Kerngebiete der Psychologie

Eine Einführung an Filmbeispielen

Vandenhoeck & Ruprecht

Dr. paed. Reinhard Barrabas, Dipl. Psych., ist Professor an der Beuth Hochschule für Technik, Berlin; Fachgebiete: Psychologie und Personalmanagement. Er ist Psychotherapeut im DAGG (Deutscher Arbeitskreis für Gruppenpsychotherapie und Gruppendynamik e.V.) und seit 25 Jahren in Coaching und Psychotherapie tätig.
Autor der Vortragsreihe *Psychologie und Film* als Grundlage des Buches *Kerngebiete der Psychologie. Eine Einführung an Filmbeispielen.*

Mit 25 Bildern, 8 Tabellen und 36 Abbildungen

Online-Angebote oder elektronische Ausgaben sind erhältlich unter
www.utb-shop.de

Abb. 9: © Fotolyse, Abb. 15: © Frenta, Abb. 16: © Wilm Ihlenfeld, Abb. 29: © cpk – alle www.fotolia.com

Umschlagabbildung: Luftperspektive © Wilm Ihlenfeld–fotolia.com

Bibliografische Information der Deutschen Nationalbibliothek
Die Deutsche Nationalbibliothek verzeichnet diese Publikation in der Deutschen Nationalbibliografie; detaillierte bibliografische Daten sind im Internet über http://dnb.d-nb.de abrufbar.

© 2013 Vandenhoeck & Ruprecht GmbH & Co. KG, Göttingen/
Vandenhoeck & Ruprecht LLC, Bristol, CT, U.S.A.
www.v-r.de

Alle Rechte vorbehalten. Das Werk und seine Teile sind urheberrechtlich geschützt. Jede Verwertung in anderen als den gesetzlich zugelassenen Fällen bedarf der vorherigen schriftlichen Einwilligung des Verlages. – Printed in Germany.

Umschlaggestaltung: Atelier Reichert, Stuttgart
Satz: Ruhrstadt Medien AG, Castrop-Rauxel
Druck und Bindung: CPI books GmbH, Ulm

UTB-Band-Nr. 3850
ISBN 978-3-8252-3850-6

Inhalt

Vorbemerkung 7

1 Visuelle Wahrnehmung 9
    1.1 Das visuelle System 10
        1.1.1 Das menschliche Auge, retinale Prozesse, kortikale Verarbeitung
              Down by Law (R Jim Jarmusch, USA 1986) 14
        1.1.2 Kompensation von Sinnesausfällen
              Night on Earth (R Jim Jarmusch, USA 1991) 14
    1.2 Prozesse der Wahrnehmungsorganisation 17
        1.2.1 Gestalttheorie und -gesetze 17
        1.2.2 Bereichsgliederung, Figur und Grund 23
        1.2.3 Raumwahrnehmung 26
        1.2.4 Bewegungswahrnehmung 33
    1.3 Wahrnehmungsprozesse und Anwendungsorientierung 41
        1.3.1 Wahrnehmung und Beobachtung
              Kitchen Stories (R Bent Hamer, N/S 2003) 41
        1.3.2 Wahrnehmungs- und Beurteilungsfehler
              Die zwölf Geschworenen (R Sidney Lumet, USA 1957) 47

2 Sozialpsychologie 55
    2.1 Der Einfluss des sozialen Umfeldes auf Wahrnehmung und Einstellung 56
        2.1.1 Attributionstheorie
              Rashomon (R Akira Kurosawa, Japan 1950) 56
        2.1.2 Vorurteil, Stereotyp, Diskriminierung
              Night on Earth (R Jim Jarmusch, USA 1991)
              Blue Eyed (R Bertram Verhaag, D 1996) 62
    2.2 Der Einfluss des sozialen Umfeldes auf das Handeln 75
        2.2.1 Rolle und soziale Regeln
              Das Experiment (R Oliver Hirschbiegel, D 2001) 84
        2.2.2 Autorität und Gehorsam
              I wie Ikarus (R Henry Verneuil, F 1979) 84

Inhalt

3 Klinische Psychologie 91

3.1 Psychische Störungen. Modellannahmen, Klassifikationssysteme, Diagnostik, Beispiele................................. 96
    3.1.1 Zwangsstörung
           BESSER GEHT'S NICHT (R James L. Brooks, USA 1997) .. 99
    3.1.2 Borderline-Persönlichkeitsstörung
           EIN MÖRDERISCHER SOMMER (R Jean Becker, F 1980)... 106
    3.1.3 Schizophrenie
           ICH HAB DIR NIE EINEN ROSENGARTEN VERSPROCHEN
           (R Anthony Page, USA 1977)
           DAS WEISSE RAUSCHEN (R Hans Weingartner, D 2001)
           FAMILY LIFE (R Ken Loach, GB 1971)
           BERLIN CALLING (R Hannes Stöhr, D 2008)........... 117
3.2 Psychotherapeutische Interventionen 138
    3.2.1 Verhaltenstherapie
           A CLOCKWORK ORANGE (R Stanley Kubrick, GB 1970/71)
           VERHALTENSTHERAPIE BEI ÄNGSTEN
           (R Steffen Fliegel, BRD 1980)
           DIE ANSTALT (R Hans-Rüdiger Minow, D 1978)
           ANGST VON 0 – 10 (R Volker Anding, D 2000)......... 133
    3.2.2 Psychoanalyse
           GEHEIMNISSE EINER SEELE (R Georg Wilhelm Pabst,
           D 1926)... 155
    3.2.3 Integrative Psychotherapie
           FAMILY LIFE (R Ken Loach, GB 1971)
           ICH HAB DIR NIE EINEN ROSENGARTEN VERSPROCHEN
           (R Anthony Page, USA 1977)...................... 190

Verzeichnisse

Abbildungen 215
Standbilder 217
Tabellen 218
Filme 219
Literatur... 221
Sachwörter... 229

Vorbemerkung

Rudolf Arnheim, einer der berühmtesten Kunstpsychologen, Filmtheoretiker und Filmkritiker unserer Zeit, untersucht in einer kurzen Abhandlung aus dem Jahre 1949 (Originaltitel: *Cinema e Psychologia*), wie das Phänomen Kino dem Psychologen nützlich sein kann, und betont den didaktischen Wert des Films für das Verständnis der Psychologie. Arnheim zufolge haben wir „die Gabe vernachlässigt, Dinge mit unseren Sinnen zu erfassen. Die Begriffe haben sich von den Wahrnehmungsbildern gelöst, und das Denken ergeht sich in Abstraktionen" (2000, S. 1).

Um dieser Tendenz entgegenzuwirken, nutzen wir zur Vermittlung psychologischer Zusammenhänge das Medium Film. Gegenüber den teilweise trockenen Lehrbüchern bietet Film in seiner Anschaulichkeit und mit seinen Identifikationsangeboten maßgebliche Vorteile. Inhalte verbinden sich mit Gefühlen und prägen sich dem Gedächtnis leichter und tiefer ein. Lernen bereitet mehr Spaß und wird intensiver.

Kerngebiete der Psychologie. Eine Einführung an Filmbeispielen gibt zunächst einen Überblick über verschiedene theoretische Positionen und empirische Befunde der Kerngebiete *Visuelle Wahrnehmung*, *Sozialpsychologie* und *Klinische Psychologie*, um sie anschließend an Filmbeispielen zu erläutern. So kann der Leser Querverbindungen und Beziehungen herstellen, Begriffe über sinnliche Wahrnehmungsbilder und nicht nur als blasse Abstraktionen erfassen und hat schließlich über beides etwas Neues gelernt: über Psychologie *und* Film.

Visuelle Wahrnehmungsprozesse behandeln wir sowohl als grundlegende Bedingung für die Orientierung in der Umwelt als auch in ihrer praktischen Bedeutung für die Beurteilung unserer Mitmenschen.

In der Sozialpsychologie vermitteln wir die Begriffe *Rolle* und *Autorität* anhand der berühmten Experimente von Stanley Milgram und Philip Zimbardo. Außerdem untersuchen wir Phänomene wie Attribuierung, Vorurteil, Diskriminierung und Rassismus und akzentuieren sie in ihrer Aktualität und gesellschaftlichen Relevanz.

In der Klinischen Psychologie legen wir den Schwerpunkt auf drei Störungen, nämlich *Zwangsneurose*, *Borderline-Persönlichkeitsstörung* und *Schizophrenie* sowie auf die drei wichtigsten Therapieansätze: *Verhaltenstherapie*, *Psychoanalyse* und *Integrative Therapie*.

Bei der Filmauswahl haben wir uns davon leiten lassen, inwieweit die Filmbeispiele den psychologischen Gegenstand treffend darstellen. Das kann ein einziger Aspekt sein – z.B. in Bent Hamers Kitchen Stories (N/S 2003) die in den ersten

35 Filmminuten eingeführte Beobachtungsmethode – oder aber der ganze Film mit all seinen Details – wie z.B. Geheimnisse einer Seele (R Georg Wilhelm Pabst, D 1926). An anderer Stelle, etwa beim Thema Schizophrenie, fügen wir abwechselnd mit den theoretischen Erläuterungen verschiedene kurze Filmausschnitte (mit Zeitangaben) ein. Der Politthriller I wie Ikarus (R Henry Verneuil, F 1979) illustriert das Milgram-Experiment (1:09:45–1:30:28) in knapp 21 Minuten, im Falle von Night on Earth (R Jim Jarmusch, USA 1991) beziehen wir uns zur Erläuterung von Sinnesmodalitäten und Vorurteilen nur auf die dritte Episode (0:49:07–1:07:30).

Kerngebiete der Psychologie. Eine Einführung an Filmbeispielen ist im Kontext der Lehrveranstaltung „Psychologie und Film" an der Beuth Hochschule für Technik Berlin entstanden. Das Buch ist eine Einführung, d.h. wir erklären (auch komplizierte) Zusammenhänge so einfach und präzise wie möglich. Das betrifft besonders die Psychoanalyse, die oft nicht ihrer Bedeutung gemäß gewürdigt wird.

Die einzelnen Kapitel stehen zwar im Zusammenhang, lassen sich aber unabhängig und separat voneinander lesen. Psychologisches oder filmtheoretisches Vorwissen ist nicht erforderlich.

Die schattierten Textfelder sind entweder Dialogtranskripte oder Zusatzinformationen mit Fallbeispielen, Kurzbiografien oder kritischen Anmerkungen.

Wir wenden uns an Studierende der Psychologie und anderer sozialer Fachbereiche, aber auch an Berufspraktiker, an Pädagogen, Sozialpädagogen, Ärzte und an Filminteressierte. Außerdem könnte unser Angebot all diejenigen interessieren, die professionell in der Lehre tätig und mit den herkömmlichen Methoden nicht zufrieden sind.

Wir danken recht herzlich allen, die uns mit kreativen Anmerkungen und Korrekturhinweisen unterstützt haben.

Berlin, im August 2012   Reinhard Barrabas

1 Visuelle Wahrnehmung

Unsere Sinne sind ein hochempfindliches, körperlich-seelisches Gesamtsystem. Die einzelnen Organe verarbeiten äußere und innere Reize in einem fein abgestimmten Zusammenspiel. Wahrnehmung ist der Prozess, aus dem sich äußere physikalische Objekte über neuronal kodierte Informationen als geordnete, relativ stabile und bedeutungsvolle Repräsentationen der Umwelt erschließen.

Seit Aristoteles unterscheiden wir fünf Sinne. Moderne Autoren sprechen auch von Sinnesmodalitäten. Wenn man Gleichgewichtssinn / Kinästhesie, Temperatur- und Schmerzempfindung gesondert hinzunimmt, kommt man sogar zu acht Modalitäten. Da wir die beiden Letzteren dem Tastsinn zugeordnet haben, weist die Tabelle 1 sechs Sinnesmodalitäten aus.[1]

Tabelle 1: Sinnesmodalitäten, Charakteristika

Sinnesmodalität	Sinnesorgan	Reiz	Empfindung
Sehen	Auge	Elektromagnetische Wellen	Farben, Muster, Helligkeit
Hören	(Innen-)Ohr, (Schnecke)	Mechanische Schwingungen	Geräusche
Riechen	Nase	Moleküle in Gasen	Gerüche
Schmecken	Zunge, Mund, Rachen	Moleküle in Flüssigkeiten	Geschmack
Tasten	Haut	Verformung, Druck, Temperatur(änderung)	Berührung, Schmerz, Wärme, Kälte
Gleichgewicht / Kinästhesie	Innenohr (Bogengänge, Labyrinth) Muskeln, Sehnen, Gelenke	Bewegung, Beschleunigung, Schwerkraft	Gleichgewicht, Lage, Bewegung / Drehung im Raum

---

[1] Den sogenannten siebten Sinn mag es zwar geben. Er fällt aber aus dieser Systematik heraus, da er an kein Organ gebunden ist.

Da wir den größten Teil der Informationen aus unserer Umwelt über die Augen erhalten, befassen wir uns im Folgenden mit der *visuellen* Wahrnehmung. Jede scheinbar noch so banale Alltagshandlung würde ohne unsere Sehfähigkeit enorm erschwert. Auch in unserer Beziehungsgestaltung sind wir auf den Sehsinn angewiesen. Ohne unsere Mitmenschen zu sehen, können wir sie nicht richtig einschätzen und deshalb auch nicht angemessen auf sie reagieren. Das Fehlen des Sehsinns hat gravierende Auswirkungen.

Wahrnehmung und Beobachtung bilden schließlich auch den Ausgangspunkt für wissenschaftlichen Erkenntnisgewinn und gesellschaftlichen Fortschritt. Prozesse der Wahrnehmungsorganisation (Kapitel 1.2) sind Voraussetzung für das Verständnis von Beobachtung und Beurteilung (Kapitel 1.3). Wir alle beobachten und beurteilen unsere Mitmenschen tagtäglich. Viele Filme thematisieren dieses Alltagsphänomen, bekannte Klassiker wie DIE ZWÖLF GESCHWORENEN (R Sidney Lumet, USA 1957), aber auch Filme aus neuerer Zeit wie KITCHEN STORIES (R Bent Hamer, N/S 2003).

1.1 Das visuelle System

Bei der Analyse der visuellen Wahrnehmung besteht das grundlegende psychologische Problem darin zu erklären, wie aus den Informationen der beiden flächigen Netzhautbilder die dreidimensional wahrgenommene, bewegte Welt gebildet wird.

Im visuellen System trifft das von einem physikalischen Objekt reflektierte Licht in Form elektromagnetischer Wellen auf das Auge und erzeugt ein retinales Abbild. Sinnesrezeptoren wandeln den physikalischen Reiz in neuronale Impulse um (Kapitel 1.1.1).

Die wissenschaftliche Forschung hat besonders am Studium von Sinnesausfällen viel über Sinneswahrnehmungen gelernt. Die Kompensationsleistungen verweisen auf den bedeutenden Anteil kortikaler[2] Prozesse im Gesamtsystem unserer Sinne (Kapitel 1.1.2). Die Blinde in Jim Jarmuschs Episodenfilm NIGHT ON EARTH (USA 1991) zeigt uns das in beeindruckender Weise.

1.1.1 Das menschliche Auge, retinale Prozesse, kortikale Verarbeitung

Das menschliche Auge ist ein Sinnesorgan, welches das einfallende Licht sammelt, bündelt, bricht und in neuronale Impulse umsetzt. Dies ist aber nur der erste Schritt im Gesamtprozess der visuellen Wahrnehmung.

---

[2] Kortex bezeichnet in der Anatomie die Rindenschicht eines Organs. Im Folgenden beziehen wir diesen Begriff immer auf die Großhirnrinde (*Cortex cerebri*).

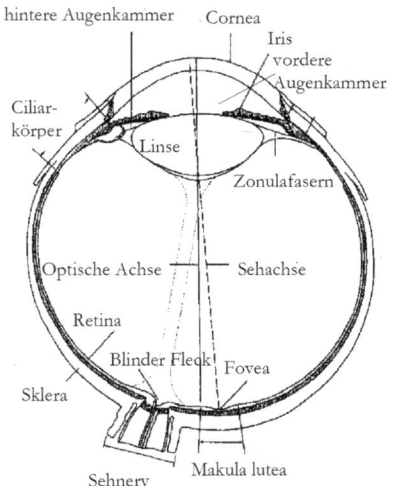

Abbildung 1: Horizontalschnitt durch das menschliche Auge

Der Horizontalschnitt (vgl. Kebeck, 1994, S. 20) zeigt das Auge als kugelförmigen, mit Flüssigkeit gefüllten Hohlkörper (*Bulbus*), ca. 24 mm im Durchmesser, umschlossen durch die Lederhaut (*Sklera*) mit der transparenten, gewölbten Hornhaut (*Cornea*) auf der Vorderseite. Die Cornea gehört mit der Linse, der vorderen Augenkammer und dem Glaskörper bereits zu den lichtbrechenden Teilen. Das Licht fällt durch die Cornea, durch das Kammerwasser der vorderen Augenkammer und durch die Pupille[3] auf die Linse. Die einfallende Lichtmenge wird von der Pupille sowie der Iris (Muskelring, welcher die Pupille umgibt) geregelt. Die Iris enthält genetisch festgelegte Pigmente, welche die Augenfarbe bestimmen. Der Pupillendurchmesser variiert zwischen 2–8 mm. Die Pupille öffnet und schließt sich entsprechend den Lichtverhältnissen, aber auch in Abhängigkeit von psychischen Faktoren. Der Prozess funktioniert vergleichsweise langsam und wird nicht vom Bewusstsein gesteuert. Unsere Pupille vergrößert sich in Folge von Freude und verkleinert sich in Folge von negativen Emotionen.

---

[3] Aus psychologischer Sicht ist die Pupille weit mehr als die Öffnung in der undurchsichtigen Sklera. Sie ist oft als Spiegel der Seele bezeichnet worden. Lat. *pupilla* ist die Verkleinerungsform von *pupa* (Puppe): Die Bedeutungsübertragung rührt von dem Spiegelbild auf dunklem Grund, das man – in die Pupille blickend – im Auge des Gegenübers sieht. Schon Plato wusste, dass das Auge sich nicht auf direktem Wege selbst sehen kann. „Wenn demnach ein Auge sich selbst sehen will, so muss es in ein (anderes) Auge blicken und gerade in die Stelle desselben, in welcher die eigene Tüchtigkeit des Auges ihren Sitz hat, in die Pupille." Plato, Alcibiades, 133c.

Die Linse bündelt das Licht durch Formveränderung so, dass auf der Netzhaut (Retina, Projektionsfläche des Auges) ein verkleinertes, flächiges, umgekehrt spiegelverkehrtes Bild des Sehmusters entsteht. Diese automatische Scharfstellung, d. h. die vom Sehgegenstand entfernungsabhängige Regelung der Brennweite des bildgebenden Systems aus Hornhaut, vorderer Kammer, Linse und Glaskörper nennt man *Akkomodation*.

Die Veränderung der Form der Linse und damit ihre optische Brechkraft (*Refraktion*) erfolgt über den Ciliarmuskel, der die Ciliarbänder mit der Linse verbindet. In Normalstellung, also bei Fernakkomodation, ist der Ciliarmuskel entspannt, der Zug der Aderhaut überträgt sich auf die Zonulafasern. Dadurch wird die Linse auseinander gezogen und flacht ab.

Das Licht fällt auf die Netzhaut, und zwar so, dass bestimmte Punkte der Umwelt auf korrespondierenden Netzhautpunkten abgebildet werden. Die entsprechenden Signale beider Augen kommen somit an der gleichen Stelle im Kortex an. Das ermöglicht die Vereinigung zu einem einheitlichen Wahrnehmungseindruck (*Fusion*). Voraussetzung dafür ist die Einstellung der Augenachsen in der Weise, dass die jeweils fixierten Objekte auf korrespondierenden Netzhautpunkten abgebildet werden (*Konvergenz*).

Die Netzhaut ist eine hochkomplexe Membran. Sie besteht aus drei Schichten, den lichtempfindlichen Fotorezeptoren im Augenhintergrund, den bipolaren Zellen (Neuronen mit zwei Fortsätzen) und den Ganglienzellen.

Zu den Fotorezeptoren zählen Stäbchen, Zapfen und die fotosensitiven Ganglienzellen. Die ca. 120 Millionen lang gestreckten Stäbchen besitzen die größere Lichtempfindlichkeit und ermöglichen das Sehen in der Dämmerung (skotonisches Sehen). Ihr Sehfarbstoff, das Sehpurpur (Rhodopsin), setzt sich aus einem Eiweiß und einem Vitamin A-Derivat zusammen. In der Dämmerung und bei Nacht zerfällt es in seine chemischen Bestandteile und löst dadurch an den Nervensynapsen ein elektrisches Signal aus. Bei schwacher Lichteinwirkung baut sich das Rhodopsin unmittelbar nach dem Zerfall wieder auf, bei Tageslicht funktioniert das nicht. Deshalb wird das sogenannte fotonische Sehen bei Tageslicht von den ca. sieben Millionen Zapfen gesteuert. Sie sind zuständig für das Farbsehen und die Abbildungsgenauigkeit. Drei Arten von Zapfen sind auf die Wellenlängen der Farben rot, grün und blau spezialisiert.

Der gelbe Fleck (*Makula lutea*) ist der Bereich in der Mitte der Netzhaut mit der größten Dichte von Sehzellen. Stäbchen und Zapfen verteilen sich ungleich auf der Netzhaut. Die Zapfen konzentrieren sich in der Sehgrube (*Fovea centralis*), dem Ort des schärfsten Sehens.

Über die Stäbchen und Zapfen hinaus gibt es noch eine dritte Art von Rezeptoren, nämlich die fotosensitiven Ganglienzellen. Sie steuern den Tag-Nacht-Rhythmus über ihre Wirkung auf das schlafförderne Melatonin und das Stresshormon Kortison. Da sie über ihre höchste Empfindlichkeit im blauvioletten Spektralbereich des Lichts verfügen, bringen manche Autoren sie in Zusammenhang mit der antidepressiven Wirkung des Sonnenlichts.

Die Stäbchen und Zapfen leiten ihre Information an die bipolaren Zellen weiter. Der Weg führt dann weiter zu den Ganglienzellen. Deren Fasern bündeln sich im Sehnerv (*Nervus opticus*), welcher die neuronalen Impulse zum primären visuellen Kortex leitet. An der Stelle, an welcher der Sehnerv das Auge verlässt (blinder Fleck), gibt es keine Rezeptoren in der Netzhaut.

Auf dem Weg ins Gehirn überkreuzen sich die Nervenfasern des *Nervus opticus* in der Sehnervenkreuzung (*Chiasma opticus*). Die schläfenseitigen (temporalen) Faserbündel des linken Auges verbleiben in der linken Gehirnhälfte, die nasenseitigen (nasalen) kreuzen und laufen in die rechte Gehirnhälfte. Entsprechend umgekehrt verhält es sich für das rechte Auge, so dass die Gehirnhälften jeweils Informationen aus beiden Augen erhalten.

Auf welcher Verarbeitungsstufe auf dem Weg zum visuellen Kortex welche Prozesse wie ablaufen, bedarf noch genauerer wissenschaftlicher Klärung. Nach heutiger Auffassung vollziehen sich wichtige Teilprozesse der Wahrnehmung schon im Auge, also auf retinalem Niveau, und zwar in Form von rezeptiven Feldern. Ein *rezeptives Feld* ist eine Struktur von Rezeptorzellen, welche in charakteristischer Weise zusammengesetzt auf eine einzelne Nervenzelle geschaltet ist: Bei einem sogenannten On-Zentrum-Feld führt eine Lichtreizung im Zentrum des Feldes zu einer Aktivierung der Ganglienzelle, während eine Stimulierung im peripheren Bereich eine Hemmung bewirkt. Bei einem Off-Zentrum-Feld verhält es sich umgekehrt. So lassen sich unterschiedliche lokale Lichtintensitäten als neuronale Information kodieren. Verschiedene Kortexzellen sind mit spezifischen rezeptiven Feldern so verschaltet, dass sie als Spezialisten für die Erkennung bestimmter Muster im visuellen Feld dienen, beispielsweise als Detektoren für Linien, Kanten, Balken usw.[4] Solche rezeptiven Felder finden sich nicht nur auf der Netzhaut, sondern auch im visuellen Kortex.

Seit den wichtigen Katzenversuchen von David Hubel und Torsten Wiesel zur *feature detection* nimmt man an, dass es bereits retinal unterschiedliche, spezialisierte Detektoren gibt. In früheren Forschungsphasen erkannte man Detektoren für einfache Reizgegebenheiten, später entdeckte man dann komplexe und hyperkomplexe Zellen. Das Funktionsprinzip der rezeptiven Felder beschränkt sich nicht auf die Retina, sondern findet sich in den Umschaltstellen im NGL (*Nucleus genitulatum laterale*) im Thalamus, im CS (*Colliculus superior*) und im Kortex wieder. Wichtige Funktionen der Farb- und Mustererkennung laufen bereits im NGL ab, solche der sensomotorischen Koordination von Raumorientierung und Augenbewegungen im CS.

Entsprechend der älteren, klassischen Auffassung entwickelt der visuelle Kortex ein sogenanntes retinotopes Bild, d.h. ein möglichst getreues Erregungsabbild der Umwelt. Allerdings sind neueren Forschungen zufolge die Bilder der Umwelt auf unserer Netzhaut weder so scharf, wie wir sie sehen – was schon von Helmholtz wusste – noch kann man unter den kortikalen „Abbildungs"prozessen „eine voll-

---

[4] Für eine genauere Darstellung vgl. Hubel / Wiesel (1959).

ständige und topographisch ähnliche Abbildung [...] verstehen" (Sigmund Freud, Zur Auffassung der Aphasien, 1891).

Nicht nur die Sinnesphysiologie beschäftigt sich mit dem Auge, sondern auch Philosophie, Literatur und Film widmen sich dem Augen-Blick.

Die Etymologie der deutschen Wörter „Blick" und „Blitz" ist verwandt; „Blick" bedeutet ursprünglich „Strahl", der aus den Augen hervordringt.
Es gibt den abwesenden, bösen, cleveren, dämonischen, empörten, frivolen, geheimnisvollen ... Blick. Weitere Blickeigenschaften lassen sich leicht finden. Der Philosoph Bernhard Waldenfels (1999, S. 143) versucht eine Systematisierung über Variationen der Blickmimik. Sie realisiert sich „in bestimmten Blickeinstellungen, in denen der Blick auf je verschiedene Weise von einem bestimmten Sehniveau abweicht." Waldenfels nennt Varianten der Lidspalte (vom abgeschirmten bis zum weit geöffneten, erschreckten Blick), der Blickrichtung (z.B. Nah- und Fernblick) sowie der Blickbewegung (ruhig versus bewegt). Vereinfachte Ordnungsvorstellungen pressen die Wirklichkeit aber in ein allzu starres Konzept. Denn Blicke sagen vieles zugleich. Beim Versuch ihrer Beschreibung und Einordnung kann leicht das Faszinierende verloren gehen.
Das visuelle Medium Film nutzt die Blickmimik gern und oft. Der Blick ist filmisch und zeigt mehr als Worte. „If looks can kill, I am dead now. " So beschreibt der aus Italien stammende Protagonist Roberto (Roberto Benigni) (der nur schlecht amerikanisch spricht und deshalb den Konjunktiv nicht beherrscht) in DOWN BY LAW (R Jim Jarmusch, USA 1986) die Blicke seiner Mithäftlinge Jack (John Lurie) und Zack (Tom Waits), als er zu ihnen in die Zelle gesperrt wird. Später entwickeln die drei einen gemeinsamen Fluchtplan.
Bild 1 zeigt sie in Erwartung der Schließer kurz vor dem Freigang. Ihr gerichteter Blick verrät konzentrierte Aufmerksamkeit auf ihr Ziel.

1.1.2 Kompensation von Sinnesausfällen

Unter den Studien zur Kompensation von Sinnesausfällen wollen wir die von Brigitte Röder (Röder, 1996, 2002a, b) untersuchten besonders berücksichtigen. Sie arbeitet mit von Geburt an vollblinden Versuchspersonen (periphere Blindheit aufgrund von angeborenen Augendefekten) und vergleicht sie mit parallelisierten Gruppen[5] in den elementaren Leistungen des Tast- und Hörsinns, des Sprachverstehens sowie von Gedächtnis- und räumlichen Fähigkeiten. Als Messgrößen verwendet sie ereigniskorrelierte Potenziale (EKP), die durch spezifische Ereignisse evozierte Antworten des Gehirns anzeigen[6] sowie funktionelle Magnetreso-

---

[5] Experimental- und Kontrollgruppe sollen sich zwecks Vergleichbarkeit in wesentlichen Merkmalen möglichst ähneln.
[6] Die Latenz gibt Aufschluss über den Verarbeitungszeitpunkt, die Amplitude über die Stärke der Erregung.

Standbild 1: DOWN BY LAW. Zack (Tom Waits), Jack (John Lurie) und Roberto (Roberto Benigni) im Orleans Parish Prison. Gerichteter Blick, gemeinsamer Plan. Filmstill 0:57:35

nanztomographie (fMRT). Letztere zeigt, welche Teile des Gehirns welche Aufgaben übernehmen.

Bei geburtsblinden Menschen im Vergleich zu Sehenden zeigt sich ein schnelleres Erkennen von Tast[7]- und Hörreizen sowie eine stärkere Erregbarkeit des auditiven Kortex (Röder, 1999).

Überlegenheit zeigt sich weiterhin im Bereich räumlich-auditiver Faktoren, d.h. Blinde können Schallquellen besser orten und so fehlende visuelle Umweltinformationen teilweise ausgleichen, z.B. wenn sie sich im Raum orientieren.

Weiterhin konnte die Autorin im Vergleich von Blinden mit Sehenden bessere Kurz- und Langzeitgedächtnisleistungen sowie genauere sprachrezeptive Fähigkeiten feststellen. Röder schildert folgendes Beispiel: Manche Blinde erhöhen die Abspielgeschwindigkeit von Hörbüchern bis auf Mickymaus-Tempo. Was für Sehende entstellt klingt, reicht Blinden zum Verständnis völlig aus.

Mit diesen elementaren Kompensationsleistungen geht eine erhöhte neuronale Plastizität sowohl innerhalb der intakten Sinnesorgane (intramodale Plastizität) als auch über die Grenzen der jeweiligen Sinnesmodalität hinaus in den Bereich anderer Sinnesmodalitäten (intermodale Plastizität) einher. Trotz erstaunlicher Kompensationsleistungen kann der Ausfall des Sehsinns jedoch nicht vollständig ersetzt werden.

---

[7] Auf der erhöhten haptischen Sensitivität beruht die Braille-Schrift, ein aus erhabenen Punkten bestehendes, tastbares Schriftsystem für Blinde von Louis Braille. Die Lesegeschwindigkeit liegt etwa ein Drittel niedriger als bei der Regelschrift. Professionelle Braille-Leser schaffen bis zu 200 Wörter pro Minute.

Ein beeindruckendes filmisches Beispiel für die Kompensation beim Ausfall der visuellen Modalität sehen wir in der dritten (Paris-)Episode von NIGHT ON EARTH (0:49:07–1:07:30). Der Dialog mit dem Taxifahrer (Isaach de Bankolé) verdeutlicht, wie gut die Blinde (Béatrice Dalle) ihr Defizit in allen anderen Sinnesbereichen ausgleichen kann. Natürlich beherrscht sie bestimmte Dinge nicht, wie z.b. Auto fahren. Mit Farben kann sie auf visueller Ebene nichts anfangen, aber selbst diesen Mangel stellt der Film als Stärke dar. Sie ist die Einzige in dieser Episode, für die die Hautfarbe des Taxifahrers keine Rolle spielt. Die schwarzen Diplomaten reden rassistisch (vgl. Kap. 2.1.2), der weiße Unfallgegner auch, obwohl er das Gegenteil beteuert („Ich bin kein Rassist, aber du fährst wie ein verdammter Schwarzer!"[8]). Die Blinde dagegen sagt: „Und wenn du blau wärest wie eine Karotte, was sollte mir das ausmachen?"[9] Im Bereich auditiver Kompensation bleibt ihr nicht verborgen, dass die Route entgegen ihren Anweisungen durch einen Tunnel geht.[10] Sie hört Musik, hört auch Filme, erkennt ihren Geliebten schon am Geruch aus 100 Meter Entfernung auf der Treppe, raucht, „schmeckt auch blaue Karotten", ertastet die Schriftzüge einer Hinweistafel, zupft sich die Haare zurecht, zieht sich die Lippen mit einem Konturstift nach und reagiert schneller auf einen Fahrzeugschlenker als der Fahrer (kinästhetische Modalität), der sich bemüht, ihr mit seiner Entschuldigung zuvorzukommen. Ihre Kompensationsfähigkeit erstreckt sich über die ganze Palette der Sinnesmodalitäten.

Aber sie kann mehr als das. Sie schafft sich ihre eigene Welt des Fühlens und der Intuition, in welcher anderes möglich ist als in der Welt der Sehenden. „Was ich fühle, kannst du nicht verstehen", entgegnet sie leicht verärgert auf Drängen des Taxifahrers. Sie fühle die Farben, sie fühle den Film, liebe ihren Mann mit jeder Faser ihres Körpers, „was nicht jeder von sich sagen kann." Sie errät das Herkunftsland des Fahrers im Gegensatz zu den schwarzen Diplomaten, die es lediglich zu einem verletzenden Wortspiel verwenden. Sie weiß intuitiv, dass die zurückgelegte Strecke 48 oder 49 Francs kostet, obwohl der Fahrer ihr aus Mitleid nur 40 Francs berechnen will. („Pass auf, Mac, ich bin nicht von gestern, ich brauch dein Mitleid nicht. Das sind 48 oder 49 Francs. Da hast du 50. Behalt den Rest!") Bereits in ihrer ersten Äußerung gibt sie dem Fahrer eine ganz genaue Wegbeschreibung. Am Ende der Episode wird die Stärke und Überlegenheit der Blinden filmisch dargestellt, indem sie ihren Weg am Quai de l'Oise entlang findet, während der Taxifahrer („Passen Sie auf sich auf!", „Pass selber auf dich auf, Mac!") in das einzige Auto reinfährt, das um 4.30 Uhr noch unterwegs ist.

---

[8] Transkript der Verfasser, hier wie im Folgenden basierend auf den deutschen Untertiteln der dritten Episode des Films.
[9] Besondere Nuancen erhalten alle Episoden durch Verwendung der jeweiligen Landessprache (mit deutschen Untertiteln). Hier: „Et si tu sois bleue comme une carotte, qu'est-ce que tu veux, que ca me fasse?!"
[10] Das korrespondiert mit den von Röder experimentell gefundenen Leistungen der Schallortung.

1.2 Prozesse der Wahrnehmungsorganisation

Aristoteles (384–322 v.Chr.) hat in seiner Zeit wesentliche Erkenntnisse der Gestaltpsychologie des 20. Jahrhunderts vorweggenommen. Ihm war bereits bekannt, dass das Ganze mehr ist als die Summe seiner Teile.

Die elementaristischen Vorstellungen Ernst Heinrich Webers, Gustav Theodor Fechners und Wilhelm Wundts markieren den Beginn der Theoriebildung zur visuellen Wahrnehmung im späten 19. Jahrhundert. Als Gegenbewegung entwickelten sich bis zur Mitte des 20. Jahrhunderts die verschiedenen gestalttheoretischen Schulen, insbesondere die Leipziger Schule der Ganzheitspsychologie und die Berlin-Frankfurter Schule der Gestaltpsychologie.

Annahmen über Prozesse der Wahrnehmungsorganisation müssen erklären, wie sich aus der Verteilung von Farb- und Helligkeitswerten auf der flächigen Netzhaut eine dreidimensionale Ordnung strukturiert, so dass die Gegenstände der Außenwelt sich als solche erkennen lassen (Kapitel 1.2.1 und 1.2.2). Von besonderer Bedeutung sind dabei die Raumwahrnehmung (Kapitel 1.2.3) und die Bewegungswahrnehmung (Kapitel 1.2.4).

1.2.1 Gestalttheorie und -gesetze

Die Grundlagen unserer heutigen Kenntnisse der visuellen Wahrnehmung beruhen auf Experimenten der Gestaltpsychologen. Ihre produktivste Phase umfasste den Zeitraum von ca. 1890–1940. Es entwickelten sich verschiedene, gegeneinander abgegrenzte Schulen mit Universalitätsanspruch.

So hat sich die Berlin-Frankfurter Schule[11] gegen die Psychophysik,[12] aber auch gegen den sogenannten wundtschen[13] Elementarismus definiert. Ihre wissenschaftliche Grundauffassung war anti-elementaristisch geprägt: Psychische Erscheinungen seien nicht nach dem Modell der Chemie (Atomismus) aus verschiedenen Elementareinheiten (Empfindungen) zusammengesetzt. Stattdessen favorisiert die Gestaltpsychologie eine ganzheitliche Herangehensweise. Ihr erster Lehrsatz ist das *Übersummativitätsprinzip*. Das Ganze ist mehr als die Summe

---

[11] Hauptrepräsentanten der Berlin-Frankfurter Schule waren Max Wertheimer (1880–1943), Kurt Koffka (1886–1941), Wolfgang Köhler (1887–1967), Kurt Lewin (1890–1947) und Wolfgang Metzger (1899–1994) sowie Kurt Gottschaldt (1902–1991) und Edwin Rausch (1906–1994) als Vertreter der zweiten Generation.

[12] Die Psychophysik wurde vor allem von Ernst Heinrich Weber (1795–1878), Gustav Theodor Fechner (1801–1887) und Hermann von Helmholtz (1821–1894) vertreten.

[13] Bei aller berechtigten Kritik an den wundtschen Auffassungen geraten seine Verdienste leicht in Vergessenheit. Die psychophysischen Methoden sind heute noch Standard in der experimentellen Psychologie. Wilhelm Wundt (1832–1920) gründete das erste psychologische Institut der Welt, das Institut für experimentelle Psychologie in Leipzig im Jahre 1879. Damit erlangte er epochale Bedeutung.

seiner Teile.[14] Das hatte bereits Christian von Ehrenfels (1859–1937) – er gab der Gestalttheorie mit seinem Aufsatz „Über Gestaltqualitäten" ihren Namen – an dem klassischen Beispiel einer Melodie illustriert. Eine bloße Abfolge von Einzeltönen ergibt noch keine Melodie. Was den Komplex der einzelnen Teilelemente zur Melodie macht, ist die Gestaltqualität.[15]

Eine zentrale Grundannahme im wissenschaftlichen Verständnis der Berlin-Frankfurter Schule ist der phänomenologische Ansatz. Der Weg führt von der Erscheinung zum Wesen. Die Erscheinungen, die Phänomene also, und nicht die ihnen zugrunde liegenden Reizbedingungen, dienen als Ausgangspunkt jeder wissenschaftlichen Analyse. Methodologisch entspricht dem phänomenologischen Ansatz das lebensnahe Experiment in Abgrenzung zum naturwissenschaftlichen Laborexperiment der Psychophysik.

Schließlich fordern die Vertreter der Berlin-Frankfurter Schule körperlich-seelische *Isomorphie*. Sie nehmen alle psychischen Erscheinungen als isomorph (gleichförmig, von gleicher Gestalt) an. Das bedeutet, sie sind eindeutig physischen Prozessen zugeordnet. Der Leitsatz für die Forschung heißt also: Der Forscher muss immer nach den organischen Grundlagen des Psychischen suchen.

Die Gestalttheorie leistete einen der wichtigsten deutschsprachigen Beiträge zur internationalen Psychologie. In den USA bildeten die Gestaltpsychologen nach ihrer Zwangsemigration aus dem nationalsozialistisch beherrschten Deutschland ein bedeutsames Gegengewicht zum Behaviorismus. Ihre Materialvielfalt und ihre anschaulichen Beispielen faszinieren bis heute.

Von Beginn an hatte die Gestalttheorie eine hohe Affinität zur Kunst und zum Film: Wertheimer demonstrierte seinen Studierenden Gestaltgesetze durch eigenes Musizieren im Hörsaal. Köhler und Lewin arbeiteten bereits mit Filmanalysen; nicht zu vergessen Arnheim (1904–2007), ohne Zweifel einer der bedeutendsten kontemporären, gestalttheoretisch orientierten Kunstpsychologen und Filmtheoretiker. All das macht die Gestaltpsychologie für das Thema Psychologie und Film attraktiv. Andererseits konnte sie ihren eigenen Isomorphie-Anspruch nicht erfüllen. Der Nachweis physiologisch-neuronaler Korrelate zu psychischen Erscheinungen wurde nie in befriedigender Weise erbracht.

Heute stellt die Neurobiologie den aktuellen Zugang zur Wahrnehmungsforschung dar. Beim derzeitigen Stand ist ihr Erfolg noch nicht abzuschätzen. Ungünstigenfalls kann sie das Isomorphie-Postulat aus der umgekehrten Richtung

---

[14] Ganzheitliches Denken findet sich bereits bei Konfuzius (552–479 v.Chr.) und früher noch in der Lehre des Yin und Yang ab ca. 3000 v.Chr.

[15] In einem Vortrag vor der Kant-Gesellschaft am 17.12.1924 in Berlin erläuterte Max Wertheimer genauer: „Wenn eine Melodie aus sechs Tönen besteht, und ich reproduziere sie, indem ich sechs ganz andere Töne spiele […] ja, ich weiß u.U. gar nicht, dass man mir andere Elemente vorgeführt hat – zum Beispiel beim Transponieren von C-Dur nach Cis-Dur […] und sie (die Melodie, Anmerkung der Verfasser) wird wiedererkannt – was bleibt übrig? Diese sechs Elemente sind zunächst sicher als Summe da […]; aber neben diesen sechs Elementen sei ein Siebentes anzunehmen, das ist die Gestaltqualität" (Wertheimer, 1924).

nicht einlösen. Dann gäbe es detailreiche Erkenntnisse neuronaler Strukturen, ohne dass der Zusammenhang zu psychologischen Konstrukten hergestellt wäre.[16]

Der Beschreibung und Erläuterung der Gestaltgesetze vorgeordnet sind die Fragen: Was ist eine *Gestalt*?[17] Wie nehmen wir sie wahr? Auf den ersten Blick scheint das einfach. Aber die wahrgenommenen Gestalten unterscheiden sich. Die Anzahl der Netzhautprojektionen ein und desselben Gegenstands geht gegen unendlich. Seine wahrgenommene Gestalt hängt von der Gesamtheit aller unserer Seheindrücke mit diesem Objekt ab. Die Wahrnehmungsgestalt ist eine Funktion des physikalischen Gegenstands, des Lichts, der Bedingungen des Nervensystems und der Seherfahrung.

Im Gegensatz zum wundtschen Elementarismus gehen die Gestaltpsychologen davon aus, dass Gestalten unmittelbar wahrgenommen werden, und zwar als Gesamtstruktur: Wahrnehmung funktioniert ganzheitlich. Gestalten werden nicht aus Elementen gebildet, sondern sind im Erlebnis primär.

Wie kann man sich das vorstellen? Wenn ein Reiz auf die Netzhaut projiziert und kortikal weiterverarbeitet wird, wie kommt dann die im Bewusstsein erscheinende Gestalt zustande?

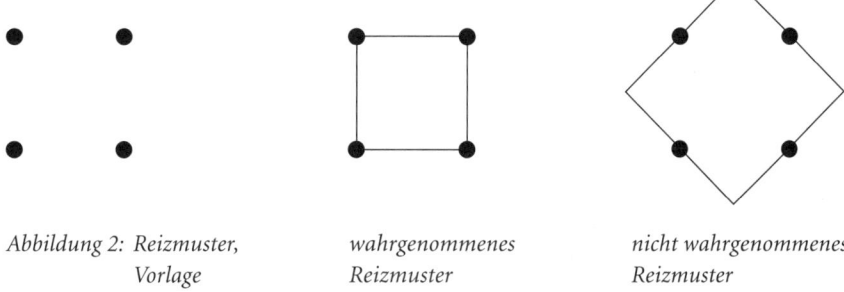

Abbildung 2: Reizmuster, Vorlage   wahrgenommenes Reizmuster   nicht wahrgenommenes Reizmuster

Warum neigen wir in Abbildung 2 dazu, ein planes Quadrat und kein auf der Spitze stehendes zu sehen? Diese und viele weitere Phänomene finden ihre Erklärung bzw. Beschreibung in jener Gesetzmäßigkeit, welche die meisten Gestaltpsychologen *Prägnanzgesetz* nennen. Als zusammenfassendes Konzentrat vieler einzelner Gestaltgesetze bezeichnet es die Tendenz, das Wahrnehmungsfeld möglichst eindeutig zu organisieren. Koffka beschreibt das so: „Psychological organisation will be always as ‚good' as the prevailing conditions allow" (1935, S. 110).

Arnheim vermeidet den Begriff Prägnanzgesetz und spricht stattdessen vom *Grundgesetz der Einfachheit:* „Jedes Reizmuster tendiert dahin, so wahrgenommen zu werden, dass die resultierende Struktur so einfach ist, wie das die gegebenen Umstände zulassen" (2000, S. 57).

---

[16] Für die Verbindung zwischen Psychologie und Film eignet sich der neurobiologische Ansatz kaum. Deshalb verfolgen wir ihn hier nicht weiter.
[17] Gemeint ist die wahrgenommene und nicht die physikalische Gestalt. Letztere ist über ihre Grenzen definiert, aber nicht etwa über ihre Raumlage.

Damit vermeidet er den Begriff der guten Organisation aus der Definition von Koffka sowie deren wertende Konnotation und umgeht so die Kritik, z.B. die von Stephen Palmer: „The main short coming of Gestalt theory were that it never offered an adequate definition of ‚good' organization and that it failed to prove a reasonable account of how ‚good' organization arose in preference to ‚bad' ones" (1982, S. 97).

Arnheim stellt die Prägnanztendenz nicht in Abrede. Er weist aber darauf hin, dass sie sich nicht immer in der Tendenz zur einfacheren Struktur äußert. Mit seinem Grundgesetz der Einfachheit deckt er eine beachtliche Bandbreite visueller Wahrnehmungsphänomene ab. Von dieser Basis ausgehend systematisiert er auch weitere Gestaltgesetze. Während viele Autoren zwischen dem Gesetz der Ähnlichkeit und dem der Nähe unterscheiden, argumentiert er anders. Er gruppiert nur nach Ähnlichkeitsfaktoren, unter anderem nach Ähnlichkeit der Lage. Das bezeichnet er dann als Nähe.

Arnheim (2000, S. 81ff.) unterscheidet Gruppenbildung nach Ähnlichkeitsfaktoren des Raumes (Gestalt und Form, Helligkeit und Farbe, Größe, Lage und Raumorientierung) und der Zeit (Bewegung, Geschwindigkeit). Die Elemente werden jeweils bezogen auf einen Ähnlichkeitsfaktor in der Wahrnehmung zusammengefasst.

Abbildung 3: Ähnlichkeitsfaktor Form

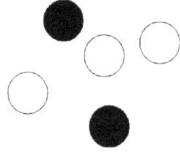

Abbildung 4: Ähnlichkeitsfaktor Helligkeit

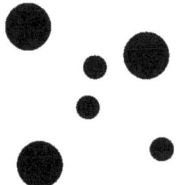

Abbildung 5: Ähnlichkeitsfaktor Größe

Abbildung 6 zeigt den Ähnlichkeitsfaktor der *Lage*. Die meisten Autoren beziehen sich auf ihn mit dem sogenannten Gesetz der Nähe: Unter sonst gleichen Bedingungen werden die nächstgelegenen Elemente in der Wahrnehmung zusammengefasst.

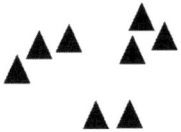

Abbildung 6: Ähnlichkeitsfaktor Lage

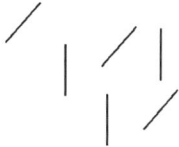

Abbildung 7: Ähnlichkeitsfaktor Raumorientierung

Analoges gilt für Bewegung als Veränderung in der Zeit. Elemente können sich unterschiedlich schnell bewegen. Gleich oder ähnlich schnelle Elemente fassen wir in unserer Wahrnehmung zusammen.

Das *Gruppierungsprinzip der konsequenten Form* behandelt nicht nur Ähnlichkeit getrennter Elemente, sondern auch solche, die eine Linie, eine Fläche oder einen Körper bilden.

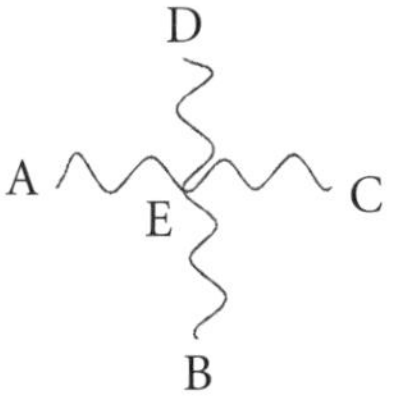

Abbildung 8: Prinzip der konsequenten Form

So nehmen wir in Abbildung 8 die Sinuslinien AC und BD wahr, die sich in E kreuzen. Man könnte sich auch zwei geknickte (z.B. AED) Drähte vorstellen, die am Scheitel ihrer Winkel in E aneinander liegen. Unsere Wahrnehmung bevorzugt aber die einfachste Lösung. Dieses Prinzip der konsequenten Form heißt bei Wertheimer *Faktor der durchgehenden Kurve oder des glatten Verlaufs*. Er unterscheidet diesen Faktor von dem *des gemeinsamen Schicksals*: Wir nehmen solche Elemente als zusammengehörig wahr, die sich in derselben Richtung oder Geschwindigkeit bewegen. Wertheimers *Faktor der Geschlossenheit* beschreibt die Tendenz, unvollständige Reizvorlagen als vollständig zu sehen (vgl. dazu die amodalen Kanizsa-Figuren, Abbildung 11).

Es gibt eine Fülle weiterer Gestaltgesetze. Einige Aufzählungen umfassen mehr als 100. Helson beschreibt im Jahre 1933 bereits 114 Gestaltfaktoren.

Auch moderne Strategien der emotionalen Filmgestaltung (vgl. Christian Mikunda, 2002) eignen sich zur Illustration von Arnheims „Grundgesetz" der Einfachheit. Eine (von vielen) ist die Verwendung extremer Kameraperspektiven.[18]

Die Perspektive kann die äußere Form eines Gegenstandes sowie sein inneres Spannungsgerüst stark verändern. Bei der froschperspektivischen Verzerrung erscheinen die Wolkenkratzer in Abbildung 9 gestreckt und nach oben hin zusammengedrückt. Dadurch entsteht eine enorme visuelle Spannung. Sie überträgt sich auf den Zuschauer und äußert sich nach Mikunda (2002, S. 166) in einer physisch spürbaren Rezeption als Folge einer unwillkürlichen Entzerrungstendenz, d.h. einer Rückführung der verzerrten auf die ursprüngliche Form der Wolkenkratzer. Das arnheimsche „Grundgesetz" wird durch die Art und Weise bestätigt, wie wir Einfachheit generieren. Die Wolkenkratzer mit ihren rechten Winkeln sind einfacher als schiefe Gebilde, welche sich aus der Ebene weg neigen, in welcher sie sich tatsächlich physisch befinden. Das kann aber nur funktionieren, weil wir vorher kognitive Schemata (Ulric Neisser, 1974) darüber erworben haben, wie ein Wolkenkratzer aussieht.

Abbildung 9: Wolkenkratzer, Froschperspektive

---

[18] Die Kamera kann im dreidimensionalen Raum jeden beliebigen Winkel zum abzubildenden Gegenstand einnehmen. Systematisch betrachtet gibt es drei imaginäre Achsen, die durch die Kamera verlaufen und die dazugehörigen Blickwinkel. Sie kann um die vertikale Achse schwenken, sich um die horizontale Achse neigen und um die Achse in Richtung des Objektivs rollen. Die Bewegung um die Horizontalachse führt zum Begriff der *Perspektive*. Man unterscheidet fünf Perspektiven der Einstellung. In der Normalsicht befindet sich die Kamera in Augenhöhe. Darunter gibt es die Bauchsicht und die extreme Untersicht (Froschperspektive), darüber die Aufsicht und die extreme Aufsicht (Vogelperspektive).

Mikunda zufolge (2002, S. 109) aktiviert der Code (Froschperspektive, *low angle*) im Film stärker als im wirklichen Leben physiologisch spürbar. Denn in der Realität kann die Entzerrungstendenz in Richtung auf die „einfache Gestalt" schwächer ausfallen, weil wir uns umfassender orientieren können. Wir sehen bzw. schauen nicht nur mit Hilfe des Auges, sondern mit allen Sinnen. Dazu gehört vor allem die kinästhetische Rückmeldung an das visuelle Verarbeitungszentrum im Gehirn. Während des ganzen Prozesses stehen wir auf festem Grund. Im Film wissen wir dagegen erst einmal nicht genau, wie weit die Kamera gekippt ist.[19] Außerdem kann der Kamerablickwinkel viel radikaler variieren als der menschliche Blickwinkel.

1.2.2 Bereichsgliederung, Figur und Grund

Eine der wichtigsten Leistungen des visuellen Systems besteht in der Unterscheidung von *Figur* und *Grund*. In Abbildung 10 sind beide Eindrücke ungefähr gleich stark. Was wir sehen, hängt davon ab, welche Struktur gerade als Figur oder als Grund dominiert.

Abbildung 10: Pokal oder Gesichter?

In Anlehnung an Edgar Rubins (1921) „Regeln für die Wahrscheinlichkeit, dass eine Fläche als Figur aufgefasst wird" und Arnheim (2000, S. 223ff.) lassen sich u.a. folgende Unterschiede feststellen:

Tabelle 2: Figur und Grund

Figur	Grund
begrenzt	unbegrenzt
geformt	ungeformt
fest, dichte Innenstruktur	lockere Innenstruktur
hervortretend	zurückweichend

---

[19] Der aktivierende, Spannung erzeugende Entzerrungsimpuls hat aber auch Grenzen. Nach Arnheim wirkt er nur dann, wenn die Normalform in der verzerrten Figur noch erkennbar ist. Bei der Weitwinkeltechnik des Fischauges z.B. funktioniert das im Extremfall nicht mehr. Wir nehmen eigenständige, deformierte figürliche Gebilde wahr.

auffallend	unscheinbar
eingeschlossen	einschließend
symmetrisch	asymmetrisch
konvex	konkav
hell	dunkel

Die Tendenz, Figuren vor einem Hintergrund wahrzunehmen, wirkt stark. Sie setzt sich sogar durch, wenn diese Figuren als objektives Reizmaterial gar nicht existieren. Beispiele dafür finden wir in den *amodalen Figuren* von Gaetano Kanizsa (1955, 1970).

Abbildung 11: Amodale Figur

Bei solchen Scheinkonturen (subjektiven Konturen) konstruieren wir die Figur vor dem Hintergrund durch unsere Wahrnehmung ohne objektive Reizgrundlage.

Die Figur-Grund-Differenzierung wird in unterschiedlicher Weise genutzt. Z.B. sollen die Unterschiede zwischen Figur und Grund nivelliert werden, um etwas zu verstecken.

Abbildung 12: Vexierbild, versteckte Silhouette Napoleons auf der Insel St. Helena

Bei Vexierbildern muss man Figur und Grund in einem Teil des Bildes umkehren, um das Gesuchte – hier den „Geist" des verbannten Napoleon auf der Insel St. Helena – zu finden (Kebeck, 1994, S. 41).

Bei der Tarnung versucht man ebenfalls, etwas zu verbergen. Die Figur und Grund differenzierenden Charakteristika sollen möglichst verschwinden.

Abbildung 13: Hund gesucht

Oder die Figur-Grund-Unterschiede werden besonders betont wie bei bestimmten Phänomenen räumlicher Tiefe im Film. Das Bild in Fritz Langs METROPOLIS

Standbild 2: METROPOLIS. Vordergrund-Hintergrund-Komposition. Filmstill 0:47:51

(D 1927) zeigt, wie durch die Art der Vordergrund-Hintergrund-Komposition ein monumentaler und kraftvoller Eindruck entsteht.

1.2.3 Raumwahrnehmung

Wir bewegen uns in einer dreidimensionalen Umwelt. Auf der Netzhaut wird sie aber flächig abgebildet, wir reduzieren sie also auf zwei Dimensionen.

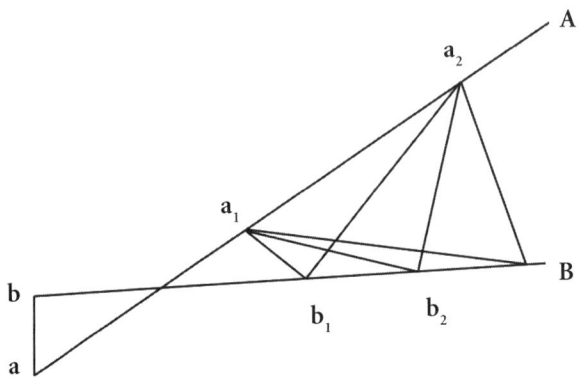

Abbildung 14: Mehrdeutigkeit der retinalen Projektion

Das Netzhautbild $\overline{ab}$ (vgl. Abbildung 14) kann durch jede Kombination von Punkten auf den Strahlen A und B zustande kommen. Es kann sich zum Beispiel um $a_1 b_1$, aber auch um $a_2 b_2$ handeln. (Unendlich) viele räumliche Projektionen führen zu einem identischen Netzhautbild. Mit anderen Worten: Bei der retinalen Abbildung geht die optische Tiefe verloren. Wie können wir sie wieder herstellen?

Raumwahrnehmung beruht auf unterschiedlichen Informationen über Entfernung. Das sind zum einen solche, die sich aus der Anatomie und Physiologie beider Augen ergeben (binokulare Mechanismen), zum anderen monokulare Mechanismen sowie die Bewegungsparallaxe (vgl. Kapitel 1.2.4).

Die Plastizität des räumlichen Eindrucks gewinnen wir erst durch beidäugiges Sehen. Zu den *binokularen* Mechanismen gehören Akkommodation, Querdisparation, Fusion und Konvergenz.

Akkommodation ist die Fähigkeit der Linse(n), Objekte verschiedener Entfernung durch unterschiedliche Krümmung und damit Brechkraft auf einen Entfernungsbereich von etwa 250 mm bis unendlich scharf zu stellen. Dieser Mechanismus funktioniert automatisch und nicht bewusst. Die Veränderung der Linsenkrümmung erfolgt über die Ciliarmuskeln. Der Spannungszustand dieser Muskeln wird als Tiefeninformation interpretiert. Dies gilt allerdings nur für einen begrenzten Bereich, da sich die Linsenkrümmung und somit die Kontraktion der Ciliarmuskeln bei einer Entfernung von über drei Metern nicht mehr verändert.

Querdisparation ist die geringfügig unterschiedliche Perspektive der beiden Netzhautbilder bei der Abbildung äußerer Objekte aufgrund des Augenabstandes (ca. sechs Zentimeter). Sie werden an unterschiedlichen Stellen der Netzhäute abgebildet. Das Ausmaß der Abweichung hängt von der Entfernung der Objekte ab und wird unmittelbar als Information über räumliche Tiefe verarbeitet.

Was passiert, wenn man einen Bleistift in waagerechter Position in geringem Abstand auf die eigene Nasenspitze richtet und dabei immer abwechselnd ein Auge schließt? Der Bleistift scheint zwischen zwei Positionen hin und her zu springen. Die Erklärung liegt in der verschiedenen Bildlage auf der linken und rechten Netzhaut, die durch den Augenabstand entsteht. Dadurch haben die Netzhautabbildungen unterschiedliche Winkel und dies führt zum Eindruck wechselnder Positionen des Stifts. Je kleiner der Abstand des Objekts vom Auge, desto größer ist die Winkeldifferenz und der Effekt. Die beiden unterschiedlichen Netzhautbilder werden zu einer einzigen räumlichen Wahrnehmung des Objekts verschmolzen, wenn man beide Augen öffnet.

Fusion bedeutet Verschmelzung der beiden geringfügig unterschiedlichen Bilder zu einem Gesamteindruck. Wächst die Abweichung über einen bestimmten Betrag, sehen wir Doppelbilder.

Als *Konvergenz*winkel bezeichnet man den Winkel, den die beiden Augenachsen bilden, wenn ein Gegenstand fixiert wird. Er verändert sich mit der Entfernung der Wahrnehmungsobjekte. Die Augenachsen konvergieren beim Fixieren äußerer Gegenstände in der Art, dass der fokussierte Gegenstand foveal (auf der Fovea centralis) und damit so scharf wie möglich abgebildet wird.

Je größer der Objektabstand (bei einem Augenabstand von 64 mm), desto kleiner wird der Konvergenzwinkel und desto geringer der räumliche Eindruck. Befinden sich die Gegenstände in der Nähe, z.B. knapp vor der Nasenspitze, so müssen wir beide Augäpfel koordiniert stark einwärts drehen. Den Betrag der damit einhergehenden Muskelspannung interpretieren wir ebenfalls im Sinne räumlicher Tiefe.

Neben dem beidäugigen Sehen unterstützen *monokulare* Mechanismen[20] die Fähigkeit zur Raumwahrnehmung. Diese Hinweisreize sind:

1. *Größen-Distanz-Relation oder relative Größe*
   Gegenstände gleicher Größe projizieren in größerer Distanz ein kleineres Netzhautbild. Aus diesem Mechanismus gewinnen wir Information über Entfernung.
2. *Lineare Perspektive*
   Sie hängt mit der Größen-Distanz-Relation zusammen. Parallele Linien konvergieren auf dem Netzhautbild im sogenannten Fluchtpunkt am Horizont. Das erzeugt einen starken Tiefeneindruck. Die Wahrnehmung entzerrt diese konvergierende Struktur auf der Retina im Sinne von Parallelen im Raum.
3. *Geometrische Perspektive*
   Die Helligkeitsverteilung, die Anordnung von Licht und Schatten, erzeugt einen starken Raumeindruck.

---

[20] Sie werden in der Literatur unterschiedlich benannt, u.a. als *pictorial cues*. Denn Künstler verwenden sie, um in zweidimensionalen Medien Tiefe herzustellen.

Abbildung 15: Licht, Schatten, Raum, Objekt

4. *Luftperspektive*
Wahrgenommene Objekte verlieren bei großen Entfernungen an Farbintensität und Kontrast.

Abbildung 16: Luftperspektive

5. *Höhe im Gesichtsfeld*
Sie bezieht sich auf die vertikale Position im Netzhautbild. Ein Objekt am Horizont wird als weit entfernt wahrgenommen, deutlich oberhalb oder unterhalb der Horizontlinie erscheint es näher am Betrachter.

Abbildung 17: Umrisskonkurrenz ohne Raumwirkung, Überschneidung mit Raumwirkung

6. *Überlagerung, Überschneidung und Verdeckung, Verformung*
Die Umrisse zweier Figuren berühren sich. Dann gibt es keine Raumwirkung (vgl. Arnheim, 2000, S. 243). Die Umrisse zweier Figuren kreuzen sich. Man könnte von einem Rechteck und einer (aufliegenden) L-Figur in derselben Wahrnehmungsebene sprechen.
Stattdessen drängen sich zwei in die Tiefe gestaffelte Rechtecke auf, wobei das vordere einen Teil des hinteren abschneidet. Es hat also keine Begrenzungslinie und scheint deshalb unter dem vorderen Rechteck hindurch zu laufen. So entsteht durch Überschneidung Raumwirkung. Die raumschaffende Funktion der Überschneidung ist besonders wichtig, wenn andere perspektivische Mittel schwach ausgeprägt sind oder gar fehlen.
Bei den Figur-Grund-Phänomenen, bei denen Tiefe als Folge von Überschneidung entsteht, nehmen wir flächenartige Strukturen als in unterschiedlicher Entfernung in der Tiefe stehend wahr.
Der Eindruck der räumlichen Tiefe kann jedoch auch dadurch entstehen, dass ein und dasselbe Objekt sich aus der vorderen Bildfläche nach hinten neigt. Das gilt nicht nur für Flächenfiguren, sondern auch für geometrische Körper. In Abbildung 18 sehen wir nicht etwa ein Quadrat und zwei Parallelogramme, sondern einen Würfel.

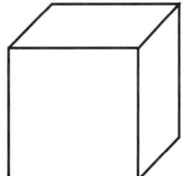

Abbildung 18: Würfel

7. *Texturgradient*
Unter Texturgradient[21] versteht man die Veränderung der Oberflächenstruktur in einer räumlich angeordneten Bildfläche. Arnheim (2000, S. 268) sieht diese Veränderung als Sonderfall von Gefälle. Alle Wahrnehmungsmerkmale können Gefälle erzeugen, die meisten auch Tiefe.

---

[21] Bei 90°-Aufsicht beträgt der Wert seiner Maßzahl 0.

Ein *Gefälle* ist die Veränderung von Wahrnehmungsmerkmalen in Zeit oder Raum. Dazu gehören:

Größe	Größengefälle
Dichte des Korns	Gefälle der Oberflächenstruktur
Farbe	Farbgefälle, Gefälle der Farbenreinheit
Licht	Lichtgefälle, Gefälle der Helligkeit
Dichte der Schattierung	Gefälle der Oberflächenstruktur
Entfernung, Abstand	Entfernungsgefälle
Schräge	Tiefengefälle
Bewegung	Bewegungsgefälle
Geschwindigkeit	Geschwindigkeitsgefälle
usw.	

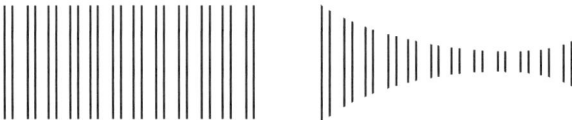

Abbildung 19: Gerader Zaun, gebogener Zaun

Die Veränderung der Wahrnehmungsmerkmale kann kontinuierlich sein. Das ergibt ein konstantes Gefälle und somit einen gleichmäßigen Zuwachs an Tiefe. Ein anschauliches Beispiel liefert Arnheim (2000, S. 271): Aufgrund der Veränderung des Gefälles in Abbildung 19 verändert sich der gerade Zaun in einen gebogenen.[22]

Warum erzeugen Gefälle Tiefe? Dafür gibt es konkurrierende Erklärungen. Nach James Jerome Gibson ruft der Texturgradient in Bildern deshalb Tiefenwirkung hervor, weil aus der Größen-Distanz-Relation entstehende Oberflächenstrukturen das auch in der dreidimensionalen realen Welt bewirken. Aber auch solche Texturgradienten, die aus artifiziellen geometrischen Mustern bestehen (z.B. Schachbrettmuster), schaffen phänomenale Tiefe, wie Abbildung 21 zeigt.

Dieser Eindruck wirkt jedoch nicht ganz so stark wie bei der Abbildung einer realen Oberfläche, z.B. einer Pflasterstruktur. Denn hier erscheinen die näheren (größeren) Objekte klarer und deutlicher als die entfernteren, auch lassen sich im Vordergrund Details besser erkennen.

---

[22] Das Beispiel wirkt deshalb so überzeugend, weil andere Gefälle, wie die Dicke der Zaunlatten, ihre Abstände und die Richtung im Raum unverändert bleiben und somit der Tiefenwirkung entgegenarbeiten.

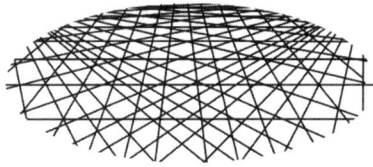

Abbildung 20 und 21: Texturgradient, Oberflächenstruktur an einem natürlichen und einem künstlichen Beispiel

Bei beiden Beispielen bewährt sich wieder Arnheims Grundannahme der Einfachheit. Gefälle erzeugen Tiefe, weil wir ungleiche Objekte durch die Wahrnehmung im Sinne phänomenaler Gleichheit korrigieren.

Die mediale Darstellung der dreidimensionalen Wirklichkeit kann Probleme bereiten. Streng genommen funktioniert eine solche Umsetzung nur in dreidimensionalen Medien wie Skulptur oder Architektur. Die Übersetzung in flächige Medien führt zu Einschränkungen. Sie betreffen auch den Film. Vereinfacht formuliert muss sich der Filmkünstler darum bemühen, Plastizität und Tiefe herzustellen (oder auch bewusst darauf verzichten).

Die folgenden beiden Beispiele zeigen Unterschiede der filmischen Darstellung von Raum. Orson Welles' Aufnahme aus CITIZEN KANE (USA 1941) arbeitet mit dem Mittel der Tiefenschärfe (*deep focus*). Weil der Raum vom vorderen bis zum hinteren Tischende vollständig scharf gezeigt wird, kommen die genannten monokularen Hinweisreize (*pictorial cues*) besonders zur Geltung. Am stärksten wirkt die Linearperspektive.

Das zweite Beispiel zeigt einen Ausschnitt aus dem Haus von Fred Madison (Bill Pullman) in LOST HIGHWAY (R David Lynch, USA 1997). Lynch unterbindet – unterstützt durch die *low key*-Lichtführung[23] – die Raumwirkung. Die Anord-

---

[23] Relativ schwaches Führungslicht und unkonventioneller Einsatz anderer Lichtquellen (Fülllicht).

Standbild 3: CITIZEN KANE. Tiefenschärfe und Linearperspektive, starke Raumwirkung. Filmstill 0:39:46

Standbild 4: LOST HIGHWAY. Das Haus als dunkles Labyrinth, Verweigerung von Raumwirkung und Orientierung. Filmstill 0:34:24

nungen wirken flächig. Der Tiefenschärfenbereich bleibt klein, folglich fällt es schwer, Tiefe zu konstruieren. Man kann sie nur erahnen.

1.2.4 Bewegungswahrnehmung

Bei der Bewegungswahrnehmung unterscheidet man zwei Fälle: Reale Bewegung und Scheinbewegung.

Im Fall der *realen Bewegung* kann ein bewegtes Objekt von einem stationären oder bewegten Beobachter wahrgenommen werden. Ist der Beobachter stationär und das Objekt passiert ihn in einem bestimmten Abstand, spricht man von *transversaler* Bewegung: Ein Beobachter steht am Flussufer und ein Boot fährt vorbei. Man nennt die Bewegung *radial*, wenn das Wahrnehmungsobjekt direkt auf den Beobachter zukommt: Ein Hund stürzt sich auf den ihn fixierenden Jogger. In diesem Fall vergrößert sich der Sehwinkel (*Magnifikation*). Er wächst bei Objekten, die auf den Beobachter zukommen, bei konstanter Objektgeschwindigkeit nicht linear.

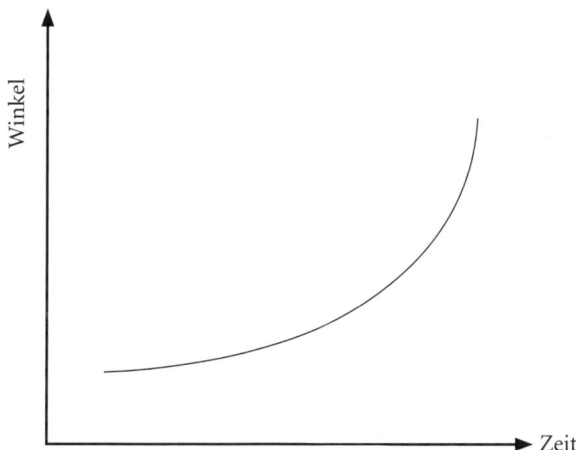

Abbildung 22: Magnifikation

Wird bei der Annäherung des Objekts ein Sehwinkel von ca. 30 Grad überschritten, wirkt das auf den Beobachter so, als befände es sich auf Kollisionskurs. In einer frühen Szene von SPUN (R Jonas Åkerlund, USA 2002) kommt die Tür von Ross' Bruchbude dem Zuschauer schnell entgegen (0:01:04). Kameraleute nutzen solche Effekte, um den Rezipienten zu schocken. Sie lassen den Gegenstand schnell oder sogar beschleunigt heranfahren, so dass er die ganze Leinwand füllt. Ist er dazu noch gruselig (wie z.B. in Horrorfilmen) und mit einer entsprechenden Tonkulisse hinterlegt, so führt das zu beeindruckenden Effekten.

In einer Szene von A CLOCKWORK ORANGE (R Stanley Kubrick, GB 1970/71) zeigt der Regisseur, dass die Dressur von Alex bis zur unterwürfigen Anpassungsfähigkeit gelungen ist (1:18:28–1:20:22). Er muss seinem Widerpart die Schuhsohle ablecken, und das vor Publikum. Die Sohle kommt schnell auf ihn zu und füllt die Hälfte der Leinwand. Das wirkt sehr stark.

Die Geschwindigkeitswahrnehmung eines Gegenstands hängt von mehreren Faktoren ab. Wichtig ist die Struktur des Hintergrunds, vor dem sich der Gegenstand bewegt. Vor einem deutlich strukturierten Hintergrund nehmen wir einen Gegenstand als schneller bewegt wahr, vor einem homogenen Hintergrund wirkt er weniger schnell.

Robert H. Brown (1931) konnte nachweisen, dass sich der größere Gegenstand vor dem größeren Hintergrund schneller bewegen muss, um als gleich schnell mit dem kleineren Gegenstand vor dem kleineren Hintergrund wahrgenommen zu werden. Dieser Effekt heißt nach Brown *velocity transposition* (Geschwindigkeitsumstellung). Wenn zwei unterschiedlich weit entfernte Objekte dieselbe Geschwindigkeit haben, so nehmen wir sie auch als gleich schnell wahr, obwohl die dazugehörigen Bewegungsgeschwindigkeiten auf der Netzhaut sich unterscheiden. Wenn ein Flugzeug z.B. zwei Sekunden braucht, um die komplette Leinwand zu passieren, so verlängert sich der Weg auf der Netzhaut, wenn man im Kino vorne sitzt und sich somit die Relation Weg/Zeit vergrößert. Das ist der Grund, warum im Kino vorne die Handlung schneller, bewegter, actionreicher wirkt.

Bei der Betrachtung von *Scheinbewegungen* lassen sich ebenfalls zwei Fälle unterscheiden: autokinetische und stroboskopische Bewegung. Beim *autokinetischen Effekt* bewegt sich physikalisch nichts, es handelt sich um eine Bewegungstäuschung. Eine einzelne stationäre Lichtquelle in einem völlig abgedunkelten Raum wird als bewegt wahrgenommen.

Bei der *stroboskopischen Bewegung* setzt sich die Bewegungswahrnehmung aus einer Folge unbewegter Einzelbilder zusammen. Wertheimer bezieht sich darauf mit seinen Untersuchungen zum (von ihm so bezeichneten) Phi-Phänomen. Einer Anekdote zufolge ließ er sich von einem Spielzeugstroboskop anregen, dem sogenannten Dädaleum von G. W. Horner aus dem Jahre 1834. Damit betrachtet man eine Bilderserie mit der Bewegungsabfolge eines Objekts auf einem sich drehenden Zylinder durch Schlitze. So entsteht ein kontinuierlicher Bewegungseindruck. In Wertheimers Grundexperiment werden der Versuchsperson zwei Lichtreize in Form von Balken dargeboten, die einen bestimmten räumlichen und zeitlichen Abstand voneinander haben. Abhängig vom Zeitintervall und der räumlichen Distanz entsteht bei einem „günstigen" Zeitabstand der Eindruck einer fortlaufenden Bewegung (bei Objektidentität). Dieses *Phi-Phänomen* ist etwa von Leuchtreklamen (Laufschrift) bekannt. Auf demselben Prinzip beruht auch der Film. Bei 24 Bildern pro Sekunde sehen wir eine fortlaufende Bewegung.

Streng genommen ist jede Bewegungswahrnehmung insofern stroboskopisch, als die kontinuierliche Objektbewegung zu einem „Nacheinander der Reizung" der entsprechenden Netzhautrezeptoren führt. Deshalb stellt sich auch die Frage der Wahrnehmungsidentität. Ein bewegtes Objekt führt zu einer Veränderung des Netzhautbildes. Wir sehen aber das alte, identische Objekt in veränderter Position und nicht etwa unterschiedliche Objekte.

Albert Michottes Experimente (1963) beziehen sich auf dieses Problem. Eine seiner Grundanordnungen sieht so aus:

A   B

Abbildung 23: Wahrnehmungsidentität bewegter Quadrate

Das schwarze Quadrat A bewegt sich nach rechts und verschwindet in dem hellgrauen Bereich.[24] Kurz darauf – die Zeitspanne entspricht der ursprünglichen Geschwindigkeit von A – erscheint das dunkelgraue Quadrat B und bewegt sich mit derselben Geschwindigkeit nach rechts. Trotz Grauwechsel ergibt sich der Eindruck einer ungeteilten, einheitlichen Bewegung des identischen Objekts. Bei Michottes Experimenten sind mehrere Faktoren variiert worden. Ein bewegtes Objekt behält seine Identität umso leichter, je weniger es sich in Bezug auf Größe, Gestalt, Helligkeit, Farbe und Geschwindigkeit verändert. Die Versuchspersonen haben oft den Eindruck, als fahre es durch einen Tunnel. Deshalb nennt man diese Experimente auch „Tunnelexperimente".

Michotte führte auch Versuche durch, in denen Kausalität als integraler Teil des Wahrnehmungserlebnisses erscheint.

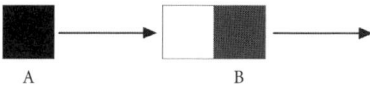

A   B

Abbildung 24: Wahrgenommene Kausalität bewegter Quadrate

Wie in der ersten Anordnung bewegt sich das schwarze Quadrat in Abbildung 24 nach rechts. Es verschwindet jedoch nicht in dem hellen Bereich neben B, sondern verdeckt diesen, berührt B und bleibt stehen. Sofort bewegt sich das graue Quadrat B weiter nach rechts. Die Versuchspersonen berichten, dass A das Quadrat B anstoße. A bewirke ursächlich die Bewegung von B. Kausalität ist in diesem Fall Teil des Wahrnehmungserlebnisses selbst. Einer solchen Art der Wahrnehmung kann keine Erfahrung zugrunde liegen, denn schließlich bewegen sich die Quadrate lediglich als virtuelle Projektionen auf einer Leinwand. Die wahrgenommene Ursache-Wirkungs-Relation lässt sich noch weiter treiben, wenn nicht – wie im Falle zweier Objekte – eines das andere anstößt, sondern ein einzelnes Objekt sich selbst in Bewegung setzt.

Arnheim (2000, S. 398) schildert folgendes Beispiel: Ein schwarzes Rechteck im Größenverhältnis 2:1 dehnt sich nach rechts um das Vierfache aus. Sobald die Ausdehnung auf der rechten Seite zum Stillstand gekommen ist, zieht sich die linke Seite zusammen, so dass der lange Streifen wieder zu dem 2:1-Rechteck schrumpft. Dieser Vorgang wird mehrfach wiederholt. Dadurch entsteht sehr stark der Eindruck einer inneren Ursache, eines inneren Antriebes für die Veränderung.

---

[24] In Annäherung an Michottes Darstellung.

Abbildung 25: Stretch and shrink

Die meisten Versuchspersonen vergleichen das virtuelle Geschehen mit einer sich bewegenden Raupe, d.h. der Vorgang wirkt lebendig. Dabei scheint sich das Rechteck als Ganzes auszudehnen, obgleich die Veränderungen lediglich an den Seiten stattfinden (rechts beim Ausdehnen, links beim Schrumpfen).

Das wirft die Frage nach dem Belebungs- bzw. Beseelungsmuster auf. Auf jeden Fall spielt Bewegung eine wichtige Rolle. In grober Anlehnung an Arnheim könnte man sagen: Je mehr die Bewegung mit innerer Veränderung des Objekts einhergeht, also scheinbar aus eigener Kraft (und nicht von außen beeinflusst) erfolgt, und je komplexer sie ausfällt, umso deutlicher nehmen wir das sich bewegende Objekt als belebt wahr. „Wenn ein Objekt mit wechselnder Geschwindigkeit einen komplizierten Weg beschreibt, scheint es von [...] komplizierten Kräften gesteuert zu werden" (Arnheim, 2000, S. 402).[25]

Ein hervorragendes Beispiel liefert uns Carpenter mit seinem Erstlingswerk DARK STAR (USA 1974). Hier wirkt ein Ungeheuer – ein bemalter Gymnastikball – als beseeltes Wesen. Es wippt und klopft mit seinen Krallen auf den Boden, als überlege es. Einmal klebt es an der Wand, dann springt es Sergeant Pinback, der es einfangen soll, auf den Rücken und krallt sich fest. Oder es befindet sich urplötzlich hinter dem Sergeant. Dann wiederum entwendet das Wesen dem Sergeant ein Brett, das er braucht, um den Fahrstuhlschacht zu überqueren.

Standbild 5: DARK STAR. Der Exot, ein „nichtsnutziges Hüpfgemüse". Filmstill 0:29:59[26]

---

[25] Darauf beruhen z.B. Filme wie John Carpenters CHRISTINE (USA 1983).
[26] Die schlechte Qualität der Low budget-Produktion ist einer der Gründe für den heutigen Kultstatus des Films.

1.2 Prozesse der Wahrnehmungsorganisation 37

Das visuelle Szenario lebt von den ganz und gar unberechenbaren Bewegungen des Exoten. Ein Großteil des Effekts beruht auf seinen bizarren Bewegungen, die uns einerseits einen inneren Antrieb wahrnehmen lassen und die andererseits so raffiniert sind, dass der Astronaut das Ungeheuer nicht fangen kann.

Nicht nur der Beobachtungsgegenstand kann sich bewegen, sondern auch die Kamera. Die Ausdrucksmöglichkeiten in den Kamerabewegungen sind vielfältig. Die Skala reicht von ruhender Kamera und stationärem Gegenstand – Andy Warhol filmte das Empire State Building acht Stunden lang mit nur einer Kameraeinstellung – bis zu extrem verwackelten Handkameraeinstellungen in einigen DOGMA-Filmen oder etwa im BLAIR WITCH PROJECT (R Daniel Myrick, Eduardo Sánchez, USA 1999). Cineasten diskutieren, ob die Kamera überhaupt neutral dokumentieren kann oder ob sie nicht immer ein subjektives, aktives „Eigenleben" führt.

Zur Erklärung der Bewegungswahrnehmung wird häufig der Ansatz der ökologischen Optik nach Gibson (1979) bemüht.

> James Jerome Gibson gilt als moderner amerikanischer Wahrnehmungstheoretiker. Er setzt der klassischen Wahrnehmungstheorie kontinentaleuropäischer Prägung (von Helmholtz und andere) seinen *Ökologischen Realismus* entgegen. Ausgangspunkt der ökologischen Perspektive bildet nicht die physikalische Optik, welche etwa die Funktionsweise optischer Geräte beschreibt, sondern die ökologische Optik. Sie setzt sich mit der bedeutungshaltigen Wahrnehmung des Menschen in seiner Umwelt auseinander. Im Zentrum der Vorstellungen Gibsons steht seine *Extraktionstheorie von Invarianz*. Sie beschreibt bzw. erklärt Beständigkeit (phänomenale Identität). Die Bilder auf der Netzhaut verschieben sich. Sie bleiben bei Bewegung des Wahrnehmenden oder des Wahrnehmungsobjekts keinen Moment gleich und aus Texturgradienten werden Bewegungsgradienten. Wir nehmen Fließmuster wahr. Sie enthalten Information höherer Ordnung. Diese Information wird *direkt* wahrgenommen, d.h. der *Information-Pick-up*-Prozess erfolgt unmittelbar, ohne vermittelnde Prozesse (z.B. durch das Gedächtnis), als einfacher Akt. Direkt wahrgenommen wird *Invarianz*. Gibson definiert sie als Konstanz von Objekteigenschaften, unabhängig von bestimmten Transformationen. *Transformationen* sind durch optische Gesetze bestimmte Änderungen. Z.B. erfährt ein Gegenstand eine Transformation, wenn er unter anderen Lichtverhältnissen erscheint. Mit dem Konzept der direkten Wahrnehmung von Invarianz (trotz Transformation) beschreibt bzw. erklärt Gibson das Bleibende im Wechsel. Die Reizfolgetheorie, die Gibson von Helmholtz und seiner physikalischen Optik zuordnet, erklärt die Wahrnehmung einer Bewegung über Einzelbilder, die das kognitive System zu einer kontinuierlichen Abfolge von Ereignissen zusammenfügt. Nach Gibson erfolgt Bewegungswahrnehmung direkt.

Bei der Bewegungswahrnehmung unterscheidet Gibson drei Fälle:

1. Ein Objekt bewegt sich.

2. Ein Beobachter bewegt sich.
3. Ein Beobachter und ein Objekt bewegen sich.

Im ersten Fall kommt der Bewegungseindruck durch Okklusions- und Disokklusionsvorgänge zustande, d.h. das sich bewegende Objekt verdeckt einige Teile der Umgebung und deckt andere auf.

Sehr schön wird dieser Effekt in Quentin Tarantinos JACKIE BROWN (USA 1997) in einer Szene sichtbar, in der die Titelheldin im Flughafen auf einem Laufband vor einer strukturierten Wand entlangfährt – erst langsam (0:00:30-0:01:50), dann immer schneller (0:03:05-0:04:00). Die Ausschnitte des Hintergrunds, die sie verdeckt und dann wieder frei gibt, verstärken den Eindruck ihrer Bewegung.

Der zweite Fall (ein Beobachter bewegt sich) lässt sich noch einmal in zwei Kategorien unterteilen. Entweder er bewegt sich tatsächlich oder es handelt sich um eine Bewegungstäuschung, d.h. um das Gefühl, *als ob* er sich in Bewegung befände.

Kameraleute nutzen diese *induzierte Bewegung* häufig. Um sie verstehen zu können, muss zunächst einmal klar sein, wie unsere Wahrnehmung zwischen *Eigenbewegung* und *Bewegung in der Umgebung* unterscheidet. Drei Subsysteme ermöglichen diese Differenzierung:

– Gleichgewichtsorgane im Innenohr,
– Rezeptoren in Gelenken, Muskeln und Sehnen,
– optische Fließmuster auf der Netzhaut.

Das dritte Subsystem wirkt stärker als die beiden anderen und kann sie dominieren.

Fließmuster entstehen wie folgt: Texturgradienten werden im Falle von Eigenbewegung zu Bewegungsgradienten (Abbildung 26 zeigt sie als Pfeile unterschiedlicher Länge). Diese erzeugen bewegte Netzhautbildpunkte auf der Retina.[27]

Abbildung 26: Bewegungsgradienten und Fließmuster

---

[27] Ulric Neisser (1979) bezeichnet Netzhautprojektionen als *optical flow pattern*, wenn Bewegung wahrgenommen wird.

Die Vektorpfeile in Abbildung 26 geben die Bewegung der Netzhautbildpunkte für eine Person an, die auf den Horizont zu fährt und den Fluchtpunkt fixiert.[28] Verschiedene Arten des optischen Fließmusters verweisen eindeutig auf bestimmte Formen der Eigenbewegung. Dieses Fließmuster (Typ 1) hat eine besondere Charakteristik. Es überzieht die gesamte Netzhautfläche. Eine Bewegung in der Umgebung (Typ 2) kann ein solches Fließmuster nicht hervorbringen. Sie bewirkt nur ein Muster, das einen relativ kleinen Teil der Netzhaut überzieht.

Nun ist es filmisch möglich, ein artifizielles Design (entsprechend Typ 1) zu produzieren, nach dem die Umwelt in ihrer Gesamtheit in Bewegung gerät. Dann entsteht durch dazugehörige Fließmuster der Eindruck, *als ob* man sich selber in Bewegung befände. Die Bewegungstäuschung ist induziert, aber sie wirkt zwingend.

Bestimmte Arten des Fließmusters generieren entsprechende Formen des Bewegungseindrucks. Grob vereinfacht unterscheidet man zwischen:

– Eigenbewegung horizontal nach vorn,
– Eigenbewegung horizontal nach hinten,
– Eigenbewegung vertikal nach oben,
– Eigenbewegung vertikal nach unten.

Folgende Merkmale des Fließmusters bewirken den Eindruck eigener Vorwärtsbewegung in Blickrichtung (horizontal):

– Nach-außen-Fließen der Netzhautprojektionen und damit konzentrisches Größer-Werden,
– Beschleunigung der Netzhautprojektionen zu den Randbereichen der Retina,
– der einzige (Netzhautbild-)Punkt, der sich nicht bewegt, ist der Fluchtpunkt mit dem Bewegungsvektor Null.

Bei eigener Rückwärtsbewegung verhält es sich genau umgekehrt. Die Netzhautprojektionen gleiten bei abnehmender Größe und Beschleunigung ins Zentrum der Retina.

Beim Absinken bzw. Emporsteigen gleitet der überwiegende Teil der Netzhautprojektionen vertikal nach oben bzw. nach unten.

Die vier beschriebenen Bewegungsformen mit den entsprechenden Fließmustern beschreiben die Wirklichkeit nur sehr vereinfacht. So schildert Siegbert Warwitz (2001, S. 53–97) die Bewegungsformen Rollen, Gleiten, Schweben, Drehen, Kreisen, Überschlagen, Fallen, Fliegen, Taumeln, Schaukeln anhand von entsprechenden Beispielen wie Skysurfen, Deltafliegen, Bungeejumping, Freefalltower-

---

[28] In einem Bild kann man – wie in Abbildung 26 – die Bewegung(sgradienten) nur durch Vektorpfeile verdeutlichen. Anders im Film: In einer Szene gegen Ende von No COUNTRY FOR OLD MEN (R Ethan und Joel Coen, USA 2007) fährt der Antagonist im Auto auf den Horizont zu. Die Kamera filmt aus der Frontscheibe nach vorn. Der Blick des Fahrers fällt mit unserem Betrachterblick zusammen. Das Arrangement mit dem Fluchtpunkt und den links und rechts vorbeiziehenden Bäumen ist in seiner Struktur der Abbildung 26 von Ralph Norman Haber und Maurice Eugene Hershenson sehr ähnlich.

Erleben. Jeder dieser Bewegungsformen entspricht eine spezifische Kombination von Fließmustern mit den korrespondierenden Empfindungen der Gleichgewichtsorgane im Innenohr und der Rezeptoren in den Gelenken und Sehnen.[29]

Filme, in denen es um Verfolgungsjagden und fliegende Raumschiffe (wie in den STAR WARS-Episoden) geht, bewirken mit Hilfe induzierter Bewegung starke emotionale Effekte beim Zuschauer.

Technisch gesehen funktioniert das über schnelle, horizontale Kamerafahrten aus tiefer Perspektive in Kombination mit starken Weitwinkelobjektiven. Diese machen – im Gegensatz zum Zoom – weit entfernte Objekte kleiner und nahe Objekte größer, als sie sind. Die Objekte wachsen progressiv an, wenn sie auf den Betrachter zukommen. Die Wirkung lässt sich weiter steigern, wenn während der Fahrt die Kameraeinstellung von der Totalen zur Großaufnahme verändert wird. Der Zuschauer erfährt sich auf Kollisionskurs. Diese Technik führt zu Bildschockeffekten.

Die Wirkung der optischen Fließmuster kann man noch verstärken durch markant strukturierte Oberflächen im Hintergrund, frontales Zufahren oder Zufliegen auf ein Hindernis, Angleichung der Kameraachse an die Sichtachse des Piloten usw.

Die Technik, insbesondere die Tricktechnik in Verbindung mit Spezialeffekten und kombiniert mit Realaufnahmen, hat sich in den letzten Jahren erheblich weiterentwickelt. Das moderne Kino bindet den Zuschauer durch Ausblenden der Umgebung, Größe der Leinwand, 3D und Sound immer stärker in das Filmgeschehen ein. So gelingt es immer intensiver, Bewegungsempfindungen wie auch Emotionen auszulösen. Dabei will der Film solche Empfindungen produzieren, die angenehm-lustvoll sind, die dem *Flow*[30]-Erleben gleichen. Warwitz (2001, S. 204–224) weist in Übereinstimmung mit dem Protagonisten der Flow-Forschung Mihaly Csikszentmihalyi (1992) darauf hin, dass nur mittlere Reizintensitäten (bzw. mittlere Schwierigkeitsgrade von Tätigkeiten im Falle von Realbewegung) das Flow-Erleben auslösen. Zu intensive Reize (hohe Schwierigkeit) erzeugen nur Angst, zu schwache Reize (niedrige Schwierigkeitsgrade) Langeweile. Der Regisseur wird im Film, verglichen mit realen Risiko- und Wagnissituationen, eher an

---

[29] Auch diese Kombination scheint noch recht ungenau, verglichen mit folgender Passage bei Warwitz (2001, S. 58): „Im Drehen, Kreisen, Überschlagen manifestieren sich Bewegungsformen, die in besonderem Maße die Gleichgewichts- und Wahrnehmungsprozesse fordern. Bei Drehungen, Kreiselbewegungen, Überschlägen setzt sich der Wagende gegenläufig auf ihn einwirkenden Zieh- und Fliehkräften aus, die eine Zerreißprobe für die Körperfunktionen und das nervliche Durchstehvermögen bedeuten. Der Wagende begibt sich in das Spannungsfeld zentripetaler und zentrifugaler Kräfte, die in ihrer Dynamik die inneren Organe pressen und dehnen, das Atmen erschweren, den Blutdruck erhöhen, den Herzrhythmus irritieren, die Stressregulatoren alarmieren, den Hormonhaushalt mobilisieren, die Wahrnehmungsorgane desorientieren, das Nervensystem strapazieren. Ungewöhnliche Raumlagen, Beschleunigungs- und Bremskräfte, Rotationsenergien setzen die Lebensfunktionen einer starken Belastungsprobe aus. Das Wahrnehmungs-, Entscheidungs- und Steuerungsvermögen wird vor ungewöhnliche Aufgaben gestellt. Es entsteht die Gefahr eines Bewußtseinsausfalls, eines Kontrollverlusts im Schwindel. Dies kann zu rauschhaften Zuständen führen."

[30] *Flow* (engl., Zustand völliger, konzentrierter Versunkenheit in eine Tätigkeit).

die obere Grenze der Reizintensität gehen können.[31] Auch wenn der Film den Zuschauer noch so sehr fesselt, so weiß er doch auf einer vorbewussten Ebene: Ich sitze hier im Kino und es wird mir nichts passieren.

1.3 Wahrnehmungsprozesse und Anwendungsorientierung

Wahrnehmung als Prozess, in dem wir unsere Umwelt erschließen, bildet die Grundlage für die anwendungsnäheren Bereiche „Beobachtung" und „Beurteilung". Dabei akzentuiert Beobachtung ein methodisches Moment, Beurteilung ein bewertendes. Unter wissenschaftlichen Gesichtspunkten ist in beiden Fällen Objektivität erstrebenswert, Subjektivität sollte möglichst ausgeschaltet oder zumindest kontrolliert werden. Der Film KITCHEN STORIES (R Bent Hamer, N / S 2003) eignet sich, um Fehler wissenschaftlicher Beobachtung sichtbar zu machen, und kann dazu beitragen, sie zu vermeiden. DIE ZWÖLF GESCHWORENEN (R Sidney Lumet, USA 1957) zeigt Beurteilungsfehler im Gerichtssaal und vermag unsere Aufmerksamkeit für solche Fehler auch in alltäglichen Situationen zu schärfen.

1.3.1 Wahrnehmung und Beobachtung

Sowohl Wahrnehmung als auch Beobachtung sind Bedingung für unsere Orientierung in der Umwelt und Voraussetzung für Erkenntnisgewinn. Wahrnehmung ist der allgemeinere, grundlegende Prozess, aus dem sich geordnete, stabile und bedeutungsvolle Repräsentationen der Umwelt erschließen. *Beobachtung* spezifiziert diesen Prozess, und zwar als Methode selektiver, gerichteter und gezielter Aufmerksamkeit.

Im Gegensatz zur Alltagsbeobachtung beansprucht die wissenschaftliche Beobachtung, objektiv und systematisch vorzugehen. Neben Interview, Inhaltsanalyse und Experiment stellt sie eine wichtige Methode der Psychologie und der empirischen Sozialforschung insgesamt dar. Die *wissenschaftliche Beobachtung* als Methode der Datengewinnung ist die planmäßige Erfassung sinnlich wahrnehmbarer Ereignisse und Verhaltensweisen von Individuen mit dem Ziel der objektiven, zuverlässigen und gültigen Beschreibung und Dokumentation sozialer Wirklichkeit. Wissenschaftler wenden diese Methode an, wenn keine verbalen Auskünfte möglich sind, wenn also die Respondenten[32] nicht verbal berichten wollen, können oder sollen. Das ist etwa bei Kleinkindern oder Tieren und bei nonverbaler Kommunikation der Fall oder es dient zur Vermeidung subjektiver Selbsteinschätzung.

---

[31] Das ist von vielen weiteren Variablen abhängig, z.B. vom Genre. Action-Filme oder Zombie-Schocker erfordern andere Reizintensitäten als ein ruhiger Beziehungsfilm. Zu beachten sind auch veränderte Rezipientengewohnheiten. Was für einen älteren Menschen unerträglich sein kann, erlebt ein jüngerer vielleicht schon als langweilig.

[32] Der Begriff umfasst verbale und nonverbale Reaktionen.

Beobachtungen lassen sich entlang von vier dimensionalen Unterscheidungsmerkmalen[33] systematisieren:

1. Grad der Offenheit (offen – verdeckt)
Bei der offenen Beobachtung gibt sich der Beobachter als solcher zu erkennen und arbeitet mit Wissen und Zustimmung der Beobachteten. Bei der verdeckten Beobachtung kann er sich entweder durch die Technik verbergen (z.B. durch eine einseitig verspiegelte Scheibe oder eine versteckte Kamera) oder durch seine soziale Rolle tarnen.[34] Das kann zu praktischen Problemen wie dem der Enttarnung führen, wirft aber auf jeden Fall wissenschaftsethische Fragen auf.

2. Grad der Einbindung (teilnehmend – nicht-teilnehmend)
Der beobachtende Forscher kann aktiv in die Interaktionen im Forschungsfeld eingreifen oder in passiver Weise außerhalb stehen. Der Vorteil der teilnehmenden Beobachtung liegt in einem hohen, aus innerem Nachvollzug resultierenden Verständnis der Prozesse im Feld. Der Nachteil besteht in mangelnder Objektivität und Validität (Gültigkeit) der Beobachtung als Resultat der Veränderung des Felds durch den Beobachter und/oder möglicher Überidentifikation mit den beobachteten Personen.

3. Grad der Systematisierung (systematisiert – nicht systematisiert)
Der Grad der Systematisierung bezieht sich sowohl auf die Beobachtung als auch auf die Aufzeichnung. Bei starker Ausprägung arbeitet man mit einem festen Beobachtungsschema, bei geringer Ausprägung nur mit Leitfragen. In diesem Falle stehen bei Beobachtungsbeginn keine elaborierten Hypothesen fest, die der Wissenschaftler dann überprüft, sondern er entwickelt Versuchsfragen und Hypothesen erst im laufenden Prozess.
Je höher der Systematisierungsgrad, desto zuverlässiger fällt die Beobachtung aus. Über hohe Reliabilität (Zuverlässigkeit) kann aber Flexibilität verloren gehen. Kritiker argumentieren bisweilen, der überorganisierte Beobachter verliere Offenheit und verpasse damit das Wichtigste.

4. Grad der Natürlichkeit (natürlich – künstlich)
Die beobachtete Situation kann natürlich oder künstlich sein; natürlich unter Feldbedingungen, künstlich im psychologischen Labor. Die Beobachtung von Schülern im Klassenzimmer geht mit einem hohen Grad an Natürlichkeit einher, ihre Beobachtung in einer nach experimentellen Vorgaben ablaufenden Gruppendiskussion erfolgt hingegen unter künstlichen Bedingungen.

---

[33] Diese Dimensionen sind stetig zusammenhängend (Kontinua). In der Literatur findet man sie oft in zweigeteilter (dichotomisierter) Form, den Grad der Offenheit z.B. als Gegensatzpaar „verdeckt – offen".

[34] Dies ist auch die bevorzugte Methode des deutschen Enthüllungsjournalisten und Schriftstellers Günter Wallraff, bekannt u.a. für seine verdeckten Recherchen bei industriellen Großunternehmen und bei der Bild-Zeitung.

Bei der Einführung geplanter Veränderungen oder unabhängiger Variablen nähert sich die Methode der Beobachtung (bei niedrigem Grad der Teilnahme) unter natürlichen Bedingungen dem Feldexperiment, unter künstlichen Bedingungen dem Laborexperiment.

Lässt man Mischformen beiseite, so ergeben sich bei einem mittleren Grad der Natürlichkeit und bei vereinfachter Dichotomisierung der beschriebenen Kontinua acht Varianten.

Tabelle 3: Acht Varianten der Beobachtung

	nicht teilnehmend		teilnehmend	
	verdeckt	offen	verdeckt	offen
systematisch	1	2	5	6
unsystematisch	3	4	7	8

Filmbeispiele für diese Varianten sind:

1. I WIE IKARUS (R Henry Verneuil, F 1979). Hier beobachten die Wissenschaftler durch eine verspiegelte Einwegscheibe verdeckt, nicht teilnehmend und systematisch (1:09:42-1:30:40).
2. In KITCHEN STORIES beobachtet Folke Nilsson auftrags- und rollengemäß zunächst offen, nicht teilnehmend und systematisch (0:00:00-0:34:29).
3. DAS FENSTER ZUM HOF (R Alfred Hitchcock, USA 1954) basiert wesentlich darauf, dass der Pressefotograf L. B. Jefferies, seine Verlobte und seine Pflegerin die Ereignisse im Haus gegenüber verdeckt, zunächst unsystematisch und nicht teilnehmend beobachten. Dabei werden sie immer stärker ins Geschehen involviert.
4. In DIE FABELHAFTE WELT DER AMÉLIE (R Jean-Pierre Jeunet, F/D 2001) beobachtet Amélies Chefin Suzanne im Café „Les Deux Moulins" im Künstlerviertel Montmartre ihre Gäste offen und mit großer Menschenkenntnis, aber ohne weitergehende Systematik.
5. DER NAME DER ROSE (R Jean-Jacques Annaud, D/F/I 1986) zeigt verdeckte Ermittlung aus einer teilnehmenden Rolle. Der Franziskanermönch William von Baskerville, Teilnehmer an einem theologischen Disput in einer italienischen Abtei, und sein jugendlicher Novize Adson von Melk ermitteln systematisch in einer Mordserie.
6. In Stanley Kubricks FULL METAL JACKET (GB 1987) beobachtet der Kriegsreporter Private Joker einen Kampfeinsatz in Hue, Vietnam, und berichtet darüber. Er nimmt daran teil wie die anderen Marines, berichtet offen. Bedingungen der Kriegsreportage bestimmen sein Vorgehen.

7. In DIE ANSTALT (R Hans-Rüdiger Minow, D 1978) möchte die Psychologiestudentin Anna Theyn die Verhältnisse in einer Psychiatrie aus eigener Anschauung erleben und lässt sich zu diesem Zweck mit vorgetäuschten psychischen Störungen einliefern. Sie arbeitet verdeckt und versucht, ein Tagebuch zu führen. Diese rudimentäre Systematik kann sie aber schon bald aus der Betroffenen-Perspektive nicht mehr durchhalten. Wie dramatisch sich der Grad ihrer Teilnahme gegen ihren Willen verändern wird, hat sie im Vorfeld zu wenig bedacht.
8. In KITCHEN STORIES entwickelt der zunächst nicht teilnehmende, systematisch beobachtende Folke eine freundschaftliche Beziehung zu seinem „Forschungsobjekt" Isak, gerät also in die Teilnehmer-Rolle. Darüber geht auch jegliche Systematik verloren, Beobachtung findet schließlich nicht mehr statt.

Offene, systematische und nicht teilnehmende Beobachtung und ihre Entwicklung im Forschungsverlauf untersuchen wir im Folgenden etwas genauer anhand des Films KITCHEN STORIES (0:00:00–0:34:29). Vordergründig thematisiert er zunächst ein Projekt des schwedischen Hauswirtschaftsforschungsinstituts HFI über die Kochgewohnheiten und Küchenwege alleinstehender Männer in Norwegen. Vorher hatte das Institut das Verhalten schwedischer Hausfrauen in ihren Küchen analysiert und an der Optimierung von Kücheneinrichtungen gearbeitet.

Jetzt sind also norwegische Junggesellen an der Reihe. Im Mittelpunkt steht Isak Bjørvik (Joachim Calmeyer). Folke Nilsson (Tomas Nørström) wird ihm als Beobachter zugewiesen. Wenngleich die Entwicklung der Beziehung zwischen den beiden Männern das zentrale Thema bildet, erhält die Beobachtungsmethode anfangs viel Gewicht.

Anordnung und Geschehen der wissenschaftlichen Beobachtung lassen sich folgendermaßen beschreiben: Das HFI unter Leitung von Dr. Ljungberg (Leif Andrée) führt das Projekt durch. Projektleiter und Vertreter der schwedischen Beobachter ist Sixten Malmberg (Reine Brynolfsson), Folke Nilsson (Tomas Nørström) ist einer von mehreren schwedischen Beobachtern.

Der Forschungsgegenstand, alleinstehende norwegische Männer mit ihren Kochgewohnheiten und Küchenwegen, konstituiert das Beobachtungsfeld, die Küche. Die Beobachtungseinheit, nach M. v. Cranach und H.-G. Frenz (1969, S. 286ff.) „derjenige Bestandteil in einem Verhaltensablauf [...], der dem Untersucher als kleinstes, nicht reduzierbares Ereignis zur Analyse des Verhaltens notwendig erscheint", können sowohl Personen als auch Verhaltensweisen oder Situationen sein. Zu klären sind die Fragen: Wer? Was? Wo? Wann?, hier also Isak Bjørvik, seine Wege in der Küche, diese als alleiniger Ort der Beobachtung, all das allerdings zu nicht festgelegten Zeiten. In seiner Einführung legt Sixten Malmberg Wert darauf, „dass die Beobachter kommen und gehen dürfen, wie es ihnen beliebt."[35]

Ziel ist die Verkürzung der Küchenwege durch Optimierung der Anordnung der Küchengeräte. In seinem Einführungsvortrag zitiert Malmberg seinen Chef:

---

[35] Hier wie im Folgenden Transkript der Verfasser.

„Oder wie Dr. Ljungberg selbst gerne sagt: ‚Jetzt legt die schwedische Hausfrau nicht mehr einen Weg bis in den Kongo zurück, um die Familie im Laufe des Jahres zu bekochen. Jetzt reicht es, wenn sie bis nach Norditalien geht.'"

Das Projekt ist als Feldforschungsstudie angelegt, d.h. als empirische Datenerhebung im natürlichen Lebensraum. Die freiwilligen Teilnehmer bekommen je einen Beobachter zugeordnet. Er soll nicht teilnehmend beobachten. Malmberg legt allergrößten Wert auf diesen Punkt als Herzstück der Studie: „Sie (die Beobachter, Anmerkung der Verfasser) dürfen dabei weder angesprochen werden, noch in die täglichen Haushaltsabläufe und -arbeiten einbezogen werden, *egal wie groß die Versuchung auch sein mag*" (Hervorhebung der Verfasser).

Alle Beobachter unterliegen der Schweigepflicht. Als Beobachtungsinstrument benutzen sie den HFI-Protokollbogen. Dieser gibt vor, was und wie zu beobachten ist. Zum Zwecke der Beobachtung aus einer Übersichtsposition sitzen die Beobachter auf einem Hochsitz. Weiterhin verfügen sie über einen eigenen Wohnwagen, um nicht bei ihren Untersuchungspersonen übernachten zu müssen. Fragen der Zeitstichprobe bleiben unklar definiert. Das betrifft sowohl den Gesamtbeobachtungszeitraum als auch die Anzahl und Länge der einzelnen Beobachtungsintervalle. Dieser Forschungsplan soll sich nun in der Praxis bewähren.

In der ersten Beobachtungssituation hat Folke, ausgestattet mit dem HFI-Protokollbogen und einem Bleistift, auf seinem Hochsitz Stellung bezogen. Isak sitzt am Küchentisch, raucht Pfeife und trinkt eine Tasse Kaffee. Dann verlässt er den Raum. Es bleibt nichts zu beobachten.

Standbild 6: KITCHEN STORIES. *Folke Nilsson (Tomas Nørström) beobachtet Isak Bjørvik (Joachim Calmeyer). Filmstill 0:15:31*

Bei der nächsten Beobachtungsgelegenheit kommt Folke zu spät und verpasst das Gespräch zwischen Isak und dessen Freund Grant – im Sinne des Untersuchungsziels allerdings nichts Wichtiges.

In der dritten Beobachtungssituation schaltet Isak das Licht aus – erschwert also die Beobachtung – und isst vernehmbar harte Schokolade. Dann macht er das Licht wieder an, ermöglicht also Beobachtung. Folke zückt eifrig seinen Stift, doch Isak verlässt den Raum. Anschließend ist zu sehen, wie der Beobachtete den Beobachter beeinflusst hat. Folke bekommt Heißhunger auf Schokolade, muss bis in den nächsten Ort fahren, um sich welche zu besorgen, und schlingt sie später in seinem Wohnwagen tafelweise in sich hinein.

Auch in der nächsten Beobachtungssituation kann Folke immer noch keine Küchenwege protokollieren. Man sieht aber, wie der Beobachter – dies gilt als schwerwiegender methodischer Fehler – auf den Beobachteten einwirkt. Isak bestückt vier Mausefallen mit Käse. Im entscheidenden Moment hustet Folke. Infolgedessen erschreckt sich Isak, die Mausefalle schnappt zu und er klemmt sich den Finger. Daraufhin verlässt er die Küche.

Später wird der Einfluss des Beobachters auf den Beobachteten noch deutlicher und betrifft nun auch Küchenwege. Während Isak seinen Freund Grant zur Tür hinaus begleitet, hat Folke bereits seine Beobachterstellung bezogen und will noch schnell ein Ei essen. Er hat aber kein Salz. Deshalb verlässt er seinen Hochsitz und besorgt sich Isaks Salzstreuer, der auf einem Regal steht. Weil Isak naht, stellt Folke den Salzstreuer schnell wieder zurück, aber an eine falsche Stelle. Isak möchte jetzt auch ein Ei essen, findet aber das Salz nicht. Er sucht es, schaut hier nach, schaut dort nach und legt dabei eigentlich unnötige Küchenwege zurück. Im Sinne der nicht teilnehmenden Beobachtung unterläuft Folke hier ein kardinaler Methodenfehler. Dies wird noch einmal verstärkt, als er seiner Untersuchungsperson durch einen dezenten Hinweis zu verstehen gibt, wo der Salzstreuer steht.

Bereits vorher konnte man sehen, dass Isak nicht mehr in seiner Küche kocht, sondern im darüber gelegenen Schlafzimmer. Damit entfallen Küchenwege und Kochgewohnheiten als Untersuchungsgegenstand.

Außerdem hat Isak ein Loch in den Fußboden des Schlafzimmers gebohrt, durch das er nun Folke von oben beobachtet. Der Beobachtete beobachtet den Beobachter. Der Untersuchungsplan der HFI-Studie wird also in allen wichtigen Punkten schrittweise demontiert, bis Isak schließlich Folke anspricht: „Komm da runter und trink 'nen Schluck Kaffee!"

Der Film zeigt im Folgenden die Entwicklung der Beziehung zwischen den beiden Männern und greift die Beobachtungsthematik dabei immer wieder auf. Am Ende hat sich Folke vollständig mit Isak identifiziert.

Gemessen an den Gütekriterien sozialwissenschaftlicher Forschung versagt die Beobachtungsmethode. Die fehlende Test-Retest-Reliabilität[36] erkennt man bei den wiederholten Kontrollbesuchen des Projektleiters Malmberg, der stets veränderte Bedingungen vorfindet. Auch Objektivität ist nicht mehr gegeben. Das gilt

---

[36] Die Test-Retest-Reliabilität fällt dann hoch aus, wenn bei Testwiederholung (in diesem Falle Beobachtungswiederholung) dasselbe Ergebnis erzielt wird. Das gelingt hier nicht. So findet beispielsweise der Projektleiter Malmberg bei einem seiner Besuche Isak schlafend in Folkes Beobachtungsstuhl.

nicht nur für die Durchführung der Beobachtung, sondern auch für die Auswertung und Interpretation. Ein Forscher, der nur sein eigenes Verständnis bei der Interpretation der beobachteten Handlungen zum Maßstab erhebt, bleibt subjektiv. Schlimmer noch: Folke versteht einige seiner Beobachtungen überhaupt nicht. Er weiß nicht, warum das Telefon im einen Fall fünfmal, im anderen Fall sechsmal klingelt oder warum Grant seine abgeschnittenen Haare mitnimmt. Entsprechend weit verbreitetem Konsens unter Sozialwissenschaftlern ist eine Beobachtung nur dann valide (gültig), wenn sie die Sichtweise der Beobachteten mit einbezieht.

All diese Unzulänglichkeiten und Fehler sind heute in der Psychologie und in der empirischen Sozialforschung bekannt. Die HFI-Studie zeigt mit der „unmöglichen" Methode der nicht teilnehmenden Beobachtung ein veraltetes Konzept der ethnologischen Feldforschung.

Der sichtbare, aber nicht teilnehmende Beobachter verändert das Feld, insbesondere in nicht absorbierenden Situationen.[37] Aus sozialpsychologischer Sicht gibt es „keine verbindlichen Beziehungsmuster oder Rollen für ein Nicht-Mitglied, das ständig anwesend ist, aber niemals teilnimmt" (William J. Goode & Paul K. Hatt, 1952, S. 122, zitiert nach Jürgen Friedrichs, 1973, S. 283).

Die Ethnologie geht heute in methodischer Hinsicht andere Wege. Der Begriff des Feldes hat einen Bedeutungswandel durchlaufen. Es wird weder als statisch abgegrenzt noch als an einen bestimmten Ort oder Raum gebunden definiert. Ein Feld kann z.b. durch eine bestimmte Gruppe von Menschen konstituiert werden, die der Ethnologe „im Denken begleitet". Es kann aber auch ein kulturelles Phänomen sein. Der Wissenschaftler tritt mit einer vorläufigen Vorstellung, mit einem unfertigen Begriff über das Feld in den Forschungsprozess ein und ist bereit, diese Annahmen mit dem untersuchten Subjekt zu verhandeln und zu modifizieren. Dabei trägt die heutige Ethnologie der Dynamik von Forschungsgegenständen Rechnung. Mobilität gilt als beobachtungsleitende Kategorie. „Cultures do not hold still for their portraits" (Clifford Geertz, 1986, S. 10). Als Schlüsselmethode gilt die teilnehmende Beobachtung. Der Forscher bewegt sich so lange im Feld, bis er die entscheidenden Strukturmerkmale und Gesetzmäßigkeiten erkannt hat.

1.3.2 Wahrnehmungs- und Beurteilungsfehler

Wahrnehmungs- und Beurteilungsfehler lassen sich theoretisch und praktisch schwer voneinander abgrenzen. Einige Theorieansätze nehmen diese Prozesse als diskret und aufeinander folgend an, andere postulieren sie als ineinandergreifend.[38]

---

[37] Bei der nicht teilnehmenden Beobachtung einer Schulklasse z.B. sind die Schüler „sich selbst genug", der Beobachter fällt kaum auf, er wird absorbiert. In einer Beziehung zwischen zwei Personen, von denen einer der Beobachter ist, funktioniert das nicht.

[38] Weiterhin kann man Beurteilungsfehler und Vorurteile schwer voneinander unterscheiden (vgl. Kapitel 2.1.2). Das ursprüngliche Feld der sozialen Wahrnehmung (in der Allgemeinen Psychologie) ist die Personenwahrnehmung. Hier sind Beurteilungsfehler einzuordnen.

In der Literatur impliziert der Begriff *Beurteilungsfehler* oft folgende unkritische Annahmen: Erstens beinhalte die Analyseeinheit nur die beurteilte Person. Zweitens erfolge die Beurteilung nach den Kriterien wahr / falsch und beanspruche den Status naturwissenschaftlicher Objektivität. Die Ergebnisse in diesem Prozess ergäben auf einer abstrakteren Ebene entsprechende Schlussfolgerungen, und zwar als Beurteilung von Eigenschaften der Person. Drittens: Die bei jeder wissenschaftlichen Messung und Klassifikation auftretenden Fehler gelte es zu benennen, zu gruppieren und so klein wie möglich zu halten bzw. auszuschalten.

Viele Wissenschaftler teilen diese Vorstellungen heute nicht mehr. Spätestens seit den Untersuchungen von Robert Rosenthal und Leonore Jacobsen (1968) ist bekannt, dass das Verhalten des Beurteilers den Beurteilten beeinflusst. Er verhält sich dann so, wie es von ihm erwartet wird.

Die Beurteilung kann also keine naturwissenschaftliche Objektivität beanspruchen. Wir befinden uns nicht im Bereich kausaler Gesetzmäßigkeiten, sondern in dem der sozialen Konstruktion. Bei einer naiven Betrachtungsweise haften solche durch Beurteilung konstruierte Eigenschaften der Person an wie ein stabiles Merkmal. Der Abstraktionsprozess in der Beurteilung lässt vergessen, dass der Beurteiler dem Individuum Eigenschaften zuordnet. Der Prozess ist somit kein objektiver, bei dem Subjektives als Fehler eliminiert werden kann, sondern Subjektives ist hier das Wesentliche. Das sollte man sowohl bei der Klassifikation von Beurteilungsfehlern als auch in der Praxis der Personenbeurteilung als Korrektiv immer berücksichtigen.

Die Beobachtung führt zunächst zu einem Befund und dann zu einer Beurteilung. Sinnvollerweise trennt man beides. *Befunde* sind verhaltensnah und werden durch Verben ausgedrückt.

Beispiel: *Der Mann gibt dem Bettler (kein) Geld.*

Sprachliche Hinweise auf *Beurteilung* finden sich in Adjektiven, adverbialen Bestimmungen oder Substantiven, wobei Substantive den Beurteilten noch stärker festlegen.

Beispiel: *Der Mann ist geizig* (evtl. nur heute). *Der Mann ist ein Geizkragen* (immer, charakterbedingt).

Im Verhältnis von Befund und Beurteilung gibt es folgende Varianten und die dazugehörigen Beurteilungsfehler:

- Variante 1: Fälschung
  Bei der *Fälschung* liegt der Fehler bereits vor der Beobachtung auf der Ereignis-Ebene und ist beabsichtigt. Diese Variante hat im Zeitalter digitalisierter Medien große Bedeutung. Zu diesem Problem schreibt eine Tageszeitung[39] an-

---

Vorurteile als soziale Einstellungen sind hingegen Thema der Sozialpsychologie. In diesem Sinne spricht Bernd Estel (1983, S. 188) von zwei Urteilsarten, dem Wahrnehmungsurteil und dem kognitiven Urteil. Die meisten Fachleute verzichten aber auf den Versuch einer Trennung und betonen die Gemeinsamkeit: „Gemeinsam ist jedenfalls beiden ‚Arten' von Urteilen der Grundcharakter einer aktiven Informationsstrukturierung und -verarbeitung" (Estel 1983, S. 188).

[39] Der Tagesspiegel vom 03.07.2012, S. 18.

lässlich entsprechender Ereignisse während der Fußball-Europameisterschaft 2012: „Man weiß ja seit diesen EM-Tagen nicht so recht um die Authentizität solcher Bilder, vielleicht sind sie ja auch bei der Platzbesichtigung aufgenommen worden [...]"
Wir können heute als Medienrezipienten kaum zwischen „wahren" und „falschen" Meldungen und Bildern unterscheiden.

- Variante 2: Fehlender Zusammenhang zwischen Befund und Beurteilung
Ein Zusammenhang zwischen Befund und Urteil existiert nicht. Brillenträger erweisen sich nicht unbedingt als intelligent, Blondinen nicht in jedem Fall als sexy, aber auch nicht als dumm usw. Dennoch hat jeder Vorstellungen darüber, welche Eigenschaften mit welchen anderen kombiniert auftreten (*logischer Fehler*).

- Variante 3: Bestehender Zusammenhang, unangemessene Beurteilung
Ein Zusammenhang besteht, kommt aber in der Beurteilung nicht angemessen zum Ausdruck. Dieser Fall kann zu folgenden Beurteilungsfehlern führen:

Tendenz zur Mitte: Insbesondere im Umgang mit Ratingskalen vermeidet der Beurteiler Extrempositionen. Dadurch kann es zu einer unangemessen guten oder schlechten Beurteilung kommen.

Ähnlichkeitseffekt: Zu positive Beurteilung aufgrund der vom Beurteiler wahrgenommenen oder auch nur vermuteten Ähnlichkeiten zwischen ihm selbst und dem Beurteilten. Diese Tendenz geht damit einher, anderen Personen Verhaltensweisen zuzuschreiben, die man selber ausführt.

Kontrasteffekt: Ein Prüfer beurteilt einen Prüfling direkt nach einem sehr guten (schlechten) Vorgänger schlechter (besser), als es der tatsächlichen Leistung entspricht.

Halo-Effekt:[40] Das Urteil einer Eigenschaft oder auch des Gesamteindrucks färbt auf andere Urteile ab, „überstrahlt" sie. Unzureichende oder sogar fehlende Befunde begünstigen diesen Fehler. So könnte ein Professor annehmen, dass ein freundlicher Studierender auch gute Leistungen erbringt.

Primacy-Effekt: Die zuerst erhaltene Information beeinflusst die Beurteilung unangemessen stark. Pointiert heißt es dazu im Englischen: „You never get a second chance to make a first impression."

---

[40] Halo (griech. *halos*, lat. *halo* „Hof um Sonne und Mond") ist ein weißer oder farbiger Lichtring um Kometen. Bei dem danach benannten Überstrahlungseffekt besteht der Fehler darin, sich bei der Urteilsbildung von übergeordneten Aspekten oder bereits gebildeten Urteilen leiten zu lassen. Ein eindrucksvolles Beispiel aus dem filmischen Bereich bietet der Kuleschow-Effekt. In einem Experiment zur Bedeutung des Montage-Kontextes arbeitete der sowjetische Filmemacher und Filmtheoretiker Lew Kuleschow mit einer Großaufnahme des undurchsichtigen Iwan Mosschuchin und präsentierte sie seinem Publikum. Zuerst zeigte er aber die Aufnahme eines Tellers Suppe, dann die einer toten jungen Frau in ihrem Sarg und schließlich die eines mit einem Plüschbären spielenden Kindes. Das Publikum nahm wahr, dass Mosschuchin den Teller mit einer nachdenklichen Miene, die junge Frau mit Schmerz und das Kind mit strahlendem Lächeln betrachtete. Mosschuchins Ausdrucksstärke und -vielfalt beeindruckte die Zuschauer. In Wirklichkeit zeigte Kuleschow aber dreimal dieselbe, recht ausdruckslose Aufnahme.

Recency-Effekt: Der letzte Eindruck erhält bei der (Leistungs-)bewertung Übergewicht. Eine kürzlich erbrachte Leistung dominiert eine längerfristig angelegte Bewertung.

Assimilationseffekt: Verzerrung der Wahrnehmung und Beurteilung gegenwärtiger Leistungen in Richtung früherer Beurteilungen und Vorerfahrungen.

Einseitigkeitseffekt: Tendenz, Personen allein aufgrund eines einzigen negativen oder positiven Vorfalls zu beurteilen. Ein Vorgesetzter schätzt einen Mitarbeiter, der einmal einen wichtigen Termin vergessen hat, generell als vergesslich ein.

Hierarchieeffekt: Tendenz, Mitarbeiter höherer Hierarchiestufe (bei gleicher Merkmalsausprägung) besser zu beurteilen als Mitarbeiter niedriger Ebene.

Intergroup-Effekt: Tendenz, Mitarbeiter aus dem eigenen Bereich oder der eigenen Arbeitsgruppe besser zu beurteilen als andere Mitarbeiter.

Pygmalion[41]-*Effekt*: Das Verhalten des Beurteilers trägt mit dazu bei, dass sich der Beurteilte so verhält, wie es von ihm erwartet wird. In den Untersuchungen von Rosenthal und Jacobsen führten induzierte Lehrererwartungen zu deutlicher Beeinflussung von Schülerleistungen.

Standbild 7: DIE ZWÖLF GESCHWORENEN. *Im Mittelpunkt der Protagonist (Henry Fonda). Filmstill 0:11:21*

Viele Autoren schildern diese Beurteilungsfehler übereinstimmend. Darüber hinaus gibt es weitere Versuche der Namensgebung. Sie nehmen bisweilen skurrile Formen an. Da soll es etwa den Alterseffekt, den Nationalitäteneffekt, den Überfliegereffekt, den Nikolauseffekt (in der Weihnachtszeit wird fälschlicherweise

---

[41] Nach der Schilderung des Ovid ist Pygmalion ein zyprischer Bildhauer, der sich in eine von ihm geschaffene Elfenbeinstatue verliebt und sie dadurch zum Leben erweckt.

milder beurteilt) geben. Solche Neubenennungen erweisen sich meist als unnütz, da die vermeintlich zusätzlich identifizierten Fehler bereits mit der bekannten Nomenklatur erfasst werden.

Der Film DIE ZWÖLF GESCHWORENEN illustriert etliche der genannten Beurteilungsfehler.

In dem Film[42] ist ein 18-jähriger Puertoricaner aus den Slums des Mordes an seinem Vater angeklagt. Zwei scheinbar eindeutige Zeugenaussagen und viele Indizien hatten ihn in dem vorausgegangenen Mordprozess belastet. Die Jury besteht aus zwölf Geschworenen.[43] Sie beraten über das Urteil. Es muss dem Geschworenenprinzip gemäß einstimmig gefällt werden, um zum Schuldspruch zu führen. Im Falle begründeter Zweifel ist der Angeklagte freizusprechen.

1. Präsident
2. Bankangestellter
3. Antagonist, Inhaber eines Botendienstes
4. Börsenmakler
5. Mann aus den Slums 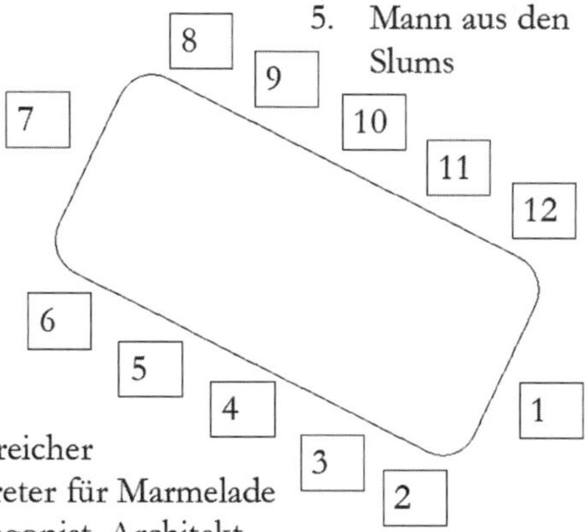
6. Anstreicher
7. Vertreter für Marmelade
8. Protagonist, Architekt
9. Alter Mann
10. Tankstellenbesitzer
11. Uhrmacher
12. Werbeleiter

Abbildung 27: Die zwölf Geschworenen und ihre Sitzordnung

---

[42] Der Klassiker ist die Schwarzweiß-Version des damals 32-jährigen Sidney Lumet bei seiner ersten Filmregie, produziert von Reginald Rose – er lieferte auch die Buchvorlage – und Henry Fonda. Das Remake in Farbe von William Friedkin (1997) mit Jack Lemmon in der Rolle des Protagonisten greift zusätzlich noch Aspekte des Rassenkonfliktes auf.
[43] Im Folgenden wird Geschworener immer als G abgekürzt.

Die Geschichte des Antagonisten (Inhaber eines Botendienstes, „die Blitzjungen aus Brooklyn") thematisiert Subjektivität als integrales Wesensmerkmal von Beurteilungsprozessen. Zu Beginn betont er allerdings seinen Objektivitätsanspruch: „Ich bin persönlich völlig uninteressiert. Darum will ich nur von Tatsachen sprechen."[44] Der Zuschauer ahnt früh, dass dies nicht stimmt. Der Antagonist projiziert den unbewältigten Konflikt mit seinem Sohn („Ich habe einen Sohn, der ist jetzt 22 Jahre alt […] Kinder! Die können einem viel Leid antun.") in den Fall. Objektive Beurteilung aufgrund von Befunden findet bei ihm nicht statt.

Sprachliche Hinweise auf Beurteilung in Form von Adjektiven oder Substantiven muss man nicht lange suchen: „Der Junge ist ein Mörder" (G7), „das ist doch ein Strolch" (G10). Die Kombination von Adjektiv plus Substantiv verstärkt das Urteil. „Das ist doch ein ungebildeter Prolet" (G10). „Der Junge ist ein hoffnungsloser Fall" (G7). Wenn bestimmte Eigenschaften als feststehend oder sogar als angeboren unterstellt werden, liegt eine weitere Steigerung vor. „Sie wissen doch, wie diese Banditen lügen. Das ist angeboren […] von Natur aus […] von Hause aus gewalttätig" (G10). Einige Geschworene wenden diesen beurteilenden Sprachstil nicht nur auf den Jugendlichen an, sondern auch auf die Mitgeschworenen. „Eine lächerliche Bande von Schwächlingen seid ihr" (G3 über alle anderen Geschworenen). Fehlende oder unzureichende Befunde verleiten zu sprachlichen Schnellschüssen. Einen erwähnenswerten Auftritt bekommt der ansonsten eher zurückhaltende Anstreicher (G6) mit dem Protagonisten während einer kurzen Pause im Waschraum: „Na, nehmen wir doch mal an, nehmen wir an, Sie überzeugen uns alle und dann hat der Junge seinen Vater doch erstochen." Er will damit sagen, der Jugendliche käme in diesem Fall fälschlicherweise frei. Das ist ein Hinweis auf den sogenannten Beta-Fehler: Ein Schuldiger kommt zu Unrecht frei, ein untauglicher Bewerber wird eingestellt o.ä.[45]

Als Varianten der Beziehung zwischen Beobachtung und Beurteilung finden sich folgende Beurteilungsfehler:

- Variante 1: Das Urteil basiert auf zwei Zeugenaussagen, darüber hinaus nur auf Indizienbeweisen. Aufgrund des Geschworenenprinzips ist es für einen Freispruch nicht erforderlich, die Zeugenaussagen und die Indizien als falsch zu qualifizieren, sie müssen lediglich zu einem begründeten Zweifel Anlass geben. Die 45-jährige Zeugin hat möglicherweise bei der von ihr bezeugten Beobachtung ihre Brille nicht getragen. Die Zeugenaussage des alten Mannes stimmt mit den überprüften Zeitverhältnissen nicht überein. Beide Zeugenaussagen lassen sich also begründet bezweifeln. Wären die Beobachtungsdaten falsch (wir wissen es nicht, wir können sie nur begründet bezweifeln), ergäbe

---

[44] Transkript der Verfasser hier wie im Folgenden nach der Fassung von 1957.
[45] Ein Alpha-Fehler liegt entsprechend vor, wenn ein Unschuldiger verurteilt, ein tauglicher Bewerber abgelehnt wird. Allgemein formuliert: Bei einem Beta-Fehler (Fehler der zweiten Art) wird die Nullhypothese H_0 (die den „Normalzustand" in Testsituationen beschreibt) nicht zurückgewiesen, obwohl die Alternativhypothese H_1 zutrifft.

sich zwingend eine Falschbeurteilung des Sachverhalts aufgrund falscher Darstellung der Ereignisse.
– Variante 2: Es gibt keinen Zusammenhang zwischen Beobachtung und Beurteilung oder es liegt ein logischer Fehler vor; d.h. aus einer zutreffenden Beobachtung (richtige Zeugenaussage) wird ein unzulässiger Schluss gezogen. Bezeugt ist die Aussage des Jugendlichen: „Ich bringe dich um." Daraus schließt G3: „Das war kein Spaß. Jeder, der es in dieser Form sagt, meint es ernst." In einer dramatisch zugespitzten Szene bringt der Protagonist G8 („Sie sind ein Sadist [...] Es ist Ihnen von Anfang an nicht um Objektivität gegangen [...] Sie wollen den Jungen nur hängen sehen!") seinen Gegenspieler dazu, genau diesen Satz auszusprechen: „Ich bringe Sie um!", um dann in ironisierender Weise zu entgegnen: „Das haben Sie doch nicht so gemeint! Das war doch nur Spaß!" Weitere Hinweise der Geschworenen belegen, dass wohl jeder schon einmal geäußert hat: „Ich bringe dich um", „Meinen Hauswirt erschlag ich noch mal" o.ä., ohne es tatsächlich getan zu haben.
– Variante 3: Hier liegt eine Kombination aus entgegengesetztem Ähnlichkeitseffekt und Intergroup-Effekt vor, nämlich eine zu negative Beurteilung aufgrund unterschiedlicher Schichtzugehörigkeit: Die Geschworenen als ältere Mittelschichtsangehörige haben über einen jugendlichen Puertoricaner der Unterschicht zu urteilen. Ausnahmen sind nur G5 (Mann aus den Slums) und G6 (Anstreicher), in der 1997er-Fassung von Friedkin noch der schwarze Tankstellenbesitzer. Er, der es aufgrund der leidvollen Geschichte der Schwarzen eigentlich besser wissen sollte, verhält sich als Scharfmacher gegen den Jugendlichen.

Über weite Strecken der Argumentation (besonders von G3, G7, G10) fehlen Befunde. Diese Geschworenen verwenden nur Urteile. Sie ersetzen Tatsachen durch behauptete Erfahrung: „Die taugen nichts. Von denen ist keiner nur einen Schuss Pulver wert. Ich habe Erfahrung. Der Junge ist der Typ." Aber die Befunde fehlen auch bei Geschworenen, die sich vorsichtig und zurückhaltend äußern, z.B. bei G2: „Das ist mir vom ersten Augenblick an klar gewesen." Eine weitere Begründung dafür in Form eines Befundes bleibt aus. Selbst Geschworene, die anscheinend messerscharf analysieren wie der Börsenmakler G4 (er gliedert seine Statements in „erstens, zweitens usw."), nutzen ihre befundnahe Argumentation nur, um ihr Vorurteil zu untermauern: „Das Ganze (die Aussagen des Angeklagten, Anmerkung der Verfasser) ist natürlich ein Märchen."

Ausnahmslos alle scheinbar sicheren Fakten lassen sich begründet bezweifeln, beide Zeugenaussagen und jedes einzelne Indiz. Darauf beruht die Dynamik des gesamten Films. Die Unterschichtzugehörigkeit des Jugendlichen färbt auf andere Urteile ab (Halo-Effekt): „Sie wissen doch, wie diese Banditen lügen" (G10). Der Protagonist entlarvt den Halo-Effekt aus der entgegengesetzten Richtung: „Wenn Sie dem Jungen nicht glauben, der aus den Slums kommt, warum glauben Sie der Frau (Zeugin, Anmerkung der Verfasser)? Sie stammt doch ebenfalls aus den Slums und ist eine geborene Lügnerin." Ähnlich prägnant führt G5 den aus dem Halo-Effekt resultierenden verfälschten Prozess der Urteilsbildung ad absurdum: „Ich selbst bin in diesem Milieu groß geworden und habe damals hinter den Mülltonnen Versteck gespielt. Falls man das noch riecht, verzeihen Sie!"

Viele Beurteilungsfehler liegen weniger in der Person des Beurteilten als in der des Beurteilenden begründet. Das wird immer deutlich, wenn die eigenen Mitgeschworenen in die Schusslinie geraten. Nach einer geheimen Abstimmung geht der Antagonist aufgebracht auf den Mann aus den Slums zu, weil dieser vermeintlich sein Urteil nicht beibehalten hat: „Ich kann mir schon denken, wer's war […] warum sind Sie plötzlich umgefallen?" Darauf gibt sich der alte Mann (G9) als derjenige zu erkennen, der sein Abstimmungsverhalten geändert hat. Hier sieht man ein Beispiel für den Primacy-Effekt, einen der häufigsten Beurteilungsfehler.

2 Sozialpsychologie

Nach Gordon Willard Allport (1985) untersucht die Sozialpsychologie als empirische Wissenschaft die Art und Weise, wie menschliches Verhalten von der tatsächlichen oder vorgestellten Präsenz anderer Menschen beeinflusst wird.

Übereinstimmend mit der Allgemeinen Psychologie und der Persönlichkeitspsychologie behandelt die Sozialpsychologie die Beschreibung, Erklärung, Vorhersage und Kontrolle individuellen Erlebens und Verhaltens.

Dabei hat sich die aus der Tradition des Behaviorismus kommende Allgemeine Psychologie lange Zeit „nur" mit grundlegenden kognitiven Prozessen an isolierten Versuchspersonen befasst. Erst seit der kognitiven Wende in den 1970er-Jahren (vgl. Kapitel 3.2.1) gibt es mit der Sozialpsychologie zunehmend erkennbare Übereinstimmung. Sie kommt am deutlichsten im Paradigma der sozialen Informationsverarbeitung zum Ausdruck. Zentrale Fragestellung ist der soziale Einfluss auf Kognition, etwa der der sozialen Herkunft auf Denkprozesse.

Im Vergleich zur Sozialpsychologie sieht die Persönlichkeitspsychologie Verhalten weniger situativ bedingt, sondern zusammenhängend mit Persönlichkeitseigenschaften. Sie betont dabei Charakteristika, die den Einzelnen von anderen unterscheiden.

Auch die Soziologie untersucht, wie Menschen in Abhängigkeit von ihrem sozialen Umfeld handeln. Das Individuum in der Gesellschaft gibt also den allgemeinen Rahmen sowohl für die Sozialpsychologie als auch für die Soziologie ab. Am Beispiel der psychologischen und der soziologischen Vorurteilsforschung zeigt sich, dass beide Disziplinen zumindest eine gemeinsame Fragestellung verbindet: „Wie determiniert die Interaktion von individuellen und gesellschaftlichen (kontextuellen) Faktoren die Entstehung und Aufrechterhaltung von Vorurteilen, Rassismus und Diskriminierung?" (Andreas Zick, 1997, S. 50). Die Unterschiede liegen u.a. in der Gewichtung: Die Sozialpsychologie bevorzugt als Erklärung mikro-soziale Determinanten wie individuelle, familiäre, (klein)gruppen- und situationsspezifische Faktoren, die Soziologie akzentuiert soziokulturelle, auf Institutionen, soziale Systeme und Gesellschaftsstrukturen bezogene Makroprozesse.

Im Anschluss an Kapitel 1 (Visuelle Wahrnehmung) ist im Folgenden der Einfluss des sozialen Umfeldes auf Wahrnehmung und Einstellung (Kapitel 2.1) und auf das Handeln (Kapitel 2.2) von Interesse.

2.1 Der Einfluss des sozialen Umfeldes auf Wahrnehmung und Einstellung

Menschen in sozialen Beziehungen wollen die Verhaltensweisen ihrer Mitmenschen verstehen. Mit solchen subjektiven Erklärungsversuchen beschäftigen wir uns tagtäglich. Sie müssen nicht unbedingt wissenschaftlich ausgefeilt sein, sondern einfach und plausibel. Aufgrund unserer begrenzten Kapazität der Informationsverarbeitung greifen wir oft und meist unreflektiert zu mentalen Abkürzungsstrategien. Im Folgenden behandeln wir die beiden wichtigsten, nämlich Attributionen (Kapitel 2.1.1) anhand Akira Kurosawas RASHOMON (Japan 1950) und Vorurteile und Stereotypen (Kapitel 2.1.2), wie sie sich in der dritten Episode von NIGHT ON EARTH, aber auch in Bertram Verhaags BLUE EYED (D 1996) in Form von Diskriminierung äußern.

2.1.1 Attributionstheorie

Attribution bedeutet Zuschreibung. Menschen versuchen zu ergründen, warum jemand so und nicht anders handelt und schreiben beobachteten Handlungen vermeintlich zugrunde liegende personale Eigenschaften oder situative Bedingungen zu.

Kausalattribution beschreibt spezifischer, wie Menschen sich die Gründe für das Verhalten ihrer Mitmenschen und ihr eigenes Verhalten *ursächlich* erklären.

Einer der frühen Attributionsforscher, Fritz Heider (1896–1988), stellte sich den Menschen als „naiven" Wissenschaftler vor, stets auf der Suche nach stimmigen Kausalzusammenhängen für beobachtetes Verhalten. Als Hauptverdienst Heiders gilt die Zweiteilung in internale und externale Attribution.

Internale Attribution ist die Annahme, dass Menschen auf eine bestimmte Art und Weise handeln, weil innere Gründe vorliegen. Das können Einstellungen oder Charakter- bzw. Persönlichkeitseigenschaften (Personenfaktoren[1]) sein.

Externale Attribution ist die Annahme eines Verursachungszusammenhanges zwischen Verhalten und entsprechenden äußeren Gründen in der jeweiligen Situation (Umfeldfaktoren). Dabei geht man davon aus, dass sich die meisten Menschen – konfrontiert mit einer bestimmten Situation – genau so oder ähnlich verhalten wie man selbst.

Nach Heider (1958) bevorzugt man internale Attributionen auch dann, wenn beide Attributionstypen in Frage kämen.

Lee Ross (1977) sieht wie Heider die Tendenz, menschliches Verhalten überwiegend anhand internaler Faktoren zu erklären: Personenfaktoren werden über-

---

[1] Experten verwenden bisweilen den etwas allgemeineren Begriff der Disposition (lat. *dispositio* „Anordnung, Anlage, Empfänglichkeit") und meinen damit das Vermögen, die Potenzialität, sich in einer bestimmten Weise zu verhalten.

bzw. Umfeldfaktoren unterschätzt. Er bezeichnet das als *fundamentalen Attributionsfehler*. Schärfer formuliert: Auch wenn eine situationsbedingte Erklärung des Verhaltens eher greift, bestehen die meisten Personen immer noch auf einer internalen Attribution (Lee Ross & Richard Nisbett, 1981, 1991). Wie kann man das erklären?

Informationen über situationsbedingte Ursachen sind entweder nicht verfügbar oder schwerer zu beobachten, zu beschreiben und richtig zu interpretieren als solche über personenbezogene Ursachen. Wenn etwa ein Chef seinen Mitarbeiter anschreit, ist es für einen außenstehenden Beobachter leichter, als Ursache die autoritäre Persönlichkeit des Chefs statt eine äußere Stresssituation anzunehmen. Im Mittelpunkt unserer Wahrnehmung stehen oft Menschen, nicht Situationen.

Ein Grund für fehlerhafte Attribution besteht in der scheinbaren Wichtigkeit einer Information, die im Fokus der Aufmerksamkeit steht und deren kausale Bedeutung man daher tendenziell überschätzt. Dies nennt man *perzeptuelle Salienz*.[2]

Nach Daniel Gilbert (1993) erfolgt der Attributionsprozess in zwei Schritten. In einem ersten spontanen Schritt attribuieren Personen internal. Als zweiter Schritt folgt ein Anpassungsprozess unter Einbeziehung situativer Faktoren. Dieser funktioniert nur unzureichend oder gar nicht. Auf jeden Fall verlangt er mehr mentale Aufmerksamkeit und Anstrengung.

Jones und Nisbett (1971) zufolge erfährt der fundamentale Attributionsfehler eine wichtige Einschränkung: Er gilt nur für die Deutung des Verhaltens anderer. Das eigene Verhalten erklärt man in modifizierter Form. Die Erklärung durch internale Faktoren behält man zwar bei, aber nur bei Erfolgen. Wir sehen uns selbst als Vater des Erfolgs. Bei Misserfolgen wechselt man das Schema und macht entweder andere oder die Umstände verantwortlich, also jeweils äußere Gründe („Der Professor hat die Klausur viel zu schwer angesetzt"). Diese Tendenz, das Verhalten anderer in seinen Ursachen internal zu erklären, eigenes Verhalten jedoch external, nennt man *Akteur-Beobachter-Divergenz*. Wenn wir Misserfolg doch einmal der eigenen Person zuschreiben, dann nur in Form punktueller, zeitlich variabler innerer Befindlichkeiten („Mir ging es heute nicht so gut").

Externale Attribution bei Misserfolg (und internale Attribution bei Erfolg) verweisen auf die selbstwertstützende Funktion von Attributionen. Sie spielen also nicht nur bei der Informationsverarbeitung eine Rolle, sondern haben auch eine motivationale Bedeutung, z.B. bei der Aufwertung der eigenen Person.

In den Anfängen der Attributionsforschung hat man Attributionsverzerrungen für zeitlos universelle, kulturunabhängige Phänomene gehalten. Erst in neuerer Zeit berücksichtigt die Forschung kulturelle Einflüsse. Fasst man sie in ihrer Wirkung vereinfacht zusammen, so scheint der fundamentale Attributionsfehler

---

[2] In DIE ÜBLICHEN VERDÄCHTIGEN (R Bryan Singer, USA 1995) konstruiert der Verdächtige Roger Kint (Kevin Spacey) im Verhör durch Zollinspektor Kujan eine komplizierte, aber in sich stimmige Geschichte der kriminellen Ereignisse, die ihn entlastet und wird daraufhin freigelassen. Sie basiert im Wesentlichen auf geschickt lancierter, salienter Information.

im westlichen Kulturkreis (Nordamerika, Westeuropa) ausgeprägter zu sein als in asiatischen Kulturen (China, Japan, Korea). „Man könnte also sagen, dass die Menschen des westlichen Kulturkreises mehr den Persönlichkeitspsychologen zu gleichen scheinen, indem sie Verhalten eher anhand dispositionaler Faktoren beurteilen. Im Gegensatz dazu sind Menschen der östlichen Kulturen eher wie die Sozialpsychologen, die Verhalten vermehrt im Licht situativer Faktoren betrachten" (Elliot Aronson, 2004, S. 134).

Über den fundamentalen Attributionsfehler hinaus konnte die jüngere interkulturelle Forschung auch andere Attributionsverzerrungen als kulturabhängig nachweisen:

Die Akteur-Beobachter-Divergenz als Tendenz, das Verhalten anderer Menschen dispositional zu attribuieren, gibt es sowohl in westlichen als auch in östlichen Kulturkreisen. Dabei lässt sich aber eine Verschiebung in der Art und Weise feststellen, wie die unterschiedlichen Kulturen Erfolg und Misserfolg attribuieren. So führen etwa chinesische Studierende ihre Leistungen oftmals auf ihre Eltern bzw. Professoren oder auf gute Studienbedingungen zurück, attribuieren Erfolg also external und rücken bei Misserfolg in selbstkritischer Weise die eigene Person (internal) als Ursache in den Fokus. Vertreter östlicher Kulturen attribuieren eigenen Misserfolg aber nicht ausschließlich internal. Der Unterschied scheint vielmehr darin zu bestehen, dass sie erst im fortschreitenden Prozess (auf der zweiten Stufe im Modell von Gilbert, 1993) situative Faktoren mit einbeziehen.

Bei der Frage nach den Gründen dafür entdeckten Wissenschaftler jüngerer Forschungsansätze selbstwertstützende Attributionsverzerrungen (*selfserving biases*) in kollektivistischen Kulturen. Wie hängt vermehrte internale Attribution bei Misserfolg mit der Erhöhung des eigenen Selbstwerts zusammen? Die Quelle für den Aufbau des eigenen Selbstwertgefühls liegt in östlichen Kulturen im Kollektiv bzw. in kollektiven Werten. Nur eine starke Gemeinschaft wertet auch das Individuum auf; vorausgesetzt, es achtet die kulturell tradierten Werte.

Im Folgenden untersuchen wir, ob sich die Ergebnisse der interkulturellen Attributionsforschung in dem japanischen Film RASHOMON nachweisen lassen. Der Regisseur Akira Kurosawa stellt ein Gewaltverbrechen aus unterschiedlichen Perspektiven dar.

Der Film erzählt auf drei vollständig getrennten Handlungsebenen: der Rahmenhandlung, der Handlung vor Gericht und der Haupthandlung. Die Rahmenhandlung spielt im 12. Jahrhundert am historischen Rashomon-Tor in Kyoto. Hier treffen ein Mönch, ein Holzfäller und ein Bürger zusammen, um sich vor einem Unwetter zu schützen. Im Zentrum steht die Erzählung des Holzfällers als Ausgangspunkt für die Rückblenden. Eine davon ist die Handlung vor Gericht. Die am Verbrechen beteiligten Akteure (Bandit, Frau, Samurai) sowie die Zeugen (Holzfäller, Mönch) sprechen den Zuschauer – gleichsam in der Richterrolle – direkt an. Das Gericht selbst bleibt unsichtbar.

Standbild 8: RASHOMON. *Der bewaffnete Bandit Tajomaru (Toshiro Mifune)*

Der Film setzt die drei völlig unterschiedlichen, aber in sich konsistenten Versionen des Sexualverbrechens (Haupthandlungsebene) ins Bild. Als unbestrittene, objektive Tatsache kann gelten:

Im „Wald der Dämonen" haust der berühmt-berüchtigte Bandit Tajomaru (Toshiro Mifune). Er trifft auf den Samurai Takehiro (Masayuki Mori) und dessen Frau Masoko (Machiko Kyo), die schleierumhüllt auf einem Pferd reitet. Der Bandit vergewaltigt die Frau. Der Samurai wird erstochen aufgefunden. Der Bandit flieht und wird drei Tage später festgenommen. Im Wald bleiben der verschleierte Hut und ein Beutel zurück.

Der Version des Banditen zufolge hatte er den Samurai mit einer List ins Unterholz gelockt, gefesselt und sich dann vor dessen Augen an seiner Frau vergangen. Nach einem anfänglichen Messerkampf mit ihr sei sie schließlich willig gewesen. Danach habe sie ein Duell der beiden Männer gefordert, um sich dem Stärkeren anzuschließen. Er, der Bandit, habe den Samurai in einem fairen, ehrenvollen Schwertkampf mit offenem Ausgang besiegt, am Ende die Frau aber gehen lassen.

Davon unterscheidet sich die Version der Frau. Im Messerkampf gegen den Banditen unterlegen, habe sie sich ihm hingegeben, um ihren Mann zu retten. Nachdem der Bandit verschwunden sei, habe ihr Mann jedoch nur noch Verachtung für sie gezeigt. Auf ihre Bitte um ihre Hinrichtung zur Wiederherstellung ihrer Ehre sei er nicht eingegangen. Daraufhin habe sie einen erweiterten, gemeinsamen Suizid beschlossen. Nach der Erdolchung ihres Mannes sei sie aber zu schwach gewesen, sich selber umzubringen und schließlich bewusstlos geworden.

Der Samurai spricht durch das Medium eines Geistes. Er verflucht den Verbrecher, aber mehr noch seine Frau. Sie habe sich dem Banditen hingegeben und ihm als Räuberbraut folgen wollen. Das Schlimmste jedoch: Sie habe den Banditen aufgefordert, ihn zu ermorden. Darüber entsetzt, habe dieser ihn von seinen Fesseln befreit und zurückgelassen. Die Frau sei geflohen. Er selber, der Samurai, habe sich mit dem Damendolch erstochen.

Später (in der Rahmenhandlung) erzählt der Holzfäller auf Drängen des Bürgers noch seine (die vierte) Version. Vor Gericht hatte er sie nicht erzählt. Dort war er nur Zeuge für den Ort des Geschehens gewesen.

„Lüge!" kommentiert der Holzfäller alle drei vorherigen Versionen. Er sei in dem Moment an den Ort des Geschehens gekommen, als der Bandit um die Frau geworben habe. Sie habe einen Schwertkampf zwischen den Männern gefordert, da eine Frau entsprechend allgemein geltender Auffassung nur mit dem Schwert erobert werden könne. Beide Männer hätten nicht kämpfen wollen. Der Samurai habe von seiner Frau den Suizid verlangt, da sie ihn verraten habe. Sie habe sich nicht darauf eingelassen und in einer flammenden Rede beide Männer der Feigheit bezichtigt. So sei es schließlich doch noch zum Kampf gekommen, der in eine elende, unwürdige Rauferei ausgeartet sei. Der Bandit habe den Samurai mit dem Schwert abgestochen. Als er bei der Frau seine Belohnung eingefordert habe, sei diese davongelaufen.

Der Version des Holzfällers zufolge hätte sich keiner der Beteiligten auch nur annähernd ehrenhaft verhalten. Alle hätten in unwürdiger Weise gehandelt. Der Holzfäller selbst verschweigt allerdings eine eigene Verfehlung.

Wie sind die Attributionen der Filmfiguren einzuordnen?

Erinnern wir uns noch einmal: Die allgemeine Tendenz in westlichen Kulturen, menschliches Verhalten überwiegend anhand internaler Faktoren zu erklären (fundamentaler Attributionsfehler) wird hinsichtlich des eigenen Verhaltens einseitig modifiziert: Wir nutzen die internale Erklärung zwar für eigene Erfolge, Misserfolge attribuieren wir aber external (Akteur-Beobachter-Divergenz). Entsprechend neueren Forschungsergebnissen erklären Menschen aus östlichen Kulturkreisen aber auch ihre Misserfolge (teilweise) internal und stärken gerade dadurch ihr Selbstwertgefühl.

In RASHOMON überwiegen in der Summe internale gegenüber externalen Attributionen. Insofern lassen sich im Film auf den ersten Blick die neueren Ergebnisse der Attributionsforschung nachweisen. Auch die Verschiebung in der Art und Weise, wie eigene Erfolge und Misserfolge attribuiert werden, bildet neuere Forschungsergebnisse gut ab. Bei allen Beteiligten überwiegen internale Erklärungen für schlechte Taten.[3] Der Bandit attribuiert sein Verbrechen insgesamt internal. Er sei halt ein Räuber. Er demütigt den Samurai, weil er Freude daran hat

---

[3] Wir erweitern hier die Begrifflichkeit. Die Begriffe Erfolg und Misserfolg beziehen sich auf einen Leistungskontext, wie er in psychologischen Experimenten oft gegeben ist. In RASHOMON liegt ein Beziehungskontext zugrunde, der zudem moralisch aufgeladen ist. In diesem Fall reden wir nicht von Erfolg bzw. Misserfolg, sondern von guter bzw. schlechter Tat.

(internal). Er tötet ihn im Kampf mit Kraft und Geschick (internal). Die Frau führt als Grund für den misslungenen Doppelsuizid ebenfalls einen internalen Faktor an, nämlich ihre Schwäche. Der Samurai betont in Hinblick auf seine Selbstentleibung seinen Mut und seine Entschlossenheit, also ebenfalls Personenfaktoren. Sogar der Holzfäller gibt in der Rahmenhandlung zerknirscht zu, den wertvollen Damendolch gestohlen zu haben, um sich zu bereichern.

Dennoch attribuieren Vertreter der östlichen Kulturen Misserfolg nicht in jedem Fall internal. Vielmehr modifizieren sie diese Art der Zuschreibung im Prozessverlauf (auf der zweiten Stufe im Modell von Gilbert) durch externale Faktoren. Das ist in RASHOMON an zwei Beispielen deutlich zu erkennen. Der Bandit attribuiert sein Verbrechen in einem ersten Schritt internal: Er sei halt ein Verbrecher. In einem zweiten Schritt erweitert er dann den argumentativen Zusammenhang und nennt die Reize der Frau, also einen externalen Faktor. Analog dazu entlastet sich die Frau für den misslungenen Doppelsuizid zunächst mit ihren Schwächen – also internal. In einem zweiten Schritt führt sie dann aber einen externalen Faktor an, nämlich das Schicksal. Das entspricht den neueren Forschungsergebnissen zu Gilberts Zwei-Stufen-Modell.

Warum stärkt internale Attribution bei einer schlechten Tat in östlichen Kulturen das Selbstwertgefühl? Eine Erklärung könnte darin bestehen, dass die Erhöhung des Selbstwerts nur dann gelingt, wenn das Individuum mächtige traditionelle, kollektive Werte verwirklicht. Der übergeordnete Bewertungs- und Interpretationsrahmen, in den die Kausalattribuierung eingebettet ist, wäre damit ein anderer. Die Tötung des Samurai durch den Banditen wäre keine böse Tat und die internale Zuordnung kein Schuldeingeständnis. Im Gegenteil: Der Bandit hätte mit Kraft und Geschicklichkeit einen Profikämpfer in einem ehrenvollen Schwertkampf besiegt und könnte darauf stolz sein. Eine solche positive Bewertung der zeitlich vorgängigen Tat, an welche die folgende Kausalattribuierung anknüpft, wäre vor dem Hintergrund traditioneller japanischer Wertvorstellungen in drei von vier geschilderten Fällen als Erklärung möglich.

Die Filmfiguren bewerten sowohl den Schwertkampf, den Doppelsuizid als auch die Selbstentleibung eindeutig positiv.

Der Schwertkampf gilt als ehrenvoll, wenn die Kontrahenten ihn fair, mit offenem Ausgang und nach festgelegten Ritualen austragen. Der erweiterte Suizid soll zur Wiederherstellung der Ehre dienen, welche durch die sexuelle Hingabe an den Banditen verloren gegangen war. Auch der Samurai will durch die Selbstentleibung seine Ehre retten, die er zuvor im Kampf gegen den Banditen verloren hatte.

Eine solche Erklärung funktioniert über kulturelle Werte als Bezugspunkt für Attribution und Selbstwertgefühl. Das selbstwertstützende Moment der Attributionen beruht in RASHOMON auf dem kaiserlich-japanischen Ehrenkodex im Japan des 12. Jahrhunderts. Solche traditionellen Moralvorstellungen wirken fort und durchziehen in bedeutsamer und nachhaltiger Weise auch das heutige Leben. Filme wie GHOST DOG – DER WEG DES SAMURAI (R Jim Jarmusch, USA 1999) und LETTERS FROM IWOJIMA (R Clint Eastwood, USA 2006) zeigen das als zentrales Thema.

2.1.2 Vorurteil, Stereotyp, Diskriminierung

Der Weg der folgenden Darstellung führt von der Sachaussage über das Urteil zum Vorurteil und weiter zum Stereotyp und zur Diskriminierung.

Wie unterscheiden sich Sachaussage, Urteil und Vorurteil? Die *Sachaussage* ist durch ihre grundsätzliche Wahrheitsintention gekennzeichnet und erfüllt Objektivitätsbedingungen. Sie liegen vor, wenn der Sachverhalt das Subjekt emotional nicht affiziert, z.B. im Falle naturwissenschaftlicher Erkenntnisse. Die mathematische Formel für den Satz des Pythagoras $a^2 + b^2 = c^2$ löst keine emotionale Regung aus, man kann daran auch nichts ändern. Insofern taugt sie nicht zum Vorurteil.

Das *Urteil* versieht eine Sachaussage mit Bedeutung und eignet sich dann potenziell auch als Vorurteil.

Das *Vorurteil* ist das durch instrumentell-strategische Bewertung funktionalisierte Urteil. Die Objektivitätsbedingungen der Sachaussage erfüllt es nicht.

„Vielleicht lautet die kürzeste aller Definitionen des Vorurteils: Von anderen ohne ausreichende Begründung schlecht denken" (Allport, 1954). Sie bedarf jedoch weiterer vertiefender und ergänzender Erörterung, wie Allport (1971) auch selbst anmerkt. So z.B. fehlt die Gefühlskomponente. Denken bedeutet eben nicht fühlen. Auch der Bezug zum Verhalten bleibt unklar.

Die sozialpsychologische Einstellungsforschung diskutiert den Prozess der Vorurteilsbildung anhand von drei Komponenten:

Als *kognitive* Komponente versteht sie Denk- und Bewertungsprozesse wie Vorstellungen, Meinungen, subjektive Überzeugungen und Werthaltungen.

Die *emotional-affektive* Komponente umfasst Phänomene im Erleben des Menschen, wobei zwischen Emotionen, Gefühlen und Affekten unterschieden wird.

Emotionen sind komplexe Prozesse auf verschiedenen seelischen Ebenen und beinhalten ein Mindestmaß an Verständnis. Das Gefühl ist ein Teilaspekt der Emotion und bezeichnet ausschließlich das subjektive Erleben. Um Schmerz zu fühlen, muss man ihn nicht verstehen.

Affekte[4] sind intensiv erlebte Gefühle mit körperlichen Begleiterscheinungen und lösen Handlungen aus, die nicht oder nur in geringem Maße kontrollierbar sind. Eine Affekthandlung ist also eine Handlung unter Kontrollverlust. Man redet etwa vom „Totschlag im Affekt".

---

[4] Der Medienwissenschaftler Hans Jürgen Wulff versucht eine Unterscheidung zwischen „Affekt" und „Emotion" über die Aspekte der Erlebnisqualität und Gerichtetheit: Bei der Emotion betont er den Erlebnischarakter, bei den Affekten die Ausrichtung auf ein Objekt. Wie immer hängt die Definition der Begriffe von ihrer theoretischen Verortung ab. Vor dem Hintergrund der Psychoanalyse lässt sich der Affektbegriff nur in enger Verzahnung mit der Triebtheorie bestimmen. Freud versteht unter Affekt die Äußerungsform der Triebenergie.

Die dritte Komponente des Vorurteils ist die (*konative*[5]) *Verhaltens*komponente. Sie beinhaltet Handlungsintentionen oder sichtbares Verhalten.

Die Bildung des Vorurteils lässt sich als fünfstufiger Prozess der Informationsverarbeitung konzipieren, bei dem die ersten beiden Komponenten (kognitiv, affektiv) im Vordergrund stehen.

- *Stufe eins: Reizaufnahme*
  Aufgrund der Reizvielfalt und -komplexität unserer Umwelt erfolgt die Reizaufnahme selektiv, und zwar nach dem Prinzip der Wahrnehmungsökonomie, d.h. bereits auf dieser Stufe kommt es zu Vereinfachung durch Wahrnehmungsschemata. Alle folgenden Stufen dienen der Reizverarbeitung.
- *Stufe zwei: Kategorisierung*
  Personen (Objekte) werden sozialen Gruppen (Kategorien) zugeordnet. Die Zuordnung von Objekten zu Kategorien funktioniert dabei über die Mechanismen der Reizdifferenzierung und Reizgruppierung.
  Die *Reizdifferenzierung* (auch Akzentuierung) betont bestimmte Objekteigenschaften als Objektunterschiede und erleichtert die Einordnung in unterschiedliche Kategorien. Die *Reizgruppierung* (auch Generalisierung) betont die Ähnlichkeit von Objekten und vereinfacht so deren Einordnung in ein- und dieselbe Kategorie.
- *Stufe drei: Zuordnung von Eigenschaften*
  Den Personen werden Eigenschaften (Attribute) zugeordnet. Hier können sich fehlerhafte Verallgemeinerungen einschleichen und zu Stereotypisierung führen.[6]
  Stereotypisierung ist die Verengung des Urteils trotz Vielfalt der Merkmale. Etwas genauer formuliert Renato Tagiuri (1969, S. 422). Er versteht Stereotypisierung als „Neigung, eine Person unter Kategorien gemäß einigen leicht und schnell identifizierbaren Merkmalen wie Alter, Geschlecht, ethnische Zugehörigkeit, Nationalität oder Beschäftigungsgruppe zu subsumieren und ihr dann [noch weitere] Eigenschaften zuzuschreiben, die bei den Angehörigen dieser Kategorie für typisch gehalten werden." Die Unterschiede zwischen den Gruppenmitgliedern werden dabei eingeebnet (Fremdgruppen-Homogenisierung).
- *Stufe vier: Wertbesetzung*
  Hier wird das Kategoriensystem mit einem Wertsystem in Verbindung gebracht. Das führt nicht zwangsläufig zur Urteilsverfälschung, sondern ist regulärer Bestandteil von Kognitionsprozessen.
- *Stufe fünf: kognitive Verfestigung/Starrheit:*
  Kognitive Verfestigung ist die Unfähigkeit, neue Erfahrungen zu machen oder sie angemessen zu verarbeiten.

---

[5] Konation (lat. *conatio* „Tendenz, eine Handlung vorzunehmen; entscheidungsorientierte Absicht").
[6] Zutreffende Verallgemeinerungen behandeln wir nicht weiter.

Mit Ausnahme von Stufe eins (Reizaufnahme) läuft kognitive Verarbeitung ebenso wie emotionale Aufladung auf allen Stufen ab. Bereits auf Stufe zwei können Emotionen die Zuordnung von Personen zur Eigen- bzw. Fremdgruppe (*in-group* versus *out-group*) begleiten. Je weiter der Prozess auf der Stufenleiter fortschreitet, desto leichter kann er sich allerdings emotional aufladen. Die Intensität des Gefühls darf aber nicht als Differentialkriterium für das Vorurteil angesehen werden. Denn starke Gefühle können auch sachlich zutreffende Urteile begleiten.

Die Ansichten darüber, ab wann sich aus Reizaufnahme, Kategorisierung, Zuordnung von Eigenschaften und Wertbesetzung ein Vorurteil bildet und dann auch von Vorurteil gesprochen werden soll, gehen auseinander. Allports Kurzdefinition greift auf Stufe drei. Von anderen ohne ausreichende Begründung schlecht (oder auch unangemessen gut) denken, ist eine fehlerhafte Verallgemeinerung.

Bernd Schäfer und Bernd Six (1978, S. 42) sehen die Wertbezogenheit des Kategoriensystems als Spezifikum des Vorurteils und verorten damit den Übergang vom Urteil zum Vorurteil auf Stufe vier. Martin Irle sieht als Hauptmerkmal der Vorurteilsdefinition die Starrheit des Urteils auf Stufe fünf. Ein soziales Vorurteil ist „diejenige Teilklasse sozialer Attitüden, die extrem resistent gegen Änderungen ist" (1975, S. 385).

Wenn man im freudschen Sinne die Ratio als unter dem Einfluss des Es und der Triebe stehend betrachtet (vgl. Kapitel 3.2.2), gelangt man zu einem engeren Vorurteilsbegriff. Dann wird man Urteile, die unter Mitwirkung unbewusster Abwehrmechanismen entstehen und dem Selbstschutz dienen (z.B. die Entwertung anderer zwecks Aufwertung der eigenen Person), nicht als Vorurteile ansehen, obwohl sie die Wirklichkeit verzerrt abbilden.

Die Frage der Grenzziehung gewinnt schließlich noch an Bedeutung, wenn der Prozess der Vorurteilsbildung mit dem Thema der Verantwortlichkeit und mit dem Schulddiskurs verquickt wird: Ab wann, unter welchen Bedingungen trägt das Vorurteilssubjekt Verantwortung für seine Meinung und deren Auswirkung auf sein Handeln?

Wir schließen im Folgenden *Fehlurteile* aufgrund unverschuldeter Falschinformationen[7] vom Vorurteilsbegriff aus, da sie nicht in die Verantwortlichkeit des urteilenden Subjekts fallen.

Sobald sich ein Vorurteil gebildet hat (aus unserer Sicht potenziell ab Stufe drei), folgt ein weiteres Problem: seine Messbarkeit in beobachtbaren, offenen (overten) Verhaltensweisen. Von anderen „nur schlecht *denken*" lässt sich im Gegensatz zu tatsächlichem Verhalten nicht beobachten und messen. Im ersten Fall sprechen Psychologen vom Vorurteil als Verhaltenstendenz (*action tendency*) oder

---

[7] Wenn die Informationsbasis für das anstehende Urteil zu schmal ist, die urteilende Person das allerdings zu verantworten hat – sie hätte sich die notwendige Information beschaffen können –, spricht man von *Voreingenommenheit* oder auch von *Vorgefasstheit*. Diesen Fall werten wir als Vorurteil.

auch Verhaltensbereitschaft (Response-Bereitschaft).[8] Sie meinen damit die (bloße) Absicht, sich gegenüber den Zielpersonen dem Vorurteil entsprechend zu verhalten (Vorurteil als *attitude*). Der zweite Fall betrifft tatsächliches (z.B. aggressives oder ausgrenzendes) Verhalten. In der Vorurteilsforschung ist es weit verbreitet, den Begriff der Diskriminierung[9] für tatsächlich ausgrenzende Verhaltensweisen zu reservieren. „Whereas prejudice is an attitude, discrimination is a selectively unjustified negative behaviour toward members of a target group" (Samuel L. Dovidio & John F. Gaertner, 1986b, S. 3).

Wir nehmen hier ein Kontinuum der Ausprägung an. Ein vager Vorbehalt nistet sich zuerst latent ein, bevor man unbegründet schlecht über jemanden denkt. Das mag sich in der Folge in Mimik und Gestik äußern, noch ehe man den Gedanken offen ausspricht oder alsbald entsprechend handelt.

Der Episodenfilm NIGHT ON EARTH bietet Beispiele für Vorurteile, Stereotypen und Diskriminierung. In der Paris-Episode (Episode drei, 0:49:07–1:07:30) erweisen sich die schwarzen Diplomaten bereits bei der Reizaufnahme (Stufe eins) als eingeschränkt, weil alkoholisiert. Sie haben Champagner getrunken.

Die Grenzlinie bei der reizverarbeitenden Kategorisierung, der Bildung von Eigen- und Fremdgruppe, liegt im Normalfall zwischen gesellschaftlichen Großgruppen, also z.B. schwarz gegen weiß. Hier sind es schwarze Diplomaten versus schwarze Nicht-Diplomaten.

Die Zuordnung von Personen zu sozialen Gruppen (Stufe zwei) geschieht im Gespräch der Diplomaten miteinander, gleichsam nebenbei und nicht als bewusster Akt. Sie sehen zunächst nur sich selbst (Eigengruppe): „Du bist ein toller Kerl. Ich auch. Diesen Botschafter haben wir ganz schön beeindruckt."[10] Der Taxifahrer als Vertreter der Fremdgruppe gerät erst in ihren Fokus, als er abrupt bremst. Als nächster Schritt auf der Suche nach Gemeinsamkeiten und Unterschieden folgt ein Vergleich. Aus theoretischer Sicht dient er der Akzentuierung von *in-group* und *out-group*. Da es bezüglich der Hautfarbe offensichtlich keinen Unterschied gibt, richtet sich das Augenmerk der Diplomaten auf die Herkunft: „Wir sind doch wohl nicht aus dem gleichen Dschungel (*de la même forêt*)?" Formal enthält die Frage noch den Begriff „gleich", die innere Entscheidung im Sinne des Unterschieds haben sie aber bereits getroffen: „*Wir* sind extrem wichtige Leute – und *du* fährst wie eine Eidechse, einmal links, einmal rechts."

---

[8] Nach Irle sind „Einstellungen *Verhaltens-Dispositionen* und in diesem Sinne *Response-Bereitschaften*" (1975, S. 278). (Hervorhebung durch Irle).
[9] Diskriminierung (lat. *discriminare* „trennen, absondern, unterscheiden"). Der Begriff funktioniert ursprünglich sachlich-neutral im Sinne von trennender Klassifizierung. Die wissenschaftliche Fachsprache verwendet ihn auch heute noch so. In der Umgangssprache hat sich seine Bedeutung als wertende Benachteiligung durchgesetzt.
[10] Hier und im Folgenden Transkript der Verfasser auf Grundlage der Untertitel, z.T. auch des französischen Originals.

Standbild 9: NIGHT ON EARTH. *Rassistische Diskriminierung unter Schwarzen. Filmstill 0:51:41*

Die Zuordnung von Personen zu Gruppen (Stufe zwei) ist eng mit der Zuordnung von Eigenschaften zur Eigen- bzw. Fremdgruppe (Stufe drei) verzahnt (Wir – extrem wichtig – versus du – unfähig).

Stereotypisierung erfolgt in einem ersten Schritt über die Zuordnung des Taxifahrers zur Kategorie „Diese kleinen Brüder, die nach Frankreich kommen [...]" anhand der leicht und schnell identifizierbaren Merkmale „Hautfarbe" und „afrikanische Herkunft". Der zweite Schritt der Stereotypisierung in Form von Zuschreibung weiterer Eigenschaften, „die bei den Angehörigen dieser Kategorie für typisch gehalten werden" (Tagiuri, 1969, S. 422), folgt sofort: „[...] kennen keinen Respekt mehr [...] sind unhöflich." Die Diplomaten sind aber noch nicht zufrieden. Die Unterschiede zwischen ihnen und dem Taxifahrer erscheinen ihnen wohl nicht genügend konturiert. Faktisch gibt es keine: weder in ihrer Hautfarbe noch in ihrer afrikanischen Herkunft. Die Diplomaten geben keine Ruhe und bohren weiter: „Kleiner Bruder, woher kommst du, dass du so unhöflich bist? Kommst du aus Togo? Aus Gabun? Du kannst nicht aus Kamerun sein?" Der Taxifahrer reagiert nicht und so versuchen sie die Zuweisung von schlechten Eigenschaften zur Fremdgruppe über ein Körpermerkmal. Der eine betrachtet den Taxifahrer aus der Nähe: „Das muss ich mir genauer ansehen" und folgert stigmatisierend:[11] „Mit so einem Gesicht muss er ein Vertreter des Königs von Beyanzed sein."

Etwas später erfinden sie als weitere unzutreffende Eigenschaft Sehschwäche und werfen dem Taxifahrer auch noch Fehlverhalten vor: „Du hast vier rote Am-

---

[11] Stigma (griech. *stigma* „Stich, Brandmal, Brandmarkung"). Im griechischen Altertum sollten in den Körper gestochene, geschnittene oder gebrannte Zeichen Sklaven oder Verbrecher sofort erkennbar machen und aus der Gemeinschaft ausgrenzen.

peln überfahren. Du kannst nichts sehen und fährst bei Nacht ohne Brille [...] Schau, du fährst über den Gehsteig."
Wertbesetzung (Stufe vier) findet nicht in isolierter Form, sondern zusammen mit der Eigen- und Fremdgruppenbildung statt (Wir [...] – extrem wichtig – versus du [...] – fährst wie eine Eidechse).
Auch die kognitive Verfestigung setzt bereits auf frühen Stufen der Vorurteilsbildung ein. Die Diplomaten sind nicht nur unfähig, neue Erfahrungen angemessen zu verarbeiten, sie wollen es gar nicht. Obwohl der Taxifahrer keine Fahrfehler macht, werfen sie ihm diese vor. Die Verhaltenskomponente des Vorurteils äußert sich als Diskriminierung. Wird im theoretischen Diskurs bisweilen erörtert, ob von Vorurteil bereits bei Verhaltensbereitschaft bzw. -absicht oder erst bei tatsächlichem Verhalten gesprochen werden soll, so liegt hier auf der Hand: Die Diplomaten diskriminieren den Taxifahrer offen in Worten und in Taten. Sie verlachen und verspotten ihn.[12]

Als der Taxifahrer dann doch noch sein Herkunftsland preisgibt – er kommt von der Elfenbeinküste – nutzen die Diplomaten das sofort für ein diskriminierendes Wortspiel. Sie schauen sich an, prusten vor Lachen und sprechen es gleichzeitig aus: „Côte d'Ivoire. C'est un Ivoirien" (ein Ivorer). „Il voit rien" (Er sieht nichts).

Als nächsten Fahrgast nimmt der Taxifahrer eine Blinde (Béatrice Dalle) auf. Gerade noch Opfer von Vorurteil und Diskriminierung, erliegt er nun selbst in der entgegengesetzten Richtung den Vorurteilsmechanismen.[13] Bereits seine erste Aktion der Blinden gegenüber beinhaltet ein Vorurteil, wenn auch ein positives. Er spricht es nicht laut aus, aber er denkt (redet zu sich selbst): „Die da wird mich nicht bescheißen."

Die Blinde handelt als einzige Person vorurteilsfrei und unvoreingenommen. In einigen Situationen bleibt sie ruhig, in anderen reagiert sie heftig-aggressiv, immer aber der vorherigen „Aktion" des Taxifahrers angemessen.

Im Dialog bedrängt er die Blinde bisweilen grenzverletzend, bemerkt das selbst und lenkt ein: „Ich wollte Sie nicht verärgern. Ich kenne keinen Blinden. Ich bin nur neugierig." Die Blinde geht ausführlich darauf ein und stellt dabei Gemeinsamkeiten her: „Ich bin wie du. Ich trinke, ich esse, ich schmecke Dinge. Ich höre Musik. Ich fühle Musik. Ich mache, was ich will. Ich geh sogar ins Kino."

Greift der Taxifahrer zu Vorurteilen, antwortet sie mit einer leichten rhetorischen Spitze: „Tragen Blinde nicht für gewöhnlich dunkle Brillen?" „Ach wirklich? Keine Ahnung. Ich habe noch nie einen Blinden gesehen." Schärfer reagiert sie, als der Fahrer versucht, mit dem Thema „Blindsein" Konversation zu machen. „Muss ziemlich hart sein, wenn man blind ist." „Hör zu Idiot (*pauvre petit*), ich kann alles, was du kannst und noch einiges mehr. Ich bin blind, das ist alles."

---

[12] Bei dieser drastischen Diskriminierung übersieht man leicht subtilere Formen. Schon vorher hatten die Diplomaten über den Taxifahrer in seiner Anwesenheit in der dritten Person geredet.

[13] Die Vorurteile des Taxifahrers beruhen auf einer Mischung aus Neugier und Unbeholfenheit, also nicht auf egoistischen Absichten.

Ihr vorurteilsfreies Verhalten wird schließlich noch explizit zum Thema: „Wenn Sie schon so schlau sind, dann möchte ich Sie etwas fragen. Die Frage lautet: Welche Hautfarbe habe ich?" „Was kümmert mich deine Hautfarbe?" Der Taxifahrer hakt nach: „Aber die Menschen haben verschiedene Hautfarben." Die Blinde lässt sich aber nicht verleiten: „Ob du grün bist oder blau wie eine Karotte, was sollte mir das ausmachen? Für mich bedeutet das Wort ‚Farbe' nichts. Ich spüre die Farben. Aber das kannst du nicht verstehen." Der Taxifahrer insistiert weiter. Er will wissen, ob die Blinde sein Herkunftsland erraten kann: „Gut, Sie hören meine Stimme, meinen Akzent, sagen Sie mir, woher ich komme." Die Blinde antwortet zunächst witzelnd, dann leicht genervt und lässt sich schließlich auf die Frage ein: „Und wenn ich es errate, gewinne ich einen Farbfernseher, richtig? Ich weiß nicht, Afrika. Aus Kamerun. Nein, Elfenbeinküste."

Ähnliche, fast identische Äußerungen bei den Diplomaten (Teil 1) und bei der Blinden (Teil 2) sind einmal ein Vorurteil, das andere Mal nicht. Der Taxifahrer bremst zu hart. Einer der Diplomaten sagt: „Wer gibt diesen Leuten ein Auto? Einem ‚Ivoirien'?" Das beinhaltet ein Vorurteil, weil sich die Äußerung übergeneralisierend auf *diese Leute* bezieht. Ganz ähnlich formuliert die Blinde, als der Taxifahrer sie im Rückspiegel betrachtet und dabei fast in den Gegenverkehr fährt: „ Bringen sie euch nicht bei, wie man fährt, bevor sie euch auf die Straße lassen?" Das ist kein Vorurteil, weil es sich kontingent auf einen vorhergehenden Fahrfehler bezieht.

Wie die Diplomaten macht auch die Blinde eine Bemerkung über das Aussehen des Taxifahrers: „Du musst verdammt hässlich sein" (*une drôle, sale gueule*). Dieses Urteil beruht auf unzureichender Information und könnte deshalb als Voreingenommenheit und damit als Vorurteil gelten. Allerdings relativiert sie ihre eigene abschätzige Äußerung selbstkritisch: „Zum Glück kann ich dich nicht sehen." Die Diplomaten nutzen die Herkunft des Taxifahrers nur zu ihrem diskriminierenden Wortspiel. Die Blinde hingegen erkennt seine Herkunft und erfasst damit etwas von seinem Wesen und seiner Identität.

Zu Beginn von Teil drei der Paris-Episode zeigt der Film die Blinde am Quai de l'Oise entlanggehend. Gleichzeitig hört man ein krachendes Geräusch. Türen schlagen. Dem Taxifahrer muss ein Unfall passiert sein. Der weiße Unfallgegner beschwert sich laut: „Schauen Sie nicht, wohin Sie fahren? Wir sind hier nicht in Afrika!" Aufgebracht entgegnet der Taxifahrer: „Sie sind ein Rassist!", worauf der weiße Kontrahent sich verteidigt: „Ich bin kein Rassist, aber Sie fahren wie ein verdammter Schwarzer!"

Das Vorurteil ist ein wichtiges Thema der Sozialpsychologie. Verschiedene Erklärungsansätze über Grundannahmen, Ursachen, Funktionen und daraus resultierende Strategien gegen Diskriminierung stehen in der Fachliteratur allerdings weitgehend zusammenhanglos nebeneinander.

Gruppen- und konflikttheoretische Ansätze beschreiben als Verursachung von Vorurteilsbildung konkurrierende Ziele zwischen unterschiedlichen Gruppen, Interessenkonflikte und den Kampf um knappe Ressourcen (z.B. Arbeitsplätze). Der britische Forscher Henri Tajfel modifizierte diese Ansicht mit seinen Studien und seiner „Theorie der sozialen Identität" (SIA – Social Identity Approach). Er erbrachte den Nachweis, dass Interessenkonflikte um materielle Ressourcen keine notwendige Bedingung für die Abwertung der Fremdgruppe und die Aufwertung der Eigengruppe darstellen (1982a). Auch bei willkürlicher Zuordnung zur *in-group* und *out-group* bevorzugen Betroffene die eigene Gruppe im Vergleich mit der anderen. Denn das Individuum wertet sich selbst vermittelt über die Identifizierung mit der eigenen Gruppe auf. Die Intergruppendifferenzierung trägt allerdings nur dann zur Aufwertung der sozialen Identität bei, wenn man die Eigengruppe der Fremdgruppe gegenüber als überlegen wahrnimmt. Bei den gruppen- und konflikttheoretischen Ansätzen steht die instrumentell-strategische Funktion des Vorurteils im Vordergrund. Es soll die eigene Position gegenüber anderen (Personen, aber auch Institutionen) stärken, funktioniert also als Mittel im Wettbewerb um materielle bzw. (entsprechend der Modifikation von Tajfel) soziale Ressourcen (z.B. Anerkennung).

Als Maßnahme zum Abbau von Vorurteilen empfiehlt die Kontakt-Hypothese eine verbesserte Beziehung zum anderen bzw. zur Fremdgruppe; die gewünschten Effekte sind aber nur unter Bedingungen der Gleichberechtigung, Freiwilligkeit und Kooperation mit gleichen Gewinnchancen zu erreichen.

Lern- und sozialisationstheoretische Ansätze arbeiten heraus, dass Vorurteile bereits in Prozessen der primären, aber auch der sekundären Sozialisation erworben werden, und zwar vermittelt über Belohnung und Bestrafung, Imitationslernen am Modell und Identifikation mit Vorbildern. In Termini der Wissenssoziologie nach Peter L. Berger und Thomas Luckmann (1969) dienen Vorurteile der Konstruktion, Aufrechterhaltung und Legitimation sozialer Wirklichkeit.

Als Ansatzpunkte für Gegenstrategien gelten positive, den Austausch zwischen Gruppen befördernde Vorbilder in Erziehungsprozessen und der kritische Umgang mit gesellschaftlichen Diskursen.

Psychodynamische Ansätze fassen Vorurteile als individuelle, falsche Urteile mit Symptomcharakter auf. Sie resultieren aus konflikthaften Identitätsbildungsprozessen in der frühkindlichen Erziehung und haben Selbstschutz- und Abwehrfunktion. Die wichtigsten Abwehrmechanismen des Ichs sind die um Spaltung gruppierte Verdrängung, Verschiebung, Projektion und Entwertung (vgl. Kapitel 3.1.2 und 3.2.2). Im eigenen Ich werden gute von bösen (z.B. aggressiven) Anteilen getrennt (gespalten) und dann nach außen auf den anderen, die Fremdgruppe projiziert. Dabei wird diese oft zusätzlich entwertet, im Extremfall muss sie als Sündenbock herhalten. Diese Prozesse verlaufen teilweise unbewusst, im Modus der Verdrängung. Deshalb und auch wegen ihrer fundamentalen Bedeutung für den Selbstschutz fallen Prognosen über die Wirksamkeit von Gegenstrategien auf Grundlage der psychodynamischen Konzeption eher schlecht aus. Nur langwierige therapeutische Interventionen zur Stabilisierung der Persönlichkeit hält sie für erfolgsversprechend.

Kognitive Ansätze erklären die Entstehung von Vorurteilen durch die begrenzte menschliche Kapazität der Informationsverarbeitung in einer sozial komplexen

Welt. Insofern haben Vorurteile Orientierungs- und Informationsverarbeitungsfunktion. Die eingehende Information wird kategorisiert und dabei im Dienste schneller Handlungsfähigkeit vereinfacht. Der dabei anfallenden Diskriminierung könne man durch gezielte Aufklärung, Bildungsmaßnahmen und differenzierte Wissensvermittlung entgegenwirken. Bei starker Ausprägung der affektiven Komponente des Vorurteils funktioniert das allerdings nicht so gut.

Sozialwissenschaftliche Ansätze beschäftigen sich in kritisch-systematischer Weise mit der Vorurteilsforschung. Heinz E. Wolf kritisiert eine „*mehrfache Reduzierung* der Problematik. So wird das *allgemeine Vorurteilsproblem* auf das der Sozialen Vorurteile, dies auf das der *negativen Sozialen* Vorurteile, und dies wiederum auf das Verhältnis zwischen *Majorität* und *Minorität* reduziert [...] Und schließlich wird dann noch auf die Psychologie zurückgegriffen und die Problematik auf *persönlichkeits-psychologische* und *charakterologische* Phänomene reduziert" (1969, S. 915). Um eine solche „Psychologisierung", d.h. die Verlegung struktureller Probleme der modernen Gesellschaft in den Bereich der Persönlichkeit des Einzelnen, zu vermeiden, sprechen Sozialwissenschaftler bevorzugt von Rassismus in der Gesellschaft statt von ethnischen Vorurteilen[14] des Individuums (vgl. Mark Terkessidis, 1998, S. 59). Ihre Kritik richtet sich gegen die Unterscheidung zwischen fremd und nicht fremd. Erst die Präsenz des fremden Anderen evoziere das Vorurteil. „Die historisch und gesellschaftlich spezifische Weise, in der zwischen Fremden und Nicht-Fremden unterschieden wird, ist in den psychologischen Erklärungsangeboten bereits vorausgesetzt und wird damit in den ‚anwendungsorientierten' Vorschlägen, die sich auf die Frage ‚Was sollen wir tun?' beziehen, implizit reproduziert" (Paul Mecherill, 2004, S. 184).

Stattdessen sollten Gegenstrategien sich nicht darauf beschränken, zu klären, wie man besser oder angemessener mit Fremdem umgehe, sondern sich zunächst mit Grundsatzfragen im gesellschaftlichen Diskurs auseinandersetzen: Warum wird jemand / etwas als fremd definiert und wie geschieht das? Wie wird Fremdsein produziert (*othering*), wie funktioniert Fremd-gemacht-Werden in der Ausgrenzungspraxis? Bei der Konkretisierung von Gegenmaßnahmen sollten Gemeinsamkeiten zwischen der vermeintlichen Fremd- und der Eigengruppe betont und bestehende Unterschiede in der Eigengruppe aufmerksamer betrachtet werden.

Ein interessantes Beispiel für eine Strategie gegen Diskriminierung bietet der Ansatz von Jane Elliott. Der in den USA gedrehte Film BLUE EYED zeigt ihren Gegenentwurf anhand unterschiedlicher Workshops sowie Interviews mit ihr selbst und Workshop-Teilnehmern.

Elliott, geboren im Jahre 1933, arbeitete jahrelang als Grundschullehrerin an einer öffentlichen Schule in Riceville, Iowa, einer ausschließlich weißen und christlichen Dorfgemeinde. Keiner ihrer weißen Schüler soll angeblich jemals einen

---

[14] „Sozialwissenschaftliche Ansätze stellen heraus, daß Rassismus – im Gegensatz zu Vorurteilen – eine ideologische Differenzierung von Menschen nach quasi-biologischen Kriterien darstellt." Und weiter: „Dabei ist das wichtigste Element jeder Rassismusdefinition die Ausgrenzung von Menschen aufgrund biologischer (v. a. rassischer) Merkmale [...]" (Andreas Zick, 1997, S. 40, 42).

Farbigen zu Gesicht bekommen haben. Konfrontiert mit der Aufgabe, ihren Drittklässlern die Ermordung Martin Luther Kings am 04.04.1968 zu vermitteln, stellte sie fest, dass ihre Schüler keinen emotionalen Zugang finden konnten. Daraufhin entwarf sie die Übung *Blauäugig / Braunäugig* und führte sie zunächst mit ihren Schulkindern durch (später auch als Training bzw. Workshop mit Erwachsenen in unterschiedlichen Institutionen wie Unternehmen, Universitäten, US-Armee). Ihr Ziel war es, das Entstehen und die Mechanismen von Ausgrenzung, Vorurteilen, Diskriminierung und Rassismus beobachtbar und vor allem emotional erfahrbar zu machen. Sie selbst beschreibt Sinn und Zweck der Übung so:

„Der Zweck dieser Übung ist, diesen netten blauäugigen Menschen die Gelegenheit zu geben, herauszufinden, wie man sich fühlt, wenn man alles andere als weiß ist in den Vereinigten Staaten von Amerika. Der Sinn dieser Übung ist, diese Leute zu zwingen, einen Tag lang in den Schuhen eines Farbigen zu gehen. Ich werde diesen Leuten hier aufgrund ihrer Augenfarbe alle negativen Eigenschaften anhängen, die man Frauen, Farbigen, Schwulen, Lesben und jeder Art von Behinderten anhängt. Wir werden diesen Leuten hier alle Klischees anhängen, die wir gewöhnlich für die genannten Gruppen gebrauchen. Wir werden unsere Erwartungen an diese Menschen herunterschrauben und werden sie zwingen, diesen niedrigen Erwartungen gemäß zu handeln."[15]

In dem mehrtägigen Experiment mit den Grundschülern brachte Elliott die Braunäugigen zunächst in die überlegene Position. Sie bekamen Privilegien wie besonderes Lob, längere Pausen, eine zweite Portion in der Cafeteria. Die Blauäugigen wurden als minderwertig diskriminiert, mit negativen Attributen belegt und äußerlich sichtbar mit einem Stoffkragen stigmatisiert (gebrandmarkt).

Am folgenden Tag ließ Elliott die Schüler ihre Rollen wechseln. Sie habe einen schrecklichen Fehler gemacht, so ihre Begründung. Tatsächlich seien die Blauäugigen den minderwertigen Braunäugigen überlegen. Am dritten Tag wertete Elliott das Experiment mit ihren Schülern aus.

Die wichtigsten Methoden in Elliots Übungen, Trainings und Workshops sind Machtausübung, Kontrolle, die Durchsetzung von Regeln und Scheinargumente. „Denkt daran, dass ihr in dieser Situation keine Macht besitzt, absolut keine Macht!" Sie zwingt die degradierten, erwachsenen Teilnehmer – das sind bei ihr vorwiegend die weißen Blauäugigen – in die Rolle von Kindern. Die Braunäugigen ermahnt sie: „Denken Sie auch daran, dass wir diese Menschen in ihrem Kind-Ego halten, weil Menschen dann am besten kontrolliert werden können. Wir werden diese Menschen wie Kinder behandeln, und dann werden sie sich auch wie Kinder verhalten." Später im Workshop müssen sie dann auf dem Boden sitzen und werden beleidigt. „Wie siehts mit Ihnen aus, Dummchen?" „Wir werden die Frauen Mädel, Honey, Kleines, Süße [...] nennen und die Männer boy-e."[16]

---

[15] Transkript der Verfasser, basierend auf der deutschen Fassung des Films von Bertram Verhaag.
[16] Die Diskriminierung wirke besonders drastisch, wenn man den Begriff zweisilbig ausspreche und in Bezug auf alte Männer verwende.

Standbild 10: BLUE EYED. *Jane Elliott im Workshop. Filmstill 0:08:54*

Die Braunäugigen sollen aktiv mitwirken. „Damit diese Übung gut geht, müssen Sie mitmachen." Für den Fall der Zuwiderhandlung droht Elliott mit der Sanktion, sie blitzschnell in Blauäugige zu verwandeln.

Die Einhaltung der widersprüchlichen und absichtlich verwirrend gehaltenen Regeln setzt sie streng durch: „Ich gebe Ihnen einen guten Rat. Entweder Sie halten sich an die Regeln oder Sie verschwinden hier! Sie haben keine andere Wahl!"

Sie unterlegt Vorurteile mit einer quasi-rationalen Argumentation: „Vor 280.000 Jahren hatten die ersten Menschen, die am Äquator lebten, zum Schutz vor der Sonne viel Melanin in der Haut. Deshalb hatten sie dunkle Haut, dunkles Haar und dunkle Augen. Als die Menschen sich dann nach Norden bewegten, hatten sie weniger Melanin und infolgedessen hellere Haut, helleres Haar und hellere Augen. So konnte immer mehr Licht durch die Augen ins Gehirn dringen und schädigte es. Darum sind blauäugige Menschen nicht so klug wie braunäugige. Ist das logisch?"

Einige Teilnehmer lachen. Darauf Elliott: „Es ist keineswegs lächerlicher als die Theorien, die wir bisher über die Hautfarbe aufgestellt haben!" Sie könne das auch beweisen, behauptet sie und verteilt den sogenannten „Dove Counterbalance Intelligence Test"[17]. Er prüft durch seine Fragen (*items*) lediglich den Erfahrungsschatz von Farbigen und führt bei diesen im Vergleich mit Weißen tatsächlich zu besseren Testergebnissen.

Schauen wir uns soziale Kategorisierung, Ausgrenzung, Stereotypisierung und Diskriminierung in den ersten Filmminuten (0:03:35–0:07:40) etwas genauer an. Nach einem Vorspann, der Glanz und Wohlstand in den USA mit rassistischer Diskriminierung kontrastiert, erscheinen die Räumlichkeiten des Antidiskriminierungs-Workshops im Bild. In einem Eingangsraum sortiert Elliott die Eintreffenden, unterstützt durch einschüchterndes Wachpersonal. Der erste weiße Teilnehmer betritt den Raum und trägt seinen Namen in eine Liste ein.

J. E.[18] „Was soll das heißen?" *sachlich, klar, streng, unfreundlich*
TN   „Mein Name."

---

[17] Die Bezeichnung ist fiktiv, der Test kein seriöser Intelligenztest.
[18] J. E. = Jane Elliott, TN = Teilnehmer

J. E.	„Wie lautet Ihr Name? Können Sie das lesen? Ich nicht. Streichen Sie's durch und schreiben Sie so, dass ich das lesen kann!"
TN	*nennt seinen Namen.*
J. E.	„Streichen Sie's durch und schreiben Sie neu!"
TN	„Hab ich getan."
	berührt J. E. leicht.
J. E.	„Nein. Erstens fassen Sie mich nicht an und zweitens halten Sie sich an die Regeln oder Sie verschwinden hier. Und jetzt schreiben Sie Ihren Namen so, dass ich ihn lesen kann!"
TN	„Ich wurde um meine Unterschrift gebeten und das ist sie."
J. E.	„Schreiben Sie Ihren Namen so, dass ich ihn lesen kann! Dieser Mann fliegt raus! Er will sich nicht an die Regeln halten und deshalb darf er nicht bleiben."
J. E.	*wendet sich an eine farbige Mitarbeiterin des Wachpersonals.*
	„Gehören Sie zum Wachpersonal? Dieser Mann verschwindet hier."
	Die nächste weiße Teilnehmerin erscheint.
	„Tragen Sie sich entsprechend ihrer Augenfarbe hier ein. Setzen Sie sich!"
	Nun höher positioniert als die Teilnehmerin, legt sie dieser einen grünen Stoffkragen um. Die Mitarbeiterin des Wachpersonals weist dem ersten TN wortlos den Weg zur Tür. Das verunsichert ihn sichtbar. Er kaut Kaugummi und fragt:
TN	„Ganz raus?"
	Die Mitarbeiterin des Wachpersonals stellt sicher, dass der Mann geht. Nach einiger Zeit will er zurückkommen. Elliott gestattet das unter der Bedingung, dass er sich an die Regeln hält. Wenn nicht, würde sie ihn definitiv hinauswerfen. Es läge in seiner Hand.
J. E.	*sodann zu einem weiteren TN, herablassend, unfreundlich, harsch*
	„Na, Blauauge, haben Sie sich eingetragen? Setzen Sie sich! (wörtlich: *sit!*) Gehen Sie in Raum C[19] und warten Sie, bis Sie abgeholt werden."
	fertigt jetzt den ersten, nun zurückgekommenen TN ab.
	„Setzen Sie sich!"
	Sie legt ihm den grünen Stoffkragen um.
	„Ich gebe Ihnen einen guten Rat. Entweder Sie halten sich an die Regeln oder Sie verschwinden hier. Sie haben keine andere Wahl. Und jetzt nehmen sie Ihr Kaugummi raus! Sofort!"
	danach zu einem weiteren TN
	„Ich warne Sie. Sie mögen groß und kräftig sein. Aber heute werden Sie tun, was ich sage. Haben Sie verstanden?!"

Wie ist Elliotts Ansatz einzuschätzen? Sie arbeitet vor dem Hintergrund der modernen amerikanischen Vorurteils- und Rassismusforschung, die sich aufgrund negativer Sanktionierung offener Vorurteile heute besonders mit versteckten, subtilen und symbolischen Äußerungsformen konfrontiert sieht.

Das Vorgehen Elliotts kann man im Schnittbereich von gruppen- und konflikttheoretischen Ansätzen einerseits sowie lern- und sozialisationstheoretischen Ansätzen andererseits einordnen. Vorurteile gelten als gelernt und können also

---

[19] Raum C ist ein überhitzter Warteraum. Wegen fehlender Sitzgelegenheiten müssen die meisten Teilnehmer hier stehen.

auch verlernt werden. Im Sinne der Konflikttheorie sind sie Instrumente im täglichen Mit- und Gegeneinander zwischen Schwarzen und Weißen. Entsprechend fordert die Theorie mit ihrer Kontakt-Hypothese Kooperation der konkurrierenden Gruppen als Maßnahme zum Abbau von Vorurteilen. Das funktioniert aber nur unter Bedingungen der Gleichberechtigung, Freiwilligkeit und Zusammenarbeit mit gleichen Chancen. Am ehesten erfüllt Elliotts Konzept noch die Grundvoraussetzung der Freiwilligkeit. Ihre Klientel nimmt freiwillig an den Workshops teil, bezahlt sogar dafür. Allerdings ist der freie Wille doch begrenzt. Sind die Teilnehmer erst einmal vor Ort, können sie sich aufgrund der Gruppendynamik kaum entziehen und dann wendet Elliott durchaus auch Zwang an: „Der Sinn dieser Übung ist, diese Leute zu *zwingen* (Hervorhebung der Verfasser), einen Tag lang in den Schuhen eines Farbigen zu gehen."

Ein enger Kontakt zwischen den Beteiligten kommt aufgrund der zeitlichen Begrenzung der Workshops nicht zustande. Des Weiteren sind die Teilnehmer nicht gleichberechtigt, im Gegenteil. Einige Kritiker sagen, Elliott dämonisiere Weiße und unterstelle ihnen genuin Rassismus.

Damit erfüllen die Workshops keine einzige Bedingung, welche die Kontakt-Hypothese für einen erfolgreichen Abbau von Vorurteilen fordert. Weitere Negativa kommen hinzu: Nach ethischen Mindeststandards in psychologischen Experimenten müssen heute die Versuchspersonen genau, z. T. sogar vertraglich, vorab informiert werden und ihrer Teilnahme ausdrücklich zustimmen. Elliott bereitet ihre Teilnehmer in keiner Weise vor. Auf die Frage eines „Braunäugigen" („Wie wurden die eigentlich vorbereitet?") antwortet sie: „Gar nicht. Wir haben sie in einen Raum gesetzt, in dem drei Stühle für 17 Leute stehen." Auch in den Schulexperimenten hat sie weder die Schüler (Drittklässler) vorbereitet, noch die Eltern mit einbezogen. Eine ehemalige Schülerin weist noch 20 Jahre später auf die emotionale Überforderung hin: „Das Projekt wurde zur Realität. Es war nicht mehr lustig!"

Elliott ist weder als diplomierte Psychologin noch als Therapeutin, sondern als Grundschullehrerin ausgebildet. Ihre Szenarien sind weder Rollenspiel noch Therapie.

So bleiben die wesentlichen positiven Wirkvariablen psychotherapeutischer Intervention unbeachtet. Elliott lässt ihre Seminarteilnehmer keine Wertschätzung und kein Einfühlungsvermögen (Empathie) spüren. In einem Dialog mit einem Blauäugigen erklärt sie unwillig: „Ich will mich nicht um Sie kümmern. Wenn Sie jemand suchen, der sich um Sie kümmert, gehen Sie zu ihrer Mutter! Ich kümmere mich nicht um Sie, sondern um mich. Ich will keinen Prozess am Hals haben. Verstehen Sie das?" Nachdem der Mann verneint: „Sie verstehen nicht mal das? Ihr niedriger IQ ist ein anderes Problem."

Elliott führt ihre Rigorosität auf eigene Erfahrung zurück. In dem Filmzwischenschnitt „Die Stadt der schönen Ahornbäume" berichtet sie, was die Bürger von Riceville ihren (Elliotts) Kindern angetan haben, um sich an ihr zu rächen. „Ich kann ihnen nicht verzeihen, was sie meinen Kindern angetan haben." Wörtlich: „After 30 years of dealing with this subject of racism, I am no longer a sweet, gentle person. I want it stopped!"

Der ehemalige Analytiker der konservativen Heritage Foundation, Carl F. Horowitz, hat nicht ganz unrecht, wenn er von einem „Verbrannte-Erde-Stil" (Torquemada-style) redet.

Welche positiven Aspekte bleiben zu würdigen? Obwohl Elliotts Ansatz nicht auf einer elaborierten Theorie beruht, sondern auf Versatzstücken verschiedener Theorien, erzielt sie doch durch die Betonung der affektiven Komponente im Vergleich mit rein aufklärerischen Maßnahmen und theoretischer Wissensvermittlung nachhaltige und stärkere Wirkung. Kein Workshopteilnehmer wird wohl behaupten, dass ihn das Szenario kalt gelassen habe.

Elliott vermittelt uns Erkenntnisse über die Wirkmechanismen und Aktualität von Rassismus. Er richtet sich nicht nur gegen Farbige, sondern auch gegen andere Minoritäten, Ethnien, Behinderte, Homosexuelle. Oft wird übersehen: Verhältnisse der Unterdrückung produzieren nur Verlierer.

Elliott hat viel negative Kritik ertragen müssen. Nach ihrer Teilnahme an der Johnny Carson's Tonight Show war der häufigste Kommentar: „Wie können Sie es wagen, dieses grausame Experiment *weißen* Kindern anzutun!" Das ist Rassismus in offener Form. Dagegen, aber auch gegen versteckte und subtile Formen von Vorurteilen, Diskriminierung und Rassismus hat Jane Elliott ihre Arbeit in unbeugsamer Weise durchgehalten.

2.2 Der Einfluss des sozialen Umfeldes auf das Handeln

Im Zusammenleben der Menschen gibt es Spielräume, aber auch durch Regeln festgelegte Grenzen. Das Experiment von Oliver Hirschbiegel (D 2001) und I wie Ikarus von Henri Verneuil (F 1979) – mittlerweile Lehrbeispiele der empirischen Sozialforschung – zeigen die Ausrichtung sozialer Gefüge an Macht- und Hierarchiestrukturen. In Hirschbiegels Film beruhen sie auf Rollenzuweisung (Kapitel 2.2.1). In dem Verneuil-Film, der in einem 20-minütigen Einschub das Milgram-Experiment zeigt, basieren sie auf Gehorsam gegenüber Autorität (Kapitel 2.2.2).

2.2.1 Rolle und soziale Regeln

Oliver Hirschbiegels Film Das Experiment nimmt Mario Giordanos Roman „Das Experiment – Black Box" zur Grundlage. Beide orientieren sich an Philip George Zimbardos Stanford-Prison-Experiment aus dem Jahre 1971. Zimbardo wollte herausfinden, was passiert, wenn man „normalen" Versuchspersonen die Rolle von Gefängniswärtern bzw. Gefangenen in einem Scheingefängnis zuweist.

Soziologen definieren Rolle häufig im Zusammenhang mit den Begriffen Position und Status.

Eine *Position* ist eine Stelle im System einer Institution oder Gesellschaft. Z.B. besetzt Professor Dr. Klaus Thon im o.g. Film die Stelle des Leiters in dem wissenschaftlichen Experiment, Frau Dr. Jutta Grimm die Stelle seiner Assistentin.

Eine Position besteht unabhängig von der Besetzung durch eine bestimmte Person. Man kann Positionen objektiv bestimmen, z.b. durch ein Organigramm (bildliche Darstellung der Organisationsstruktur) oder die Höhe eines Gehalts. Der Geschäftsführer bekommt ein höheres Gehalt als der Abteilungsleiter. Positionen lassen sich also hierarchisch ordnen. Ihre Bewertung durch die Gesellschaft bezeichnet man als *Status*. Er äußert sich in Statussymbolen wie Dienstwagen, Bürogröße und -ausstattung usw.

Eine soziale *Rolle* ist ein Verhalten, das eine Bezugsgruppe von einer Person mit einer bestimmten Position erwartet. Die Verhaltenserwartungen variieren zwar innerhalb gewisser Grenzen und sind manchmal interpretationsbedürftig, aber doch relativ konsistent. Sie ergeben sich aus gesellschaftlich verbindlichen Normen. Der Rolleninhaber kann ihnen nicht ohne Schaden zuwiderhandeln.

Welche Funktion haben soziale Rollen? Sie ermöglichen reibungslose, standardisierte Interaktionen und vereinfachen damit soziale Beziehungen. Nach Olaf Leiße und Thomas Buhl (2006, S. 230) besteht „die wichtigste Funktion sozialer Rollen [in der] Erzeugung erwartbaren Verhaltens". Muss-Erwartungen sind im Rechtssystem, z.B. im Beamtenrecht, schriftlich formuliert, Soll-Erwartungen nicht immer. Kann-Erwartungen beruhen auf Freiwilligkeit und eigener Ausgestaltung.

Die Rollen der Gefangenen und der Wärter in dem Film Das Experiment basieren auf Kann-Erwartungen. Beide Gruppen, aber insbesondere die Wärter, verfügen über großen Interpretations- und Gestaltungsspielraum, obwohl Prof. Thon sie zu Beginn scheinbar festlegt: „Sie sind jetzt Wärter einer Strafvollzugsanstalt. Ihre Aufgabe besteht darin, für Ruhe und Ordnung zu sorgen und dafür, dass sich jeder an die Regeln hält. Nehmen Sie das ernst, mit Ihnen steht und fällt der Versuch. Sollten Sie Ihre Aufgabe nicht diszipliniert und absolut verantwortungsbewusst angehen, macht der Versuch keinen Sinn und wir können abbrechen. Sie spielen keine Wärter, Sie *sind* jetzt Wärter."[20]

Was war vorher passiert?

Auf eine Zeitungsanzeige der Kölner Hochschule melden sich freiwillige Versuchspersonen für die Teilnahme an einem 14-tägigen Experiment in einem Scheingefängnis. Sie bekommen dafür 4000 DM. Ein Auswahlverfahren mit umfänglichen Tests soll die körperliche und psychische Normalität der 20 männlichen Teilnehmer sichern. Dann werden sie per Zufall in die Gruppen „Wärter" und „Gefangene" eingeteilt. Die Wärter arbeiten in Acht-Stunden-Schichten. Die Gefangenen bleiben rund um die Uhr im Gefängnis und müssen auf Privatsphä-

---

[20] Hier wie im Folgenden Transkript der Verfasser.

re und bürgerliche Grundrechte verzichten. Videokameras überwachen den Gefängnistrakt.[21] Es gelten folgende Regeln:

1. Die Häftlinge reden sich nur über die Nummern auf den Kitteln an.
2. Die Wärter werden mit „Herr Strafvollzugsbeamter" angesprochen.
3. Nach dem „Licht aus" wird unter den Häftlingen nicht mehr geredet.
4. Mahlzeiten sind vollständig aufzuessen.
5. Jeder Anweisung der Strafvollzugsbeamten ist unverzüglich Folge zu leisten.
6. Nicht-Einhalten der Regeln wird bestraft.

Zu Beginn müssen sich die Gefangenen nackt ausziehen, werden abgeduscht, desinfiziert und erhalten einen groben Leinenkittel mit einer Gefangenennummer. Sie dürfen keine Unterwäsche tragen und laufen in Badelatschen herum.

Der Protagonist, Tarek Fahd (Moritz Bleibtreu), Nr. 77, Taxifahrer und ehemaliger Journalist, wittert eine heiße, gewinnträchtige Story. Er wird mit Steinhoff (Christian Berkel), Nr. 38, der als Major der Luftwaffe im Auftrag der Bundeswehr *undercover* an dem Experiment teilnimmt, und Joe (Wotan Wilke Möhring), Nr. 69, Starkstromelektriker, in eine Zelle gesteckt.

Die acht Wärter erhalten Uniformen, feste Schuhe, Schlagstöcke, Handschellen und Trillerpfeifen. Im Vordergrund stehen Berus (Justus von Dohnányi), Mitarbeiter des Flughafen-Bodenpersonals, Kamps (Nicki von Tempelhoff), Abteilungsleiter, Eckert (Timo Dierkes), Elvis-Imitator, und Bosch (Antoine Monot Jr.), Referendar.

Professor Dr. Klaus Thon (Edgar Selge), Leiter des Experiments, Dr. Jutta Grimm (Andrea Sawatzki), seine Assistentin, und Lars (Philipp Hochmaier), wissenschaftlicher Mitarbeiter, begleiten das Experiment als Wissenschaftler.

Als weitere wichtige Person tritt Dora (Maren Eggert) auf. Sie und Tarek hatten sich nach den psychologischen Tests kennengelernt. Auf Tareks Heimweg fährt Dora frontal in sein Taxi. Er kümmert sich um sie. Sie verbringen die Nacht gemeinsam und verlieben sich.

Zu Beginn des Experiments am ersten Tag werden die Gefangenen nach dem Verlesen der sechs Regeln in ihre Zellen verlegt, vier für je drei Gefangene. Zunächst geht es noch ruhig zu. Einer der Wärter spielt mit den Gefangenen sogar Basketball, wird dann aber zurückgepfiffen, weil er seiner Rolle nicht gerecht wird. Der erste ernstere Zwischenfall ereignet sich, als Schütte (Nr. 82) wegen seiner Laktoseüberempfindlichkeit seine Milch nicht trinken will und damit gegen Regel vier verstößt. Tarek trinkt die Milch an seiner Stelle. Die Wärter reagieren verblüfft, darauf waren sie nicht vorbereitet. Sie kritisieren Eckert, der die entsprechende Anordnung gegeben hat: Er müsse sich durchsetzen. Wütend holt er Tarek

---

[21] Kameras sind allgegenwärtig. Neben den Überwachungskameras gibt es noch die Hi 8-Kamera in Tareks Brille. Immer, wenn er sie einschaltet, ändert sich nach einem hör- und sichtbaren Schnitt die Kameraeinstellung. Sie zeigt das Geschehen ähnlich wie eine Handkamera aus Tareks Perspektive, verwackelt und schwarz-weiß.

Standbild 11: DAS EXPERIMENT. Tarek (Moritz Bleibtreu) und seine Mitgefangenen müssen nackt antreten. Filmstill 1:13:48

aus der Zelle und befiehlt Liegestütze. Als der diesen Befehl nicht sofort erfüllt, greift Eckert zum Mittel der Mitbestrafung von Tareks Zellenkollegen.

Am zweiten Tag verschärft sich der Konflikt zwischen Wärtern und Gefangenen. Bei einer Bettenkontrolle sperrt Tarek die Wärter Eckert und Berus in der Zelle ein und provoziert einen Aufstand der Gefangen. Berus – bis zu diesem Zeitpunkt eher zurückhaltend – schlägt als Gegenmittel vor: „Man gewinnt in solchen Situationen die Kontrolle wieder über Erniedrigung." Seine Wärterkollegen erklären sich damit einverstanden. Sie stürmen im Dunkeln, mit Feuerlöschern bewaffnet, den Zellentrakt, setzen sie gegen die Gefangenen ein und fesseln sie über Nacht nackt an die Zellengitter. Tarek wird von den anderen isoliert.

Am dritten Tag kommen sich Tarek und Steinhoff näher. Er gibt sich als Undercover-Agent der Bundeswehr zu erkennen, die das Experiment mitfinanziert und einen Bericht darüber haben will. Dass Tarek die Situation für eine gute Zeitungsstory anheizt, ist Steinhoff längst klar. Bereits zuvor hatte Tarek Berus provoziert, indem er ihm sagte, dass er stinke. Die Wärter einigen sich darauf, Tarek ins Visier zu nehmen. Angetrunken holen sie ihn nachts aus der Zelle, fesseln ihn in einem nicht kameraüberwachten Gefängnisteil an einen Stuhl, verkleben ihm den Mund mit Tape, scheren ihn kahl, urinieren auf ihn und versuchen ihn zu zwingen, das Experiment abzubrechen.

Am Morgen des vierten Tages hat Tarek ein Gespräch mit den Wissenschaftlern. Sie hätten gehört, er wolle aus dem Experiment aussteigen. Tarek bestreitet das. Er versteht den Ernst der Lage nicht, obwohl er eine Panikattacke erleidet. Steinhoff hilft ihm darüber hinweg, macht ihm aber auch klar: „Das ist kein Spiel. Mit der Haltung bist du hier unten verloren. Es gibt nur den Ernstfall, kapierst du nicht?!"

Noch ist keinem bewusst, dass der fünfte Tag der letzte sein wird. Zunächst führen die Wärter als Drohmittel die Black Box ein. Die Wissenschaftler diskutieren über den Abbruch des Experiments, entscheiden sich aber auf Drängen Prof. Thons für die Fortführung („[…] wenn wir in dieser Phase abbrechen, verspielen wir die Chance unseres Lebens").

Ähnlich wie im Stanford-Prison-Experiment erwarten die Gefangenen Besuch, Tarek von Dora. Sie möchte ihn überreden, das Experiment abzubrechen, doch Tarek sperrt sich dagegen. Er versucht später, als die Situation eskaliert, Dora mit Hilfe von Bosch (der sich nicht mit seiner Wärterrolle identifiziert) eine Nachricht über die wahren Zustände im Gefängnis zukommen zu lassen. Berus bemerkt das und der Versuch misslingt.

Während der Abwesenheit von Prof. Thon, der auf einem Kongress über das Projekt berichtet, und Dr. Grimm – auch sie ist kurzfristig nicht vor Ort – gerät das Experiment völlig außer Kontrolle. Berus hält die Situation für einen Test: „Die wollen testen, wie wir auf Störungen von außen reagieren." Die Wärter übernehmen das Kommando, entlarven Bosch als Verräter und inhaftieren ihn. Berus lässt Tarek aufgrund der versuchten Nachricht an Dora in die Black Box sperren.[22] Als Dr. Grimm wiederkommt, werden sie und Lars in eine Zelle gesteckt.

Schütte, völlig außer sich, beschimpft Berus dafür. Daraufhin streckt dieser ihn durch einen harten Schlag auf den Kopf nieder. Mit verklebtem Mund und blutender Kopfwunde wird er an einen Stuhl gefesselt.

Tarek kann sich mit Hilfe eines gefundenen Schraubendrehers aus der Black Box befreien. Er schlägt Eckert nieder, der gerade versucht, Frau Dr. Grimm zu vergewaltigen. Gemeinsam mit Steinhoff gelingt es Tarek, die anderen Gefangenen zu befreien. Voller Entsetzen muss er erkennen: Schütte hat die Tortur nicht überlebt.

Am Ende besiegen Tarek und Steinhoff den Wärter Berus. Steinhoff ist derart aufgebracht, dass er nicht aufhört, Berus zu würgen, bis Tarek ihn daran hindert: „Komm, lass es. Es ist vorbei, Mann. Es ist vorbei." Eckert schießt Prof. Thon mit seiner Gaspistole ins Gesicht, wird dann aber selbst zum Opfer. Der in die Ecke gedrängte und verängstigte Bosch tötet ihn in Panik.

---

[22] Als sich die Tür hinter ihm schließt, verebbt auf beängstigende Art und Weise der Ton und das Bild verdunkelt sich. Im Gegensatz zu den vielen schnellen, harten Schnitten gegen Filmende arbeitet der Regisseur an dieser Stelle mit einem anderen filmischen Stilmittel: Er präsentiert Dora als Überblendung über Tareks Gesicht; Tarek in Normalgröße, Dora als übergroße Traumerscheinung. Symbolhaft verdeutlicht Hirschbiegel damit: Dora ist Tareks einzige Überlebenschance. Einige Rezensenten kritisieren die Liebesgeschichte zwischen Tarek und Dora wegen fehlender dramaturgischer Bedeutung als hollywoodmäßiges *woman's appearing*. Folgt man Bruno Bettelheims Erörterung des Lina Wertmüller-Films SEVEN BEAUTIES (I 1975), so mögen wir uns dieser Kritik nicht anschließen. Bettelheim argumentiert aufgrund eigener KZ-Erfahrung und stellt fest: „Um [in psychologischen Extremsituationen] zu überleben, musste man *für* etwas (Hervorhebung der Verfasser) überleben" (1980, S. 306). Das ist für Tarek die Hoffnung auf Dora.

Die Bilanz des Experiments aus juristischer Sicht: Zwei Tote, drei Schwerverletzte, eine versuchte Vergewaltigung sowie mehrere Festnahmen wegen versuchten Totschlags, Misshandlung und unterlassener Hilfeleistung.

Aus psychologischer Perspektive erkennt man zunächst einmal Realitätsverlust bei allen Beteiligten: bei den Gefangenen, den Wärtern, aber auch bei den Wissenschaftlern.

Bei den Gefangenen setzt nach den Worten von Prof. Thon sehr schnell „völlige Deindividuation" (Auflösung der Persönlichkeit) ein. Die Wegnahme ihrer persönlichen Kleidung und Zuweisung der Kittel sowie der Gefangenennummer begünstigen das schon am ersten Tag. Realitätsverlust setzt bereits am zweiten Tag ein. Als Tarek die Wärter Eckert und Berus in die Zelle einsperrt, beharrt er (Tarek) wahnhaft darauf, dass alles nur ein Spiel sei. Steinhoff kann ihm nur mit Mühe den Ernst der Situation klar machen. Selbst er verkennt die Lage, als er am Ende nicht davon ablässt Berus zu würgen. Im weiteren Verlauf erleben die Gefangenen zunächst Gefühle von Hass und Wut, dann Angst und Verzweiflung, gekoppelt mit extremer Hilflosigkeit, Passivität und Unterwürfigkeit. Am Ende stehen desorientiertes Denken, Apathie und Resignation.

Die Wärter haben bei der stufenweisen Eskalation der Gewalt den „Vorteil" der institutionellen Macht auf ihrer Seite und kosten ihn mit Erniedrigungen, Demütigungen und Schikanen sehr erfindungsreich aus. Ihr Realitätsverlust tritt am deutlichsten in Erscheinung, als Berus die Abwesenheit von Prof. Thon für einen Test hält. Seine Wärterkollegen und Berus selbst verwechseln Experiment und Wirklichkeit.

Der Realitätsverlust der wissenschaftlichen Leiter äußert sich am deutlichsten darin, dass sie das „Experiment" trotz Verletzung juristischer Normen nicht abbrechen. Weder Dr. Thon noch Dr. Grimm sind in der entscheidenden Phase der Eskalation anwesend.

Wo lassen sich Übereinstimmungen, wo Unterschiede zwischen Zimbardos Experiment und Giordanos Buch bzw. Hirschbiegels Film feststellen? Beide beziehen sich auf Zimbardos Stanford-Prison-Experiment aus dem Jahre 1971. Nach Erscheinen des Films äußerte Zimbardo deutliche Kritik. Er sah sich und sein Experiment diskreditiert, weil der Film mit seinen Schwerverletzten und Toten als Dokumentarfilm („beruht auf einer wahren Begebenheit") erscheine.

Die Grundidee und viele Aspekte des Versuchsaufbaus stimmen überein: Rekrutierung der Teilnehmer über eine Zeitungsannonce, Pretests zwecks Sicherung der „Normalität" der Probanden, Aufteilung der Gruppen in Wärter und Gefangene nach dem Zufallsprinzip, Aufbau des Scheingefängnisses im Untergeschoss der Universität, Eingangsprozedur mit Desinfizieren und Entkleiden der Gefangenen, Kittel mit Identifikationsnummern ohne Unterwäsche, Ausrüstungsgegenstände der Wärter und schließlich auch die Regeln.

Als erster bedeutender Unterschied lässt sich der Start des Experiments bei Zimbardo (1999, S. 411) ausmachen. Er schildert ihn spektakulär:

„An einem schönen Sommertag wurde der sonntägliche Friede des kalifornischen College-Studenten Tommy Whitlow von Polizeisirenen jäh unterbrochen. Ein Polizeiwagen hielt mit quietschenden Reifen vor seinem Haus. Wenige Minuten später war der Student eines Verbrechens angeklagt, über seine verfassungsmäßigen Rechte aufgeklärt, durchsucht und mit Handschellen gefesselt worden. Nachdem seine Personalien aufgenommen und Fingerabdrücke genommen worden waren, wurde Tommy Whitlow mit verbundenen Augen ins Stanford-County-Gefängnis überführt, wo er sich zunächst ausziehen musste, mit Desinfektionsmitteln abgesprüht und in einen Sträflingskittel gesteckt wurde, auf dem vorne und hinten Nummern angebracht waren. Tommy Whitlow wurde zum Gefangenen Nr. 647. Neun andere College-Studenten wurden ebenfalls auf diese Art und Weise gefangen genommen und mit Nummern versehen."[23]

Zimbardo wählte als Versuchspersonen männliche Studenten aus der Mittelschicht, Hirschbiegel männliche Zivilbürger. Der entscheidende Unterschied liegt aber in der Intensität der Gewalt im Film: Misshandlung Tareks durch die Wärter, Inhaftierung des Wärters Bosch sowie der Wissenschaftler Dr. Grimm und Lars, versuchte Vergewaltigung, Schwerverletzte und Tote am Filmende.

Die Kritik Zimbardos scheint uns dennoch unberechtigt. Der Film ist kein Dokumentarfilm, sondern ein Spielfilm. Als solcher ist er wesentlich über das fiktionale Element definiert, d.h. Giordano und Hirschbiegel erzählen eine Geschichte. Inwieweit sie Realität werden könnte, ist eine spannende, aber der Unterhaltungsabsicht nachgeordnete Frage.

Zimbardo hatte ein anderes Ziel, nämlich die Kritik an den Zuständen in amerikanischen Gefängnissen. Er wollte die Gründe für das Scheitern der Institution Gefängnis im Sinne sozialer Rehabilitation und Prävention herausfinden. Als Erklärung dafür dominierte bis dato die sogenannte *Dispositionshypothese*. Sie sieht die Gründe für das beschriebene Verhalten in sadistischen bzw. gefühllosen Persönlichkeitseigenschaften der Wärter oder Bösartigkeit bzw. Aggressivität der kriminellen Gefangenen.

Die *Situationshypothese* dagegen erklärt das Verhalten mit krankmachenden (pathogenen) Umfeldbedingungen im Gefängnis. Um zu überprüfen, welche der beiden Hypothesen zutrifft, müsste man – so Zimbardo – durchschnittliche, normale Menschen in Gefängnissituationen bringen. Entsprechend wählte er seinen Versuchsaufbau. Die Normalität der Versuchspersonen sicherte er einerseits über vorgeschaltete Tests und andererseits über die Zuordnung der Teilnehmer zu der Wärter- bzw. Gefangenengruppe nach dem Zufallsprinzip.

---

[23] Zimbardo hatte den Versuchspersonen vorher zwar angekündigt, was sie erwartet, jedoch nicht in allen Einzelheiten. Mit einem solchen Beginn des Experiments hatten die Teilnehmer nicht gerechnet.

Zimbardos Versuchsergebnisse bestätigten die Situationshypothese. Giordano (1999, S. 344) lässt seinen Protagonisten Tarek ebenfalls dieser Ansicht zustimmen. „Wie konnte das passieren? Die Wärter waren alle krank", flüsterte Dora. „Nein", sagte Tarek. „Die Situation war krank. Es war die Situation. Wenn ich Wärter gewesen wäre, dann [...] ach, Scheiße, ich weiß nicht."

Die Aspekte, in denen der Film maßgeblich von Zimbardo abweicht oder über ihn hinausgeht, können als aktuelle Bezüge, etwa zu Abu Ghraib und Guantanamo, gesehen werden.[24] Reale Foltermethoden werden filmisch umgesetzt, wenn auch in abgeschwächter Form.

Im Gegensatz zu modernen Folterpraktiken setzen die sogenannten „old-fashioned"-Methoden an körperlichen Bedürfnissen an. Am effektivsten[25] wirkt Sauerstoffentzug. Als Ansatzpunkte für Folter folgen in der Reihenfolge der menschlichen Grundbedürfnisse: Schmerzvermeidung, Nahrungsaufnahme, Sexualität, aber auch soziale Bedürfnisse nach Kontakt, Würde und Selbstwert.

Die Foltertechnik des Scheinertränkens (*waterboarding*) gehört in den Militärgefängnissen zur häufigen Praxis. Im Film wird Tarek der Mund mit Klebeband verklebt. Gleichzeitig versetzen die Wärter ihn in Angst und Schrecken, würgen und zwingen ihn, dabei zu sprechen. Als das Experiment gegen Ende außer Kontrolle gerät, verkleben sie allen Gefangenen den Mund. Berus: „Wer den Klebestreifen auch nur anrührt, sitzt umgehend neben 82!"

Schmerzen gelten als Urprinzip von Folter. Neuesten CIA-Erkenntnissen (vgl. Koch, 2008, S. 152ff.) zufolge reichen bereits Drohungen. Ebenso wie sogenannte Stresspositionen,[26] stunden- und tagelanges, erzwungenes Stehen, hinterlassen sie keine körperlich sichtbaren, dokumentierbaren Verletzungen. Bei derart „gewaltloser" Folter redet die CIA auch von „self-inflicted pain". Die Folterer verlagern die Schuldzuschreibung in das Opfer. Es selbst trage Schuld an seinen Schmerzen, weil es nicht gestehe.

Joe (Nr. 69) muss kombinierte Foltermethoden erleiden. Er wird gezwungen, eine ganze Nacht lang zu stehen (Stehfolter, Schlafentzug), und zwar nackt (sexuelle Erniedrigung durch erzwungene Nacktheit), mit einem Schild auf dem Rücken, auf dem „Weichei" steht (Demütigung, Entwürdigung).

Sensorische Deprivation beschneidet die Sinneseindrücke der Gefangenen. Bei der Variante künstlicher Blindheit (*hooding*) werden den Opfern Säcke über die Köpfe gezogen. Zellen ohne Licht von außen machen die Häftlinge orientierungslos.

---

[24] Vgl. Koch, Egmont, R. (2008). *Die CIA-Lüge*. In aufwendig recherchierten Untersuchungen weist er nach, dass Folterverbrechen keine vereinzelten Entgleisungen sadistischer Wärter sind, sondern auf 50-jähriger CIA-Folterforschung basieren.
[25] Von effektiven, erfolgreichen Foltermethoden zu sprechen, klingt zynisch. Der Grund dafür liegt nicht in der Begrifflichkeit, sondern im menschenverachtenden Charakter der Folterforschung.
[26] Der Begriff ist unangemessen verharmlosend. Wir reden heute oft vom Stress im Büro, meinen damit aber etwas anderes.

Im Zentrum steht die Black Box. In den frühen 1950er Jahren experimentierte der Psychologe Prof. Donald O. Hebb an der Mc Gill University in Montreal damit. In der ca. 2 m³ großen, geschlossenen Kiste mit diffusen Lichtverhältnissen und leiser gleichförmiger Musik nahm man den Versuchspersonen das Tastgefühl, indem ihnen die Hände verbunden wurden. Den Berichten gemäß löst sich als Folge davon nach zwei bis drei Tagen die Persönlichkeit auf. Denkprozesse versagen, es kommt zu Halluzinationen. In späteren Versuchen, an denen Hebb sich nicht mehr beteiligte, zerstörten die Bedingungen in der Black Box die Persönlichkeit der Opfer bereits nach sechs Tagen irreversibel.

Das Scheingefängnis im Untergeschoss der Universität ist im Film fensterlos. Gegen Ende stülpen die Wärter den rebellierenden Gefangenen Papiersäcke über die Köpfe. Als schwerste Sanktion setzt Berus die Black Box ein.

Schlafentzug und Störung des Schlafrhythmus dienen als weitere Maßnahmen. Die Wärter schalten nachts das Licht an und rattern mit ihren Gummiknüppeln die Zellengitter entlang. In einer Strafaktion nehmen sie den Gefangenen die Betten weg.

Die Nahrung ist fade und kalorienarm. „Der Käse ist so trocken, den kann man rauchen", kritisiert Schütte.

Erniedrigung und Demütigung nennt die CIA *pride and ego down*. Eckert zwingt Tarek aus Schikane, sein Bett noch einmal zu machen. Er muss das Klo nackt mit seinem Kittel und bloßen Händen putzen und sich dabei verhöhnen lassen („unser Nacktputzer"). „Und bevor nicht alles blitzt und blinkt, gibt es für niemanden Besuch!" Die Wärter urinieren auf sein Gesicht.

In der Praxis dienen schwere Drohungen gegen die Familie als weiteres Foltermittel. Berus erzählt Tarek, er habe Dora nach Hause (zu Tarek) gebracht. Was er mit ihr dort gemacht habe, sagt er nur in einer Anspielung: „Dora hat sich Sorgen um dich gemacht, 77. Wir hatten ein langes Gespräch, wir haben über dich geredet. Ich hab sie nach Haus gebracht. Hast ne schöne Wohnung. Sie riecht so gut. Ich glaub, ich werd sie nachher nochmal ganz persönlich bearbeiten" (Transkript der Verfasser).

Beim Anblick von grinsenden amerikanischen Militärpolizisten vor übereinander gestapelten Menschenleibern[27] neigt man vielleicht zur Dispositionshypothese. Sie entlastet gesellschaftliche Institutionen und verlegt die Schuld in den Charakter einzelner Personen. Fraglos gibt es solche gestörten Persönlichkeiten. Aber das trifft nicht den Kern der Sache. Viele der einfachen US-Soldat(inn)en stammen aus ärmlichen Verhältnissen. Sie haben kaum eine Chance auf dem Arbeitsmarkt, kommen ohne Vorwissen und Vorbereitung in den Kriegseinsatz. Als unterstes Glied der Befehlskette unterliegen sie den Anordnungen der Vorgesetzten sowie dem Gruppendruck der hierarchisch gleichgestellten Kamerad(inn)en. Wenn sie dem keinen Widerstand entgegensetzen, kann man sie deshalb nicht

---

[27] Dokumentiert auf dem oft zitierten Foto vom 07.11.2003, 23.00 Uhr, Abu Ghraib, Trakt für „high-value" detainees (Vgl. Koch, 2008, S. 161).

als sadistische Ungeheuer ansehen. Treffender erscheint die Annahme pathogener situativer Bedingungen, welche Persönlichkeitsdispositionen begünstigen, die sich dann im Verhalten äußern. Das entspricht auch dem aktuellen Stand der wissenschaftlichen Forschung: Bei der Beschreibung und Erklärung von Verhalten stehen Persönlichkeitsfaktoren mit situativen Bedingungen in Wechselwirkung (Interaktion).

2.2.2 Autorität und Gehorsam

Philip Zimbardo bezieht sich bei der Erläuterung des Stanford-Prison-Experiments auch auf Stanley Milgram. Dieser führte seine Experimente zehn Jahre früher durch (1960–1963). Zimbardos Ergebnisse resultieren wesentlich aus Rollenzuweisungen, diejenigen von Milgram aus der Abgabe der Verantwortung an eine gesellschaftlich legitimierte Autorität.

In dem Politthriller I WIE IKARUS zeigt Henri Verneuil das Milgram-Experiment in einem 20-minütigen Einschub (1:09:45–1:30:28). Als Ausgangspunkt nimmt er die Ermordung des Staatspräsidenten in einem fiktiven Land. Parallelen zur Ermordung John F. Kennedys drängen sich unmittelbar auf. Yves Montand spielt den ermittelnden Generalstaatsanwalt Henri Volney, den Politik und Geheimdienste bei seiner Arbeit stören. Als er der Wahrheit zu nahe kommt, muss er sterben wie Ikarus.[28]

Im Verlauf seiner Nachforschungen nimmt Volney Kontakt mit dem Psychologie-Professor David Naggara von der Université de Layé auf. Der Auftragsmörder Karl Eric Daslow aus der Haupthandlung des Films war in der Vergangenheit bei diesem Professor Versuchsperson in einem Milgram-Nachfolge-Experiment gewesen. Das Experiment läuft noch und Naggara erklärt dem Ermittler Schritt für Schritt den Aufbau, die wichtigsten Versuchsbedingungen und die Ergebnisse. Beide beobachten das Experiment durch eine Einwegscheibe. Der Zuschauer blickt ihnen dabei gleichsam über die Schulter.

Milgrams umfassender Versuch (Milgram, 1974) unterscheidet sich von der filmischen Darstellung in wichtigen Aspekten. Wir vergleichen im Folgenden beide Anordnungen im Anschluss an Milgrams Originalstudie.

Per Zeitungsannonce suchte Milgram seine Probanden für die Teilnahme an einem Lern- bzw. Gedächtnisexperiment an der Yale University. In einem fingierten Losverfahren teilte er jeweils zwei von insgesamt 40 Versuchspersonen die Rolle des Lehrers und die des Schülers zu. Der Schüler wurde in einem Nachbarraum auf einem „elektrischen Stuhl" an Elektroden angeschlossen und festgeschnallt, so dass der Lehrer den Schüler nicht sehen, wohl aber hören konnte. Diese Standardvariante eins nennt Milgram „Fernrückkopplung". Der Film zeigt

---

[28] Der Filmtitel beinhaltet eine Anspielung auf die Licht- und Erkenntnismetaphorik aus der griechischen Mythologie.

sie nicht. Er beginnt mit Milgrams Variante drei, „Raumnähe": Schüler und Lehrer befinden sich im gleichen Raum. Der Lehrer kann also sehen, wie die Forscher den Schüler verkabeln und den Kontaktpunkt der Elektroden auf der Haut mit einer Paste versehen.

Der Professor als Versuchsleiter erklärt das vorgegebene Ziel des Experiments: die Untersuchung der Auswirkung von Strafe auf die Lern- und Gedächtnisfähigkeit. Dazu soll der Lehrer dem Schüler beibringen, Wortpaare zu lernen, also etwa „Himmel – blau", „Fisch – gegrillt" u. ä. Damit der Schüler diese einfachen Wortpaare besser lernt, soll ihn der Lehrer bei Fehlern mit Stromstößen bestrafen. Dazu wird ihm der Schockgenerator erklärt. Er beginnt bei 0 Volt. Die nächsten Stufen sind 15 Volt, 30 Volt, 45 Volt usw. Das Gerät funktioniert mit 15-Volt-Abständen und endet bei 450 Volt. Die 30 Schalter sind mit Aufklebern versehen, also z.B. „Leichter Schock" … „Gefahr: Schwerer Schock" bis zum höchsten Schockgrad mit der Aufschrift „xxx".

In Milgrams Standardvariante „Fernrückkopplung" ist der Schülerprotest bei erhöhter Schockstärke über eine Sprechanlage hörbar, im Filmausschnitt für den Lehrer gleichzeitig hör- *und* sichtbar.

Tabelle 4: Höhe des Stromschlages, Schülerreaktion

Höhe des Stromschlages	Verhalten des Schülers
75 Volt	murrt, „autsch"
120 Volt	beklagt sich ausdrücklich
150 Volt	bittet dringend, aus dem Experiment entlassen zu werden
180 Volt	schreit qualvoll

Ein deutlich unangenehmer 45-Volt-Probeschock ist dem Lehrer bereits vorher zugefügt worden, damit er einschätzen kann, was er dem Schüler antut.

Sollte der Lehrer die Anwendung der Stromschläge abbrechen, erhält er vom Versuchsleiter weitere Instruktionen. Sie sind in Wortlaut und Reihenfolge standardisiert.

- Instruktion 1 „Bitte fahren Sie fort."
- Instruktion 2 „Das Experiment verlangt es, dass Sie weitermachen."
- Instruktion 3 „Es ist absolut wichtig, dass Sie weitermachen."
- Instruktion 4 „Sie haben keine andere Wahl. Sie müssen weitermachen."

Wenn der Lehrer Instruktion 1 nicht befolgt, wird Instruktion 2 und dann – nach weiterer Verweigerung – 3 verwendet. Wenn er sich nach Instruktion 4 weigert zu gehorchen, bricht der Versuchsleiter das Experiment ab. Er spricht immer mit fester Stimme, aber nie unhöflich.
Bei Bedenken des Lehrers, der Lernende könne dauerhaften körperlichen Schaden erleiden, sagt der Versuchsleiter: „Obwohl die Schocks schmerzhaft sein mögen,

Standbild 12: I WIE IKARUS. Die wissenschaftliche Autorität und die Versuchsperson als Lehrer. Filmstill 0:20:44

werden sie keinen dauerhaften Schaden im Körpergewebe anrichten, fahren Sie also fort."[29]

Wenn der Lehrer anführt, dass der Lernende offensichtlich nicht weitermachen wolle, antwortet der Versuchsleiter: „Ob es dem Lernenden nun gefällt oder nicht, Sie müssen weitermachen, bis er die Wortpaare richtig gelernt hat. Fahren Sie also bitte fort."

Fasst man die Ergebnisse von Milgrams Originalstudie vereinfacht über alle Versuchsbedingungen zusammen, so leisten im Durchschnitt 63% der Versuchspersonen unbedingten Gehorsam, d.h. sie gehen bis 450 Volt. Mit anderen Worten: Der mittlere Höchstschock liegt bei 368 Volt.

Milgram deklarierte sein Experiment für die Versuchspersonen zwar als Lern- und Gedächtnisexperiment, in Wirklichkeit ging es ihm aber um Gehorsamsbereitschaft gegenüber Autorität. Die tatsächlichen Versuchspersonen waren die Lehrer. Die Schüler waren Mitspieler im Psychologenteam, sogenannte *confederates*. Sie bekamen keine Stromschläge, es gab noch nicht einmal eine elektrische Verbindung zwischen dem Schockgenerator und dem „elektrischen Stuhl". Die Versuchspersonen in der Lehrerrolle wussten das aber nicht, weil der Schüler die ihm zugefügten Schmerzen in überzeugender Weise spielte. Das Schülerverhalten war vorher per Regieanweisung festgelegt worden.

In Milgrams Originalstudie gibt es insgesamt 18 Versuchsvarianten, der Filmausschnitt zeigt nur drei davon. Er beginnt nicht mit Milgrams Standardvariante eins „Fernrückkopplung", sondern mit Variante drei „Raumnähe" und zeigt wei-

---

[29] Hier wie im Folgenden Transkript der Verfasser aus dem 20-minütigen Filmausschnitt.

ter die Variante vier „Berührungsnähe" und die Variante 15 „Autoritäten im Widerspruch" der Originalstudie.

In Milgrams Variante drei „Raumnähe" sitzt die Versuchsperson in der Rolle des Lehrers nur wenige Meter von dem Schüler entfernt. Seine Schmerzen sind sowohl sicht- als auch hörbar. 16 von 40 Versuchspersonen folgen den Anweisungen des Versuchsleiters und gehen bis 450 Volt.

Der Film zeigt sowohl den Versuchsablauf als auch die Reaktionen des Generalstaatsanwalts. Volney hält es bei 165 Volt nicht mehr aus. Aufgebracht fragt er: „450 Volt, so weit wird er doch nicht gehen?! Naggara antwortet knapp und ungerührt: „Das weiß ich nicht."

Es folgt Milgrams Variante vier „Berührungsnähe". Der Versuchsaufbau entspricht Variante drei, jedoch mit dem Unterschied, dass der Schüler nur dann einen Schock erhält, wenn er seine Hand auf eine Schockplatte legt. Bei 150 Volt verlangt der Schüler, freigelassen zu werden und weigert sich, die Hand auf die Platte zu legen. Daraufhin befiehlt der Versuchsleiter dem Lehrer, die Hand gewaltsam auf die Platte zu drücken.

12 von 40 Versuchspersonen leisten unbedingten Gehorsam, folgen also den Befehlen des Versuchsleiters bis 450 Volt.

Im Film reißt der Schüler, Mr. Riboli, bei 165 Volt seinen rechten Arm los, so dass die Elektrode nicht mehr angeschlossen ist. Der Lehrer, Mr. Despaul, möchte einfach weiter machen, als wäre nichts geschehen. Mr. Flavius, der als Autorität im weißen Kittel das Experiment überwacht, weist ihn jedoch zurecht: „Sie müssen ihren Schüler wieder anschließen!" Mr. Despaul: „Warum muss *ich* das machen?" Mr. Flavius: „Sie haben uns zugesagt, Ihren Auftrag korrekt durchzuführen." Professor Naggara, der den Vorgang mit Mr. Volney durch die Einwegscheibe beobachtet, kommentiert: „Jetzt muss er sein Opfer anfassen, um es weiter quälen zu können."

Milgrams Variante 15 „Autoritäten im Widerspruch" thematisiert den Fall zweier sich widersprechender Autoritäten. Zwei Versuchsleiter erklären das Experiment gleichberechtigt. Bei 150 Volt und ersten heftigen Protesten des Opfers fordert der eine Versuchsleiter die Fortsetzung des Experiments, der andere jedoch den Abbruch.

In dieser Variante brechen 18 von 20 Versuchspersonen das Experiment an diesem Punkt ab.

Allerdings realisiert die Originalstudie diese Versuchsbedingung deutlich anders als der Film. Hier widersprechen sich die Autoritäten erst bei 405 Volt. Professor Naggara betritt den Experimentalraum, wendet sich an Mr. Flavius und sagt: „Wir müssen das Experiment abbrechen. Er zeigt alle Anzeichen einer schweren Herzinsuffizienz." Flavius besteht darauf, weiterzumachen. Darauf reagiert Daslow heftig: „Werden Sie sich erst einmal einig. Vorher mach ich überhaupt nicht weiter!" Die Versuchsleiter brechen das Experiment an dieser Stelle bei 405 Volt ab.

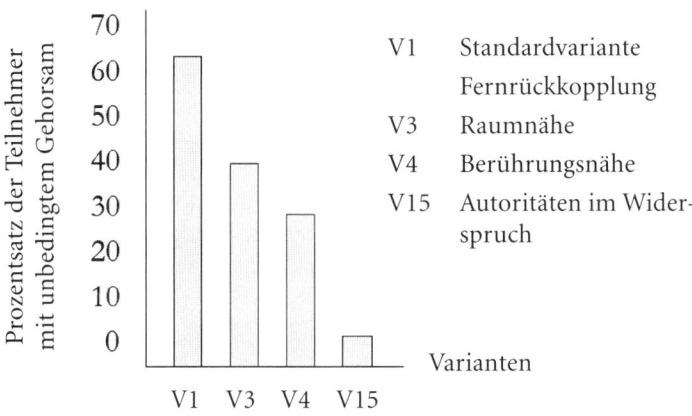

Abbildung 28: Vier Varianten im Milgram-Experiment

Wie kann man diese erschreckende Bereitschaft zum unbedingten Gehorsam erklären?

Milgram zufolge beruhen Gesellschaftssysteme auf hierarchischen Autoritätsstrukturen, die von früh auf gelernt werden. In der Familie, im Kindergarten, in der Schule und im Berufsleben lernen wir vermittelt über Sanktionen (Belohnungen und Bestrafungen) Unterordnung unter Autoritäten. Das sichert die Stabilität sozialer Organisationen als Voraussetzung für das Funktionieren gesellschaftlicher Ordnungen. Der vergesellschaftete Mensch funktioniert weniger als autonomes Einzelwesen, sondern als Teil größerer Organisationsstrukturen. Milgram spricht diesbezüglich vom *Agens-Zustand* und meint damit den Zustand, in dem sich eine Person befindet, die Befehle eines anderen ausführt.

Vor diesem Hintergrund besteht die Haupterklärung der Milgram-Ergebnisse in der Abgabe von Verantwortung an eine gesellschaftlich legitimierte Autorität bei akzeptierten hierarchischen Rollenbeziehungen im Wirkbereich sozialer Normen.

In verwirrenden, zweideutigen Situationen verlässt sich der Mensch auf andere, die die Situation vermeintlich angemessen einschätzen können. Dazu eignen sich in besonderer Weise fachliche Experten. Wenn eine gesellschaftlich legitimierte, übergeordnete Person etwas anordnet, kann man schwer nein sagen. Der Proband Daslow bringt diesen Aspekt in der Nachbefragung so auf den Punkt: „Verantwortlich waren die, die mir die Befehle gegeben haben. Ich habe die Befehle nur ausgeführt. Wenn man einem Piloten befiehlt, eine Bombe auf eine Stadt zu werfen, fragt er auch nicht, ob die Bombardierung richtig oder falsch ist. Er wirft die Bombe."

Zu Beginn des Versuchs erscheint es durchaus sinnvoll und vernünftig, der sozialen Norm „Gehorche einer fachkundigen, legitimierten Autoritätsperson!"

zu folgen. Schließlich soll das wissenschaftliche Experiment wichtige Erkenntnisfortschritte befördern. Verändern sich aber die Bedingungen, müsste auch die Norm entsprechend verändert werden: „Verletze keinen anderen Menschen!" Die erste Norm soll nun auf halbem Wege aufgegeben werden, und das bei hohem Anfangstempo zu Versuchsbeginn. Das schaffen die meisten Versuchspersonen nicht. Sie sind bereits von den technischen Modalitäten des Szenarios absorbiert und kommen kaum dazu, Hintergrundüberlegungen anzustellen.

Dazu kommt noch ein weiterer Aspekt, der in der Sozialpsychologie Aufmerksamkeit gefunden hat: Dissonanzreduktion im Falle schwieriger, unbequemer Entscheidungen.

> *Kognitive Dissonanz* ist nach Leon Festinger (1957) ein konflikthafter, unangenehmer Zustand nach einer Entscheidung, der entsteht, wenn die eigene Handlung sich mit den eigenen Einsichten (Kognitionen) nicht zur Deckung bringen lässt. *Dissonanzreduktion* erfolgt durch Aktivitäten zur Veränderung dieses Zustandes, und zwar entweder durch Verhaltensänderung oder durch Neubewertung der Kognition. Ein Raucher kann z.B. entweder mit dem Rauchen aufhören oder die Annahmen über die Folgen verändern (wissenschaftliche Belege über den Zusammenhang zwischen Rauchen und Herz-Kreislauferkrankungen seien nicht besonders überzeugend; es gäbe etliche 80-jährige Raucher o.ä.).

Dissonanzreduktion im Filmbeispiel liegt für die Versuchspersonen in der Rechtfertigung all dessen, was sie vorher getan haben. In einem Dialog fragt der Generalstaatsanwalt den Versuchsleiter: „Warum hört er (der Lehrer, Anmerkung der Verfasser) denn nicht einfach auf?" Prof. Naggara: „Dann erkennt er an, dass alles Unrecht war, was er bisher getan hat. Wenn er weitermacht, rechtfertigt er alles, was er bisher getan hat."

Ein weiteres Moment unterstützt diese Art der Dissonanzreduktion: das Prinzip der kleinen Zuwachsraten. Wenn der Lehrer den Schüler gerade noch beispielsweise mit einem 150-Volt-Schock bestraft hat, warum sollte er jetzt nicht bis 165 Volt gehen?

Eine weitere wichtige Erklärung besteht in sogenannten *Bindungsfaktoren*, welche die Versuchspersonen in der Situation halten. Sie haben versprochen, dem Versuchsleiter zu helfen und die Aufgabe vorschriftsmäßig zu erfüllen. Auch das illustriert der Film. Als Mr. Despaul die losgerissenen Elektroden von Mr. Riboli nicht wieder befestigen will, insistiert der Versuchsleiter, Mr. Flavius: „Sie haben uns zugesagt, Ihren Auftrag korrekt durchzuführen!"

Außerhalb des Experimentallabors begünstigen gesellschaftliche Arbeitsteilung und Fragmentierung den absoluten Gehorsam. Ein Dialog zwischen dem Generalstaatsanwalt und dem Wissenschaftler (1:28:00–1:29:06) verdeutlicht das:

H. V.[30] „Ja, aber nehmen Sie mal den Fall eines Völkermordes. Da beschließt ein eiskalter Diktator, fünf, sechs Millionen Männer, Frauen und Kinder umbringen zu lassen. Wie macht er das? Dafür braucht er doch mindestens eine Million Komplizen, Mörder und Henker. Wie macht er das, dass man ihm gehorcht?"

D. N. „Indem er die Verantwortung auf viele Leute verteilt. Ein Diktator braucht einen funktionierenden Staatsapparat. D.h. er braucht Millionen von kleinen Funktionären, von denen jeder eine anscheinend unbedeutende Aufgabe wahrzunehmen hat. Und jeder von ihnen wird diese Aufgabe ausführen. Mit Kompetenz und ohne Bedenken. Und niemand wird sich klarmachen, dass er der millionste Teil eines grausamen Verbrechens ist. Die einen werden die Opfer verhaften. Sie haben nur den Befehl ausgeführt, jemanden festzunehmen. Andere verantworten den Transport in die Lager und dabei haben sie nur ihren Beruf als Lokomotivführer ausgeübt. Und der Lagerkommandant, der die Pforte hinter den Opfern zuschlägt, meint, er tue seine Pflicht wie ein gewöhnlicher Gefängnisdirektor. Natürlich werden die Mörder und Henker am Ende der Kette besonders ausgesucht. Aber den einzelnen Gliedern der Kette macht man den Gehorsam so leicht wie möglich."

Milgram setzt sich auch mit Faktoren auseinander, die als Erklärung seiner Ergebnisse *keine* Rolle spielen. So habe z.B. Geld keine Bedeutung. Der Proband Daslow bestätigt das in dem Spielfilmausschnitt nachdrücklich. Als wichtiger aber erweist sich, dass die *Dispositionshypothese* sich nicht zur Erklärung eignet. Die Versuchspersonen handeln nicht aufgrund einer sadistischen Disposition, sondern als „Menschen wie du und ich". Das ist eine unbequeme Erkenntnis, aber Milgram hat sie in Variante 11 seines Experiments getestet und gesichert. In dieser Versuchsbedingung konnten die Probanden die Schockhöhe selbst bestimmen. Sie blieben mehrheitlich bei der niedrigsten Schockstufe. Nur 2,5 % der Teilnehmer gingen bis zum Maximalschock.

Auch ein halbes Jahrhundert nach Milgrams bahnbrechendem Experiment kann uns keine Entwarnung beruhigen: Internationale Untersuchungen haben die Ergebnisse immer wieder bestätigt. Eine Literaturübersicht (Wim Meeus & Quinten Raaijmakers, 1995) zu allen Experimenten vom Typus Milgram weist die Ergebnisse als international reproduzierbar aus.

In jüngster Zeit (2004) hat der Psychologe Thomas Blass von der Universität von Maryland die meisten Folgeuntersuchungen gesichtet und geprüft, ob sich die Bereitschaft zum destruktiven Gehorsam im Zeitverlauf geändert hat (vgl. *Journal of Applied Social Psychology*, 29, 955). Sein Fazit: Die Ergebnisse sind über die Zeit und in allen Ländern gleich geblieben.

---

[30] H. V. = Henri Volney, D. N. = David Naggara.

3 Klinische Psychologie

Neueren Schätzungen zufolge sind in den westlichen Ländern 25% bis 35% der Bevölkerung von psychischen und psychosomatischen Störungen betroffen. Volker Arolt (1998, S. 468) spezifiziert dieses erhebliche Ausmaß für Deutschland: „Etwa 15–20% der Erwachsenen leiden im zeitlichen Querschnitt (7-Tage- bzw. Punkt*prävalenz*) an mindestens einer klinisch bedeutsamen psychischen Störung und etwa 25–30% im Laufe ihres gesamten Lebens (Lebenszeitprävalenz[1])." Ein Großteil davon bedarf psychotherapeutischer Behandlung. Über die Wirksamkeit von Psychotherapie besteht bei den anerkannten Verfahren und den meisten psychischen Erkrankungen kein Zweifel. Damit wird die enorme gesellschaftliche Bedeutung der Klinischen Psychologie sichtbar.

Bei Urs Baumann und Meinrad Perrez findet sich folgende Definition: „*Klinische Psychologie* ist diejenige Teildisziplin der Psychologie, die sich mit psychischen Störungen und psychischen Aspekten somatischer Störungen/Krankheiten befaßt" (1998, S. 4).

Betrachtet man die Psychologie als empirisch fundierte Wissenschaft vom Erleben und Verhalten, so gilt diese wissenschaftliche Ausrichtung auch für das Teilgebiet der Klinischen Psychologie.[2]

Ihre Interventionsmethoden beschränken sich nicht auf therapeutische Maßnahmen, obwohl eine solche unzulässige Reduktion von Klinischer Psychologie auf Psychotherapie häufig vorkommt. Als weitere Arbeitsbereiche umfasst sie Prävention, Betreuung und Begleitung, Beratung, Rehabilitation (Wiederherstellung der Gesundheit, Wiedereingliederung des Kranken in die Gesellschaft) und Gutachtenerstellung. Zu ihren Methoden gehört des Weiteren die Psychodiagnostik als Arbeitsgebiet mit langer Tradition und enger Verbindung zur Psychotherapie.

Als Gegenstandsbereiche nennt die Definition psychische Störungen und psychische Aspekte somatischer Störungen/Krankheiten. Damit umgreift sie alle Störungen, die sich im Verhalten manifestieren. Sie sind in den umfassenden Klassifikationssystemen ICD-10 der WHO und DSM-IV der *American Psychiatric Association* aufgeführt.

---

[1] Prävalenz ist die Gesamtzahl der Krankheitsfälle in einer Population.
[2] Damit grenzt sich die Klinische Psychologie z.B. gegen esoterische Ansätze, aber auch gegen glaubensbasierte Seelsorge ab.

Im folgenden Kapitel 3.1 versuchen wir zu klären, was eine psychische Störung ausmacht. Anschließend stellen wir beispielhaft (Kapitel 3.1.1–3.1.3) drei Störungen vor, nämlich Zwangsneurose, Borderline-Persönlichkeitsstörung, Schizophrenie und weiter die drei wichtigsten Psychotherapiesysteme: Verhaltenstherapie, Psychoanalyse und Integrative Therapie.

Bei den vielfältigen *ätiologischen*[3] Bedingungen unterscheiden wir grob lerntheoretische (kognitiv-behaviorale), psychoanalytische bzw. tiefenpsychologische und medizinische Modelle. Letztere – insbesondere neurobiologische und neuropharmakologische – werden im Folgenden trotz ihrer großen praktischen Bedeutung nicht behandelt.

Für jede der ausgewählten Störungen gibt es verschiedene ätiologische Erklärungsmodelle. Wir stellen hier jeweils ein Modell vor:

für die Zwangsstörung	lerntheoretisch orientierte Ätiologie
für die Borderline-Persönlichkeitsstörung	psychoanalytisch orientierte Ätiologie
für die Schizophrenie	psychosozial orientierte Ätiologie[4]

Welches *therapeutische* Verfahren eignet sich für welche Störung? Zwischen der Art der Störung und der Zuordnung eines therapeutischen Verfahrens besteht auch unter Experten keine Einigkeit. Nach welchen Kriterien kann man sich bei der Auswahl richten? Noch vor gar nicht langer Zeit hätte jede Psychotherapieschule den Anspruch erhoben, über die beste (alleinige) Behandlungsmethode für die jeweilige Störung zu verfügen. Wenn man das nicht gelten lässt, woran orientiert man sich dann?

An der Bedeutung des Therapieansatzes im klinischen Alltag? Am Anteil an der Patientenversorgung? Am wissenschaftlichen Wirksamkeitsnachweis in Evaluationsstudien? Am Stellenwert in der geschichtlichen Entwicklung der Psychotherapie?

Heute schieben sich zunehmend zwei Überlegungen in den Vordergrund: Ein störungsspezifischer Ansatz erfordert erstens die Orientierung der Interventionsstrategie an der Charakteristik des Störungsbildes. Zweitens beanspruchen kombinierte Verfahren immer nachdrücklicher ihre Überlegenheit gegenüber reinen Methoden.

Im Folgenden stellen wir zunächst Zwangsstörungen dar. Historisch betrachtet sind sie eine Hauptdomäne der Psychoanalyse. Heute werden sie am häufigsten verhaltenstherapeutisch behandelt. Borderline-Persönlichkeitsstörungen gelten als schwer therapierbar. Oft stellt sich die Expressive Psychotherapie als psychoanalytisch orientiertes Verfahren dieser Herausforderung. Schizophrenie als schwerste der drei dargestellten Störungen bringen wir in Verbindung mit Integrativer Psychotherapie. Jeder erfahrene Kliniker weiß allerdings, dass in diesem

---

[3] Ätiologie (griech. Lehre von den Ursachen, besonders der Krankheiten).
[4] Aufgrund unserer Schwerpunktsetzung behandeln wir die dominierende medizinische Sichtweise der Schizophrenie-Ätiologie nur am Rande.

Fall psychotherapeutische Bemühungen ohne medikamentöse Unterstützung kaum Erfolg haben. Das Krankheitsbild erfordert eine Kombination von psychotherapeutischen Verfahren mit medikamentöser Behandlung.

Im Vergleich zu allen anderen psychologischen Teilgebieten findet sich in der Klinischen Psychologie das meiste Filmmaterial. Kann man psychische Krankheit durch das Medium Film angemessen darstellen? In dieser Beziehung gehen einige Autoren wenig reflektiert vor. „Teaching Psychiatry? Let Hollywood Help!" heißt die entsprechende Forderung von Steven E. Hyler und Jaime Moore (1996, S. 217–221).

Danny Wedding, Mary Ann Boyd und Ryan M. Niemiec folgen dieser Maxime in *Movies and Mental Illness* (2010). Bezugnehmend auf das *American Psychiatric Association's Diagnostic and Statistical Manual, Fourth Edition – Text Revision* (DSM-IV-TR) verwenden sie umfangreiches Filmmaterial. Ihr Buch umfasst 15 Kapitel, in denen sie die wichtigsten Störungen behandeln. In ihrer Begründung für die Kombination von Psychologie und Film beschreiben sie ihren Ansatz so: „We have found that the discussion of relevant films offers a wonderful way to open clinically relevant areas that have not previously been explored" (2010, S. X). Hier formulieren sie einen interessanten hermeneutischen Forschungsansatz, geraten aber in Schwierigkeiten bei der Verwendung von Film zu didaktischen Zwecken. Sie erkennen das Problem, wenn sie schreiben: „[...] it is difficult to diagnose a personality disorder with only a snapshot of the individual's life (e.g. a period of just a few days)" (2010, S. 83). Dennoch setzen sie sich darüber hinweg und diagnostizieren auf einer solchen unzureichenden Grundlage z.B. für Margot in Margot at the Wedding (R Noah Baumbach, USA 2007) eine Borderline-Persönlichkeitsstörung.

Nach etlichen Schnellschuss-Diagnosen stellen sie am Ende jedes Kapitels die TOP 10-Filme des jeweiligen Autors (Authors Picks) zusammen. Anhang A beinhaltet die TOP 50 der Helden und Bösewichte (The American Film Institute's TOP 50 Heroes and Villains) (2010, S. 219, 220), Anhang F alle behandelten Filme mit den dazu gehörigen Ratings. ψψψψ steht für: „A must-see film that combines artistry with psychological relevance" (2010, S. 227). Was psychologische Relevanz hier bedeuten mag, erklären die Autoren nicht.[5]

Problematisch finden wir auch die fiktive „Patient Evaluation" zu Beginn jedes Kapitels. In Fußnote 4 zu Kapitel 9 (Schizophrenia and Delusional Disorders) heißt es z.B.: „This fictitious evaluation is written as if John Nash was interviewed shortly after his release from one of his psychiatric hospitalizations" (2010, S. 128). Diese Interviews zeugen zwar von der Fantasie der Autoren, tragen aber zum Verständnis des jeweiligen Krankheitsbildes wenig bei.

---

[5] Wenn man mit dem unbegründeten Rating nicht übereinstimmt, ist der gesamte 90-seitige Anhang F hinfällig.

Im Gegensatz zu solchen problematischen Verkürzungen tritt uns das Problem psychischer Störungen im Medium Film tatsächlich in sehr komplexer Form entgegen. Es gibt unterschiedliche Konzepte dazu (vgl. Felix Tretter, 1983, S. 46–60), ob bzw. wie der Film psychische Krankheit darstellen soll bzw. kann.

Hans Jürgen Wulff (1995, S. 8) etwa sieht filmische und reale psychische Störungen als Verschiedenartiges, das nicht gleichgesetzt werden darf. Als Begründung führt er u.a. die metaphorische oder symbolische Bedeutung von Krankheit im Film an. Sie steht für die „Verkörperung des Schrecklichen und Furchterregenden […]" (Wulff, 1995, S. 186).

Ähnlich argumentiert Anette Kaufmann. „Der Film operiert mit einem anderen Normalitätsbegriff als die außerfilmische Realität […] Das gilt sowohl für das Gefühlsleben als auch für die Handlung" (1990, S. 26). Die Funktionsbedingungen des Mediums, z.B. die narrative Zäsur durch den Schnitt, verzerren Alltagsrealität in der Darstellung und somit auch das filmisch dargestellte Ver-rückt-Sein.

Außerdem werden Filmfiguren oft emotionsunterstützend konstruiert. Die Anwendung von psychiatrischen Kriterien auf das Medium Film ist mithin in solchen Fällen problematisch, in denen „die Filmfiguren im Kino die Aufgabe haben, Wünsche zu erfüllen, Tränen oder Furcht zu erzeugen oder den Betrachter zum Lachen zu bringen" (Alina Bödecker, Katrin Brinkhoff, 2003, S. 184).

Im Verhältnis von Film und klinischer Wirklichkeit unterscheiden wir drei Fälle. Die Information, die ein Film als Basis für eine klinische Diagnose (oder allgemein: zur Beschreibung und Illustration eines psychologischen Sachverhaltes) bietet, kann

- vollständig fehlen,
- unzureichend sein,
- hinreichend sein, sich bestenfalls sogar sehr gut eignen.

Ein Beispiel für *fehlende Information* bietet Alfred Hitchcocks SPELLBOUND (USA 1945). Gleich zu Beginn des Films liefert die Psychiaterin Constance Petersen (Ingrid Bergman) dem Patienten Mr. Garms eine Schnellschuss-Diagnose, er wäre „[…] ein typisches Beispiel für einen Schuldkomplex." Ob diese Diagnose zutrifft, vermag der Zuschauer nicht zu beurteilen. Fehlende diagnostische Information kennzeichnet auch LOST HIGHWAY (R David Lynch, USA/F 1997). Etliche Filmkritiker bezeichnen die Hauptfigur Fred Madison (Bill Pullman) als schizophren, obwohl das jeder Grundlage entbehrt.

Filme mit *unzureichender Information* für eine klinische Diagnose gibt es in vielerlei Variationen. Der ungünstigste Fall liegt vor, wenn Rezensenten falsche Diagnosen in Umlauf bringen wie z.B. die Diagnose „Psychopath" für Hannibal Lecter (Anthony Hopkins) in DAS SCHWEIGEN DER LÄMMER oder für Anton Chigurh (Javier Bardem) in NO COUNTRY FOR OLD MEN (R Ethan & Joel Coen, USA 2007). Diese Diagnosebegrifflichkeit setzt sich dann hartnäckig fest, obwohl Experten im Zuge der Diskussion um die ICD- und DSM-Letztfassungen (s. Kapitel 3.1) mit guten Gründen (u.a. um Stigmatisierung zu vermeiden) davor warnen und den Begriff „Psychopath" durch den der „antisozialen Persönlichkeit" ersetzt haben. Bei Chigurh und auch in anderen Fällen[6] kommt noch hinzu, dass der Autor oder Regisseur mit der Konstruktion personaler Eigenschaften nicht die Absicht verbindet, ein klinisches Bild zu illustrieren; die Charakteristika der Filmfiguren haben oft ausschließlich handlungs- und emotionsunterstützende Funktion. In FIGHT CLUB (R David Fincher, USA/F 1997) erfährt man über das klinische Bild von Schizophrenie nichts Relevantes, auch wenn der Film „Persönlichkeitsspaltung" thematisiert.

Hinreichende Information liegt vor, wenn der Film eine klinische Diagnose zwar zulässt, jedoch nur Information über einen Ausschnitt des klinischen Gesamtbildes liefert, etwa über die Symptomatik. DAS WEISSE RAUSCHEN thematisiert in detaillierter und differenzierter Weise Stimmenhören als Hauptsymptomatik der paranoiden Schizophrenie bei Lukas (Daniel Brühl). Über weitere Aspekte der Krankheit, insbesondere ihre Entstehungsbedingungen, erfährt der Zuschauer allerdings nichts.[7]

Darüber hinaus gibt es noch Filme, die klinisch relevante Sachverhalte in ihrer Gesamtheit zutreffend darstellen. In diesen Fällen lassen sich sowohl klinische Diagnosen stellen als auch ätiologische Faktoren nachweisen. Eliane (Isabelle Adjani) in EIN MÖRDERISCHER SOMMER leidet an einer Borderline-Persönlichkeitsstörung (s. Kapitel 3.1.2). Die filmischen Informationen, welche diese Diagnose ermöglichen, sind derart detailliert und vollständig, dass ausnahmslos jedes der zehn ICD-10-Diagnosekriterien zutrifft. Auch die verursachenden Bedingungen der Störung sind im Film ersichtlich.

Solche Beispiele finden sich in Spielfilmen selten, sie sind eher die Domäne von Lehrfilmen. Einer der ältesten und berühmtesten ist GEHEIMNISSE EINER SEELE (R Georg Wilhelm Pabst, D 1926). Er entwickelt die Entstehungsbedingungen der zwangsneurotischen Störung des Chemikers Prof. Fellmann und seine Heilung durch die psychoanalytische Therapie.

Aus didaktischen Gründen arbeiten wir nur mit positiven Filmbeispielen, welche in substanzieller Weise dazu beitragen, eine klinische Diagnose bzw. einen psychologischen Sachverhalt zu illustrieren. In jedem einzelnen Fall ist es notwendig zu prüfen, ob die Charakteristika der Filmfigur sich eignen, den aktuellen Wissensbestand der Klinischen Psychologie und Psychiatrie valide zu veranschaulichen. Erst der präzise Abgleich führt zum Lerneffekt beim Leser / Zuschauer. Das didaktische Momentum entsteht also aus der Analyse der strukturellen Übereinstimmung zwischen filmischer Darstellung und klinischer Diagnose.

---

[6] Das gilt etwa auch für Alexander de Large (Malcolm Mc Dowell) in A CLOCKWORK ORANGE (R Stanley Kubrick, GB 1970/71), Francis Begbie (Robert Carlyle) in TRAINSPOTTING (R Danny Boyle, GB 1996) und weitere; nach der alten Nomenklatur allesamt „Psychopathen".

[7] Das schmälert nicht die Bedeutung des Films: Der Regisseur verfolgt eigenen Angaben zufolge nicht das Ziel, umfassend über das Krankheitsbild zu informieren.

3.1 Psychische Störung. Modellannahmen, Klassifikationssysteme, Diagnostik, Beispiele

Eine *psychische Störung* ist ein Verhaltensmuster, welches auf der Seite des Individuums (subjektiv) und/oder bei den Mitmenschen (sozial) zu Beeinträchtigung der Lebensführung und zu Leid führt und welches man in der Regel als Abweichung von statistischen, sozialen oder kulturellen Normen versteht. Diese Definition[8] basiert auf unterschiedlichen Normbegriffen (subjektive, soziale, funktionale, statistische, kulturelle Norm). Zudem erfüllt keines der Kriterien für sich allein das der notwendigen Bedingung einer Störung. Auch wenn ein Kriterium nicht zutrifft, kann man eine Störung diagnostizieren. Z.B. gehört es zur Charakteristik von „Psychopathen",[9] dass sie kein Leid empfinden. Dennoch sind sie – wie etwa der „Filmpsychopath" Dr. Hannibal Lecter alias Anthony Hopkins (DAS SCHWEIGEN DER LÄMMER) – hochgradig gestört.

Keines der Kriterien allein ist eine hinreichende Bedingung, d.h. ein einziges Merkmal reicht nicht aus, um von einer Störung zu reden. Statistische Seltenheit wertet man z.b. im Falle eines IQ > 130 nicht als Hinweis auf gestörtes Verhalten, wohl aber im Falle eines IQ < 70, der genau so selten vorkommt und zur Diagnose gestörter Intelligenz bzw. geistiger Behinderung führt.

Diese Schwierigkeiten mit der Definition psychischer Störungen werden noch überlagert durch den jahrhundertelang diskutierten Leib-Seele-Dualismus. Psychische Störungen schlagen sich immer auch körperlich nieder und organische Störungen haben in den meisten Fällen psychische Anteile. Diese Einsicht hat jedoch nicht zu einem allgemein akzeptierten Modell geführt. Nach wie vor bestehen auf der einen Seite medizinische (Kausalmodelle), auf der anderen Seite psychologische (funktionale) *Störungsmodelle*.[10]

Die Differenzen in der Auffassung um das „richtige" Störungsmodell werden sich in absehbarer Zeit wohl kaum auflösen. Der pragmatische Ausweg aus diesem Dilemma besteht in der Definition psychischer Störungen über *Klassifikationssysteme*. Die beiden gängigsten sind die ICD-10 (*International Classification of Diseases*) der WHO aus dem Jahre 1991 (deutsche Bearbeitung durch Dilling et al. 1992) und das DSM-IV (*Diagnostic and Statistical Manual of Mental Disorders*)

---

[8] Die Fachliteratur liefert oft unscharfe Definitionen. In der deutschen Bearbeitung der ICD-10 (s.u.) weist Horst Dilling (1992, S. 19) darauf hin: „Störung ist kein exakter Begriff; seine Verwendung in dieser Klassifikation soll einen klinisch erkennbaren Komplex von Symptomen oder Verhaltensauffälligkeiten aufzeigen, der immer auf der individuellen und oft auch auf der Gruppen- oder sozialen Ebene mit Belastung und Beeinträchtigung von Funktionen verbunden ist, sich aber nicht auf der sozialen Ebene allein darstellt."

[9] Um Stigmatisierung zu vermeiden, hat man diesen Begriff durch den der antisozialen Persönlichkeitsstörung ersetzt.

[10] Beide Seiten haben sich weiter entwickelt. Die Differenzierungen reichen von traditionellen medizinischen Modellen bis hin zu neueren biochemischen Ansätzen einerseits, frühen radikal-behavioristischen bis zu kognitiv-funktionalen Modellen andererseits.

der *American Psychiatric Association* aus dem Jahre 1994 (in der deutschen Bearbeitung durch Henning Saß et al. 1996).

Tabelle 5: Klassifikationsachsen[11] in ICD-10 und DSM-IV

	ICD-10	DSM-IV
Achse I	Klinische Diagnosen Ia psychische Störungen Ib somatische Störungen	Klinische Störungen
Achse II	Soziale Funktionseinschränkungen (WHO *Disability Diagnostic Scale* [WHO-DDS])	Persönlichkeitsstörungen und geistige Behinderung
Achse III	Umgebungs- und situationsabhängige Ereignisse/Probleme der Lebensführung und Lebensbewältigung	Medizinische Krankheitsfaktoren
Achse IV	entfällt	Psychosoziale oder umgebungsbedingte Probleme
Achse V	entfällt	Globale Beurteilung des Funktionsniveaus (GAF-Skala)

Die Achse III der ICD-10 entspricht der Achse IV des DSM-IV und beinhaltet psychosoziale oder umgebungsbedingte Faktoren. Die Achse I der ICD-10 kodiert die Achse II (Persönlichkeitsstörungen und geistige Behinderung) und III (Medizinische Krankheitsfaktoren) des DSM-IV.

In beiden Systemen gibt es eine allgemeine Einschätzung der psychosozialen Funktionsfähigkeit. Im DSM-IV heißt sie GAF-Skala (*Global Assessment of Functioning Scale*), die ICD-10 bezeichnet sie als WHO-DDS (*Disability Diagnostic Scale*).

Als Resultat zahlreicher nationaler und internationaler Beratungen und Konsensbildungsprozesse handelt es sich bei beiden Systemen um eine multiaxiale, operationalisierte Diagnostik.[12] Die Achsen (= Dimensionen) betreffen die expli-

---

[11] Damit ist keine Achse im Sinne methodisch-statistischer Präzision gemeint, sondern eine Ebene der Betrachtung.

[12] Die operationalisierte Diagnostik ist eines der drei Kennzeichen der Klassifikationssysteme ICD-10 und DSM-IV. Die beiden weiteren sind das Komorbiditätsprinzip (auch: multiple Diagnosen) und der multiaxiale Ansatz.
Bei der Überarbeitung der Systeme hat man auf die Begriffe Neurose und Psychose verzichtet und den Begriff Krankheit durch den der Störung ersetzt. Um die Zuverlässigkeit von Diagnosen zu erhöhen, wurde eine Reihe zusätzlicher Instrumente eingeführt wie Checklisten, standardisierte Interviews usw.

zite Vorgabe klinisch-diagnostisch bedeutsamer Kriterien sowie deren Verknüpfungszusammenhänge und Komorbiditäten (gemeinsames Auftreten verschiedener psychiatrischer Erkrankungen bei einer Person) im Zeitverlauf. Dadurch will man eine möglichst differenzierte Kennzeichnung von Störungen gewährleisten. Beide Ansätze halten sich atheoretisch und deskriptiv und vermeiden weitgehend explikative und theorieorientierte Konstrukte. Das zeigt sich auch im Verzicht auf ätiologische Annahmen und Behandlungsvorschläge.

Die Unterschiede zwischen den Klassifikationssystemen haben sich von Fassung zu Fassung verringert. Die ICD-10[13] ist ein internationales, alle Krankheiten umfassendes System, welches die 300 psychopathologischen Kategorien lediglich in einem Teil (Kapitel V, Abschnitt F) kodiert. Dagegen sieht sich das DSM-IV als System nordamerikanischer Provenienz immer noch nationalen Besonderheiten verpflichtet. Experten betonen die Kompatibilität der Systeme in ihren Letztfassungen und sehen die Unterschiede lediglich in Subgruppen der diagnostischen Kategorien.

Gemeinsamkeiten und Unterschiede lassen sich am Beispiel der von Berger (2000, S. 41) dargestellten Klassifikation einer mittelschweren depressiven Episode mit somatischen Symptomen verdeutlichen:

Tabelle 6: Kodierungsebenen am Beispiel depressiver Störungen in der ICD-10[14] und dem DSM-IV: mittelgradige depressive Episode

	ICD-10		DSM-IV	
2-stellig	F3	affektive Störung		affektive Störung
3-stellig	F32	depressive Episode	296	Major Depression
4-stellig	F32.1	mittelgradige depressive Episode	296.2	Major Depression, einzelne Episode
5-stellig	F32.11	mit somatischen Symptomen	296.22	mittelschwer

Mittlerweile gibt es auch psychoanalytisch orientierte, psychodynamische Zugänge zur Diagnostik wie z.b. das multiaxiale diagnostische System zur Operationalisierten Psychodynamischen Diagnostik (OPD) (vgl. dazu Berger, 2000, S. 50–52).

---

[13] Im Jahre 2007 begannen die ersten Arbeiten zur ICD-11. Die aktuelle, international gültige Ausgabe ist die ICD-10, Version 2011.

[14] Als Neuerung hat die ICD-10 im Vergleich zur ICD-9 das alphanumerische System eingeführt. Der Buchstabe F stellt psychische Störungen dar. Der mögliche Bereich geht von F00.00 bis F99.99. Je mehr Stellen die Kodierung zeigt, desto genauer beschreibt sie die jeweilige Störung.

In unserem Zusammenhang ist die psychoanalytische Strukturanalyse (Kernberg, 1998, S. 38) von Bedeutung (s. Kapitel 3.1.2). Im Vergleich zur operationalisierten Diagnostik nach ICD-10 und DSM-IV weniger eng angelegt, will sie nicht nur Symptome erfassen, sondern die Persönlichkeitsstruktur. Ihren Vorteil größerer ätiologischer Aussagekraft erkauft sie durch den Nachteil geringerer Symptomnähe.

Die beschriebenen Klassifikationssysteme halten die Unterscheidung zwischen Neurosen und Psychosen heute nicht mehr aufrecht. In der klinischen Praxis kommt sie aber immer noch vor. Die Störungen, die das Medium Film am häufigsten zeigt, sind Zwang als Neurose (Kapitel 3.1.1) und Schizophrenie als Psychose (Kapitel 3.1.3). „Dazwischen"[15] liegt die Borderline-Persönlichkeitsstörung (Kapitel 3.1.2). In filmischer Darstellung ist sie seltener anzutreffen. Auch erfahrene Therapeuten erleben sie als Herausforderung.

Wir beschreiben die drei Störungen anhand folgender Struktur: Terminologie, Symptomatik sowie Ätiologie (Ursache) und Pathogenese (Mechanismus der Krankheitsentstehung und -entwicklung).

In BESSER GEHT'S NICHT (R James L. Brooks, USA 1997) leidet der Protagonist Melvin an einer Zwangsstörung. EIN MÖRDERISCHER SOMMER (R Jean Becker, F 1980) illustriert die Borderline-Störung in einer derartigen Präzision, als wäre der Film für Lehrbuchzwecke gemacht. DAS WEISSE RAUSCHEN (R Hans Weingartner, D 2001) veranschaulicht Schizophrenie mit dem Schwerpunkt auf der Symptomatik, FAMILY LIFE (R Ken Loach, GB 1971) betont die ätiologischen Faktoren. ICH HAB DIR NIE EINEN ROSENGARTEN VERSPROCHEN (R Anthony Page, USA 1977) zeigt erfolgreiche Therapie, BERLIN CALLING (R Hannes Stöhr, D 2008) einen prognostisch günstigen Verlauf.

3.1.1 Zwangsstörung

Terminologie
Harmlose Formen zwangähnlichen Verhaltens kommen im Alltag häufig vor und gelten nicht unbedingt als krankhaft. Manch einer kontrolliert die Elektrogeräte mehrfach, bevor er das Haus verlässt, ein anderer würde nie in einem Hotelzimmer mit der Nummer 13 übernachten. Jeder kennt bestimmte Einschlaf-, Fernseh-, Putzrituale oder magische Gedanken. Manche Mütter meinen, Unglück von ihren Kindern durch Zählrituale abwenden zu können. Wo aber liegt die Grenze zwischen harmlosen, zwangähnlichen Angewohnheiten und der Zwangsstörung als einer ernst zu nehmenden psychischen Erkrankung?

Freud schildert das Beispiel eines 19-jährigen Mädchens mit einem zwanghaften Schlafzeremoniell – sie verbringt ein bis zwei Stunden täglich vor dem Einschlafen mit der Anordnung des Kopfkissens, dem Aufschütteln des Deckbetts,

---

[15] Diese Vorstellung gibt es heute nicht mehr.

dem Zurechtrücken von Blumentöpfen und Vasen usw. – und zieht die Grenze so: „Das pathologische Zeremoniell ist [...] unnachgiebig, es weiß sich mit den größten Opfern durchzusetzen" und umfasst Bestimmungen, „die weit über die rationelle Begründung hinausgehen, und andere, die ihr direkt widersprechen."[16]

Symptomatik
Die Klassifikationssysteme DSM-IV und ICD-10 unterscheiden Normalität und Störung über den Zeitfaktor. Nach DSM-IV sind die kritischen Verhaltensweisen so zeitaufwendig, dass sie mehr als eine Stunde pro Tag einnehmen. Nach ICD-10 müssen sie länger als 14 Tage auftreten, um als Zwang zu gelten. Beide Systeme trennen zwischen Zwangsgedanken und Zwangshandlungen.

Nach ICD-10, F42.0 sind *Zwangsgedanken* solche Ideen, Vorstellungen oder Impulse, die sich dem Betroffenen gegen seinen Willen aufdrängen und die er als sinnlos und quälend erlebt. In Abgrenzung zu Denkstörungen bei Schizophrenie kann der Kranke die Gedanken jedoch als eigene erkennen. *Zwangshandlungen* sind laut ICD-10, F42.1 ursprünglich zweckgerichtete Verhaltensweisen, die sich stereotyp, z.T. in ritualisierter Form wiederholen und dabei als sinnlos und ineffektiv erlebt werden. Wird das Wiederholungsschema gestört oder unterbrochen, gilt die bis zu diesem Zeitpunkt durchgeführte Teilhandlung als wertlos, als wäre sie nicht erfolgt, und muss wiederholt werden. Die Patienten versuchen erfolglos, diese Verhaltensweisen abzulegen. Sie dienen dazu, Anspannung und Angst zu reduzieren bzw. ein befürchtetes Ereignis zu verhindern. Ihr Zweck ist die Angstabwehr.

Zwangsgedanken und -handlungen treten meist in kombinierter Form auf (vgl. ICD-10, F42.2), also z.B. der Gedanke an Schmutz kombiniert mit der Reinigungsprozedur. Entgegen der bisweilen anzutreffenden, bagatellisierenden Einschätzung verursachen sie erhebliches Leid, sind zeitraubend und beeinträchtigen berufliche Leistungen und private Beziehungen. Gerade enge mitbetroffene Angehörige verstehen kaum, warum der Zwangskranke „damit nicht einfach aufhört".

Im Gegensatz zur operationalisierten Diagnostik (vgl. Kapitel 3.1) unterscheidet Freud zwischen Zwangsvorstellungen, Zwangshandlungen (Gebote bzw. Verbote) und *Zwangsimpulsen.* Letztere charakterisiert er dadurch, dass sie nie zur Ausführung kommen. „Meist haben sie aber den schreckhaftesten Inhalt wie Versuchungen zu schweren Verbrechen, so dass der Kranke sie nicht nur als fremd verleugnet, sondern entsetzt vor ihnen flieht [...]" (1969, S. 259).

Es gibt heute relativ gut gesicherten Konsens über die Häufigkeit der Inhalte von Zwangsgedanken. Sie beziehen sich in der Reihenfolge der Häufigkeit auf:

– Schmutz, Infektion, Kontamination,
– Ordnung, Kontrolle,
– Aggression,

---
[16] Freud, 1969, Studienausgabe, Bd. 1, S. 265.

- Sexualität,
- Religion.

Die Zwangshandlungen sind, der Häufigkeit nach geordnet:

- Wasch- und Reinigungszwang,
- Kontrollzwang,
- Wiederholungszwang,
- Zählzwang,
- Ordnungszwang.

Die Inhaltsbereiche der Zwangsgedanken „Schmutz, Infektion, Kontamination" und „Ordnung, Kontrolle" und die entsprechenden Zwangshandlungen stehen in der Zwangssymptomatik insgesamt mit annähernd gleicher Häufigkeit auf den ersten beiden Plätzen.

Die Zwangsstörung gehört zu den häufigsten psychischen Störungen. Die Lebenszeitprävalenz (Gesamtzahl der Krankheitsfälle in einer definierten Population während der gesamten Lebensspanne eines Individuums) beträgt zwei bis drei Prozent. Eventuell liegen die Werte noch ein wenig höher, da die Betroffenen oft versuchen, ihr Leiden geheim zu halten. Die Störung verläuft chronisch, Besserung bis zur Symptomfreiheit ohne spezifische Intervention (Spontanremission) kommt selten vor.

Was eine Zwangsstörung für die Betroffenen im Einzelnen bedeutet, kann man gut in dem Film BESSER GEHT'S NICHT nachempfinden. Der zwangsneurotische New Yorker Schriftsteller Melvin Udall (Jack Nicholson) macht sich ringsum überall unbeliebt, weil er mit sich und der Welt hadert und jedermann herablassend behandelt und beleidigt. Die Einzige, die Zugang zu ihm findet, ist die Kellnerin Carol. Unter ihrem Einfluss verändert er sich langsam zum Positiven.

Melvins Zwangsgedanken lassen sich nicht so leicht darstellen. Dennoch zeigt der Film einiges: Die massenhaft verpackten und gestapelten Seifenstücke sowie die kleinen, geordneten Mineralwasserflaschen im Schrank verweisen auf die Inhaltsbereiche „Schmutz" einerseits und „Ordnung, Kontrolle" andererseits.

Melvin scheut davor zurück, Taxitüren zu berühren, obwohl er Lederhandschuhe trägt. Er hat Angst vor Infektionen. In einem hitzigen Dialog mit Frank, dem Freund seines Hausnachbarn, äußert er: „Und für den Fall, dass Sie mich das auch noch fragen, ich würde mich von Ihnen auch nicht mit der Pest infizieren lassen!"[17]

Den Inhaltsbereich „Aggression" realisiert der Regisseur über Melvins Boshaftigkeit. Sie wird z.B. in der Szene zugespitzt, in der er den Hund Verdell, der ihn vorher beinahe angepinkelt hat, in den Müllschlucker wirft.

Das Thema „Sexualität" kommt indirekt in Melvins panischer Berührungsangst zum Ausdruck. Die Kellnerin Carol darf ihn in „seinem Restaurant" zwar berühren, aber auch nur, um ihn beiseite zu schieben, wenn er im Weg steht. Körperlichkeit und Sexualität sind für Melvin Tabus.

---

[17] Hier wie im Folgenden Transkript der Verfasser.

Die Zwangshandlungen lassen sich filmisch besser visualisieren als die Zwangsgedanken. Melvin leidet unter einem Waschzwang sowie einem Kontroll- und Ordnungszwang. Er wäscht sich die Hände mit fast kochend heißem Wasser. Die im Schrank fein säuberlich verpackte und gestapelte Seife entsorgt er nach einmaliger Benutzung. Er prüft, ob die Tür verschlossen ist, indem er sie fünfmal öffnet und schließt, macht das Licht an, indem er es fünfmal an- und abschaltet. Im Restaurant sortiert er sein mitgebrachtes, verpacktes Plastikbesteck und dreht seinen Teller in die „richtige" Position.

Eine Szene, die seinen Kontroll- und Ordnungszwang sowie seine Berührungsangst konzentriert darstellt, zeigt Melvin auf dem Weg ins Restaurant: Er vermeidet penibel, auf Pflasterritzen treten. Die Problematik verschärft sich noch dadurch, dass er Berührung durch andere Passanten unbedingt verhindern („Nicht berühren! Nicht berühren!") und pünktlich im Restaurant sein muss.

Standbild 13 und 14: BESSER GEHT'S NICHT. *Was haben Melvin (Jack Nicholson) und Monk (Tony Shalhoub) gemeinsam? Viele Zwänge und Ängste, beide fürchten sich vor Infektionen*

Die amerikanische Serie MONK (2002 bis 2009) zeigt den Privatdetektiv Adrian Monk (Tony Shalhoub) als freien Mitarbeiter der Polizei in San Francisco. Er arbeitete früher selbst als Polizist beim Morddezernat des San Francisco Police Department, wurde dann aber wegen seiner psychischen Störungen entlassen. Er leidet unter einer ganzen Reihe von Phobien (z.B. Angst vor Bakterien, Tieren, Menschenmassen, Berührungen, Lärm usw.) und Zwängen. Im Vordergrund steht sein Ordnungs- und Kontrollzwang. Schief hängende Bilder kann er ebenso wenig ertragen wie asymmetrische Anordnungen. Etliche Zwangshandlungen dienen dazu, seine Ängste in Schach zu halten.
Von Hyler und Moore (1996, S. 217–221) haben wir die Forderung gehört: „Teaching Psychiatry? Let Hooywood help!" Was könnte uns MONK lehren? Abgesehen von

der schillernden Vielfalt der Zwänge und Phobien erfahren wir nichts Neues. Was also bleibt? Wir sollen über Monk lachen. Warum tun wir das? Wir amüsieren uns, weil wir all die Absonderlichkeiten an uns selbst wahrnehmen und in ihrer bizarren Charakteristik an der Figur Monk und damit aus sicherer psychologischer Distanz wiedererkennen. Die Wirkung beruht auf Abwehrmechanismen (Genaueres vgl. Kapitel 3.1.2), Techniken zur Abwendung unangenehmer Vorstellungen. Der wichtigste Mechanismus ist die *Spaltung*. Wir trennen „Gutes" und „Böses", Fähigkeiten und Defizite, Stärken und Schwächen in uns selbst. Negative Anteile projizieren wir auf andere *(Projektion)*, in diesem Fall auf Monk. Die Prozesse der Spaltung und Projektion laufen z.T. bewusst, z.T. unbewusst ab. Wer das tiefe Leid von Zwangskranken einschließlich der Mitbetroffenen (Beziehungstrennungen, Ausbildung sekundärer Depression und Suizidgefahr) aus erster Hand kennt, dem vergeht das Lachen bei bzw. über Monk. Die Serie bagatellisiert Zwangskrankheit.

Ätiologie und Pathogenese

Auf die Ätiologie und Pathogenese von Melvins Zwangsstörung geht der Film nicht näher ein. Er gibt nur einen einzigen Hinweis: Sein Vater schlug Melvin als Kind auf die Hände, wenn dieser sich am Klavier verspielte.

Aus der Sicht einer verhaltenstherapeutisch orientierten Ätiologieannahme bildet dieses Schlagen auf die Hände den ursprünglich unkonditionierten Stimulus UCS.[18]

Dem Konzept des klassischen Konditionierens (Pawlow 1927) zufolge entsteht das konditionierte (gestörte) Verhalten zunächst so:

Tabelle 7: Melvins Zwangsstörung, Ätiologieannahme

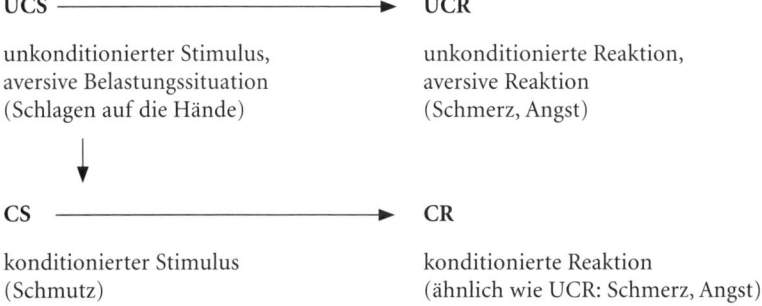

CS war ursprünglich ein neutraler Stimulus. Vielerlei kann CS-Funktion übernehmen. Warum er in Melvins Kindheit gerade als Schmutz auftrat, klärt der Film

---

[18] Eine frühe traumatische Situation lässt sich in der Lebensgeschichte vieler Klienten nicht mehr rekonstruieren. Aus diesem Grund hat Isaac Marks (1978, S. 172) vorgeschlagen, den Begriff UCS durch ES (evoking stimulus, also auslösenden Stimulus) zu ersetzen.

nicht genau, man kann es aber aus den Zwangshandlungen des erwachsenen Melvin erschließen: Der Vater wird wohl wegen seiner eigenen Infektionsangst – er hatte sich aus Angst vor Schmutz und Infektionen elf Jahre lang in seinem Zimmer eingeschlossen – bei Melvins Klavierübungen auf saubere Hände, allgemein auf Sauberkeit geachtet haben. CS wurde dann mehrfach mit der aversiven[19] Belastungssituation UCS gekoppelt. Schließlich reicht CS allein (ohne UCS), um die konditionierte emotionale Reaktion CR (Angst, Anspannung) hervorzurufen. Wenn auch nicht identisch mit UCR, so ähnelt sie ihr doch.

Nachdem Melvin die negative emotionale Reaktion CR gelernt hatte, bekam Schmutz Hinweisfunktion für Unangenehmes: Melvin erwartet Anspannung und Angst, Verhaltenstherapeuten sprechen von antizipierter Bestrafung. Insofern vermeidet er die aversive Situation und kann deshalb nie mehr die korrigierende Erfahrung machen, dass Schmutz harmlos ist. Dadurch bleibt das zwanghafte Vermeidungsverhalten bestehen.[20] Es nimmt im Gegensatz zu Angststörungen oft eine aktive Richtung: Der Betroffene läuft also nicht vor der ihn ängstigenden Infektionsquelle weg, sondern neutralisiert oder bekämpft sie in aktiver Weise, z.B. durch wiederholtes Händewaschen. Hinzu kommt noch, dass der Hinweisreiz für Bestrafung generalisiert wird. Ist es ursprünglich nur Schmutz, machen später auch Türklinken, Taxitürgriffe, andere Personen, Berührung und Körperkontakt Angst. Schließlich müssen reale Objekte bzw. reale Personen gar nicht mehr gegenwärtig sein, sondern es reicht der Gedanke daran.

Dient das Zwei-Faktoren-Modell von Mowrer zur Erklärung der (Entstehung und Aufrechterhaltung von) Zwangs*handlungen*, so bevorzugt man zur Beschreibung und Erklärung von Zwangs*gedanken* andere, nämlich *kognitive Modelle* (vgl. Kapitel 3.2.1).

Im Zentrum stehen Grundüberzeugungen, sogenannte *core-beliefs*. Melvin glaubt unerschütterlich, alles im Leben bedürfe einer gewissen Ordnung, die durch den Ordnungs- und Kontrollzwang gesichert bzw. wiederhergestellt werden muss. Schwarze, Juden und Homosexuelle kann er sich nur als minderwertig vorstellen. Das zeigt sein empörter Aufschrei, als an „seinem" Tisch bereits andere Personen jüdischer Herkunft sitzen („Ich habe Juden an meinem Tisch!").

„Wir alle müssen früher oder später sterben", so lautet ein weiteres fundamentales Credo. Melvin sagt es leichtfertig dahin, meint damit sich selbst und merkt gar nicht, wie sehr er Carol damit verletzt, die sofort an ihren kranken Sohn denken muss.

---

[19] Aversion (lat. *aversio* „das Abwenden, Abscheu, Widerwille").
[20] Warum das in der Kindheit gelernte Verhalten bis ins Erwachsenenalter erhalten bleibt, erklärt Orval Hobart Mowrer (1947, 1960) mit dem Zwei-Faktoren-Modell (Genaueres vgl. Kapitel 3.2.1).

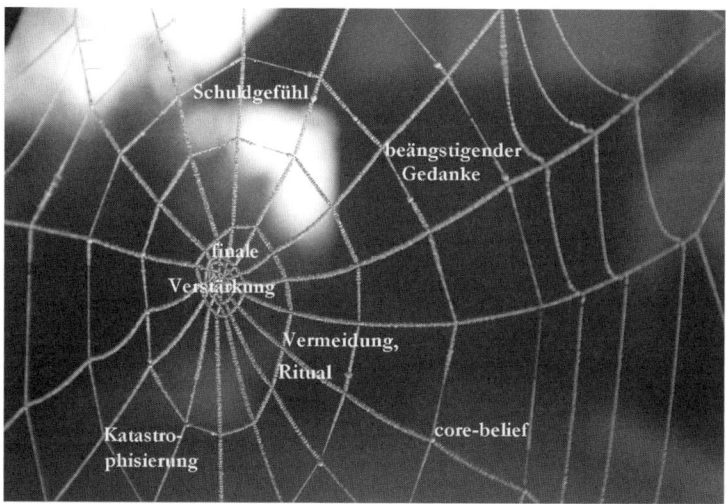

Abbildung 29: Katastrophenspirale bei Zwangsgestörten

Unangenehme, beängstigende Gedanken gibt es im Leben aller Menschen. Bei Zwangsneurotikern wuchern sie auf dem Nährboden der Grundüberzeugungen. Die Betroffenen verknüpfen sie mit einem Gefühl von Verantwortlichkeit und der Befürchtung, schuldig zu werden. Das mündet in die Erwartung und Gewissheit: Etwas Furchtbares wird passieren, wenn man nicht bestimmte Maßnahmen ergreift (Katastrophisierung). Der Zwangsneurotiker versucht sofort, die Gedanken mit einem Ritual zu neutralisieren. Das bringt kurzfristig Entlastung, mittelfristig aber einen erneuten Spannungsanstieg. Letztendlich drehen sich die Gedanken in einer Katastrophenspirale.

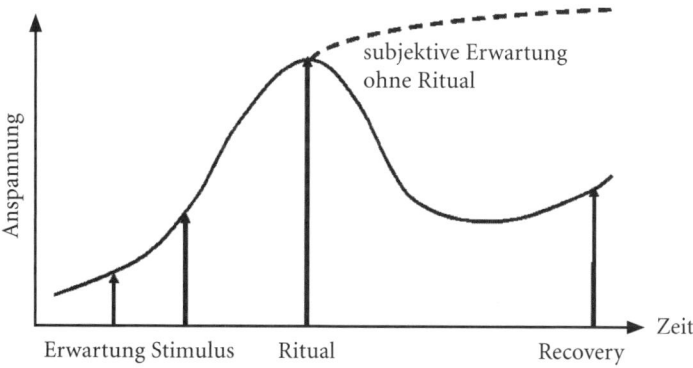

Abbildung 30: Anspannungs-Verlaufskurve

Wie kann man das genauer erklären? Zunächst einmal erwartet der Betroffene, dass die Angst in bestimmten, für ihn unangenehmen Situationen zunimmt (Erwartung). Wenn sich z.b. die Ansicht verfestigt hat, die Berührung mit einem Taxitürgriff führe zu einer Infektion, nimmt die Anspannung bei tatsächlicher Berührung (Stimulus) zu. Sie baut sie durch ein Ritual (Zwangsverhalten) ab. Ohne dieses Verhalten – so Melvins unbeirrbare Überzeugung – würde sich seine Anspannung ins Unermessliche steigern. Das geschieht allerdings nicht, weil sein physiologisches Reservoir nicht unerschöpflich ist; er kann z.b. nur eine begrenzte Menge Adrenalin produzieren. Diese korrigierende Erfahrung, dass nach einer gewissen Zeit die Anspannung auch von allein (ohne Einsatz des Rituals) abnehmen würde, kann er jedoch nie machen. Der durch das Ritual bewirkte Spannungsabfall hält die Symptomatik aufrecht, wirkt aber nur kurzfristig. Die Anspannung baut sich schnell wieder auf und der ganze Prozess beginnt von vorn.

3.1.2 Borderline-Persönlichkeitsstörung

Terminologie
In seinem Buch *Die psychopathischen Persönlichkeiten* aus dem Jahre 1923[21] versteht Kurt Schneider diese als Abweichung von einer definierten Durchschnittsnorm. Den Ausdruck „Psychopath" verwendete die Psychiatrie, um extrem abweichendes, ins Krankhafte gesteigertes (pathologisches) Sozialverhalten zu kennzeichnen. Nicht zuletzt wegen seiner stigmatisierenden Konnotation ersetzte man den Begriff in den 1980er Jahren durch den Ausdruck „Persönlichkeitsstörung" (*personality disorder*).

Persönlichkeit ist ein stabiles, überdauerndes, tiefgreifendes und anpassungsfähiges System von nicht direkt beobachtbaren Merkmalen, die das einzigartige Denken, Fühlen und Handeln einer Person bestimmen.

Den Übergang von der normalen zur gestörten Persönlichkeit charakterisiert Bandelow so: „Ausgeprägte Charaktereigenschaften der Menschen können Auslenkungen im Normbereich sein, aber sie können auch die Grenze der Normalität überschreiten" (Bandelow, 2006, S. 143).

Die ICD-10 definiert *Persönlichkeitsstörungen* als „[...] tief verwurzelte, anhaltende Verhaltensmuster, die sich in starren Reaktionen auf unterschiedliche persönliche und soziale Lebenslagen zeigen. Dabei findet man gegenüber der Mehrheit der betreffenden Bevölkerung deutliche Abweichungen im Wahrnehmen, Denken, Fühlen und in Beziehungen zu anderen. Solche Verhaltensmuster sind meistens stabil und beziehen sich auf vielfältige Bereiche von Verhalten und psychischen Funktionen. Häufig gehen sie mit persönlichem Leiden und gestörter sozialer Funktions- und Leistungsfähigkeit einher" (Dilling et al., 1991).

---

[21] Hier finden sich Vorstellungen, die heute noch in den aktuellen Klassifikationssystemen zu erkennen sind.

Diagnostik, Symptomatik
Die gängige operationalisierte Diagnostik (vgl. Kapitel 3.1) der *Borderline-Persönlichkeitsstörung* erfolgt auf zwei Ebenen. Auf einer ersten Ebene stellt man fest, ob überhaupt eine Persönlichkeitsstörung vorliegt. Dazu gibt es sechs allgemeine Forschungskriterien in der ICD-10, die alle[22] erfüllt sein müssen. Erst dann kann der Subtypus weiter spezifiziert werden.
Die ICD-10 führt unter F60 (spezifische Persönlichkeitsstörungen) neun Subtypen. Einer davon, nämlich F60.3 heißt „emotional-instabile Persönlichkeitsstörung" und ist noch einmal unterteilt in F60.30 „impulsiver Typ" und F60.31 „Borderline-Typ". Es gibt somit zwei Kriteriengruppen. Die Borderline-Persönlichkeitsstörung ist weiter gefasst, sie schließt den impulsiven Typus auf der Kriterienebene mit ein. Das bedeutet, den Borderline-Typ, also F60.31, diagnostiziert man, wenn aus der ersten Kriteriengruppe mindestens drei *und* aus der zweiten Kriteriengruppe mindestens zwei von fünf Verhaltensweisen vorliegen.

Diagnostische Kriterien der emotional instabilen Persönlichkeitsstörung vom Borderline-Typus (F60.31; ICD-10-Forschungskriterien)[23]
Mindestens drei der folgenden Eigenschaften oder Verhaltensweisen müssen vorliegen:

1. Deutliche Tendenz, spontan und ohne Berücksichtigung der Konsequenzen zu handeln;
2. deutliche Tendenz zu Streitereien mit anderen; vor allem dann, wenn impulsive Handlungen vorher von diesen unterbunden oder getadelt wurden;
3. Neigung zu Ausbrüchen von Wut oder Gewalt bei gleichzeitiger Unfähigkeit zur Kontrolle explosiven Verhaltens;
4. Schwierigkeiten in der Beibehaltung von Handlungen, die nicht sofort belohnt werden;
5. unbeständige und unberechenbare Stimmung.

Zusätzlich müssen mindestens zwei der folgenden Eigenschaften und Verhaltensweisen vorliegen:

1. Störungen des Selbstbildes, Unsicherheit bei Zielen und Präferenzen, einschließlich sexueller;
2. Neigung, sich in intensive aber instabile Beziehungen einzulassen, oft mit der Folge von emotionalen Krisen;
3. übertriebene Bemühungen, nicht verlassen zu werden;
4. wiederholte Drohungen oder Handlungen mit Selbstschädigung;
5. anhaltende Gefühle von Leere.

---

[22] Vgl. Berger, 2000, S. 777.
[23] In enger Anlehnung an Berger, 2000, S. 805.

Standbild 15: Ein mörderischer Sommer. *Eliane (Isabelle Adjani) besucht Pinpon (Alain Souchon) in der Werkstatt. Filmstill 0:17:00*

Als Filmbeispiel wählen wir Ein mörderischer Sommer (Originaltitel: L'Été Meurtrier). Es erzählt aus der Sicht verschiedener Akteure (Ich-Erzähler) die Geschichte der Protagonistin Eliane (Isabelle Adjani), die durch die Auseinandersetzung mit ihrer Zeugung durch die Vergewaltigung der Mutter in ihren sozialen Beziehungen gestört ist. Die Einheirat in die Familie Montecciari und die Versuche, ihre Vergangenheit zu bewältigen, schlagen fehl. Schließlich verliert sie den Kontakt zur Realität.

Eliane zeigt deutliche Symptome einer Borderline-Persönlichkeitsstörung.[24] Diese Diagnose begründen wir anhand der Kriteriengruppen folgendermaßen: Aus der ersten Kriteriengruppe liegen vier Verhaltensweisen vor (1, 2, 3, 5).

Nachdem Eliane den Automechaniker Florimond (Alain Souchon) – Spitzname Pinpon – auf einem Dorffest kennengelernt hat, besucht sie ihn unerwartet, unter dem Vorwand, einen Fahrradreifen flicken zu lassen, in seiner Werkstatt. Dort fährt sie unbekümmert und ungeachtet der Verletzungsgefahr mit seinem Werkstattwägelchen in Blechdosen und Fässer: „Was für ein Spaß!" – *spontanes Handeln ohne Berücksichtigung der Konsequenzen* (1).

Später haben Pinpon und Eliane eine Verabredung. Sie fahren in ein vornehmes Restaurant. Pinpon hat sich dazu den Wagen seines Patrons geliehen, weil sein

---

[24] Zusätzlich lassen sich histrionische Anteile (F60.4) erkennen: ihr äußerst expressives und theatralisches Auftreten, ihr übermäßig verführerischer, sexualisierender Stil, ihr fast schon suchtartiges Verlangen nach Aufmerksamkeit und Bewunderung bei gleichzeitiger Affektlabilität. Eliane bewegt sich – so scheint es – auf einer imaginären Bühne. Im Vordergrund steht aber dennoch die Borderline-Charakteristik.

Lieblingsauto – ein alter Delahaye – noch in Reparatur ist. Eliane drängt Pinpon, schneller zu fahren, als er es ohnehin schon tut. Auf der Fahrt rastet sie mehrfach grundlos aus. Pinpon erzählt ihr von seinem Delahaye. Er könne sie ja einmal mitnehmen. Auf ihre Frage, wohin, antwortet er leichtfertig: „Ich fahre dich hin, wo immer du willst." Sofort hakt sie aggressiv nach: „Na gut, also nach Nizza oder Paris?" Pinpon bestätigt das unüberlegt, worauf sie vorwurfsvoll antwortet: „Damit du mich dann in einer schmutzigen Absteige sofort flach legst!"[25]

Man sieht hier bei Eliane eine *deutliche Tendenz zu Streitereien* (2), verbunden mit *hoher Impulsivität*. Außerdem wähnt sie sich selbst vorwegnehmend als sexuelles Opfer und schlägt auf Pinpon ein. Im nächsten Moment schützt sie sich mit gekreuzten Armen vor seinem erwarteten Gegenangriff, der schon deshalb nicht erfolgen kann, weil Pinpon das Auto lenkt – *Ausbruch von Wut oder Gewalt bei gleichzeitiger Unfähigkeit zur Kontrolle explosiven Verhaltens* (3).

Später im Restaurant redet sie sich im einen Moment in Rage, im nächsten Augenblick wird sie traurig und weint – *unbeständige und unberechenbare Stimmung* (5). Im Gespräch haut sie stark erregt auf den Tisch („Na los! Na los!"), weil Pinpon ihren Ausführungen nicht schnell genug folgt – *Unfähigkeit zur Kontrolle explosiven Verhaltens* (3). Sie schreit den Kellner an („Schwirr ab, wir reden!"), fühlt sich von ihm eingeschränkt – [...] *wenn impulsive Handlungen unterbunden oder getadelt werden* (2) –, obwohl dieser seine Missbilligung nur in äußerst distinguierter Weise durchblicken lässt.

Aus der zweiten Kriteriengruppe deuten alle fünf Verhaltensweisen (1-5) auf die Borderline-Störung hin:

Borderline-Persönlichkeiten zeigen *Störungen des Selbstbildes* (1). Sie reagieren überempfindlich gegenüber tatsächlicher oder vermeintlicher Entwertung und brauchen ständig Bestätigung. Eliane kaschiert ihre Unsicherheit. Sie kleidet sich aufreizend und verdreht den Männern im Dorf den Kopf. Dazu sitzt sie stundenlang vor dem Spiegel und legt viel Wert auf ihre Frisur. Es ist aber alles nur Show. Pinpon erkennt das sofort: „Sie spielte den Star."

Pinpon erfährt in einem Gespräch mit seinem Kumpel Massigne, dass sie mit ihm, aber auch mit etlichen Männern im Dorf geschlafen hat. Das zeigt ihre *sexuelle Beliebigkeit* (1) und ihre *Neigung, sich auf intensive, aber instabile Beziehungen einzulassen* (2).

Nach dem Restaurantbesuch will Pinpon sie nach Hause bringen. Sie schlägt aber vor, die Nacht mit ihm in der Scheune der Montecciaris zu verbringen. Das ließe sich deuten als *übertriebene Bemühung, nicht verlassen zu werden* (3).

Oft versuchen Borderline-Persönlichkeiten, sich bei starken Erregungs- und Spannungszuständen durch selbstschädigendes Verhalten Erleichterung zu verschaffen. Eine solche *Handlung mit Selbstschädigung* (4) ist z.B. Elianes stark ausgeprägtes Knabbern an den Fingernägeln.

---

[25] Hier wie im Folgenden Transkript der Verfasser, basierend auf der deutschen Fassung des Films.

Ihre *anhaltenden Gefühle von Leere* (5) äußert sie in einem Monolog, während sie auf Pinpon wartet: „Den ganzen Nachmittag, wenn ich auf Pinpon warte, hänge ich so rum, lege Patiencen, wechsele drei- bis viermal mein Kleid, klebe meine falschen Fingernägel wieder an, lackiere sie – oder aber ich denke an einen anderen Arsch mit Ohren. Dann halte ich bei dem, was ich gerade gemacht habe, einen Augenblick inne und finde mich nach einer Stunde so wieder."

Die Borderline-Diagnose für Eliane steht auf der Grundlage der operationalisierten Diagnostik nach ICD-10 eindeutig fest.

Einen anderen diagnostischen Zugang bietet die psychoanalytisch orientierte, *psychodynamische Diagnostik*. Weniger eng angelegt, will sie nicht nur einzelne Symptome erfassen, sondern die gesamte Persönlichkeitsstruktur. Das dazugehörige Diagnoseinstrument ist das *psychoanalytische Strukturmodell* nach Otto Friedemann Kernberg (1988, S. 38).[26]

Er arbeitet mit den drei folgenden strukturellen Kriterien:

– Identitätsintegration,
– Realitätsprüfung,
– Abwehrmechanismen.

Unter *Identitätsintegration* versteht Kernberg den Grad, in dem das Bild über die eigene Person (*Selbstrepräsentanz*) und das anderer bedeutsamer Bezugspersonen (*Objektrepräsentanz*) in sich stimmig ist sowie die Einbindung dieser Bilder in umfassende Konzepte. Bei mangelnder Integration werden widersprüchliche Aspekte vom Selbst und von anderen getrennt gehalten.

Wie ist Identitätsintegration bei Eliane einzuschätzen?

Sie ist hin- und hergerissen zwischen Aspekten ihres Selbstbildes (widersprüchliche, schwach ausgeprägte Selbstrepräsentanz). Im einen Moment schildert sie ihre eigenen Schwächen. Dreimal hätte sie die fünfte Klasse wiederholen müssen. Im nächsten Augenblick stellt sie ihre positiven Eigenschaften in den Vordergrund und erzählt, sie wäre in der Schule mit Abstand die Schönste gewesen.

Ein weiterer Widerspruch wird sichtbar, als sie unbedingt nach dem ersten Date mit Pinpon in der Scheune übernachten will, dies aber gleichzeitig (aus dem Off) so kommentiert: „Was für ein Idiot du bist, Elle! Sieh sich einer diese blöde Kuh an!"

Auch verfügt sie kaum über integrierte Objektrepräsentanz.[27] Wie wäre etwa ein integriertes Bild über ihre Mutter zu kennzeichnen? In einer schwierigen Auseinandersetzung mit dem Trauma ihrer erlittenen Vergewaltigung hat sie ihr Kind in Liebe angenommen.

---

[26] Mit diesem Strukturmodell arbeiten wir im Folgenden weiter, weil es ein tieferes Verständnis der Borderline-Störung ermöglicht.
[27] Zur genaueren Bestimmung des Objektbegriffs in der Psychoanalyse s. Kapitel 3.2.2.

Elianes Bild ist widersprüchlich. Sie behandelt ihre Mutter geringschätzig, lehnt sich aber doch an ihre liebevolle „Mami" an. Insgesamt lässt sich Elianes Identitätsintegration als schwach ausgeprägt und brüchig beschreiben.

Realitätsprüfung als Vermögen zur Differenzierung „von intrapsychischen und äußeren Ursprüngen der Wahrnehmungen und Reize" (Kernberg, 1988, S. 38) bildet die Voraussetzung für die grundlegende Fähigkeit, die Realität der Außenwelt (an)zuerkennen. Dies gilt auch als Differentialkriterium zur Abgrenzung und Unterscheidung neurotischer Störungen von Borderline-Störungen und Psychosen. Bei neurotischen Störungen ist die Fähigkeit zur Realitätsprüfung weitgehend vorhanden, bei Borderline-Störungen teilweise gestört und bei Psychosen kommt es zu vollständigem Realitätsverlust, wie z.B. bei Wahnvorstellungen und Halluzinationen.

Elianes Fähigkeit zur Realitätsprüfung ist zunächst in Teilen erhalten. Das sieht man etwa an der Komplexität ihres Rachefeldzuges, der die Fähigkeit zur Einschätzung von Situationen und geschicktes Taktieren erfordert. Veränderungen in ihrer Realitätswahrnehmung lassen sich dagegen jedoch in der Beziehung zu nahe stehenden Personen feststellen. Letztendlich verliert sie den Kontakt zur Realität völlig.

Ein *Abwehrmechanismus* ist ein Prozess zur Vermeidung intrapsychischer Konflikte, dient also der Reduktion innerer Spannungszustände. Sigmund Freud verwendet den Begriff als allgemeine Bezeichnung für alle die Techniken, deren sich das Ich im Kampf gegen unlustvolle, peinliche und unerträgliche Vorstellungen und an Triebimpulse gebundene Affekte bedient. Anna Freud (*Das Ich und die Abwehrmechanismen*, 1936) hat später das Konzept der charakterspezifischen Abwehrmechanismen entwickelt. Ihrer Grundannahme zufolge steht die gesamte Persönlichkeitsentwicklung primär im Dienste der Abwehr triebgesteuerter Bedürfnisse und Affekte.

Je nach Persönlichkeitsstruktur nutzt das Ich Abwehrmechanismen unterschiedlicher Reife. Bei Borderline-Persönlichkeiten stehen primitive[28] Abwehrformen im Vordergrund.

Spaltung, projektive Identifizierung, omnipotente Kontrolle, Entwertung, primitive Idealisierung, Verleugnung und Ungeschehenmachen
Der wichtigste und bekannteste Abwehrmechanismus ist die *Spaltung*, die Teilung des Selbst und der äußeren Objekte in (nur) gut und (nur) böse. Durch Spaltung schützt das Ich gute Selbst- und Objektanteile vor bösen, weil es die Mischung beider Teile als bedrohlich und gefährlich erlebt. Die getrennt gehaltenen Teile können sich nicht wechselseitig beeinflussen, selbst wenn sie gleichzeitig im Bewusstsein auftauchen.

---

[28] Der Begriff bezieht sich auf den frühen Entstehungszeitpunkt. Bei neurotisch gestörten Personen finden sich reifere Abwehrmechanismen wie z.B. Verdrängung.

Aufgrund der Spaltungsvorgänge gelingt es Borderline-Persönlichkeiten nicht, ein integriertes Bild von sich selbst und anderen herzustellen.

Hauptsächlich betroffen ist Pinpon als wichtigste Bezugsperson Elianes. Zunächst ist sie durch seine Einladung in ein edles Restaurant beeindruckt und auch davon, wie er ihr beim Diner geduldig zuhört. „Normalerweise strengen sich die Jungen nicht so für mich an." Bereits im nächsten Moment rastet sie aus und unterstellt Pinpon Misstrauen („Du glaubst mir wohl nicht!").

Diese Widersprüchlichkeit und Spaltung in Elianes Objektrepräsentanz setzen sich in ihrer Beziehung durch und erhalten schließlich generellen Charakter: Pinpon – mittlerweile ihr Ehemann – bleibt gleichzeitig der „Hundesohn von diesem Scheißvater".

Projektive Identifizierung[29] ist der unbewusste Versuch, im Anderen ein bestimmtes Verhalten zu induzieren. Sie funktioniert über die Verlagerung abgespaltener Teile der eigenen Person, welche diese bei sich selbst als böse ablehnt, in eine andere Person. Dieser Abwehrmechanismus setzt Pinpon am stärksten unter Druck. Eliane schafft es tatsächlich, dass Pinpon sie schlägt, obwohl er eigentlich nicht gewalttätig ist, sondern gutmütig. Er weiß selbst nicht, was mit ihm los ist. Er kennt sich selbst nicht mehr. So etwas ist ihm noch nie passiert.

Die vorgetäuschte Schwangerschaft als Druckmittel verweist auf einen weiteren Abwehrmechanismus: *omnipotente Kontrolle*. Eliane nimmt unbewusst an, alles und jeden kontrollieren zu können. Sie benutzt fast alle Personen (ihre alte Lehrerin, Pinpon, seine Tante Cognata) als Marionetten in ihrem grandiosen Racheplan.

Diese unbewusste Strategie geht einher mit Ichzuständen, die ein extrem übersteigertes, grandioses Größen-Selbst widerspiegeln. In verdichteter Form sieht man das auf ihrer Hochzeit. Eliane meint, sämtliche Konventionen brechen zu können. Sie verschwindet, tritt bis zum späten Abend nicht mehr in Erscheinung und lässt die besorgten Gäste wissen: „Ach, ihr könnt mich alle mal."

Hier kann man als weiteren Abwehrmechanismus noch die *Entwertung* erkennen. Eliane projiziert (ähnlich wie bei der kleinschen projektiven Identifizierung) abgespaltene, negative Anteile des eigenen Selbst auf andere Personen, um sie dann mit negativen Eigenschaften zu belegen. Das passiert ihr immer wieder. Bereits früher bei ihrem Umzug zu den Montecciaris hatte sie für die Dorfbewohner nur geringschätzige Kommentare übrig.

Primitive Idealisierung ist die übersteigerte, pathologische Tendenz, andere (Objekte) als (nur) gut wahrzunehmen. Alltägliche Schwächen werden ausgeblendet. Auf Grundlage der Spaltung in nur gut und nur böse wird die böse Seite *verleugnet*, d.h. sie wird als Realität nicht anerkannt. Eliane idealisiert ihren Vater der frühen Kindheit, der mit ihr „Rechnen" gespielt hat („Niemand rechnet

---

[29] Melanie Klein versucht mit dieser ihr eigenen Terminologie eine besondere Form der Identifizierung zu kennzeichnen. Die meisten Psychoanalytiker bevorzugen stattdessen den Begriff der Projektion.

schneller als meine Kleine"). Die Idealisierung übersteht auch ein späteres Ereignis, welches man als sexuellen Übergriff deuten könnte. Um die Idealisierung aufrechterhalten zu können, entwertet Eliane sich selbst als zu misstrauisch. „Er war immer noch mein Papa. Er hat mir nichts getan. Ich war es, die all das Böse sah." Entwertung als Gegenstück zur Idealisierung bezieht sich hier nicht auf andere (wie z.b. die Dorfbewohner, für die sie kein gutes Wort übrig hat), sondern auf Anteile des Selbst. Ein realistisches, integriertes Bild des Stiefvaters müsste zumindest die Tatsache des potenziellen Missbrauchs umfassen. Dazu ist Eliane nicht fähig.

Ungeschehenmachen ist ein Mechanismus, der das Verhalten so ausrichtet, als wäre das traumatische Ereignis gar nicht geschehen. Als eine der stärksten Antriebskräfte wirkt Elianes Vergeltungsmotiv. Ihr geht es dabei aber weniger um Genugtuung, sondern vielmehr um Ungeschehenmachen. „Ich hatte immer gedacht, wenn die tot wären, die das ganze Unheil verschuldet haben, würde alles wieder wie früher sein. Und nun sind sie lange tot und trotzdem ist alles zerbrochen." Alle primitiven Abwehrmechanismen verweisen auf frühe, präödipale[30] Konfliktsituationen.

Ätiologie[31] und Pathogenese
Die Dominanz bestimmter Abwehrmechanismen ermöglicht Rückschlüsse auf Phasen in der kindlichen Entwicklung, in denen die damaligen Bedürfnisse nicht befriedigt wurden. Die Betroffenen spalten diese unbefriedigten Bedürfnisse ab. Der Wahrnehmung entzogen, wirken sie als Voraussetzung für das Weiterbestehen des Symptoms im Unbewussten. Die Person kehrt dann zu Entwicklungsphasen zurück, die sie bereits überschritten hat (*Regression*).

Drei Szenen zeigen bei der 19-jährigen Eliane beispielhaft den Übergang von Normalität zu extremer Regression. Die erste Szene stellt noch eine „normale" Mutter-Kind-Beziehung dar. Nach ihrem Umzug in das Haus der Familie Montecciari besucht Eliane ihre Mutter, erzählt von ihren Heiratsplänen und präsentiert ihr das Hochzeitskleid. Wir sehen eine junge, erwachsene Frau in Hochzeitsvorbereitungen und eine freudig erregte Mutter.

Im nächsten Moment regrediert Eliane. Als verachtende, attackierende Pubertierende spielt sie auf die Vergewaltigung der Mutter an: „Ja, ja. Sind nicht übel, die aus dem Süden. Erzähl mir noch mal, wie deiner war."

Am deutlichsten wird Elianes Regression in einer (früheren) Szene, in der sie an der Mutterbrust saugt. Die Mutter behandelt Eliane wie ein Baby und singt das Kinderlied „Schlaf, Kindchen, schlaf."

Die beiden letzten Szenen zeigen die Mutter-Kind-Beziehung in fortschreitender Regression und weisen darauf hin, dass die psychischen Konflikte aus der

---
[30] Der Ödipuskomplex wird genauer in Kapitel 3.2.2 erklärt.
[31] Bei der Ätiologie der Borderline-Persönlichkeitsstörung leisten u.E. – ebenso wie bei der Diagnostik (vgl. das Strukturmodell von Kernberg, 1988) – psychoanalytisch orientierte Theorien mehr für ein tieferes Verständnis der Störung als behaviorale Sichtweisen.

frühesten Kindheit stammen. Die Konfliktkonstellation – präödipal um die Mutter-Kind-Beziehung zentriert – geht der Konsolidierung der drei psychischen Instanzen Ich, Es und Überich (vgl. Kapitel 3.2.2) voraus.

Die frühkindlichen Bedürfnisse können in der Regression nicht mehr befriedigt werden. Eine Korrektur im Nachhinein ist ohne therapeutische Hilfe nicht möglich.

Heinz Kohut (1987, S. 26) spricht von fundamentalen Defiziten bei der Entwicklung des Kern-Selbst[32] in frühester Kindheit. Um aus frühkindlichen (frühinfantilen), zerbrechlichen (fragilen), stückhaften (fragmentierten) Strukturen eine vernetzt zusammenhängende (kohäsive), stabile, erwachsene Persönlichkeit zu bilden, muss das Kind – so Kohut – in einer primären narzisstischen Phase[33] die Möglichkeit gehabt haben, sich als allmächtiger (omnipotenter) Bestandteil großartiger Elternbilder (Objektrepräsentanzen[34]) zu erleben. Das Leben bringt jedoch wesensmäßig Einschränkungen und Frustrationen mit sich. Für eine gesunde Entwicklung des Kindes bedarf es dazu im Idealfall vorsichtig-liebevoller Frustration durch die Mutter als wichtigster Bezugsperson.

Eliane hatte in dieser Hinsicht kein Glück. Ihre Mutterbeziehung ist genuin pathogen, ihr erstes Trauma[35] – die Vergewaltigung der Mutter – ist quasi vorgeburtlich. Dieses fürchterliche Ereignis, das der Film als Rückblende und in kurzen *flash backs*[36] zeigt, wirkt als Trauma in Elianes eigener Existenz. Es betrifft das Fundament ihrer Identität. „Wer bin ich? Hat meine Mutter mich gewollt?" Diese Fragen quälen sie seit ihrer Kindheit. All das macht ihr regressives Verhalten im Erwachsenenalter verständlich. Als Beweis dafür, das richtige, gewünschte Kind zu sein, will sie geschlagen werden und fordert das auch von ihrer Mutter:

---

[32] Kohut konzipiert das Kern-Selbst bipolar. Der eine Pol umfasst Strebungen (Ambitionen), die sich aus dem kindlichen Größenselbst gebildet haben (z.B. Strebungen nach Erfolg). Der andere Pol setzt sich aus den Idealen, Zielen und Werten zusammen, die aus idealisierten Eltern-Repräsentanzen entstanden sind.

[33] Die primäre narzisstische Phase ist eine sehr frühe Entwicklungsphase (erstes bis drittes Lebensjahr), in welcher das Kind sein Größenselbst ausbildet. Der Begriff „primärer Narzissmus" wird von psychoanalytischen Autoren und selbst bei Sigmund Freud uneinheitlich verwendet. Nach Freud ist es ein erster, undifferenzierter Zustand, in dem das Kind sich selbst als Liebesobjekt wählt.

[34] Selbst- bzw. Objektrepräsentanz ist nach Kohut ein psychischer Raum, der das Erleben der eigenen Person (des Selbst) und das des anderen (des Objekts) beinhaltet.

[35] Im Film tragen Elianes Traumen den ganzen Plot. Das kommt in Filmen häufig vor, z.B. bei Western-Helden. In Sergio Leones SPIEL MIR DAS LIED VOM TOD (I 1968) bleibt das frühe Trauma für den Helden, in dem er als Kind gezwungen mitzuwirken, wie sein Bruder gehenkt wird – lebenslang handlungs- (bzw. film)bestimmend. Ebenso geht es Silence in LEICHEN PFLASTERN SEINEN WEG (R Sergio Corbucci, F/I 1968). Er musste als Kind mitansehen, wie Kopfgeldjäger seine Eltern töteten und wird daher später selbst zum Rächer. Sein letztes Trauma: Er wird von Loco (Klaus Kinski) erschossen. Die Kombination „Kindheitstrauma / harter Mann" gibt es in vielen Filmen (vgl. z.B. THE KILLER INSIDE ME, R Michael Winterbottom, USA 2010). Zur genaueren Bestimmung des Begriffs „Trauma" s. Kapitel 3.2.2.

[36] *Flash backs* sind Bilder und Szenen, die der Betroffene als Erinnerung erkennt, aber dennoch emotional wie ein aktuelles Ereignis erlebt.

„Was muss ich denn noch alles tun, damit du mich zusammenschlägst? Nur ein einziges Mal. Du sollst mich schlagen! Komm, mach! Es wäre mir lieber. Kapierst du das nicht!" Ein solches Verhaltensmuster Elianes erklärt sich durch ihre Vermutung, dass sie kein Wunschkind war und die Mutter sie aufgrund ihres schlechten Gewissens schont.

Die gestörte Beziehung zum Vater ist ähnlich pathogen wie die zur Mutter. „Ist mein geliebter Vater mein richtiger Vater?" Kurz nach der Vergewaltigung hatte Gabriel Devigne (Michel Galabru) seiner Frau eine Abtreibung nahe gelegt („Wir müssen eine weise Frau suchen"). Seine Ablehnung des noch nicht geborenen Kindes äußerte sich heftig („Ich werde dieses Kind nie anerkennen, niemals!"). Später schenkte er der Tochter große väterliche Liebe und tat alles für sie. In Rückblenden sehen wir bis zu Elianes neuntem Lebensjahr eine glückliche Kindheit, z.B. Vater und Kind in ländlicher Umgebung bei einem Hütchen-Spiel. Beide scheinen lebhaft und glücklich.

Im Alter von ungefähr zehn Jahren ist Elianes Kurzsichtigkeit sehr stark geworden und die Eltern gehen mit ihr zum Optiker. Hier kommt heraus, dass sie nicht den Namen ihres Stiefvaters Devigne, sondern den ihrer Mutter Wieck trägt. Eliane – noch zu jung, um diese Zusammenhänge in ihrer Tragweite zu erfassen – realisiert das nur ansatzweise. Es bleibt bei ihr aber eine deutliche Irritation zurück, der Keim einer Ahnung. Mit zunehmendem Alter[37] wird ihr immer klarer: Sie ist nicht das leibliche Kind ihres geliebten Papas.

Das verändert die ödipale Situation grundlegend. Von ihrem leiblichen Vater hätte sie in ihrer Entwicklung vom kleinen Mädchen zur jungen Frau (wahrscheinlich) wohl weniger sexuelle Übergriffe zu befürchten als von einem „fremden" Mann. Diesen Zusammenhang begreift sie immer klarer und entsprechend wächst ihre Disposition zur Deutung potenziell missbräuchlicher, sexuell aufgeladener Situationen.

Im Alter von zwölf Jahren steht sie beim Ausästen von Bäumen auf einer Leiter. Der Stiefvater schaut sie von unten an, küsst sie beiläufig auf den hinteren Oberschenkel und spielt auf ihre beginnende Weiblichkeit an: „Weißt du, dass du unten herum immer schöner wirst? Richtig zum Anbeißen." Eliane flieht in Panik. Der Mann fühlt sich missverstanden („Was ist denn?"), aus der Rolle des umsorgenden Vaters in die des Sexualtäters gedrängt („Was glaubst du denn von mir?") und setzt ihr nach. Sie schlägt ihn mit einer Schaufel auf den Kopf und macht ihn damit zum Krüppel. Später hat sich bei der 20-jährigen Eliane die Einschätzung gebildet, es hätte sich nicht um einen sexuellen Übergriff gehandelt. Das erscheint in der Rückblende nicht so eindeutig. Immerhin spricht der Mann das Mädchen als „kleine Dreckshure" an. Ob man den Vorfall nun als sexuellen Übergriff einschätzt oder als missglückte Interaktion,[38] Eliane wird schwer traumatisiert, und

---

[37] Dass sie nach ihrer Mutter Wieck heißt und ihr leiblicher Vater unbekannt ist, erfährt Eliane mit letzter Gewissheit, als sie sich die Geburtsurkunde für das Hochzeitsaufgebot besorgt.
[38] Der Film lässt diese Ambivalenz bestehen.

zwar zusätzlich in der Täterrolle.[39] Sie hat den Stiefvater zum Krüppel geschlagen, das bestimmt ihren weiteren Lebensweg. Beide halten das Ereignis geheim. Der „Vater" schützt seine „Tochter" durch die offizielle Version, er wäre beim Baumausästen von der Leiter gefallen.

Auch das ist typisch bei Borderline-Fällen: Der (sexuell) misshandelnde Täter ist gleichzeitig eine wichtige Bezugsperson. Der zweite Erwachsene im Familiensystem, von dem sich das Kind Schutz erhofft, erfüllt diese Erwartung nicht. All das unterliegt strenger Geheimhaltung. Die schrecklichen Ereignisse in der Familiengeschichte Devigne / Wieck werden als Tabu geheim gehalten.

Nach ihrer ersten gemeinsamen Nacht mit Pinpon entdeckt Eliane das mechanische Klavier mit dem Schriftzug M (Montecciari) in der Scheune. Wie sie von Cognata (Pinpons Tante) erfährt, war es damals auf dem Laster der Männer, die ihre Mutter vergewaltigt hatten. Eliane weiß, was sie zu tun hat: „Ich werde alle aufspüren. Ich werde sie teuer bezahlen lassen, sie und ihre Familien." Einer der vermeintlichen Täter war Pinpons Vater. Mit den beiden anderen, Touret und Leballech, nimmt sie Kontakt auf. Schmerzhaft wird ihr klar: Keiner der drei Männer war an der Tat beteiligt. Die Täter waren damals Fiero, Pamier und Rostollon, die stellvertretend für Leballech das Klavier ausliefern sollten.

Alle drei sind bereits tot. Darin besteht das wirkliche Drama. In kurzen Rückblenden schildert der Film, wie ihr Stiefvater sie im Sommer 1965 einen nach dem anderen umgebracht hatte. Diese Taten hat er geheim gehalten, bis er sie Eliane an ihrem zwanzigsten Geburtstag erzählt („Ich habe es für dich getan"). Sind auch alle Traumata miteinander verwoben und jedes für sich schlimm genug,[40] dieses letzte besiegelt ihr psychologisches Schicksal und bringt sie in die Psychiatrie. Die Vergewaltiger umzubringen, war ihr Hauptmotiv. Einer ihrer stärksten Antriebsmechanismen ist damit weggefallen. Es sollte mit dem geliebten Vater alles so werden wie früher. „Wenn ich mit ihnen fertig bin, gehe ich zu meinem Papa und sage ihm: ‚Jetzt sind alle drei tot. Ich bin erlöst und du auch.'"

Diese Erlösung bleibt nun aus. In der Psychiatrie regrediert sie zur neunjährigen Eliane, will ihr silbernes Herz aus Kindertagen und ihre Kinderbrille zurück haben, erkennt Pinpon nicht mehr als ihren Mann und freut sich auf den angekündigten Besuch ihres geliebten Vaters. Ihr Schicksal bleibt unklar.

---

[39] Borderline-Persönlichkeiten erleben die Opfer-Täter-Beziehung üblicherweise real in der Opferrolle. Sie sind aber über (den Abwehrmechanismus der) Identifikation mit dem Aggressor in der Lage, als Täter zu empfinden. Bei Eliane ist ein solcher Umweg nicht nötig: Sie ist (auch) Täterin.

[40] Dabei gilt es als unerheblich, ob man ein Ereignis als eigenständiges Trauma einschätzt oder als Reaktivierung früherer Vorkommnisse. „Die Aktivierung einer traumatischen Erinnerung wird dabei selbst zu einem traumatisierenden Ereignis" (Berger, 2000, S. 808). Einige Theoretiker sprechen sogar von kumulativer Traumatisierung. Im Gegensatz zu einmaligen Extremtraumatisierungen (Typ-I-Traumata) meinen sie damit das ganze frühkindliche Milieu und die pathogene Atmosphäre der gesamten Kindheit (Typ-II-Traumata) (Berger, 2000, S. 747).

3.1.3 Schizophrenie

Terminologie und Konzeptionen
Schizophrenie[41] ist eine der schwersten psychischen Störungen. Die Heterogenität des Krankheitsbildes hat sowohl zu Unterschieden in den Konzeptionen als auch zu Unschärfen in der Fachterminologie geführt.

Zu den frühen Beschreibungen der Schizophrenie zählt das Konzept der *Dementia praecox* von Emil Kraepelin aus dem Jahre 1893. Er unterscheidet zwei Hauptgruppen endogener (von innen verursachter) Psychosen: manisch-depressives Irresein und Dementia[42] praecox. Letztere entspricht unserer heutigen Schizophrenie. Im Mittelpunkt der Definition stehen Verlaufscharakteristika, früher Beginn (*praecox*) und fortschreitender geistiger Verfall (*dementia*).[43]

Eugen Bleulers Erfahrungen mit seinen Patienten hingegen sprechen weder für durchgängig frühen Beginn noch für zwangsläufig schlechte Entwicklung. Daher ersetzt er den Begriff *Dementia praecox* durch *Schizophrenie* (Bleuler, 1911). Als Kernstörung sieht er die Spaltung der Persönlichkeit. Die dazugehörigen *Grundsymptome* sind die „vier großen A's", nämlich *Assoziationslockerung* (Störung des Gedankenganges), *Affektstörungen* (Störungen der Gefühle), *Autismus* (Rückzug von der Umwelt) und *Ambivalenz* (Nebeneinander widersprüchlicher Gefühle, Vorstellungen und Impulse). Dem stellt er *Sinnestäuschungen, Wahnphänomene* und *Katatonie* (Krampf- und Spannungszustände der Muskulatur) als *akzessorische* (begleitende) *Symptome* zur Seite. Bleuler zählt im Gegensatz zu Kraepelin auch Störungen mit guter Prognose zur Gruppe der Schizophrenien. In seiner Konzeption sieht er die Übergänge zum normalen Verhalten und Erleben als fließend. Das führt zu einer relativ weiten Definition von Schizophrenie.

Je nach Enge und Weite des Schizophreniebegriffs kommt man zu unterschiedlichen Angaben über *Prävalenz* (Gesamtzahl der Krankheitsfälle in einer Population) und *Inzidenz* (Anzahl der Neuerkrankungen innerhalb eines bestimmten Zeitraums). Die weite Definition Bleulers – insbesondere was die Grundsymptome anbelangt – hat im nordamerikanischen Raum in den 1920er- und 1930er-Jahren dazu geführt, dass 25% aller psychiatrisch hospitalisierten Patienten als schizophren diagnostiziert wurden. In den 1940er-Jahren erhöhte sich dieser Anteil auf bemerkenswerte 40%, denn man ordnete der Schizophrenie auch solche Störungen zu, die heute übereinstimmend differentialdiagnostisch ausgeschlossen werden.[44] Die wichtigsten Komponenten der Konzepte Kraepelins und

---

[41] Schizophrenie (griech. *schizein* „spalten", *phren* „Seele")
[42] Dieser Begriff ist nicht zu verwechseln mit der heutigen Auffassung von Altersdemenz.
[43] Kraepelin ging von einer Heilungsrate von drei Prozent aus, hielt also *Dementia praecox* für eine unheilbare Krankheit. Diese Lehrmeinung hat sich in der Psychiatrie 50 Jahre gehalten, gilt aber mittlerweile übereinstimmend als unzutreffend.
[44] Das sind im Wesentlichen schizoide Persönlichkeitsstörungen, schizoaffektive Störungen, anhaltende wahnhafte Störungen und vorübergehende akute psychotische Störungen (s. dazu Berger, 2000, S. 432, 434).

Bleulers sind als Grundlage in die heutigen Diagnosesysteme ICD-10 und DSM-IV eingegangen.[45]

Einer Studie der Weltgesundheitsorganisation (vgl. Norman Sartorius, 1986) zufolge gelten diese Systeme und die dazugehörigen Kriterien kulturübergreifend. Sowohl in industrialisierten als auch in Entwicklungsländern finden sich bei Verwendung einer engen Definition sehr niedrige, nahezu identische Inzidenzraten von 0,1/1000. Viele Untersuchungen geben die Lebenszeitprävalenz übereinstimmend mit ein Prozent an.

Symptomatik
Im Vordergrund der Symptomatik stehen Störungen der Wahrnehmung, Wahn und Halluzinationen. Wahn (*Paranoia*) kommt bei ca. 90% aller an Schizophrenie Erkrankten vor. Man unterscheidet zwischen Wahnstimmung, Wahnwahrnehmung und Wahneinfällen.

Der Begriff *Wahnstimmung* beschreibt das unbestimmte, diffuse, nicht näher fassbare Gefühl, „irgendetwas stimme nicht", „irgendetwas sei im Gange", Zeichen deuten auf Bedrohliches und Unheimliches hin. *Wahnwahrnehmung* meint im Gegensatz zu Halluzination eine Sinneswahrnehmung auf einer bestehenden Reizgrundlage, der die Kranken eine abnorme – meist auf die eigene Person bezogene – Bedeutung geben. *Wahneinfälle* können sich auf unterschiedliche, plötzlich auftauchende Themen beziehen und äußern sich häufig als Beziehungswahn (der Betroffene bezieht alles – selbst Belangloses – auf sich selbst), Verfolgungswahn oder religiöse Berufung. Die Einfälle sind durch rationale Argumente nicht korrigierbar.

Ein umfassendes, in sich stimmiges und von Halluzinationen durchsetztes Wahnsystem hat die Protagonistin in Ich hab dir nie einen Rosengarten versprochen ausgebildet. Der Film beruht auf einem autobiografischen Roman von Hannah Green (1964) und zeigt sowohl den Leidensweg als auch den mühsamen Heilungsprozess der 16-jährigen Deborah Blau. Sie wird mit der Diagnose „Schizophrenie" in die Psychiatrie eingeliefert.

Deborah lebt oft in einem anderen Universum. Die Gegenwelt Yr erscheint ihr zunächst eine tröstende Fluchtbastion mit goldenen Wiesen und Göttern „[…] mit weiten, leichten, glatten Hügelketten, wo die Tiefe des Raumes dem Auge wohltat" (Green, 2010, S. 13).[46] In Yr gelten eigene Gesetze, eine andere Zeit und eine geheime Sprache, ein Geschenk der Götter (Green, 2010, S. 47, 50, 58).

---

[45] Kraepelin hat die Unterformen der paranoiden, hebephrenen und katatonen Schizophrenie vorgeschlagen. Die klinische Praxis ergänzt diese Subtypen oft um eine weitere: *Schizophrenia simplex* diagnostiziert man bei unspezifischen Zustandsbildern, die weder in die paranoide, hebephrene noch katatone Kategorie passen. Mit diesen vier Subtypen kommen viele Psychiater im Alltag hinreichend aus. Die ICD-10 führt noch drei weitere, nämlich undifferenzierte Schizophrenie, postschizophrene Depression und schizophrenes Residuum. Paranoide Schizophrenie (ICD-10, F20.0) mit Halluzinationen und/oder Wahnvorstellungen im Vordergrund der Symptomatik hat sich als der einzige Subtypus in Verlaufsuntersuchungen als relativ zeitstabil erwiesen.

[46] Hier wie im Folgenden zitiert nach dem Roman *Ich hab dir nie einen Rosengarten versprochen* von Hannah Green (zehnte Auflage 2010). Da die Romanvorlage maßgebliche (z.B. ätiologische)

3.1 Psychische Störung. Modellannahmen, Klassifikationssysteme, Diagnostik, Beispiele   119

Im Zentrum stehen die Götter. Zu Beginn der Entwicklung von Yr begleiten sie Deborah als Gefährten, Prinzen, goldene Gestalten und Schutzengel. Später verwandeln sie sich in herrschsüchtige Dämonen. Der wichtigste unter ihnen, Anterrabae, von ungeheurer Schönheit, ist der in Ewigkeit fallende Gott; „sein Haar, das Feuer war, kräuselte sich ein wenig im Fallwind" (Green, 2010, S. 13).

Als Gott mit dem zweithöchsten Rang herrscht Lactamaeon, ein schwarzer Gott in der Gestalt eines Adlers, oft in Begleitung bösartiger Dämonen. In einer der ersten Filmszenen feuert er seine Schergen, die Deborah umtanzen, mit Schlaghölzern an und befiehlt ihr, sich den Arm aufzuschneiden: „Verräterin, bestraf dich!"[47] Er will damit verhindern, dass Deborah die Geheimnisse der Yr-Welt in der ersten Psychotherapiesitzung an die Therapeutin Frau Dr. Fried weitergibt. Damit schützt er das System Yr und verhindert vorerst Heilung.

Aufgrund ihrer hohen Intelligenz hat die Patientin ihr Wahnsystem bis ins Detail differenziert und kohärent ausgestaltet. Es schützt sich gegen Zugriffe von außen (Immunisierung). Die bei Paranoia häufig vorkommende Vorstellung religiöser Berufung äußert sich bei Deborah in der Berufung zum Anderssein. „Du bist nicht eine von ihnen! Du hast niemals zu ihnen gehört, niemals. Du bist völlig anders" (Green, 2010, S. 53, 54).

Halluzinationen sind Sinneswahrnehmungen trotz fehlender Umweltreize. Sie können alle Sinne betreffen. Sehr selten kommen *olfaktorische* (den Geruchssinn betreffende) und *gustatorische* (den Geschmackssinn betreffende), selten *haptische* (den Tastsinn betreffende) Halluzinationen vor. Bei Letzteren haben die Kranken das Gefühl, berührt zu werden, an Kabel angeschlossen zu sein o.ä. Etwas häufiger (bei ca. 15% aller schizophren Erkrankten) zeigen sich *visuelle* Halluzinationen. Am häufigsten kommen *akustische* Halluzinationen vor (bei über 50% aller Patienten), die Kranken hören Stimmen.

Diese Symptomatik steht in Weingartners Film Das weisse Rauschen im Mittelpunkt. Wir sehen einen Entwicklungsabschnitt aus dem Leben des 21-jährigen Protagonisten Lukas (Daniel Brühl). Er zieht von seinen Großeltern in der ländlichen Provinz in die Wohngemeinschaft seiner Schwester Kati (Anabelle Lachatte) und ihres Freundes Jochen (Patrick Joswig) nach Köln. Mit der Großstadt kommt er nicht zurecht. Seine Versuche, sich an der Universität einzuschreiben, scheitern. Nachdem er mit Kati und Jochen halluzinogene Pilze eingenommen hat, hört er Stimmen und fühlt sich von ihnen bedroht und verfolgt. Auf der Suche nach ihrem Ursprung versucht er, mit einem Diktiergerät akustisch messbare Signale zu orten, natürlich ohne Erfolg. Dabei zerstört er schließlich sein Zimmer und verhält sich aufgrund der verstörenden Situation unkontrollierbar aggressiv. Kati weiß sich nicht mehr zu helfen und liefert ihn in die Psychiatrie ein. Die Ärzte diagnostizieren paranoide Schizophrenie und verschreiben ihm

---

Aspekte differenzierter darstellt als der Film, greifen wir ausnahmsweise auch auf diese literarische Quelle zurück.
[47] Hier wie im Folgenden Transkript der Verfasser.

Standbild 16: Das weisse Rauschen. Lukas (Daniel Brühl) hört die Stimme seiner Schwester Kati (Anabelle Lachatte). Sie spricht aber nicht. Filmstill 0:33:33

Haloperidol.[48] Nach seiner Entlassung setzt er die Medikamente wegen ihrer Nebenwirkungen ab, die Stimmen dominieren wieder. Unter ihrem Einfluss versucht Lukas sich umzubringen. Er springt von einer Brücke in den Rhein, aber eine Gruppe Aussteiger rettet ihn. Sie nehmen ihn mit nach Spanien. Er gerät aufgrund seiner Störung auch unter den toleranten jungen Leuten zum Außenseiter und bleibt allein und verstört am Atlantikstrand zurück. Auch das Meeresrauschen in den Schlussszenen bringt die Stimmen nicht zum Schweigen.

Der Film stellt Lukas' Hauptsymptom, das Stimmenhören, realitätsnah dar. Da gibt es zunächst Stimmengewirr; mal laut, mal leise, mal deutlich, mal verschwommen. Die Stimmen beinhalten meistens kurze Botschaften: „Du stinkst!", „Du bist überflüssig!", „Wichser!", „Fick dich!"[49] Oft kommentieren sie (ab)wertend: „Du bist schuld, dass Mama tot ist. Kurz nach der Geburt hat sie sich umgebracht. Wegen dir!" Teilweise lassen sie sich bestimmten Personen zuordnen wie z.B. Lukas' Schwester Kati und ihrem Freund Jochen. Die Stimmen existieren nicht in der Realität, sondern als intrapsychisches Produkt. Der Film verdeutlicht das in einer kurzen Szene. Lukas hört die Stimme seiner Schwester, schaut sie an und erkennt an den fehlenden Mundbewegungen: Sie spricht nicht!

Die Stimmen haben Einfluss auf die Patienten, z.T. sogar Macht über sie. Lukas reagiert zunächst mit Ortungs-, Aufzeichnungs- und Abwehrversuchen, später mit Flucht unter die Dusche. Aber es hilft alles nichts. Das Rauschen der Dusche

---

[48] Haloperidol wird zur Bekämpfung von Halluzinationen und Wahnvorstellungen eingesetzt, hat aber unerwünschte motorische Nebenwirkungen (Bewegungsstörungen, u.a. im Gesichtsbereich).
[49] Hier wie im folgenden Transkript der Verfasser.

kann die Stimmen nur knapp übertönen und auch die später in der Klinik verabreichten Medikamente haben nur dämpfende Wirkung. Der Film setzt das Mittel des Tons geschickt ein, die irritierend lauten Nebengeräusche werden unter dem Medikamenteneinfluss leiser.

Über die Störungen der Wahrnehmung (Wahn, Halluzinationen) hinaus leiden die Kranken unter Störungen von Denken und Sprache.

Denkstörungen werden operational an ihren Äußerungsformen festgemacht und deshalb primär als Sprachstörung erfasst.[50] Bei desorganisierter Sprache ohne verständlichen Zusammenhang reden Psychiater von *Denkzerfahrenheit (Inkohärenz)* in verschiedenen Ausprägungsgraden und -formen. Bei der *Paralogik* als schwach ausgeprägter Form ist der Satzbau noch intakt, beim *Paragrammatismus* als hochgradiger Form ist er zerstört. *Neologismen* sind Wortneubildungen, private Begriffsneuschöpfungen, die von den Patienten als sinnhaft behauptet, aber von Außenstehenden nicht verstanden werden können. Von *Danebenreden* sprechen Psychiater, wenn die Antwort des Patienten scheinbar nicht zur gestellten Frage passen will. Darüber hinaus existieren weitere, besondere Manifestationen schizophrener Denkzerfahrenheit wie *Begriffszerfall* (Begriffe verlieren ihre feste Bedeutung), *Kontamination* (Verschmelzung unterschiedlicher Themen), *Verdichtung* (Zusammenziehen unterschiedlicher Sachverhalte) und *Substitution* (Ersatz gängiger Begriffe durch andere, unpassende).

Eine weitere Gruppe formaler Denkstörungen betrifft zeitliche Faktoren, also den *Gedankenablauf* bzw. den (beobachtbaren) *Sprechfluss*. Er kann beschleunigt, verlangsamt (schleppend) oder gehemmt sein. Im letzteren Fall kann er für kurze Zeit (einige Sekunden) ganz abreißen. Oder der Patient äußert gar nichts mehr (*Mutismus*).

Beispiele für formale Denkstörungen im Dienste des Wahnsystems zeigen wiederum Szenen aus dem Film ICH HAB DIR NIE EINEN ROSENGARTEN VERSPROCHEN. Herr Dr. Royson vertritt Frau Dr. Fried in der Therapiesitzung. Deborah nimmt zuerst seine angespannte Sitzhaltung und seine gepresste Stimme wahr. In Deborahs Gedanken ist Anterrabae „mit von der Partie" und kommentiert: „Das kommt Stück für Stück aus den Kiefern heraus!" Der Arzt spricht fordernd: „Sag mir, woran du denkst!" Deborah stellt einen begrifflichen Zusammenhang zwischen „aus den Kiefern" und „Zahnarzt" her und antwortet: „An Zahnbehandlung." Der Arzt weiß nichts von Anterrabaes Bemerkung und kann diesen Zusammenhang deshalb nicht begreifen. Er fragt aber auch nicht nach. Wenn man die verdichtende Metapher nicht versteht, würde man für diese Antwort die diagnostische Kategorie „Danebenreden" bereithalten.

Dr. Royson interessiert sich nicht für die Patientin und ihre Therapie, sondern er möchte aus wissenschaftlichen Motiven die Geheimsprache ergründen. So will er Deborah nachweisen, dass Yri ein Produkt ihrer selbst und nicht etwa ein Ge-

---

[50] Dies gilt für formale Denkstörungen. Inhaltliche Denkstörungen stimmen im Wesentlichen mit den bereits dargestellten Wahneinfällen überein.

schenk der Götter sei. Mit scharfem Intellekt („[…] die eiskalte Logik seiner Beweisführung") analysiert er die etymologische Verbindung zwischen ihrer Geheimsprache und dem indianischen bzw. iberischen Sprachraum. Deborah, die sich eigentlich fest vorgenommen hat, mit dem Vertretungsarzt zusammenzuarbeiten, reagiert enttäuscht und wütend: „Sie sollen mir nicht ans Hirn gehen mit ihrer Spitzhacke!" Oder noch beziehungsreicher: „*Spalten* (Hervorhebung der Verfasser) Sie mir nicht das Hirn mit Ihrem Tomahawk!" Deborah verdichtet und kontaminiert hier zwei Themen (etymologische Wurzel der Geheimsprache im Indianischen und scharfe intellektuelle Analyse) in der Spitzhacken- bzw. Tomahawk-Metapher. Ob der Arzt das versteht, bleibt zu bezweifeln.

In einigen Abschnitten der Krankheit fallen sämtliche psychische Grundfunktionen aus, also auch die Sprache (Paragrammatismus), und zwar sowohl Yri als auch Englisch. „Während ihr Sehvermögen unberechenbar im schnellen Wechsel schwand und zurückkehrte, versuchte sie, sich an Gedanken festzuhalten – und bemerkte nur, daß sie jede Erinnerung an die englische Sprache verloren hatte und daß selbst Yri nur Kauderwelsch war" (Green, 2010, S. 96, 97).

Konventionelle medizinisch-diagnostische Kategorien heben das Defizitäre und Gestörte im Denken und der Sprache Schizophrener hervor. So etwa sieht man Verdichtungen und Neologismen als besondere Manifestation von desorganisierter Sprache und Denkzerfahrenheit an. Ein Beispiel für verdichtete Wortneubildungen (Verdichtung plus Neologismus) interessiert Dr. Royson (Green, 2010, S. 170–173) besonders:

Dr. R. „Was bedeutet das, das Wort, das du genannt hast? Was war es?"
D. B. „Quaru. […] Es bedeutet […] also es bedeutet wellengleich, und es umfaßt zugleich so etwas wie Meer, manchmal die Kühle, oder auch diesen weichen, rauschenden Ton. Es bedeutet: sich so verhalten wie eine Welle."
Dr. R. „Warum sagst du dann nicht einfach *wellengleich*?"
D. B. „Also […] Man benutzt es für alles, was wellengleich ist, aber es hat zugleich die Bedeutung von Meer, und manchmal kann das wunderschön sein. Man kann es auch benutzen, um zu beschreiben, wie der Wind manchmal weht oder schöne, lange Kleider, oder Haar, das sich wellt, oder […] oder Abschied nehmen."

Der Roman bringt die „Sprachstörungen" noch genauer als der Film in ihrer Ambivalenz zum Ausdruck: Auf der einen Seite ernsthafte Störungen, Defizite, Ausfälle und auf der anderen Seite das semiotisch verdichtete Yri. Mit Ausnahme von Dr. Fried können Ärzte und Klinikpersonal das kreative Potenzial der Geheimsprache nicht erkennen. Auch Deborah selbst kann es sich nicht zuordnen. Erst mit Fortschreiten der Therapie erkennt sie Yri als ihre eigene Schöpfung.

Frau Dr. Fried hingegen versucht mit großem Einfühlungsvermögen, Deborahs Sprache zu verstehen (Green, 2010, S. 50).

Dr. F. „Es muß einige Worte geben. Versuch sie zu finden und lass uns beide daran teilhaben."

D. B.	„Es ist eine Metapher – Sie würden es nicht verstehen."
Dr. F.	„Vielleicht könntest du es dann erklären."
D. B.	„Es gibt ein Wort – es bedeutet *abgeschlossene Augen*, aber es umfaßt mehr."
Dr. F.	„Was mehr?"
D. B.	„Es ist das Wort für Sarkophag."

Deborah leidet unter weiteren schizophrenietypischen Symptomen und Störungen: affektive Störungen, Ich-Störungen, neuropsychologische Defizite, somatische Störungen, Selbstverletzungen und Suizidversuche.

Eine Störung der *Affektivität* (vgl. Kapitel 2.1.2 und 3.2.2) ist die *Affektverflachung*, die eingeschränkte Fähigkeit (Reduktion) des Erlebens. *Anhedonie* bezeichnet die Unfähigkeit, Lust und Freude zu empfinden. Von *Affektarmut* spricht man, wenn das Spektrum der gezeigten Gefühle eingeschränkt ist. Die Frage der Ärztin Dr. Fried, ob Deborah wisse, warum sie in der Psychiatrie sei, beantwortet sie mit einer ganzen Liste von Defiziten – allerdings mit unangemessener Gleichgültigkeit. Ihr starrer Gesichtsausdruck und ihr versteinertes Gesicht zeigen: Sie fühlt sich nicht.

Zu den *Ich-Störungen* zählen (neben Gedankeneingebung, -entzug und -ausbreitung, vgl. Berger, 2000, S. 415) Derealisation und Depersonalisation als Entfremdungserlebnisse. Im Falle von *Derealisation* erscheint die Umwelt (Personen, Gegenstände) unwirklich, fremdartig oder sonderbar. Hannah Green schreibt über Deborahs Erleben: „Die Wände zerfielen und die Welt wurde ein Gewirr von Schatten. Sie suchte nach dem Schatten von festem Boden, auf dem sie stehen konnte und wurde nur wieder getäuscht, als er sich wegbog wie eine Hitzespiegelung der Luft" (Green, 2010, S. 96).

Depersonalisation bedeutet: Der Betroffene kommt sich selbst unwirklich und fremd vor. Eigene Körperteile erlebt er als nicht zugehörig. Über Deborah erfahren wir: „Sie verlor das Gefühl für Teile ihres Körpers; vergaß, wo ihre Arme waren und wie man sie bewegte" (Green, 2010, S. 96).

Unter den *neuropsychologischen Defiziten* stehen Gedächtnisstörungen und Ausfälle beim Wiedererkennen (Rekognitionsdefizite) im Vordergrund. „Das Gedächtnis verließ sie ganz und dann der Verstand, und es blieben die schneller und schneller werdenden Abfolgen von Wahrnehmungen, nicht identifizierbar ohne Worte oder Gedanken, um sie festzuhalten" (Green, 2010, S. 97).

Auf dem Höhepunkt der Krankheit fallen schließlich alle psychischen Grundfunktionen aus, visuelle Wahrnehmung bzw. Farbensehen (zeitweiliges Erblinden), Denken, Gedächtnis, Fühlen und Sprache.

Hinzu kommen *somatische Störungen* wie etwa Gleichgewichtsstörungen, eingeschränkte Reizaufnahme und Bewegungsunfähigkeit (Hypokinesen) und vegetative Symptome.

Schließlich schneidet sich Deborah mit dem gewellten, scharfkantigen Deckel einer Blechdose (*Selbstverletzungen* und *Suizidversuche*). Das einzige, was sie dabei fühlt, ist ein innerer Vulkan, den sie

Standbild 17: Ich hab dir nie einen Rosengarten versprochen. *Deborah (Kathleen Quinlan) mit längs aufgeschnittenen Pulsadern*

„mit einem äußeren Gegenfeuer bekämpfen muss [...] Mit fünf brennenden Stummeln begann sie, ihre Oberfläche wegzubrennen [...]. Sie zündete die Zigaretten wieder an und drückte sie langsam und mit Bedacht in ihrer Armbeuge aus. Sie nahm einen schwachen Schmerz und den Brandgeruch wahr [...]" (Green, 2010, S. 175, 176).

Mehrfach schneidet sie sich die Pulsadern auf. Aufgrund ihrer „Professionalität" grenzt es an ein Wunder, dass sie überlebt.

Positiv-Negativ-Konzept
Aufgrund der unzureichenden Abgrenzbarkeit der traditionellen Subtypen überwiegen heute andere Klassifikationsansätze. Tim Crow (1980, S. 66–68) machte den Vorschlag einer einfachen Zweiteilung der schizophrenen Erkrankung. Bei der *Typ-1-Schizophrenie* stehen Plussymptome wie Wahn, Halluzinationen und *Manierismen* (bizarre, gekünstelt und possenhaft erscheinende Abwandlungen alltäglicher Bewegungen und Handlungen) im Vordergrund. Vor dem meist akuten Krankheitsbeginn erweisen sich die Patienten durchaus als sozial kompetent. Prognose und Verlauf sind oft günstig, ebenso das Ansprechen auf Medikamente.

Bei der *Typ-2-Schizophrenie* „fehlt etwas". Man spricht von Minussymptomen. Es lassen sich Defizite im Bereich der Affekte (Affektverflachung) und Sprachverarmung erkennen. Die Patienten verfügen bereits vor dem oft schleichenden Beginn nur über unzureichende soziale Kompetenzen und sprechen auf medikamentöse Behandlung schlecht oder gar nicht an. Die Prognose fällt häufig ungünstig aus.

Nach einigen Jahrzehnten der Forschung setzte sich die Erkenntnis durch, dass das Positiv-Negativ-Konzept zu stark vereinfacht. Aufgrund der Heterogenität der Schizophrenie gibt es immer wieder fließende Übergänge und Mischformen zwischen Positiv- und Negativsymptomatik. Alle Konzepte, die mit kategorialen Ansätzen arbeiten und Subtypen als homogene und sich wechselseitig ausschließende Kategorien bestimmen, haben sich als unzulänglich erwiesen.[51]

Ätiologie und Pathogenese
Bei der Auseinandersetzung mit den Entstehungszusammenhängen psychischer Erkrankungen stehen medizinische Ätiologiekonzepte (genetische, biochemische, neuropharmakologische, morphologische) psychosozialen Verursachungsannahmen gegenüber im Vordergrund.

Die in der Psychiatrie aktuell gültige, allgemein anerkannte Variante des umfassenderen (auf den gesamten klinischen Bereich bezogenen) *Diathese-Stress-Modells*[52] ist das *Vulnerabilitäts-Stress-Modell* von Joseph Zubin und Bonnie Spring aus dem Jahre 1977. Es ermöglicht die Integration ätiologischer Konzepte verschiedener Ausrichtungen (Neurobiologie, Medizin, Psychologie) und berücksichtigt die multifaktorielle Genese einer psychischen Störung. Keith Nuechterlein modifizierte es 1987 zum *Vulnerabilitäts-Stress-Coping*[53]*-Modell*. Diese etwas sperrige Bezeichnung erweitert das ursprüngliche Modell von Zubin und Spring um Bewältigungsstrategien.

Das Modell betrachtet *Vulnerabilität*,[54] also körperliche und psychische Verletzbarkeit/Verletzlichkeit, als die Kerndiathese für eine psychische Störung. Die konstituierenden Einflussfaktoren der Vulnerabilität sind genetischer, biologischer, psychischer und sozialer Art.

---

[51] Zur Erläuterung dimensionaler Konzepte sei auf die entsprechende Fachliteratur verwiesen (vgl. etwa Peter Liddle, 1987, S. 145–151).
[52] Diathese (griech. *diathesis* „Einrichtung, Ordnung") bedeutet hier Empfänglichkeit für eine Krankheit. Die Diathese-Stress-Annahme beansprucht Geltung für alle Krankheiten, also nicht nur für psychische Störungen.
[53] Coping (engl. *to cope* „bewältigen, fertig werden mit").
[54] Vulnerabilität (lat. *vulnus* „Wunde"). Anstelle des komplizierten Begriffs „vulnerabel" redet der Volksmund von „dünnhäutig" bzw. umgekehrt von einem „dicken Fell". Die gängige Annahme der medizinischen Ätiologie besteht in einer genetisch bedingten und/oder früh erworbenen Verletzbarkeit (des ZNS), die als Konstante in die weitere Entwicklung (mit)eingeht. Dagegen entwickelt sich die Vulnerabilität entsprechend einer prozessorientierten Sichtweise während der gesamten prämorbiden (vor Ausbruch der Krankheit) Phase, aber auch darüber hinaus. Im Transaktionsmodell von Reiner Bastine unterliegt die Entwicklung der Vulnerabilität einem lebensgeschichtlichen, dynamischen Prozess. Bastine lehnt den Begriff der Ätiologie sogar ab, denn dieser impliziere Kausalität und Eindeutigkeit und werde der Komplexität psychischer Störungen nicht gerecht (Bastine, 1984, S. 143).
Dr. Fried formuliert den Zusammenhang im Film so: „Ursachen sind zu komplex, als dass man sie alle gleichzeitig sehen könnte – geschweige denn so, wie sie wirklich sind; aber jeder von uns kann seine eigenen Wahrheiten nennen und hat seine Version von den Ursachen" (Green, 2011, S. 33).

Vulnerabilität   x Stress (auslösender Faktor)
(psychische und
körperliche Verletzlichkeit)
als Disposition (Anfälligkeit)
für eine psychische Störung

Interagierende Einflussfaktoren

– genetische
– biologische   – CLE (critical life events)
– psychologische   – HEE (high expressed emotion)
– soziale

Abbildung 31: Vulnerabilitäts-Stress-Modell (Ätiologie)

Genetisch übertragbare Dispositionen betreffen das Erbgut. In Form von Genotypen scheinen sie bei der Entstehung von Schizophrenie eine bedeutende Rolle zu spielen.

Biologische Faktoren sind u.a. Intoxikationen, prä- und perinatale Einflüsse (z.B. Drogenmissbrauch während der Schwangerschaft und Sauerstoffmangel während der Geburt).

Unter *psychologische* Faktoren fallen lebensgeschichtlich bedeutsame Traumata wie Kränkungen, überdauernde Gefühle von Hoffnungslosigkeit, Abhängigkeit und Missbrauchserfahrungen.

Unter *sozialen* Gesichtspunkten gilt die rein biologische Betrachtungsweise als reduktionistisch, weil sie gesellschaftliche Bedingungen vernachlässigt. Der soziale Ansatz fasst Vulnerabilität nicht nur als individuelles Konzept, sondern als Disposition ganzer Populationen bzw. gesellschaftlicher Gruppen. So hätten z.B. Homosexuelle eine höhere HIV-Vulnerabilität als Heterosexuelle.

Als auslösender Faktor für die Entstehung bzw. das krisenhafte Ausbrechen der Krankheit wirkt Stress, in der Umgangssprache ein Synonym für Anspannung und Druck, aber auch für die Faktoren, die dazu führen. Die Fachsprache präzisiert und unterscheidet beides: *Stressoren* als auslösende Reize und *Stress* als Resultat der Reizeinwirkung auf den Organismus.

Als wichtigste Stressoren für schizophrene Störungen treten CLE (*critical life events*,[55] kritische Lebensereignisse) und HEE (*high expressed emotions*) auf. Kriti-

---

[55] Die Life-Event-Forschung als Teilgebiet der Stressforschung untersucht seit den 1970er-Jahren den Zusammenhang zwischen kritischen Lebensereignissen und dem Auftreten von Störungen.

sche Lebensereignisse sind z.B. Umzug, Arbeitsplatzwechsel, Beginn bzw. Ende einer Partnerschaft oder Tod, aber auch Überarbeitung, Arbeitslosigkeit und Armut.

High expressed emotion bezeichnet ein aufgeheiztes emotionales Kommunikationsklima. Das *Camberwell Family Interview* (CFI) untersucht solche HEE-Muster in der Familie. Auf den Extrempositionen finden sich entmündigende Überbehütung (*emotional overinvolvement*) und allgemeine Feindseligkeit. Hohe Werte im CFI gelten als Rückfallprädiktor und deuten auf einen negativen Krankheitsverlauf hin.

Allerdings sind die Betroffenen den Stressoren nicht hilflos ausgeliefert, sondern sie können etwas dagegen unternehmen. Deshalb hat man das Vulnerabilitäts-Stress-Modell in neuerer Zeit um Schutzfaktoren (protektive Faktoren) erweitert. Als wichtigster Schutzfaktor und als Bewältigungsstrategie von Stress gilt *Coping*.[56] Die dazu gehörigen Verhaltensweisen beinhalten die Art und Weise, wie der Betroffene mit kritischen Lebensereignissen umgeht sowie die entsprechenden Einstellungen und Lösungsversuche.

Untersucht man die Krankheitsentwicklung Deborahs vor dem Hintergrund des Vulnerabilitäts-Stress-Coping-Modells, so lässt sich bei ihr zunächst hohe Vulnerabilität erkennen. Ein IQ von 140–150, kombiniert mit Frühreife, Eigenwilligkeit und Altklugheit führt schon bald zur Isolation unter Gleichaltrigen. Ab frühester Kindheit erweist sich ihr Leben als ein einziger Leidensweg.

Zu den drei wichtigsten Lebensereignissen (*critical life events*) gehört zunächst ein chirurgischer Eingriff. Im Alter von fünf Jahren bildet sich bei Deborah ein Tumor in der Harnröhre (Urethra). Auf erste Anzeichen, ein peinliches Einnässen, reagiert ihre Erzieherin mit Vorhaltungen, Drohungen und Schlägen. Es folgen zwei schmerzhafte Operationen. Die Ärzte belügen sie: „Jetzt sei ganz ruhig. Es wird nicht ein bißchen wehtun", hatten sie gesagt, und dann hatte sie einen fürchterlichen Schmerz gefühlt. Sie erlebt die Operationen auch als Sexualmissbrauch. „Sie waren mit ihren Sonden und Nadeln in sie eingedrungen […]" (Green, 2010, S. 45). Deborah schildert, „[…] daß sie mich all diese Schmerzen aushalten ließen und daß ich mich geschämt habe […]" (Green, 2010, S. 47).

All das widerfährt dem kleinen Mädchen ohne Beistand der Eltern. Im Gegenteil, es kommt ihr so vor, als ob der Vater sie wie einen Gegenstand zur Reparatur im Krankenhaus abgibt. „An dem Abend, an dem ihr Vater beschlossen hatte, daß sie am nächsten Tag im Krankenhaus erscheinen sollte, hatte sie den harten Zorn gefühlt, den die Eigenwilligen verspüren, wenn man sie kurzerhand wie Gegenstände herumschiebt" (Green, 2010, S. 45).

Das zweite kritische Ereignis ist die Geburt ihrer Schwester Suzan noch im Jahr der Operation. Eltern und Verwandtschaft richten alle Aufmerksamkeit auf das

---

[56] Die meisten Autoren ordnen Coping als Gegenspieler von Stress den protektiven Faktoren zu. Einige Fachleute differenzieren protektive Faktoren noch genauer in internale und externale Ressourcen und subsumieren dann Coping (aber auch ein positives Selbstwertgefühl, intellektuelle Fähigkeiten, ein positives Sozialverhalten) den internalen Ressourcen. Zu den externalen Ressourcen zählt z.B. eine gute Lebensversicherung.

Neugeborene. Deborah wird in die zweite Reihe verwiesen. „Als ihre Schwester geboren wurde, […] hatten sich die Verwandten alle in das Kinderzimmer hineingedrängt und in ihrer Bewunderung ob der Schönheit und Zartheit des neugeborenen Kindes Deborah hinausgedrängt" (Green, 2010, S. 51). Deborah empfindet Schmerz, Zorn und Hass. Sie wünscht ihrer Schwester den Tod und bekommt deswegen Schuldgefühle.

Das dritte Ereignis passiert im Sommerlager. Im Alter von neun Jahren wird sie dort als einzige Jüdin drastisch antisemitisch diskriminiert. Dort hört sie auch zum ersten Mal eine Stimme, „die in süßem, dunklem Ton sagte: ‚Du bist nicht eine von ihnen. Du bist eine von uns […] Kämpfe nicht länger gegen ihre Lügen […] Du kannst unser Vogel sein, frei im Wind. Du kannst unser wildes Pferd sein, das seinen Kopf schüttelt und sich nicht schämt'" (Green, 2010, S. 64).

High expressed emotion äußert sich bei Deborahs Mutter Esther als emotionales Überengagement, aber auch als Kälte und Feindseligkeit. Schwierigkeiten mit Deborahs Clique hatte die Mutter selbstmächtigt stellvertretend für ihre Tochter versucht zu lösen: „Ich habe sie alle zu einem großen Ausflug in den Zoo eingeladen und das brach das Eis" (Green, 2010, S. 41).

Auf der anderen Seite sah sie den als Suizidversuch inszenierten Hilfeschrei der Tochter als kindisch an: „[…] dieses alberne und theatralische Pulsaderaufschneiden" (Green, 2010 S. 14). Die schwerwiegende antisemitische Diskriminierung im Sommerlager bagatellisiert die Mutter so: „Im Sommerlager haben sie die Leute manchmal nicht verstanden" (Green, 2010, S. 41). Man erkennt also entmündigende Überbehütung auf der einen und völliges Unverständnis und emotionale Kälte auf der anderen Seite.

Die Beziehung Deborahs zu ihrem Vater bleibt lange unklar. Als sie eines Tages die Aufmerksamkeit eines Exhibitionisten auf sich zieht, sieht der Vater die Schuld bei ihr. Um diese anklagende Unterstellung zu entkräften, will sie ihm begreiflich machen, dass sie für niemand begehrenswert sei und sagt: „Was sollen sie mit mir, ich bin schon zerbrochen und geschändet. Für irgendjemand anders bin ich nicht gut genug." Da schlägt er sie, „weil es die Wahrheit war" (Green, 2010, S. 119, 120).

Deborah hätte einige Copingmöglichkeiten, kann sie aber nicht nutzen. Sie verfügt über herausragende intellektuelle Fähigkeiten und eine künstlerische Fantasie. Ihr Intellekt steht ihr jedoch eher im Weg. Gleichaltrigen, die als Spielkameradinnen in Frage kämen, erscheint sie altklug und wird deshalb ausgegrenzt. Ihre künstlerische Befähigung schätzt sie selbst als gering und unbedeutend ein. Erst gegen Ende (als Folge) der Therapie kann Dr. Fried ihr verdeutlichen, dass sie „ihre Kunst immer als etwas Selbstverständliches hingenommen" (Green, 2010, S. 252) hat. Erst dann erkennt Deborah ihr Coping-Potenzial und lernt es einzusetzen.

Insgesamt kommt also bei Deborah alles zusammen, hohe Vulnerabilität verbunden mit Stress durch kritische Lebensereignisse plus *high expressed emotion* bei ungenutzten Copingstrategien. Das begünstigt den Ausbruch der Psychose.

3.1 Psychische Störung. Modellannahmen, Klassifikationssysteme, Diagnostik, Beispiele

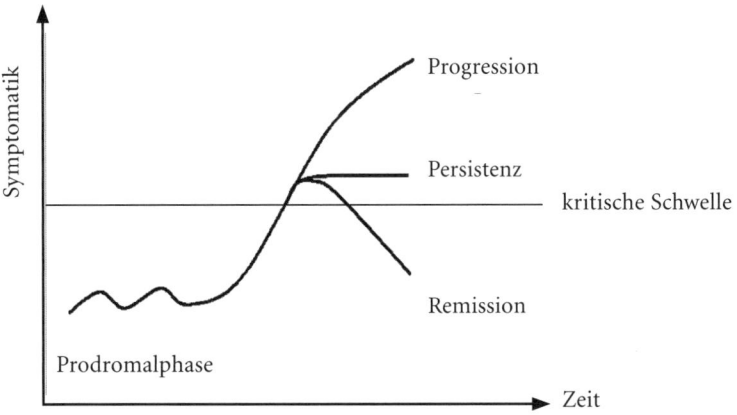

Abbildung 32: Vulnerabilität x Stress im Zeitverlauf (Pathogenese)

Wäre auch eine andere Entwicklung denkbar? Diese Frage nach der Prognose, eine der ältesten in der Psychiatrie, steht für die Angehörigen immer im Vordergrund. Das ätiologische Vulnerabilitäts-Stress-Coping-Modell kann sie nicht hinreichend beantworten. Es bietet nur eine unspezifische Heuristik zum Verständnis der allgemeinen Krankheitsverursachung. Eine Heuristik zur Entwicklung muss zusätzlich den Zeitverlauf berücksichtigen und die Stressoren CLE und HEE weiter differenzieren. Entscheidend dabei ist die Frage, ob und in welchem Ausmaß die Stressoren von den Betroffenen kontrollierbar sind. Je mehr sie die Stressoren aus eigener Kraft beeinflussen können, desto günstigere Heilungschancen haben sie.

Wie entwickeln sich Vulnerabilität und Stress im zeitlichen Verlauf? In welchen Fällen bleibt die Störung latent, in welchen wird sie manifest?

Abbildung 32 veranschaulicht unterschiedliche Ausprägungen der Symptomatik im Zeitverlauf. Nach der Prodromalphase[57] manifestiert sich die Störung beim Überschreiten einer kritischen Schwelle entweder fortschreitend (progressiv) oder andauernd (persistent) auf etwa gleichem Niveau. Bleiben die Werte darunter oder entwickeln sich nachlassend (remissiv), normalisiert sich die Reaktion im Latenzbereich.

Ein gutes Beispiel für die Entwicklung von Vulnerabilität, Stress und Coping im Zeitverlauf bietet Martin Karow in BERLIN CALLING (R Hannes Stöhr, D 2008). Die Charakteristika seines Falles treffen auf etliche Menschen zu, geringe bis mittlere Vulnerabilität und viele starke Stressoren: Beziehungsprobleme, finanzielle Schwierigkeiten, Vereitelung beruflicher Ziele, Hektik und Lärm der Groß-

---

[57] (griech. *prodromos* „vorauslaufend").

Standbild 18: BERLIN CALLING. *DJ Ickarus (Paul Kalkbrenner), verwirrt in der U-Bahn. Filmstill 0:37:52*

stadt, Mobilitätszwang und Drogen. Wie aus dieser Kombination eine psychische Störung entsteht und wie sie sich entwickelt, zeigt der Film.

Der Berliner DJ Martin Karow alias Ickarus (Paul Kalkbrenner) tourt mit seiner Freundin Mathilde (Rita Lengyel) durch die Clubs der europäischen Metropolen. Zwischendurch arbeitet er an seinem neuen Album, das er unbedingt schnell veröffentlichen will. Um „über die Runden zu kommen", nimmt er Drogen. Sein Vater (Udo Kroschwald) warnt ihn vorsichtig („Du siehst ungesund aus"[58]). Aber als DJ verdient er immerhin viel Geld, während sein Bruder Stefan (Peter Moltzen) sich als 30-Jähriger von Praktikum zu Praktikum hangelt.

Ickarus gerät an eine PMA[59]-haltige „böse Pille" („janz fieset Ding [...] schräge Abfahrt gestern"). Er irrt in Berlin an der Mauer umher, reißt sich infolge der Drogenwirkung die Kleider vom Körper und wird am nächsten Morgen in einem Hotel auffällig.

Beim Frühstück mit nacktem Oberkörper („eine Hitze hier") kann er den Kellner nicht von seinem Cornflake-Joghurt-Kunstwerk „überzeugen", meint zu bluten und wird schließlich auf der Akutstation einer Psychiatrie eingeliefert. Die Neurologin, Dr. Petra Paul (Corinna Harfouch), möchte Ickarus auf freiwilliger Basis so lange in der Klinik behalten, bis die Laboranalyse abgeschlossen und klar

---

58 Hier wie im Folgenden Transkript der Verfasser.
59 PMA (Parametoxyamphetamin) hat empathogene Wirkung, d.h. es steigert die Fähigkeit, mit anderen Personen „mitzuschwingen", gemeinsam ähnlich zu empfinden. Überdosiert erhöht PMA Körpertemperatur, Pulsfrequenz und Blutdruck und kann im Extremfall zu Organversagen und Tod führen.

ist, ob es sich „nur" um eine drogeninduzierte Psychose[60] ohne bleibende Folgen handelt.

Zunächst bleibt Ickarus in der Klinik, lässt sich seinen Rechner und Controller bringen und arbeitet am neuen Album. Die von der Ärztin vorgeschlagene Bewegungs- und Gesprächstherapie macht er nur halbherzig mit. Dafür lässt er aber Frau Dr. Paul in seine Komposition reinhören. Sie empfindet die Musik als „dunkel, fast depressiv".

Nachts schreckt Ickarus nach einem *flash* im Traum hoch und scheint akustische Halluzinationen zu haben. Ob sie auf einer objektiven Grundlage beruhen, lässt der Film offen. Ickarus hört auf der Toilette Wasser rauschen. Das Geräusch existiert tatsächlich, der Film stellt es aber übersteigert dar.

Schließlich liegen die Ergebnisse der Laboranalyse vor. Die Ärztin fasst sie so zusammen: „Wir haben in Ihren Werten fast alles gefunden, was es auf dem Markt gibt, eigentlich alles, außer Heroin […] Der Wirkstoff PMA ist ein stark wirksames Halluzinogen und kann unter Umständen zum Tod führen." Ickarus hört sich die komplette Analyse ruhig an und sagt erst mal nichts. Obwohl die Ärztin ihm dringend rät, unter ihrer Aufsicht in der Klinik zu bleiben und sich eine Ruhepause zu gönnen, verlässt er die Psychiatrie, nimmt weiterhin Drogen und feiert Partys, bis sich die Ereignisse überschlagen. Seine Freundin Mathilde zieht aus der gemeinsamen Wohnung und beginnt eine Beziehung mit der Türsteherin Corinna (Araba Walton), die sie von früher kennt. Ickarus ertappt die beiden und erfährt darüber hinaus von 25.000 Euro Steuerschulden. Das Schlimmste für ihn: Die Chefin seines Plattenlabels, Alice (Megan Gay), sagt die Veröffentlichung seines Albums ab. Ickarus zertrümmert ihr Büro, versucht mit Drogen über die Situation hinwegzukommen und landet schließlich erneut in der Psychiatrie. Dieses Mal überweist ihn die Ärztin auf die geschlossene Abteilung.

Er muss starke Medikamente nehmen, arbeitet aber weiter an seinem Album. Mit der Zeit scheint sich die Krankheit zu bessern. Mathilde und der Vater erreichen schließlich seine Entlassung, da auch Frau Dr. Paul seinen Heilungsverlauf als sehr gut einschätzt. Das Wichtigste für Ickarus ist aber, dass Alice ihre frühere Entscheidung revidiert. Sie will jetzt das Album herausbringen. Dazu muss Ickarus natürlich auch auf die Bühne. Das entscheidende Hindernis sind die Medikamente. Sie machen ihn müde und „hauen [ihm] voll die Höhen und Tiefen weg." Ickarus setzt die Medikamente ab und nimmt auch keine Drogen mehr. Er führt die Record release-Party zu einem grandiosen Erfolg.

Welche Verlaufscharakteristika beschreiben die Störung von Ickarus am besten? Wie entwickeln sich die Krankheitsfaktoren Vulnerabilität und Stress? Kann man (im Vergleich zu Deborah) aufgrund der Beschaffenheit von HEE und CLE einen

---

[60] Unsere Vorbehalte gegen eine klinische Diagnose bei Filmfiguren gelten hier in besonderem Maße. Auch bei einer sehr weiten Schizophrenie-Definition käme man bei Ickarus allenfalls zur Diagnose der unspezifischen Schizophrenia simplex (ICD-10, F20.6). Bei derart schwachen Informationen erscheint eine solche Festschreibung so unsicher, dass die ICD-10 davon abrät.

günstigen Verlauf prognostizieren? Im welchem Umfang kann Ickarus die Krankheitsfaktoren kontrollieren oder sogar durch Copingstrategien aktiv gegensteuern? Die Ärztin hält Ickarus für „einen sehr sensiblen Menschen". Dennoch ist seine Vulnerabilität – das ist kein Widerspruch – relativ gering. Psychisch robust, lässt er sich nicht unterkriegen. Etliche Filmszenen zeigen das. In kurzer Abfolge wird er zuerst von Corinna (mit körperlicher Gewalt; sie ist Türsteherin), dann von Alice („Du kannst dir'n neues Leben suchen") und schließlich von Dr. Paul („So, jetzt raus, ich kann Sie nicht mehr sehen!") rausgeschmissen, rappelt sich aber immer wieder auf. Seine psychische Widerstandskraft (Resilienz) schützt ihn.

HEE-Muster in Form pathogenen emotionalen Überengagements in der Familie kommen bei Ickarus nicht vor. Die Kommunikation in der „Restfamilie" – die Mutter starb, als er 13 Jahre alt war – scheint intakt. Vater und Kinder gehen respektvoll und ehrlich miteinander um. Konflikte werden offen angesprochen und nicht „unter den Teppich gekehrt". Der Vater diskutiert mit seinen Söhnen über ihre beruflichen Karrieren, äußert seine Meinung kritisch, aber nicht moralisierend. In einem Gespräch der Ärztin mit dem Vater kommt eine differenzierte und selbstreflexive Einschätzung der eigenen Vaterrolle zum Ausdruck. Das schafft gute Voraussetzungen für Ickarus, die Krankheit zu überwinden.

Kritische lebensgeschichtliche Ereignisse (CLE) und Einschnitte hat Ickarus anscheinend altersangemessen verarbeitet. Der Vater berichtet der Ärztin: „Martin war 13, Stefan war 18, als die Mutter gestorben ist. Fast gleichzeitig fiel die Mauer. Also von einem Tag auf den anderen war für die beiden alles anders. Stefan hat sich zurückgezogen und Martin nannte sich plötzlich DJ Ickarus. Hat die Schule abgebrochen. Der verbrachte fast seine ganze Pubertät in einer Diskothek."

Vor allem aber hat Ickarus sein Leben vollständig in seiner Hand. Er kann es aus eigener Kraft meistern. Alle Ereignisse (Schulden beim Finanzamt, die Beziehung zu Mathilde, das viele Reisen als DJ, Drogen) kann er selbstbestimmt kontrollieren. Diese Kontrollierbarkeit, Beeinflussbarkeit und Gestaltbarkeit, das In-die-Hand-Nehmen des eigenen Schicksals, schätzen wir als die wichtigsten Schutzfaktoren ein.

Zudem verfügt Ickarus über gute Copingstrategien. An erster Stelle steht seine Musik. In einem Gespräch mit Dr. Paul liegt der Vater – er stellt viele wichtige Aspekte aus der Familiengeschichte differenziert und treffend dar – im entscheidenden Punkt daneben. Er sagt über seinen Sohn: „Wer nur an sich selbst denkt, der wird immer einsam sein. Ich meine, ich verlange ja nicht, dass er an Gott glaubt. Aber an irgendwas muss er doch glauben." Hier hält die Ärztin dagegen: „[…] er glaubt ganz stark an etwas. Er glaubt an seine Musik. Das hab ich ehrlich gesagt auch unterschätzt."

Der Glaube an die Musik und seine künstlerischen Fähigkeiten wirken als die stärksten Copingstrategien der Krankheit entgegen. Ickarus kann aber noch mehr. Er verfügt über gute kommunikative Fähigkeiten, kann Situationen treffsicher einschätzen, handelt schnell und taktisch überlegt. Als er z.B. von Dr. Paul die Genehmigung haben will, die Klinik zu verlassen, stürzt er in das Büro der Ärztin, bringt sich dann aber sofort unter Kontrolle, grüßt und sagt: „[...] also, ich wollt fragen, ob ich mal in die Stadt gehen kann. Ich muss mit meiner Freundin reden, ich hab da'n Fehler gemacht, den ich wieder in Ordnung bringen muss." Als die Ärztin ihm das verweigert, stellt er blitzschnell um („Sie sind auch so 'ne richtige 68er-Schlampe, wa. Immer liberal tun, aber am Ende reaktionär [...]") und geht dann trotzdem. Beim Zivildienstleistenden (Max Mauff) meldet er sich ganz anders ab: „He Alex, muss ma kurz raus hier [...] ma'n paar Kippen holen, ma kurz weg von'n Spinnern hier".

All das sind wichtige Bedingungen für den Weg in die psychische Gesundheit. Der Film lässt am Ende zwar keine eindeutige Prognose zu, gibt aber doch deutliche Hinweise. Ickarus lehnt ihm angebotene Drogen ab, meistert die Release-Party und fliegt (statt zum nächsten Club-Arbeitsauftritt) mit Mathilde in den Urlaub.

Welche der fiktiven Figuren (Deborah, Lukas, Ickarus) wäre auf Grundlage der Annahme über den Zusammenhang von Vulnerabilität, Stressoren und Coping am stärksten gefährdet zu erkranken, wer hätte die größte Chance, (wieder) gesund zu werden? Diese Frage lässt sich schwer beantworten. Auch bei „wirklichen Patienten" sind Prognosen über Verlauf und Ausgang der Krankheit kaum möglich.

Auf den Extrempositionen befinden sich Ickarus auf der einen und Deborah auf der anderen Seite. Ickarus, psychisch robust (niedrige Vulnerabilität) und getragen von intakter familiärer Kommunikation (keine HEE), kann seine Lebensumstände (CLE) durch Copingstrategien weitgehend selbst beeinflussen. Bei Deborah trifft all das nicht zu. Lukas ist sehr verletzbar. Über seine Lebensumstände ist wenig bekannt. Er hat wohl in ländlicher Umgebung bei seinen Großeltern unauffällig gelebt. Auf dem Kölner Hauptbahnhof und an der Universität fühlt er sich schon durch geringfügige Schwierigkeiten (CLE) überfordert. Nach der Stärke der Krankheitsgefährdung ist er zwischen Ickarus und Deborah positioniert.

Die HEE-Muster des Vulnerabilitäts-Stress-Modells gibt es in zwei Ausprägungen, und zwar *entweder* als emotionales Überengagement (*emotional overinvolvement*) *oder* als emotionale Kälte und Feindseligkeit. Nun können aber diese beiden widersprüchlichen Verhaltensweisen gemeinsam auftreten, also *sowohl* emotionales Überengagement *als auch* Kälte und Feindseligkeit. Dadurch entsteht ein Widerspruch. Aus diesem Grund greifen wir auf die Doppelbindungstheorie[61] zurück. Wir sehen sie als das engere Konzept, nämlich die Spezifikation der *high expressed emotion* für den (Sonder-)Fall des gemeinsamen, gleichzeitigen Auftretens der beiden widersprüchlichen HEE-Muster.

---

[61] Die Doppelbindungstheorie ist ca. 30 Jahre älter als das Vulnerabilitäts-Stress-Coping-Modell. Als Theorien mittlerer Reichweite befassen sich beide mit pathogener (v.a. familiärer) Kommunikation.

Im Jahre 1956 prägten Gregory Bateson, Donald Jackson, Jay Haley und John H. Weakland in ihrer Arbeit „Toward a Theory of Schizophrenia" den Ausdruck *double bind* für bestimmte Strukturen zwischenmenschlicher Wechselbeziehungen und erhielten dafür 1961/62 den Frieda-Fromm-Reichmann-Preis der Akademie für Psychoanalyse in New York.
Eine Doppelbindung definiert man folgendermaßen:

1. Zwei oder mehrere Personen stehen in einer engen, lebenswichtigen Beziehung.
2. In diesem Kontext wird eine Mitteilung[62] gegeben, die
   - etwas aussagt (Botschaft A) und
   - etwas über ihre eigene Aussage aussagt (Botschaft B),
   - so, dass beide Aussagen unvereinbar sind.
3. Der Empfänger dieser Mitteilung kann der durch sie hergestellten Beziehungsstruktur nicht dadurch entgehen, dass er metakommuniziert oder sich aus der Beziehung zurückzieht.

Die Mitteilung kann aus mehreren unterschiedlichen verbalen Aussagen bestehen („Wasch mich, aber mach mich nicht nass!") oder nur aus einer einzigen („Sei doch nicht immer so nachgiebig!").

Eine verbale Aussage kann auch im Widerspruch zu einer nicht-verbalen, körperlich (mimisch, gestisch) vermittelten stehen. Eine Mutter sagt beispielsweise zu ihrem kleinen Kind: „Komm doch mal her, du bist doch Muttis Liebling", kommuniziert aber gleichzeitig durch körperliche Anspannung Distanzwünsche.

Die beiden widersprüchlichen Aussagen können auch auf verschiedene Personen „verteilt" sein. Dann fungiert die eine Person als Träger der Botschaft A, die andere als Träger der Botschaft B.[63]

Bei allen Varianten sitzt das Opfer als schwächstes Mitglied des Systems in der Falle. Es wird durch die Doppelbindung gespalten. Wenn Doppelbindungen chronifizieren und sich als vorherrschende Beziehungsstruktur verfestigen, kann das Verhalten des Symptomträgers (Opfer) dem klinischen Bild der Schizophrenie entsprechen.

Kenneth Loach zeigt uns ein solches krankmachendes Beziehungssystem in seinem Film FAMILY LIFE mit hoher Präzision. Die ca. 20-jährige Protagonistin Janice Baildon (Sandy Ratcliff) lebt mit ihren konservativen Eltern in einer trostlosen, englischen Vorstadtsiedlung. Der Vater arbeitet als Lagerverwalter, die Mutter ist Hausfrau. Janice entspricht nicht den Normalitätsvorstellungen ihrer Eltern.

---

[62] Der Oberbegriff ist der der Mitteilung. Sie besteht aus unterschiedlichen Aussagen. Wir verwenden im Folgenden „Aussage" synonym mit „Botschaft" und „message".

[63] Nach Bateson (1985, S. 277) werden „weitere Beispiele […] möglich, wenn der *double bind* nicht nur von einer Person, sondern von zweien verhängt wird. Beispielsweise kann ein Elternteil die Gebote des anderen auf einer abstrakteren Ebene negieren."

3.1 Psychische Störung. Modellannahmen, Klassifikationssysteme, Diagnostik, Beispiele **135**

Standbild 19: FAMILY LIFE. *Janice Baildon (Sandy Ratcliff) und ihre Mutter (Grace Cave). Filmstill 0:08:47*

Die Beziehung entwickelt sich konflikthaft und schließlich liefern die Eltern ihre Tochter in die Psychiatrie ein. Nach psychiatrischen Kriterien zeigt Janice Symptome einer hebephrenen Schizophrenie und kommt in der Klinik auf eine offene Station unter Leitung des kompetenten und einfühlsamen Psychotherapeuten Dr. Donaldson. Die Klinikleitung rationalisiert seine Stelle später weg und die psychotherapeutische Behandlung mit positiver Wirkung bricht ab. Von nun an erhält Janice Medikamente und wird einer Elektrokrampftherapie unterzogen. Ihr weiteres Schicksal bleibt unklar. In der Schlussszene des Films wird sie von einem Psychiater im Rahmen einer Krankenvorstellung desinteressierten Studierenden als Fallbeispiel vorgeführt.

Das Perfide der pathogenen familiären Kommunikation besteht in der doppelbindenden Rollenteilung der Eltern. Die Mutter vermittelt ein Hilfsangebot (Botschaft A), der Vater droht gleichzeitig mit körperlicher Gewalt (Botschaft B) und wendet sie auch an.

Als Janice schwanger wird, schlägt der Vater eine Abtreibung vor (Botschaft B). Die Mutter sagt: „Sprich dieses Wort in diesem Haus nicht mehr aus! Es ist unchristlich."[64] (Botschaft A), um dann die Doppelbindung in hoch konzentrierter Form so zu formulieren: „Wer das tut, gehört selbst weggemacht." Bezüglich

---

[64] Transkript der Verfasser, hier wie im Folgenden basierend auf den deutschen Untertiteln.

der Entscheidungsautonomie in der Schwangerschaftsfrage äußert die Mutter: „Das Wichtigste ist, dass du jetzt selbst herausfindest, was du willst" (Botschaft A), dann aber: „Wir wissen schon, was das Beste für dich ist" (Botschaft B). Die Szene endet mit der Aussage der Mutter (Botschaft A): „Du weißt, dass wir dich lieb haben", nachdem der Vater kurz zuvor gesagt hat (Botschaft B): „Am liebsten würde ich dich umbringen."

Eines Nachts wird Janice von ihrem Freund Tim mit dem Moped nach Hause gebracht. Die Mutter erwartet sie bereits am Fenster mit den Worten: „Der Krach macht die ganze Nachbarschaft wach. Du warst so lange weg, du kannst gleich ganz draußen bleiben!" Ein Satz – zwei Botschaften. Botschaft A bedeutet sinngemäß: „Jetzt komm aber schleunigst ins Haus", Botschaft B: „Bleib gleich ganz draußen!"

Nach Bateson (1985, S. 274) haben Menschen, die lange Zeit immer wieder doppelbindenden Botschaften ausgesetzt sind, Probleme damit, zwischen der Botschaft selbst (Botschaft A) und den die Botschaft etikettierenden, sie klassifizierenden Signalen (Botschaft B) zu unterscheiden. Bateson begreift dieses Problem als Ich-Schwäche[65] bei Schizophrenen. Das Opfer weiß dann nicht mehr genau, was sein Gegenüber nun tatsächlich meint, welcher Mitteilungsart eine Mitteilung angehört, selbst wenn die Botschaften nicht im Widerspruch zueinander stehen.

Ähnlich geht es Janice, als sie nachts vor ihrem Elternhaus steht. Verwirrt wartet sie noch einen Moment. Die Mutter erscheint nicht mehr, um die Angelegenheit in die eine oder andere Richtung zu bewegen. Und so deutet Janice die widersprüchlichen Botschaften im Sinne der einfacheren, pragmatischen Alternative. Sie teilt Tim mit, ihre Mutter ließe sie nicht rein, steigt hinter ihm auf das Moped und beide fahren davon.

Am nächsten Morgen schleicht sich Janice schuldbewusst in die Küche und entschuldigt sich. Die Eltern tun so, als wäre sie gar nicht anwesend. Es kommt dann doch zur Auseinandersetzung. Die Mutter bestreitet, ihre Tochter ausgesperrt zu haben. Janice besteht auf ihrer Wahrnehmung („She bloody did!"), will sich ein Stück Brot abschneiden und fuchtelt ein wenig mit dem Messer herum. Der Vater verlangt das Messer und verspricht: „Janice, keiner tut dir was!" (Botschaft A). Im nächsten Moment packt er das Messer, greift seine Tochter körperlich an und schüttelt sie (Botschaft B).

Das breit angelegte Vulnerabilitäts-Stress-Coping-Modell, ergänzt um die Doppelbindungsannahme, eignet sich für das Verständnis der psychosozialen Ätiologie und Pathogenese schizophrener Erkrankungen. Das Doppelbindungsmodell gilt vielen Fachleuten jedoch als veraltet. Deshalb beziehen sie sich nur auf das Vulnerabilitäts-Stress-Coping-Modell. Seine Stärke liegt in der Integration psy-

---

[65] „Ich definiere hier Ich-Schwäche als Schwierigkeit, diejenigen Signale zu identifizieren und zu interpretieren, die dem Individuum anzeigen sollten, zu welcher Mitteilungsart eine Mitteilung gehört […]" (Bateson, 1985, S. 262).

chologischer, sozialer und medizinischer Sichtweisen. Andererseits läuft es Gefahr, zu allgemein und beliebig zu werden. Schlimmer noch: Versehen mit dem Etikett „multifaktoriell", trägt es dazu bei, tatsächliche Schwerpunkte in der klinischen Praxis zu verwischen.

In der Psychiatrie wird Vulnerabilität oft als statisch, konstant und genetisch determiniert angesehen. Disposition wird zwar als Anfälligkeit übersetzt, aber schnell auf Veranlagung und Anlage reduziert. Vor diesem Hintergrund will man dann beeinflussbare Stressoren reduzieren und legt den Schwerpunkt auf medikamentöse Behandlung als Hauptschutz. Im klinischen Alltag läuft das meist auf dauerhafte (Antipsychotika-)Medikation hinaus.

Ätiologie und Pathogenese aus medizinischer Sicht behandeln genetische, biochemische, neuropharmakologische, morphologische und andere organische Faktoren in ihrem höchst komplexen Zusammenspiel.[66] Die Forschungskonzeptionen und -befunde gestalten sich in hohem Maße uneinheitlich und in ihrer Komplexität und den vielfältigen Wechselwirkungen auch für Experten schwer verständlich.

Der deutlichste Konsens liegt in der Annahme genetisch übertragbarer Diathesen von psychischen Krankheiten. Ein näherer Verwandtschaftsgrad entspricht größerer genetischer Übereinstimmung und erhöht das Risiko, an der gleichen Störung zu erkranken. Die Forschungsergebnisse erklären aber nur einen Teil des Erkrankungsrisikos. Die Vererbungsmodi bleiben im Detail ungeklärt, die Analysen aufgrund der Heterogenität des Krankheitsbildes und der resultierenden Klassifikationsprobleme unscharf. Das gilt auch für biochemische und neuropharmakologische Modellvorstellungen. Bei der empirischen Überprüfung ihrer Hypothesen gehen sie von der (nicht gegebenen) Einheitlichkeit der Störung aus.

Lassen wir aufgrund der Komplexität der Sachverhalte die Experten in einigen Aspekten selbst zu Wort kommen:

> „Die biochemischen Konzepte zur Ätiopathogenese der Schizophrenie fußen im Wesentlichen auf indirekten, nämlich pharmakologischen Evidenzen. Da die antipsychotische Wirkung der Neuroleptika mit der Blockade von D_2-Rezeptoren zusammenhängt, wird für produktiv-psychotische Symptome eine mesolimbische dopaminerge Überaktivität angenommen. Für Minussymptome könnte eine Unteraktivität mesofrontokortikaler dopaminerger Neurone verantwortlich sein. Dabei spricht gegen die Vorstellung einer schlicht quantitativen Störung die sogenannte Wirklatenz der Neuroleptikaeffekte" (Berger, 2000, S. 427).

---

[66] Zur genaueren Darstellung sei auf die entsprechenden Lehr- und Fachbücher verwiesen. Das von Mathias Berger unter Mitarbeit von Rolf-Dieter Stieglitz herausgegebene Lehrbuch Psychiatrie und Psychotherapie (2000) stützt sich auf die Beiträge von über 40 Wissenschaftlern und bemüht sich um eine mehrdimensionale, integrative Sichtweise. Vgl. weiter Urs Baumann und Meinrad Perez (1998).

Vereinfacht zusammengefasst heißt das:
Erstens beruhen die Annahmen über die krankhaften Ursachen der Schizophrenie nur auf einem indirekten Schluss. Da Neuroleptika bestimmte Dopaminrezeptoren blockieren, nimmt man bei Ausbleiben der Symptome nach Medikation an, dass die Symptome mit einer Dopaminüberaktivität zu tun haben. Sicher ist das nicht. „Der direkte Nachweis einer Störung der Neurotransmission bei der Schizophrenie ist bisher nicht gelungen" (Berger, 2000, S. 427).
Zweitens. Nach dem Positiv-Negativ-Konzept gibt es positive Symptome wie Halluzinationen, Wahn, desorganisierte Sprechweise und negative Symptome (Defizite) wie Antriebslosigkeit, Affektverflachung usw. Die o.g. Dopaminannahme gilt jedoch nicht für Negativsymptome. Diese haben aber eine große Bedeutung für das Leben Schizophrener und sind auch prognostisch sehr wichtig.
Weiterhin gibt es drittens das Problem der Wirklatenz. D.h., die antipsychotische Wirkung von Neuroleptika entwickelt sich nur langsam über Tage bis Wochen. Die Dopamin-D_2-Rezeptoren blockieren jedoch innerhalb von Minuten bis Stunden komplett. Das passt nicht zusammen.
Und so müssen sogar die Mediziner zugeben: „Ein gut belegtes neurochemisches Modell der Schizophrenie liegt bisher nicht vor" (Berger, 2000, S. 423).

3.2 Psychotherapeutische Interventionen

Psychotherapie ist die Behandlung einer Erkrankung mit Mitteln der Psychologie und soll als geplanter Prozess zwischen Therapeut und Klient / Patient Verhaltensstörungen und Leidenszustände zum Positiven beeinflussen. Die psychotherapeutischen Ansätze, Richtungen und Schulen erscheinen heute kaum noch überschaubar. Wir stellen die drei wichtigsten, wissenschaftlich fundierten Systeme vor, die *Verhaltenstherapie* (Kapitel 3.2.1), die *Psychoanalyse* (Kapitel 3.2.2) und neuere Entwicklungen, die sich am treffendsten als *Integrative Psychotherapie* bezeichnen lassen (Kapitel 3.2.3).

Aspekte der Verhaltenstherapie betrachten wir anhand der Filme A Clockwork Orange (R Stanley Kubrick, GB 1970/71), Verhaltenstherapie bei Ängsten (R Steffen Fliegel, BRD 1980), Die Anstalt (R Hans-Rüdiger Minow, D 1978) und Angst von 0–10 (R Volker Anding, D 2000). Zur Illustration der Psychoanalyse ist der Lehrfilm Geheimnisse einer Seele besonders geeignet.

Family Life und Ich hab dir nie einen Rosengarten versprochen zeigen therapeutische Interventionen, bei denen Charakteristika Integrativer Therapie zum Tragen kommen.

3.2.1 Verhaltenstherapie

Orientiert an den empirischen Grundlagen der Lerntheorie, umfasst die Verhaltenstherapie (VT) ein großes Spektrum von Psychotherapieformen. Der Begriff „Verhaltenstherapie" wurde in den 1950er-Jahren eingeführt. In Deutschland wurde sie erst 1987 als Psychotherapieverfahren im Sinne der Psychotherapierichtlinien der Kassenärztlichen Bundesvereinigung (KBV) zugelassen. Mittlerweile hat die Verhaltenstherapie auch international einen hohen Stellenwert innerhalb der ambulanten und stationären psychotherapeutischen Versorgung erreicht.

Die wichtigste Grundannahme der Verhaltenstherapie besteht darin, dass abnormes Verhalten den gleichen lerntheoretischen Gesetzmäßigkeiten unterliegt wie normales Verhalten. Gestörtes Verhalten ist gelernt und kann auch wieder verlernt werden.

Die Methoden und Techniken der Verhaltenstherapie, ihre Entwicklung und die in diesem Kapitel zitierten Filme bleiben ohne die lerntheoretischen Grundlagen dieses Therapieverfahrens schwer verständlich.

Lerntheoretische Grundlagen
Nach Hilgard und Atkinson ist Lernen eine relativ überdauernde Verhaltensänderung als Ergebnis von Übung.[67]

Diese Definition schließt zwei Aspekte aus: einmal kurzfristige Verhaltensänderungen, z.B. in Folge von Drogengebrauch, und solche, die nicht als Ergebnis von Übung auftreten, wie etwa Krankheit.

Für die frühe Entwicklung der Verhaltenstherapie haben sich die beiden lerntheoretischen Modelle des klassischen und instrumentellen Konditionierens[68] als entscheidend erwiesen. Sie haben auch heute noch große Bedeutung für die Erklärung abweichenden Verhaltens, für die Diagnostik und für therapeutische Interventionen.

In seinen Experimenten mit Hunden wählte Iwan P. Pawlow (1849–1936) zumeist Speichelfluss (unkonditionierte Reaktion, UCR) als bestehenden Reflex auf die Darbietung von Futter (unkonditionierter Stimulus, UCS).

Wenn man Futter mehrfach in Verbindung mit einem Glockenton (konditionierter Stimulus, CS) darbietet, reicht nach einigen Wiederholungen der Ton allein, um den Speichelreflex auszulösen.

Klassisches Konditionieren ist also die Bildung einer Verbindung eines konditionierten Stimulus (CS) mit einer Reaktion durch die wiederholte Darbietung des CS in einer kontrollierten Beziehung mit einem unkonditionierten Stimulus

---

[67] „Learning may be defined as a relatively permanent change in behavior that occurs as a result of practice" (Ernest R. Hilgard, Richard C. & Rita L. Atkinson, 1971, S. 188).
[68] Viele Autoren verwenden folgende Begriffe synonym: klassisch gleich respondent und instrumentell gleich operant.

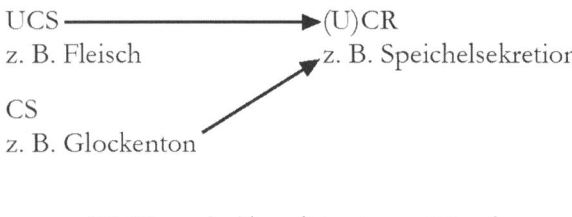

(U)CS   (un)konditionierter Stimulus
(U)CR   (un)konditionierte Reaktion

Abbildung 33: Klassisches Konditionieren nach Pawlow

(UCS^{69}), der ursprünglich die Reaktion reflexhaft auslöst. Bevor CS seine Funktion als bedingter Auslöser erhält, wirkt er neutral (neutraler Stimulus, NS).

Pawlows Forschungsergebnisse gelten als Beleg für den behavioristischen Standpunkt, nach dem sich auf der Basis einiger weniger angeborener Reaktionen zusätzlich eine größere Anzahl neuer Reaktionsmöglichkeiten durch Reizassoziation erlernen lässt. Auf diese Weise lernt auch der Mensch, sich seinen vielfältigen Umweltbedingungen anzupassen. Der Forscherkreis um Pawlow bezieht bald auch *operantes Konditionieren* in die Untersuchungen ein.

Beim operanten Konditionieren folgt einem diskriminanten Reiz (S^D) eine Reaktion (R), dieser wiederum eine Verstärkung (C^{+70}). Die Verstärkung verändert die Auftretenswahrscheinlichkeit der vorhergehenden Reaktion, nicht ihre Stärke.

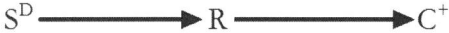

Abbildung 34: Operantes Konditionieren nach Skinner

Im Gegensatz zum klassischen Konditionieren stellt S^D keinen Auslöse-, sondern einen Hinweisreiz, R keinen Reflex, sondern eine Wirkreaktion dar. Bei der operanten Konditionierung (vgl. Burrhus Frederic Skinner, 1938, 1953, 1969) wird die Reaktion von der Verstärkung gesteuert. Der wichtigste Unterschied zwischen den beiden Arten der Konditionierung: Beim klassischen im Gegensatz zum operanten Konditionieren bestehen starke körperliche Anteile (z.B. Speichelfluss, Herzrasen, Schweißausbrüche, Atemnot usw.).

---

[69] Die neuere angloamerikanische Literatur verwendet die Abkürzungen US statt UCS und UR statt UCR.
[70] Engl. *consequence* (C). Üblicherweise bezeichnet S^D einen Hinweisreiz auf Verstärkung, S^Δ einen Hinweisreiz auf Bestrafung.

Als Beispiel mag das 1920 an der Johns-Hopkins-Universität von John B. Watson und Rosalie Rayner durchgeführte Experiment mit der Versuchsperson des kleinen Albert dienen:

> „Albert war ein gesundes, stabiles und ziemlich unemotionales Kind. Er reagierte nie furchtsam auf die vom Versuchsleiter ausgeklügelten Test-Situationen. Wenn plötzlich eine Reihe von Objekten vor ihn gelegt wurde, streckte er die Hand aus, um damit zu spielen. Es waren da eine weiße Ratte, ein Hase, ein Pelzmantel, ein Ball aus Baumwolle und einige Masken. Aber Albert schreckte zusammen und schrie fürchterlich, wenn plötzlich dicht hinter ihm lauter Lärm erzeugt wurde (eine Stahlstange wurde mit einem Hammer bearbeitet).
> Als ihm im Alter von 11 Monaten und 3 Tagen die Ratte gezeigt wurde, und er seine Hand nach ihr ausstreckte, ertönte derselbe scheußliche Lärm hinter ihm. Nachdem Albert diese Erfahrung zweimal gemacht hatte, wimmerte er. Als ihm die Ratte 1 Woche später erneut gezeigt wurde, hatte er seine Lektion gelernt: Er zog die Hand zurück, bevor er den alten Spielkameraden berührte. Jetzt wurde systematisch mit der Konditionierung einer starken negativen emotionalen Reaktion auf die weiße Ratte begonnen. Sieben Mal hintereinander tauchten die Ratte und der grässliche Lärm zusammen auf. Als die Ratte das nächste Mal alleine dargeboten wurde, fing Albert an zu weinen, drehte sich um, fiel hin und krabbelte mit ganzer Kraft davon.
> Nach einer Woche stellte sich heraus, dass sich die Furchtreaktion von der weißen Ratte auch auf den freundlichen Hasen übertragen hatte. Nun hatte Albert plötzlich Angst vor dem Hund, beim Ansehen des Pelzmantels fing er an zu weinen, und er schreckte sogar vor seinem Baumwollball zurück. Auch reagierte er ‚ausgesprochen negativ', als man ihm eine Nikolaus-Maske zeigte. Keine Angst hatte er vor Bauklötzen oder anderen Objekten, die nicht zur *Reiz-Dimension* ‚Pelz oder pelzähnlich' gehörten. Leider wissen wir nicht, was aus Albert geworden ist. Die Untersucher berichteten, dass ‚Albert unglücklicherweise noch an dem Tag, an dem man die beschriebenen Tests durchgeführt hatte, aus dem Krankenhaus entlassen wurde. Daher hatten wir leider nicht die Möglichkeit, eine Methode zur Löschung der konditionierten emotionalen Reaktion zu entwickeln' (Watson und Rayner 1920)" Zitiert nach Floyd L. Ruch und Philip G. Zimbardo (1975, S.134).

In diesem bedauernswerten Fall hat Albert das symptomatische Verhalten respondent gelernt.

UCS   Hammerschlag auf die Stahlstange
UCR   Zusammenschrecken, Schreien (mit den dazugehörigen körperlichen Anteilen wie z.B. erhöhte Adrenalinproduktion, Erhöhung der Pulsfrequenz), Angst
CS   Pelz oder pelzähnliche Objekte
CR   Weinen, Wimmern, Davonkrabbeln, ähnlich wie UCR

Nehmen wir einmal an, Albert komme 20 Jahre später in eine verhaltenstherapeutisch orientierte psychologische Praxis. Welches Anliegen würde er dort schildern? Er könne es an bestimmten Orten (z.b. im Kino, im Theater, in öffentlichen Verkehrsmitteln) nicht aushalten, wenn sich dort viele Menschen mit Pelzmänteln, Felljacken o.ä. aufhalten. Dann bekomme er immer Herzrasen und müsse diese Orte fluchtartig verlassen. Er wird sich an das Ereignis vor 20 Jahren nicht mehr erinnern können, als dicht hinter ihm mit einem Hammer auf eine Stahlstange geschlagen wurde.[71]

Der Verhaltenstherapeut wird davon ausgehen, dass es sich um ein ehemals klassisch konditioniertes symptomatisches Verhalten handelt und seinen Behandlungsplan entsprechend ausrichten.

In einem weiteren Schritt entscheidet der Therapeut (sowohl für den klassischen als auch für den operanten Fall), ob ein fehlendes bzw. zu schwach ausgeprägtes Verhalten aufgebaut (z.B. bei autistischen Defiziten) oder ob ein zu häufiges bzw. zu stark ausgeprägtes Verhalten abgebaut werden soll (z.B. bei Ängsten).

An dieser Stelle ergibt sich ein theoretisches Problem. Warum bleibt das symptomatische Verhalten (Angst vor pelzähnlichen Objekten) über so lange Zeit bestehen? Es müsste nach den Gesetzen der Lerntheorie eigentlich gelöscht worden sein. Denn Löschung erfolgt im Falle des klassischen Konditionierens per definitionem durch häufige Darbietung von CS ohne UCS. Auf seinem weiteren Lebensweg wird Albert aber wohl kaum die Kombination von pelzartigen Gegenständen mit dem speziellen Lärm erlebt haben. Die Lösung des Problems bietet das *Zwei-Faktoren-Modell* von Oval Hobart Mowrer (1960). Es verbindet das klassische Konditionieren (nach Pawlow) mit dem operanten Konditionieren (nach Skinner). So kann man dann die *Entstehung* bestimmter Störungen nach dem Prinzip des klassischen Konditionierens erklären, die *Aufrechterhaltung* jedoch nach dem Prinzip des operanten Konditionierens.

Nachdem die negative emotionale Reaktion zunächst (klassisch) gelernt wurde (erster Faktor), bekommt CS Hinweisfunktion (S^Δ) für erwartete Bestrafung. CS als Auslöser der aversiven emotionalen Reaktion entwickelt sich also zum diskriminanten Hinweisreiz für eine Flucht- bzw. Vermeidungsreaktion (zweiter Faktor). Das Individuum flieht vor der aversiven Situation bzw. vermeidet sie ganz und kann somit durch den Wegfall von C^- nie mehr Pelzähnliches als harmlos erfahren. Dadurch wird die Vermeidungsreaktion löschungsresistent und oft über lange Zeit aufrechterhalten. Das Zwei-Faktoren-Modell nach Mowrer hat große theoretische Erklärungskraft, aber auch Praxisrelevanz. Andernfalls wäre z.B. die Pelzphobie des erwachsenen Albert nicht erklärbar.

---

[71] „In vielen Fällen lässt sich die dem UCS entsprechende traumatische Situation in der Lebensgeschichte des Klienten nicht mehr ausmachen" (Reinecker, 1999, S. 173). Deshalb verwenden etliche Autoren den Ausdruck UCS heute nicht mehr. Nach Isaak Marks kann man darauf verzichten und sich in deskriptiver Weise auf den Begriff des ES (evoking stimulus) beziehen (Marks, 1978, S. 172).

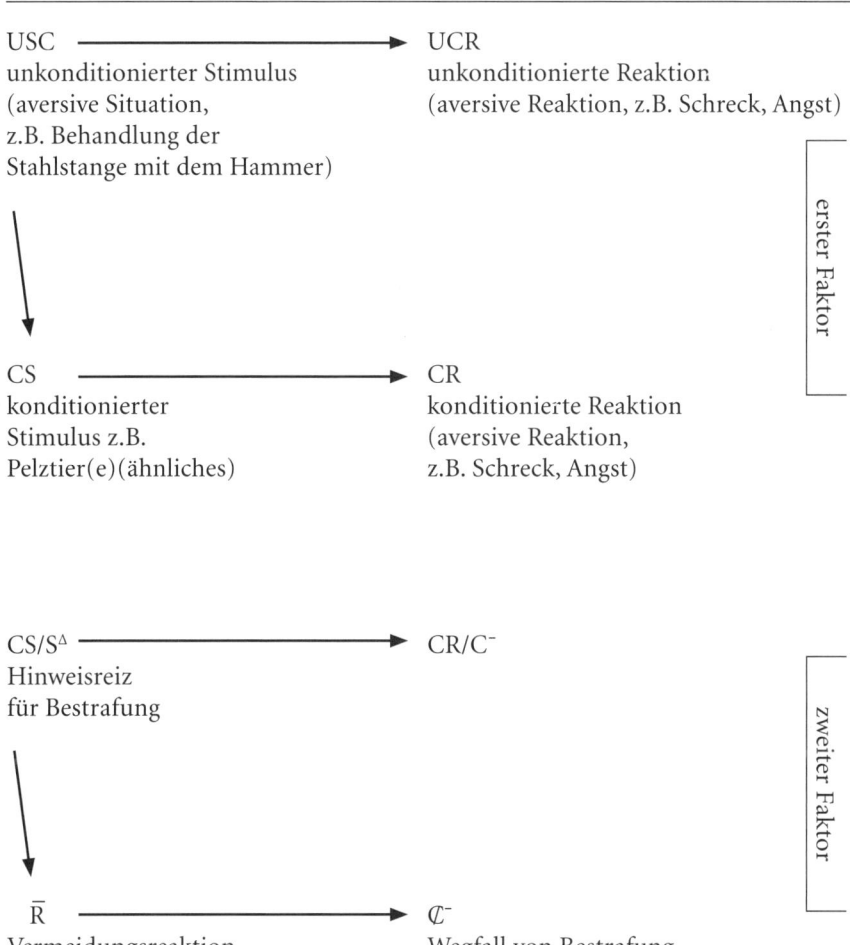

Abbildung 35: Zwei-Faktoren-Modell nach Mowrer

Methoden der Verhaltenstherapie
Verhaltenstherapeutische Methoden und Techniken basieren auf einer genauen Problemanalyse, auf einem funktionalen Bedingungsmodell. Als Schema zur Steuerung der Verhaltensanalyse durch den Therapeuten erfasst es sowohl die symptomauslösenden Stimuli als auch die aufrechterhaltenden Faktoren sowie die lebensgeschichtlich erworbenen kognitiven Grundmuster (Grundüberzeugungen, Selbstbild). Im Laufe ihrer Entwicklung hat die Verhaltenstherapie eine beträchtliche Anzahl therapeutischer Methoden entwickelt. Wir stellen als Basis

respondente und operante Techniken[72] auf der Grundlage ihrer Prinzipien anhand von Filmbeispielen genauer dar. Vereinfacht dargestellt gibt es vier Fälle:

- Fall 1: Respondenter Aufbau
  A CLOCKWORK ORANGE
- Fall 2: Respondenter Abbau
  VERHALTENSTHERAPIE BEI ÄNGSTEN
- Fall 3: Operanter Aufbau
  DIE ANSTALT
- Fall 4: Operanter Abbau
  ANGST VON 0–10

In A CLOCKWORK ORANGE lernt der Protagonist, auf Gewalt mit Todesangst zu reagieren. Alexander de Large (Malcolm Mc Dowell) fristet sein Leben als 15-jähriger Anführer einer Jugendgang, die vergewaltigend und mordend durch die tristen Vororte einer englischen Großstadt zieht. Er hört leidenschaftlich gern Beethoven. Aufgrund etlicher Straftaten wird er inhaftiert. Im Gefängnis gelingt es ihm bald, in ein Umerziehungsprogramm zu kommen und somit schnell entlassen zu werden. Als Bedingung muss er jedoch an einer Intensivtherapie teilnehmen. Der Film bezeichnet sie als Ludovico-Methode. Man erkennt sie leicht als aversiv-klassisches Konditionieren.

Als UCS bekommt Alex das sogenannte Serum 114 gespritzt. Es verursacht Übelkeit und Todesangst, ein Gefühl wie beim Erstickungstod (UCR). Gleichzeitig muss sich Alex Gewaltvideos über Schlägereien, Vergewaltigung und Nazigräueltaten als CS anschauen. Seine geöffneten Augen werden apparativ fixiert. Die Gewalttaten in den Videos sind mit Beethovenmusik unterlegt. Damit bekommt sie CS-Funktion. Das hatten die Ärzte zwar nicht so geplant, sie nehmen es aber hin („Darin ist dann wohl die gerechte Strafe zu sehen." Transkript der Verfasser).

Nach der „Therapie" präsentiert der zuständige Minister Alex in einer Art Bühnenshow. Der Politiker hatte das Umerziehungsprogramm initiiert, um die Gefängnisse zu entlasten und seine Popularität zu steigern. Alex reagiert auf Gewalt und Sexualität vollständig hilf- und wehrlos. Ihm wird übel. Er kann sich nicht wehren, als er als Demonstrationsobjekt auf der Bühne einem männlichen Gegner die Schuhsohle ablecken muss. Als eine junge Blondine, nur mit einem knappen Slip bekleidet, auf ihn zukommt, kann er sie nicht mehr berühren.

Trotz der hohen Effektivität haben Aversionsverfahren stark an Bedeutung verloren. Nach Reinecker spielen sie „bestenfalls eine historische und darüber hinaus sehr fragwürdige Rolle im Spektrum der Psychotherapie" (1999, S. 229).

Respondenter Abbau erfolgt nach dem Prinzip der *Löschung*, d.h. es wird CS ohne UCS dargeboten. Das erreicht man über den Prozess der *Systematischen*

---

[72] Später ergänzte und erweiterte man sie um wichtige kognitive Therapieverfahren sowie um Konzepte des Modelllernens und der Selbstkontrolle (vgl. z.B. das Selbstinstruktionstraining nach Donald Meichenbaum, 1995).

3.2 Psychotherapeutische Interventionen   **145**

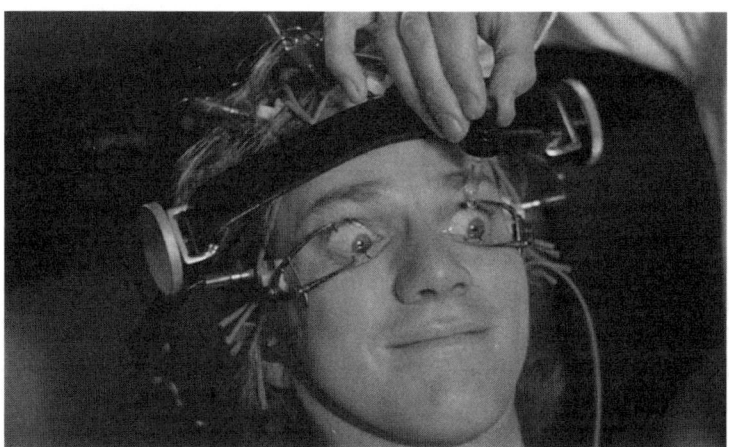

Standbild 20: A CLOCKWORK ORANGE. Gewaltvideos und Todesangst als „Therapie" für Alexander de Large (Malcolm Mc Dowell). Filmstill 1:09:38

Desensibilisierung. Joseph Wolpe (1958, 1973) hat das Verfahren in den 1950er-Jahren entwickelt. Wenn gleichzeitig mit den angstauslösenden Stimuli eine antagonistische (Entspannungs-)Reaktion auftritt, wirkt diese aufgrund der *reziproken Hemmung* der Angstreaktion entgegen.

Zuerst lernt der Klient eine Entspannungstechnik, meist die progressive Muskelrelaxation nach Edmund Jacobson (1938) und kann danach die Anspannung und Entspannung einzelner Muskelgruppen kontrollieren. Nach heutiger Auffassung funktionieren andere Entspannungsverfahren genauso wirkungsvoll.

Dann erarbeitet der Therapeut mit dem Klienten eine individuelle Angsthierarchie mit Einheiten (*subjective units of disturbance, SUD*) von eins (fast nicht angstauslösend) bis zehn (sehr angstauslösend, *top item*). Oftmals wird noch eine Null-Einstiegs- bzw. Ruheszene vorgeschaltet.

Schließlich beginnt der Abbau der Hierarchie mit dem am wenigsten angstauslösenden Stimulus. Der Klient befindet sich dabei immer in dem vorher induzierten Entspannungszustand. Die Angsthierarchie wird auf diese Weise mehrfach Stück für Stück durchgearbeitet, bis der Klient alle Situationen angstfrei erleben kann. Der Therapeut führt ihn erst dann zu der nächst schwierigeren Situation, wenn er die vorherige angstfrei bewältigt.

Die Systematische Desensibilisierung ist nur eines (wenngleich das grundlegende und früheste) von mehreren Verfahren der *Reizkonfrontation*.

Tabelle 8: Systematik der Reizkonfrontation

Art der Konfrontation	in sensu	in vivo
graduiert	Systematische Desensibilisierung	Habituationstraining
massiert	Implosion	Flooding

- *Systematische Desensibilisierung*: Angststimuli werden hierarchisch geordnet zunächst *in sensu* (in der Vorstellung), evtl. später *in vivo* (tatsächlich) dargeboten. Beginn mit dem am wenigsten aversiven Reiz. Einsatz von Entspannungsübungen zur Ausschaltung der Angst.
- *Implosion*: Angststimuli werden *in sensu* in voller Intensität eingesetzt, z.T. ins Unrealistische übertrieben. Ziel ist die nachträgliche Bewältigung früherer traumatischer Erlebnisse ohne die dazugehörigen negativen Folgen.
- *Habituationstraining*: In-vivo-Verfahren mit direkter Konfrontation. Die Stimuli sind von eher geringer Intensität, gleichförmig, aber extrem lang dauernd. Abbruchkriterium ist die erfolgreiche Bewältigung.
- *Flooding*: Reizüberflutung, unmittelbare Konfrontation mit den angstintensivsten Stimuli (*top items*) in der Realität. Für den Klienten wirkt das Verfahren oft stark belastend. Nur bei eng umgrenzten Phobien indiziert.

Bei Konfrontationsverfahren muss der Therapeut das (automatisierte) Vermeidungsverhalten des Klienten oft unterbinden (Reaktionsverhinderung,[73] *response prevention*).

Bei der Zwangssymptomatik z.B. darf er das Zwangsritual nicht mehr ausführen, soll also Angst und Anspannung zulassen. Dadurch kann er die Erfahrung machen, dass die Erregung bei wiederholter Exposition immer weniger ansteigt (*Habituation*).

Lange vor der Entstehung der modernen Verhaltenstherapie behandelte Johann Wolfgang von Goethe seine ausgeprägte Höhenangst (Akrophobie) in Eigenregie mit einem verhaltenstherapeutischen In-vivo-Verfahren (respondenter Abbau). In einem Abschnitt aus dem IX. Buch von „Dichtung und Wahrheit" (verfasst 1811–1814) beschreibt er seine Höhenangst: „Besonders ängstigte mich ein Schwindel, der mich jedes Mal befiel, wenn ich von einer Höhe herunterblickte. Allen diesen Mängeln suchte ich abzuhelfen, und zwar weil ich keine Zeit verlieren wollte, auf eine etwas heftige Weise […] Ich erstieg ganz allein den höchsten Gipfel des Münsterturms […]". Er schildert dann weiter, wie er sich auf eine frei stehende Plattform stellte und versuchte, die dabei auftretende Höhenangst aus-

---

[73] Heute bevorzugt man den Begriff *Reaktionsmanagement*. Der Klient soll lernen, die problematischen Situationen allein, ohne den Therapeuten zu bewältigen und das gewünschte Verhalten möglichst noch auf weitere Lebensbereiche zu übertragen.

zuhalten. „Dergleichen Angst und Qual wiederholte ich so oft, bis der Eindruck mir ganz gleichgültig ward [...]" (Lück, H. & Miller, R., 1993, S. 15–16).

In dem Lehrfilm VERHALTENSTHERAPIE BEI ÄNGSTEN stellt Steffen Fliegel Konfrontationsverfahren dar. Die beigefügte Publikation ergänzt das Filmmaterial um theoretische und empirische Grundlagen, praktische Übungen sowie den Wortlaut der gesprochenen Kommentare. Lernziel ist das Training des Therapeutenverhaltens. Der Film beinhaltet drei Teile:

Teil 1: Informationsgewinnung und Selbstverbalisationstraining,
Teil 2: Reizkonfrontation in der Vorstellung,
Teil 3: Reizkonfrontation in der Realität.

Jeder Teil besteht aus mehreren (5, 5, 3) Filmszenen. Die (echten) Klient(inn)en leiden unter Angst vor Höhen, Krankheiten, Prüfungen; der Angst sterben zu müssen, allein über belebte Plätze und Straßen zu laufen sowie öffentliche Verkehrsmittel zu benutzen. Der Film hält sich eng an das Schema für Diagnose und Therapieplanung in der Verhaltenstherapie von Dietmar Schulte (1974, S. 75–104). Davon ausgehend zeigt er die Problem- und Bedingungsanalyse, die Exploration der Angstreaktionsebenen (kognitiv, emotional, physiologisch und motorisch), die Erhebung der *Baseline* (Aufzeichnung des Problemverhaltens vor der Therapie als Bezugsgröße für spätere Erfolgskontrollen) sowie den Therapieplan und weitere konkrete therapeutische Schritte.

Das Selbstverbalisationstraining erfolgt als Vorphase zur graduierten Reizkonfrontation *in sensu* (Systematische Desensibilisierung). Wir sehen das Entspannungstraining (progressive Muskelrelaxation nach Jacobson, 1938), aber auch die Hierarchisierung der angstauslösenden Situationen einschließlich der technischen Details (Konkretion der Hierarchisierung und Vorstellbarkeit der *items* bei eher kleineren, ungefähr gleichen Abständen usw.) der Hierarchisierung. Der dritte Teil zeigt die graduierte Reizkonfrontation in der Realität.

Die mitwirkenden Therapeut(inn)en arbeiten erfolgreich. So schafft es am Ende eine Klientin, nach zweieinhalb Stunden eine für sie beängstigend hohe Treppe allein hinauf und hinunter zu gehen, ja sogar sich eine Zeit lang auf der oberen Plattform aufzuhalten. Ein Klient, von Beruf Gärtner, kann zu Beginn der Therapie seine Wohnung nicht allein verlassen. Es gelingt ihm schließlich, in der Bochumer Innenstadt allein über belebte Straßen und Plätze zu laufen sowie einige Stationen mit der S-Bahn zu fahren.

Der Film thematisiert aber auch Schwierigkeiten. So kann etwa ein graduiertes Vorgehen beim Einsteigen in die S-Bahn nicht funktionieren, weil diese einfach abfährt. Bei der Verhinderung von Fluchttendenzen bleiben die Therapeut(inn)en einfühlsam-unterstützend und verhindern dennoch Ansätze zu Fluchtverhalten verbal oder mit sanftem Druck auf der Grundlage eines Therapievertrages.

Positive Verstärkung wirkt als hocheffizientes Prinzip des *operanten Aufbaus* (Fall 3). Die Verstärkung C^+ muss unbedingt zeitnah erfolgen, die Zugehörigkeit von Reaktion und Konsequenz eindeutig sein. Als Techniken für den Aufbau erwünschten Verhaltens kommen zum Einsatz:

- *Shaping of behavior* (Verhaltensformung): positive, schrittweise Verstärkung erster Annäherungen des Klienten an das Zielverhalten;
- *Chaining* (Verhaltensverkettung): Verstärkung beim Aufbau eines komplexen Gesamtverhaltens, beginnend mit den letzten Elementen in der Verhaltenskette;
- *Prompting* („Soufflieren"): explizite verbale Instruktionen oder sogar Hinweise auf das gewünschte Verhalten durch den Therapeuten;
- *Fading* (Ausblenden): schrittweise Zurücknahme von Verstärkern:

Sowohl operanten Aufbau (*token economies*, Verstärkung mit Wertmarken) als auch *operanten Abbau* in der Form indirekter Bestrafung kann man in dem in schwarz-weiß gedrehten Film DIE ANSTALT[74] sehen. Allerdings thematisiert er das Belohnungs- und Bestrafungssystem nur am Rande. Die 19-jährige Psychologiestudentin Anna Theyn lässt sich freiwillig in eine Nervenklinik einweisen, nicht ohne vorher ihre psychische Gesundheit bei einem Rechtsanwalt dokumentiert zu haben. Sie stellt sich das Ganze als Selbstversuch vor.

Nur unter Mühen gelingt es ihr am Ende, in der kirchlich gebundenen, gefängnisähnlichen Anstalt ihre Entlassung zu bewirken. Der Chefarzt Dr. Reincke spricht bei allen Patienten von verkorksten Genen. Sein Mitarbeiter und Handlanger Dr. Bongarzt experimentiert mit einem Belohnungs- und Bestrafungssystem. Er läuft beständig mit einem Stapel Spielmarken durch die Klinik, um die Patienten damit zu konditionieren. Seldmann, ein Alkoholiker, muss sich seinen Mittagsschlaf mit einer Marke verdienen („Seldmann, das kann Sie 'ne Marke kosten!", Transkript der Verfasser), indem er einen Mitpatienten verrät. Bereits im nächsten Moment nimmt ihm ein korrupter Pfleger im „Tausch" gegen eine Gefälligkeit die Marke wieder ab.

Der Film zeigt also ein extremes Negativbeispiel für *token economies* (und für fragwürdige und misslungene „Therapie" im Allgemeinen). Da diese Strategie des Kontingenzmanagements (vgl. Frederick Kanfer, Hans Reinecker & Dieter Schmelzer, 1996) nicht nur zur Individualtherapie, sondern auch als Ordnungsmaßnahme auf einer Station verwendet werden kann, formuliert Reinecker (1999, S. 224): „Eine solche Anwendung stellt einen klaren Missbrauch dar und sollte aufgrund ethischer Überlegungen nicht mehr als Verhaltenstherapie bezeichnet werden." Reinecker betont aber auch die „prinzipiellen therapeutischen Möglichkeiten von token economies" (1999, S. 224). Das bedeutet, die Arbeit mit diesen Strategien kann in Absprache mit den Klienten und auf der Grundlage eines beidseitigen Therapievertrages (beim *contract management* vereinbaren beide

---

[74] Als Grundlage dienten Minows einjährige Recherchen in Landeskrankenhäusern und Nervenkliniken.

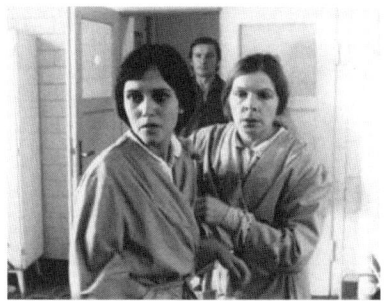

Standbild 21: DIE ANSTALT. Psychiatrie im Selbstversuch

Parteien ein Verhalten in vertraglicher Form) ein mächtiges, positives und erwünschtes Mittel zur Verhaltensänderung sein.

Operanter Abbau (Fall 4) erfolgt bei *Annäherungsverhalten* nach dem Prinzip der Löschung, d.h. C^+ wird entfernt. Relativ bekannt ist das Verfahren des *time out* (Auszeit). Wenn etwa ein Kindergartenkind, das andere Kinder kratzt oder beißt, sofort Aufmerksamkeit durch die Erzieher bekommt, wäre das falsch. Denn Aufmerksamkeit wirkt als C^+. Im Sinne des operanten Abbaus sollte man das Kind ohne großen Kommentar für eine gewisse Zeit isolieren. Ob das ethischen Maßstäben genügt, steht auf einem anderen Blatt.

Operanter Abbau von *Vermeidungsverhalten* ist der wichtigere, aber auch der schwierigere Fall. Üblicherweise setzt sich der Klient den angstbesetzten Situationen nie aus und kann sie somit nicht als harmlos, bewältigbar oder eventuell auch inexistent erfahren. Er vermeidet die aversive Situation (aufgrund bestimmter Hinweisreize) oder flieht aus ihr, sobald er in Kontakt mit ihr kommt. Aus diesem Grund zwingen Verhaltenstherapeuten den Klienten, sich der aversiven Situation zu stellen, diese auszuhalten und zu bewältigen, d.h. die Therapeuten setzen Reizkonfrontationsverfahren nach dem Prinzip der *forcierten Löschung* ein.

Das ist auch in dem Lehrfilm ANGST VON 0–10 geplant, der einen realen Fall aufgreift. Die Christoph-Dornier-Stiftung als durchführende Institution präsentiert die vorgestellte Verhaltenstherapie als Beispiel für eine erfolgreiche Behandlung. Die Diplom-Psychologin Frau Anke Gulbins therapiert eine ca. 30-jährige Klientin (auch als Patientin bezeichnet). Sie hat Angst, allein zu sein und ohne Begleitung Bus zu fahren.

In den ersten Szenen im Bus bekommt sie feuchte Hände, Herzklopfen, das Gefühl, nicht durchatmen zu können, Angst umzufallen und das Gefühl, sich übergeben zu müssen. Auf der Skala von 0–10 gibt sie 7 als Stärke der Angst an.

Da sie nicht allein Bus fahren kann, ist sie bisher immer nur mit dem Fahrrad gefahren. Die Therapeutin wählt einen gemischten Konfrontationsansatz: Die angstauslösenden Stimuli werden eher massiert als graduiert, überwiegend *in vivo* eingesetzt. Therapeutin und Klientin fahren zunächst gemeinsam mit dem Bus.

Standbild 22: ANGST VON *0–10. Die Angst steht der Klientin an der Bushaltestelle deutlich ins Gesicht geschrieben. Filmstill 0:51:17*

Sie soll sich das Angstauslösende der Situation im Bus genau vor Augen führen. Dazu sitzt sie vor der Therapeutin und soll sich vorstellen, sie wäre allein.

Der Film zeigt folgende Abschnitte:
Abschnitt A   Therapeutin und Klientin im Bus
Abschnitt B   Beide an der Endhaltestelle, als es dämmert
Abschnitt C   Nachbesprechung der aufgetretenen Probleme
Abschnitt D   Klientin verbringt die Nacht allein in einem Zimmer auf einer Station der Christoph-Dornier-Stiftung.
Abschnitt E   (Vorbereitung der) Entscheidung zum weiteren Vorgehen
Abschnitt F   Interview mit der Klientin ein Jahr später an ihrem Heimatort
Abschnitt G   Eingefügte Interviews mit der Therapeutin zur Begründung ihres Vorgehens

Die doch recht unerfahrene Therapeutin wählt ihre Interventionen nicht immer günstig. Im Bus und an der Endhaltestelle wiederholt sie dieselben Fragen („Wie ist es jetzt? Warum ist das schlimm? Was könnte passieren? Was wäre das Schlimmste?"[75]) mehrfach. Die Klientin äußert indirekt Kritik: „Das hab ich doch schon 1000-mal gesagt." Die unterschiedlichen Anweisungen verwirren sie: „Versuchen Sie, sich auf Gedanken *in Ihrem Kopf* zu konzentrieren!" „Konzentrieren Sie sich auf den Gedanken *und die Situation!*" (Hervorhebung der Verfasser). Manchmal erzielen die Fragen keine Wirkung: „Wie können Sie's rausbekommen?" Die Klientin antwortet brav: „Indem ich das (mit dem Bus fahren, Anmerkung der Verfasser) allein mache." Der Beobachter sieht deutlich, sie wird es nie und nimmer machen.

An einer Stelle sagt die Klientin: „Ich liefere mich total aus." Statt zu ergründen, welche leidvollen Erfahrungen zu einem solchen Gefühl geführt haben, fragt die Therapeutin: „Was ist daran erschreckend?"

---

[75] Hier wie im Folgenden Transkript der Verfasser.

Im Sinne der Verhaltenstherapie können Ängste „als konditionierte emotionale Reaktionen dann stufenweise gelöscht werden, wenn die angsterzeugende Stimulussituation ohne Verstärkung", ohne UCS, dargeboten wird. Nach Thomas Stampfl (1968, S. 31–36) gilt: „Diese Reize stellen die psychodynamisch-relevanten Traumata der frühen Kindheit dar, die für die Ängste des Klienten relevant sind." Auch Verhaltenstherapeuten sollten also nicht nur in der aktuellen Situation verbleiben – die Frage, was daran erschreckend sei, legt das nahe – sondern klären, welche früh(er)en Traumata eine Rolle spielen.

Der wichtigste Kritikpunkt besteht darin, dass die Therapeutin das weitere Vorgehen mit der Klientin an der Endstation deutlich ansagt („[...] Was ich jetzt vorhabe [...] Sie bleiben hier allein und fahren dann bis zum Domplatz allein") und die Konfrontation dann nicht durchhält. Das gilt auch unter Verhaltenstherapeuten als gravierender Fehler. Die Therapeutin lässt sich auf eine fruchtlose Diskussion mit der Klientin ein. Am Schluss kauft sie selbst deutlich unzufrieden die beiden Busfahrkarten und fährt gemeinsam mit der Klientin zum Domplatz.

Entwicklungen

„Menschliches Verhalten ist in wesentlichen Aspekten gelernt, kann also auch ver-, um- oder neu gelernt werden" (Reinecker, 1999, S. 88). Dieser Grundsatz gilt auch heute noch als Fundament der Verhaltenstherapie. Vieles andere hat sich seit den Tagen der frühen Pioniere verändert. Der klassische Behaviorismus operationalisierte in Abgrenzung zu metaphysischen Auffassungen nur dasjenige als Verhalten, was sich beobachten ließ. Alle darüber hinausgehenden Aspekte des Seelenlebens lehnte er als mentalistisch ab. Das radikal-behavioristische Modell, das S(timulus)-R(esponse)-Modell, konnte aber nicht erklären, warum sich Personen unter gleichen Reizbedingungen unterschiedlich verhalten, wies also Schwächen bei der Erklärung der Bandbreite menschlichen Verhaltens auf.

Bereits 1932 arbeitete Edward Chace Tolman mit dem Erwartungskonzept,[76] und 1953 fügte Skinner zwischen Situation und Reaktion die sogenannte O(rganismus)-Variable ein (S-O-R-Modell). Entsprechend dieser Vorstellung lösen Reize Reaktionen nicht direkt aus, sondern vermittelt über zwischengeschaltete Prozesse. Der Begriff „Organismus-Variable" zielte ursprünglich auf Merkmale wie körperliche Fitness u.ä. Erst später dehnte man ihn auf kognitive[77] Faktoren wie Erwartungen, Befürchtungen, Einstellungen usw. aus.

Die Bezeichnung „kognitiv" wird heute inflationär gebraucht. Man meint damit u.a. gedankliche Prozesse, Erwartungen und Befürchtungen, Standards und Bewertungen, Emotionen, Attributionen, Einstellungen und Schemata. Die Liste

---

[76] Die Erwartungstheorie betont die Zielbezogenheit des Verhaltens. Tolman zufolge beinhaltet Lernen den Aufbau von Erwartungen über Kontingenzen zwischen Umweltereignissen.
[77] Kognition (lat. *cognoscere* „erkennen, erfahren") ist der allgemeine Begriff für Wahrnehmungs- und Denkvorgänge einschließlich sie begleitender Erwartungen, Einstellungen und Überzeugungen.

ließe sich fortführen, wobei die entsprechenden Begriffe in unterschiedlichen, z.T. nur schwach elaborierten Theorien vorkommen.

Die begriffliche Unterscheidung zwischen Verhaltenstherapie und *kognitiver* Verhaltenstherapie macht nur insofern Sinn, als Letztere den Fokus auf innere, gedankliche Prozesse in ihrer Bedeutung für Veränderung richtet. Der Unterschied besteht also darin, dass die kognitive Verhaltenstherapie die Funktion kognitiver Prozesse konzeptionell berücksichtigt. Es ist aber so: Auch die klassische Verhaltenstherapie verändert mit ihren Interventionsmethoden der Reizkonfrontation und der Reaktionsverhinderung kognitive Vorgänge. Der geheilte Flugangstklient wird nicht nur relativ angstfrei in ein Flugzeug steigen, sondern auch seine Einstellungen und Bewertungen gegenüber dem Fliegen verändern. Umgekehrt verändert sich bei einem Klienten mit einer sozialen Phobie durch kognitive Intervention (z.B. durch positive Selbstinstruktion) auch das Verhalten, d.h. er geht wieder öfter unter Menschen.

Die kognitive Ebene erweist sich also als therapeutisch besonders wichtig. Die Klientin aus dem Lehrfilm ANGST VON 0–10 hat Angst davor, im Bus ohnmächtig zu werden und umzufallen. Obwohl sie diese Erfahrung wahrscheinlich noch nie in ihrem Leben gemacht hat, wirkt ihre *Erwartung* bzw. *Befürchtung* ausschlaggebend für ihr Vermeidungsverhalten. Nicht die Situation, sondern auch und vor allem ihre vorwegnehmende Bewertung, also ein vermittelnder kognitiver Prozess, bestimmen das Verhalten. Insofern liegt hier trotz des konzeptuellen theoretischen Eklektizismus zum Kognitionsbegriff ein entscheidender Punkt für die therapeutische Intervention. Kognitive Veränderungen („Umdenken") können Verhaltensänderungen bewirken.[78]

Das radikal-behavioristische S-R-Modell hat sich also zum S-O-R-Modell entwickelt. Viele Autoren beziehen sich darauf mit dem Begriff der *Kognitiven Wende*. (UC)S ist nicht nur ein singulärer Reiz, sondern die gesamte Situation, (UC)R nicht eine einzelne, isolierte Reaktion, sondern komplexes Verhalten. Es wird nicht mehr als passiv und reaktiv aufgefasst, sondern als aktiver Prozess. Beim respondenten Aufbau von Verhalten kann nicht jeder beliebige Reiz CS-Funktion übernehmen, wie es die *Äquipotenzannahme* postuliert. Zeitliche und räumliche Nähe von CS und UCS bilden eine gute Voraussetzung für den Lernprozess, reichen aber nicht für die vollständige Erklärung. Vielmehr sucht der Organismus bzw. das Individuum sein Umfeld aktiv darauf hin ab und bildet Erwartungen darüber aus, welche Ereignisse anhand ihrer Bedeutung als zusammengehörig betrachtet werden können (aktives Herstellen von Kontingenz). Entsprechend versteht die Verhaltenstherapie heute nicht nur den Aufbau von Verhalten, sondern ebenso die Löschung als aktiven Prozess.

Seit Walter Mischels sozial-kognitiver Lerntheorie (1968) sehen Verhaltenstherapeuten menschliches Verhalten zunehmend nicht mehr nur als abhängige Va-

---

[78] Schon die stoischen Philosophen wussten: „Nicht die Dinge an sich beunruhigen den Menschen, sondern seine Sicht der Dinge" (Epiktet).

riable. Um Wechselwirkungen zu beschreiben, spricht Albert Bandura (1986) vom reziproken Determinismus. Andere Autoren bevorzugen den Begriff der Interaktion, „weil wir in der Steuerung menschlichen Verhaltens nicht von deterministischen, sondern von probabilistischen Einflüssen auszugehen haben" (Reinecker, 1999, S. 110). Auf jeden Fall handelt es sich hier um einen gravierenden Sichtwechsel im Welt- und Menschenbild der Verhaltenstherapie. Der Mensch ist nicht mehr nur den vielfältigen kontingenten Bedingungen ausgeliefert, sondern gestaltet seine Umwelt aktiv. Insofern sollen Klienten dazu befähigt werden, die Steuerung ihres Verhaltens in die eigene Hand zu nehmen, indem sie die Kontingenzen selbst setzen. Ziel der Verhaltenstherapie ist die Entwicklung der Klienten in Richtung Unabhängigkeit und Selbstkontrolle im Sinne flexibler Steuerung des eigenen Verhaltens. Kanfer, Reinecker und Schmelzer haben dafür den Begriff „Selbstmanagement" gewählt.

Das bekannteste *kognitiv orientierte Verfahren* ist die rational-emotive Therapie (RET) nach Albert Ellis (1977). Seiner Grundannahme zufolge verursachen in erster Linie nicht etwa äußere Umstände, sondern irrationale Denkmuster bzw. Überzeugungen (*irrational beliefs*) die psychischen Störungen. Als verzerrte Wahrnehmungen und Interpretationen äußerer Ereignisse erweisen sie sich für die eigenen Zielsetzungen als dysfunktional.

Im Zentrum seines Störungsmodells und seiner Interventionsvorschläge steht der ABC-Prozess:

A	*activating event*	äußeres Ereignis
B	*belief system*	Bewertungs- und Glaubenssystem
C	*consequences*	affektive und verhaltensbezogene Konsequenzen

Äußere Ereignisse führen nicht direkt, sondern über Bewertungen vermittelt zu Konsequenzen im Verhalten. Den wichtigsten therapeutischen Ansatzpunkt bietet das *belief system* mit seinen irrationalen Annahmen und dogmatischen Einstellungen.[79] Diese will Ellis als biologische Tendenz verstanden wissen. Irrationales Denken verursacht die Störung nicht selbst, macht das Individuum aber anfällig dafür. Denn solche unangepasst-dogmatischen Haltungen erweisen sich für die meisten Situationen als nicht zielführend. Perfektionismus („Alles muss bis ins letzte Detail stimmen") ist etwa eine solche irrationale Einstellung, die Vorstellung kompletter Kontrolle aller Lebensumstände eine andere.

Ziel der Therapie ist es, das *belief system* zu verändern. Das will Ellis mit Techniken auf der kognitiven, emotiven und behavioralen Ebene erreichen. Seine wichtigste Methode ist das Streitgespräch (Disputation) „in Anlehnung an den sokratischen Dialog". Bei der Wahl der Mittel (Übungen) geht er pragmatisch vor, bei ihrer Anwendung direktiv (geleitete Erkenntnis).

---

[79] In Ellis' ätiologischem Störungsmodell gibt es zwei weitere Determinanten, nämlich die Erziehung als Vorbedingung für falsche Glaubenssätze und das sogenannte LFT (*low frustration tolerance*-) Problem.

Ellis gilt vielen als Wegbereiter der kognitiven Verhaltenstherapie, sein Ansatz hat große Verbreitung gefunden. Seine biologistischen Auffassungen über die Irrationalität des Menschen, sein rigoroses Methodenverständnis (gut ist, was nützlich erscheint) und seine Direktivität (Therapeut als Instruktor) hängen „mit einer für die USA typischen Haltung (Pragmatismus und Utilitarismus, Anmerkung der Verfasser) und Lebenseinstellung" (Reinecker, 1999, S. 265) zusammen.

Ein weiteres Beispiel für ein Behandlungsverfahren ist die Kognitive Therapie von Aaron Temkin Beck (1992). Ursprünglich zur Behandlung depressiver Störungen entwickelt, hat das Verfahren große Bedeutung in der Therapie von Angst- und Persönlichkeitsstörungen gewonnen, aber auch bei schizophrenen Erkrankungen. Die Therapie bei depressionstypischen, dysfunktionalen Kognitionsmustern (kognitive Triade: negativistische Sicht der eigenen Person, der Umwelt, der Zukunft) setzt auf kognitive Umstrukturierung. Der Klient lernt Reattribuierung (nicht ich bin für alles Böse in der Welt verantwortlich) und Entkatastrophisierung (ein kleiner Fehler führt nicht gleich zum Weltuntergang).

Im Vergleich zur Psychoanalyse hat sich die Verhaltenstherapie in einer relativ kurzen Zeitspanne entwickelt. Gemessen daran kann sie – nicht zuletzt aufgrund ihrer empirischen Standards – großen Anteil an der Etablierung der Klinischen Psychologie als seriöser Wissenschaft beanspruchen.

Zwischen Verhaltenstherapie und Psychoanalyse gibt es einen Punkt relativer Übereinstimmung: Der Klient bzw. Patient muss sich mit dem auseinandersetzen, was ihn ängstigt. Wie das jedoch im Einzelnen konzeptualisiert wird, unterscheidet sich bereits innerhalb verhaltenstherapeutischer Modellannahmen und erst recht zwischen Verhaltenstherapie und Psychoanalyse. So halten einige Verhaltenstheoretiker die dem UCS entsprechende Situation in der Lebensgeschichte des Klienten für oftmals nicht mehr auffindbar (vgl. Marks, 1978). Auf Grundlage dieser Auffassung interessierte sich die Verhaltenstherapie immer weniger für frühe, traumatisierende Situationen (vgl. die Reaktion der Therapeutin in ANGST VON 0–10 auf die Äußerung der Klientin „Ich habe das Gefühl, ich liefere mich total aus").

Anders hingegen äußert sich Stampfl (1970) im Zusammenhang mit Reizkonfrontationsverfahren: Die Löschung der konditionierten emotionalen Angstreaktion könne am ehesten dann erfolgen, wenn die auslösenden Reize den dazugehörigen Traumata der frühen Kindheit entsprechen. Psychodynamische Faktoren haben also innerhalb der Verhaltenstherapie (z.B. bei der Implosionstechnik, Stampfl & Levis, 1967, 1968) durchaus Bedeutung.

Von psychoanalytischen Vorstellungen ist das jedoch noch weit entfernt. Hier spielt das Unbewusste eine zentrale Rolle. Die Ursache der Symptome liegt in frühkindlichen Traumata, welche sich dem Bewusstsein des Patienten nur im psychoanalytischen Prozess erschließen.

Abbildung 36: Sigmund Freud (06.05.1856–23.09.1939), Begründer der Psychoanalyse

3.2.2 Psychoanalyse

Sigmund Freud gehört als Begründer der Psychoanalyse zu den wichtigsten Wissenschaftlern des 20. Jahrhunderts. Er hat das Denken der westlichen Welt maßgeblich verändert und geprägt. Im Zentrum seines Werks steht die Entdeckung des Unbewussten.
Im Jahre 1922 definierte Freud die Psychoanalyse so:

„Psychoanalyse ist der Name
1. eines Verfahrens zur Untersuchung seelischer Vorgänge, welche sonst kaum zugänglich sind;
2. einer Behandlungsmethode neurotischer Störungen, die sich auf diese Untersuchung gründet;
3. einer Reihe von psychologischen, auf solchem Wege gewonnenen Einsichten, die allmählich zu einer neuen wissenschaftlichen Disziplin zusammenwachsen."
G. W., XIII, S. 211; S. E., XVII, S. 235[80]

Sie ist also Forschungsinstrument, Behandlungsmethode und komplexes Theoriegebäude zugleich. Im Folgenden beschreiben wir zunächst das Instanzenmodell

---

[80] G. W. steht für Freud *Gesammelte Werke*, S. E. für die englische *Standard Edition of the Complete Psychological Works of Sigmund Freud.*

und dann die fünf Hauptbestandteile des psychoanalytischen Lehrgebäudes sowie theoretische Weiterentwicklungen.

Wer sich für den Begründer der Psychoanalyse näher interessiert, trifft auf zahlreiche, umfängliche Freud-Biografien.
Freud selbst hielt biografisches Interesse für legitim – die Psychoanalyse ist letztlich biografische Hermeneutik (Kunst der Deutung) –, äußerte aber auch immer wieder Zweifel an der Möglichkeit biografisch-objektiver Erkenntnis. Dafür sah er neben technischen Problemen wie z.B. der Lückenhaftigkeit des Materials auch systematische Gründe: Idealisierungstendenzen, die den Menschen hinter dem geglätteten Ideal verdecken einerseits, Demontagebestrebungen andererseits. Sein Fazit: „Die biographische Wahrheit ist nicht zu haben" (Freud, G. W., Bd. 18, 1968, S. 137).
Arnold Zweig soll er gebeten haben, die „Drohung", seine (Freuds) Biografie zu schreiben, nicht wahr zu machen. Trotz mancher Angebote von Verlegern hat er auch nie eine personenzentrierte Autobiografie geschrieben.
Freuds offizielle autobiografische Schriften befassen sich weder mit psychoanalytischen Darstellungen der eigenen Person noch mit bloßen Schilderungen seiner Lebensgeschichte, sondern mit der Historie der Werkentstehung.
Die Schrift *Zur Geschichte der psychoanalytischen Bewegung* (1914) berichtet über die Entstehung der Psychoanalyse und hat den Charakter einer Streitschrift. Die frühen Abfallbewegungen Alfred Adlers und Carl Gustav Jungs von 1911 bis 1913 schildert Freud recht ausführlich aus geringer zeitlicher, aber auch aus geringer emotionaler Distanz.
Die *Selbstdarstellung* (Freud, 1971) inklusive der darin enthaltenen *Nachschrift* reicht bis zum Jahre 1935. Als Freuds ausführlichste Darstellung berichtet sie in abgeklärter, ausgewogener Form über Entstehung und Entwicklung der Psychoanalyse.
Im Gegensatz dazu versuchen etliche Filme, die Psychoanalyse zu illustrieren, indem sie Freud als Person und nicht sein Werk in den Vordergrund stellen. Gemessen an seiner eigenen Art der Selbstdarstellung, seinen kritischen Äußerungen zum Umgang mit biografischem Material und seinen Vorbehalten gegenüber dem Medium Film[81] erscheint das kaum angemessen. Als ein Beispiel von vielen mag John Hustons FREUD, THE SECRET PASSION (USA 1962) gelten. Anna Freud äußerte sich kritisch dazu, da der Film weder die Person ihres Vaters, noch seine Arbeit angemessen darstelle.

---

[81] Dazu teilt sein Biograf Ernest Jones mit: „His main objection was his disbelief in the possibility of his abstract theories being presented in the plastic manner of a film" (Ernest Jones, 1957, S. 121).

3.2 Psychotherapeutische Interventionen

Das Instanzenmodell (Strukturmodell)
In Freuds Konzeption der Persönlichkeit bilden drei Instanzen das Strukturmodell des Seelischen. Er unterscheidet das Ich als Abwehrort vom Es als Triebpol und vom Über-Ich als Verbotssystem.[82]

Das Ich
Das Ich ist die zentrale, vermittelnde und auf Synthese gerichtete Instanz,[83] „[…] eine zusammenhängende Organisation der seelischen Vorgänge in einer Person […]"[84]

Im Verlauf der Ich-Entwicklung steht zunächst das körperliche Ich-Erleben im Vordergrund. Im Zusammenhang damit bildet sich das psychische Ich-Erleben mit den entsprechenden Aufgaben und Funktionen heraus. Dazu gehören Wahrnehmung und Realitätsprüfung, Denken und Urteilsbildung sowie die Ordnung der seelischen Vorgänge, aber auch die Kontrolle der *Motilität* (Abfuhr der körperinneren Erregungen in die Außenwelt).

Aus dynamischer Sicht[85] vermittelt das Ich zwischen äußerer Realität und intrapsychischen Strukturen. Freud zufolge wird es von drei Seiten bedroht: von der Außenwelt, von der Libido (Triebenergie, s.u.) des Es und vom Über-Ich.

Genetisch betrachtet hat sich das Ich aus dem Es herausgebildet und in der Auseinandersetzung mit der äußeren Realität ausdifferenziert. Insofern lassen sich die beiden Instanzen nicht trennscharf voneinander unterscheiden. Im Gegensatz zum Es – beherrscht vom Lustprinzip – arbeitet das Ich nach dem Realitätsprinzip und vertritt die Vernunft. Die dritte Bedrohung des Ich ergibt sich aus den strengen Forderungen des Über-Ich. „Das Ich fügt sich der höheren Instanz und nimmt gehorsam den Kampf gegen die Triebregung mit allen seinen Folgen auf" (Anna Freud, 1984, S. 43).

Das Ich arbeitet in Teilen unbewusst.[86] Die Annahme des *Unbewussten* hat sich bei Freud aus therapeutischer Erfahrung ergeben. Es umfasst verdrängte Inhalte (Vorstellungen, Fantasien, Triebrepräsentanzen). Die Hauptcharakteristika des Unbewussten finden sich im Es. Unbewusste Anteile gibt es aber auch im Ich und Über-Ich. „Wir haben im Ich selbst etwas gefunden, was auch unbewußt ist, sich

---

[82] Freud führt diese Begriffe in *Das Ich und das Es* (1923) ein.
[83] Das Ich ist also eine Teilstruktur der Persönlichkeit und nicht die ganze Persönlichkeit. Bisweilen sprechen Psychoanalytiker auch vom Ich der Eigenliebe und meinen dann eine personale Gesamtheit.
[84] Freud, 1975, Studienausgabe Bd. 3, S. 286. Im Folgenden verwenden wir als Abkürzung für den jeweiligen Band der Studienausgabe die Jahreszahl, also etwa (1969) für Bd. 1, *Vorlesungen zur Einführung in die Psychoanalyse*.
[85] Der Begriff *dynamisch* charakterisiert einen Gesichtspunkt, der psychische Phänomene als Resultat konflikthafter, triebbestimmter seelischer Kräfte ansieht. So z.B. drängt ein unbewusster Wunsch nach Ausdruck im Bewusstsein, wird aber durch Gegenkräfte in Schach gehalten.
[86] Das wird in der Sekundärliteratur oft verkannt, so z.B. bei Berger: „Unter dem Ich versteht die Psychoanalyse den bewussten Anteil der Persönlichkeit, mit dem das Individuum sich als eigenständig existierend und von der Umwelt abgegrenzt erlebt" (2000, S. 163).

geradeso benimmt wie das Verdrängte, das heißt starke Wirkungen äußert, ohne selbst bewußt zu werden, und zu dessen Bewußtmachung es einer besonderen Arbeit bedarf" (Freud, 1975, S. 287). Freud meint damit die Abwehrmechanismen[87] des Ich, die zum großen Teil ebenfalls unbewusst arbeiten. Das abwehrende Individuum weiß weder etwas über die Mechanismen noch über die in diesem Zusammenhang wirksamen eigenen Motive.

Die Beschäftigung mit dem Ich galt lange Zeit als unpopulär. Die Psychoanalytiker interessierten sich für die tieferen Schichten der Persönlichkeit, für das Verdrängte, das Unbewusste.

Das Es

Das Es ist der Triebpol der Persönlichkeit, ökonomisch gesehen das Reservoir der psychischen Energie. Freud führte den Begriff 1923 ein (*Das Ich und das Es*) und ließ sich dabei von Georg Groddecks[88] Diktion beeinflussen, wonach wir von unbekannten Mächten „gelebt werden". Das Es umfasst das Verdrängte, die unbewussten *Triebe*. Z.T. erblich und konstitutionell, z.T. erworben, nimmt Freud sie als Kräfte hinter den Bedürfnisspannungen des Es an. Er reduziert die Vielfalt der existierenden Triebe auf zwei Grundtriebe, den *Eros* (Lebenstrieb) und den *Destruktionstrieb* (Todestrieb). Die Triebenergie (allerdings nur die des Eros) nennt Freud *Libido*.[89]

Die Triebe äußern sich in Spannungen und Unlustgefühlen. Als *Quelle* des Triebes führen innere, körperliche (somatische) Reize zu Spannungszuständen. Das *Triebziel* besteht in der Aufhebung des Spannungszustandes auf dem direkten Weg der Erregungsabfuhr.

Das funktioniert nur über den Bewegungsapparat. Dieser steht allerdings unter der Kontrolle des Ich und dessen Verfügungsgewalt über die willkürlichen Bewegungen. Günstigstenfalls setzt sich das Triebziel mit Unterstützung des Ich durch. Meistens entsteht aber ein Konflikt. Unter dem Einfluss der äußeren Realität und den strengen Forderungen des Über-Ich modifiziert das Ich die Triebregungen des Es, hält sie durch Abwehrmaßnahmen in Grenzen oder drängt sie auf ihr eigenes Gebiet zurück. Im Es gelten andere Gesetze. Während im Ich die strengen Bedingungen der Rationalität gelten (*Sekundärvorgang*), herrschen im Es die Regeln des *Primärvorgangs*: Gesetze der Logik sind ausgeschaltet, Gegensätze existieren unvermittelt nebeneinander, ohne sich zu stören. Vorstellungsinhalte be-

---

[87] Freud (1926) verwendet den Begriff *Abwehr* als allgemeine Bezeichnung für Techniken des Ich, unerträgliche Vorstellungen und Affekte ins Unbewusste (zurück)zudrängen. *Verdrängung* ist der Name einer bestimmten solchen Abwehrmethode, ein Spezialfall der Abwehr.

[88] Georg Groddeck, ein Wiener Arzt, hatte den Begriff des Es in Anlehnung an Friedrich Nietzsche in den Titel seines Buches übernommen (*Das Buch vom Es*, 1923).

[89] Libido (lat. „Lust, Wunsch, Begierde"), hier: Triebenergie. „Wir heißen so die als quantitative Größe betrachtete – wenn auch derzeit nicht meßbare – Energie solcher Triebe, welche mit all dem zu tun haben, was man als Liebe zusammenfassen kann" (Massenpsychologie und Ich-Analyse, G. W., XIII, S. 98).

stehen unabhängig nebeneinander. Affekte sind verschiebbar, d.h. die Energie und damit die Intensität eines Affekts können auf einen anderen übergehen.

Das Über-Ich
Das Über-Ich ist die kritische Instanz, das Verbotssystem, vergleichbar mit einem Richter oder Zensor. Es gibt sich als separate Instanz aber nur zu erkennen, wenn es dem Ich kritisch gegenübersteht. „Solange das Ich in vollem Einvernehmen mit dem Über-Ich arbeitet, ist es nicht leicht, die Äußerungen der beiden zu unterscheiden, aber Spannungen und Entfernungen zwischen ihnen machen sich sehr deutlich bemerkbar" (Freud, 1953, S. 60).

In *Das Ich und das Es* verwendet Freud die Begriffe Über-Ich und Ichideal synonym.[90]

Genetisch gesehen hat es sich als eine besondere Instanz aus dem Ich gebildet, in der sich der elterliche Einfluss fortsetzt. Nach der klassischen psychoanalytischen Auffassung ist das Über-Ich der Erbe des Ödipuskomplexes.[91] Das Kind verzichtet schließlich auf verbotene ödipale Wünsche. *Identifizierung* (Angleichung an das Vorbild anderer) mit der Elterninstanz löst die *libidinöse Besetzung* (Bindung psychischer Energie an ein Objekt oder eine Vorstellung) ab. Ehemalige Verbote werden verinnerlicht. Später wird das Über-Ich dann noch durch die Forderungen und Normen der Gesellschaft im Sinne eines kollektiven Ideals erweitert und komplettiert.

Die Identifizierung zum Ende der ödipalen Phase bezieht sich allerdings nicht auf die Eltern als Personen, sondern auf die Eltern*instanzen*. D.h., das Über-Ich des Kindes beinhaltet nicht nur das Vorbild der Eltern, sondern auch *deren* Über-Ich.[92] „Und damit kommen nicht nur die persönlichen Eigenschaften dieser Eltern zur Geltung, sondern auch alles, was bestimmend auf sie selbst gewirkt hat [...]" (Freud, 1953, S. 60).

Die Inhalte des Über-Ich wirken zwar zum größeren Teil bewusst, die Instanz kann aber auch unbewusst arbeiten. Freud hat darauf hingewiesen und damit einen Unterschied zwischen Über-Ich und dem Gewissen gemacht, welches bewusst funktioniert.[93]

---

[90] In diesem weiteren Sinne beinhaltet das Über-Ich auch positive Vorbilder, umfasst aber wesentlich elterliche Forderungen und Verbote. Es hat die Funktion der kritischen Beobachtung und Bewertung des Ich. In früheren Arbeiten spricht Freud von zwei gesonderten Partialstrukturen, einer kritischen Instanz mit Verbotsfunktion und dem Ichideal mit Ideal- bzw. Vorbildfunktion.
[91] Psychoanalytiker nach Freud gehen bei der Über-Ich-Genese von früheren, präödipalen Vorläuferstufen aus. Melanie Klein (*Die Psychoanalyse des Kindes*, 1932) etwa sieht die Introjektion (Verinnerlichung, Aufnahme der Außenwelt in das Ich) der „guten" und „bösen" Objekte bereits zu Beginn der oralen Phase.
[92] Dieses Phänomen ist bei der Traditionsbildung von Werten und Normen *gesellschaftlich* wirksam. *Individuell* gesehen sind manche Personen (bei der Kindererziehung) strenger als die eigenen Eltern.
[93] Als Beispiel für Unbewusstes im Über-Ich führt er Selbstvorwürfe bei Zwangshandlungen an.

Grundlagen

Im Folgenden beschreiben wir die Grundlagen der Psychoanalyse anhand ihrer fünf Hauptbestandteile und erläutern sie durch Ausschnitte aus dem viel zitierten Klassiker GEHEIMNISSE EINER SEELE (R Georg Wilhelm Pabst, D 1926).[94] Welche Geheimnisse enthüllt der Film im Einzelnen?

Der *Vorspann* liefert eine Einführung in das Thema:

„Im Dasein jedes Menschen gibt es Wünsche und Leidenschaften, die dem ‚Bewusstsein' unbekannt bleiben. In dunklen Stunden seelischer Konflikte versuchen die ‚unbewussten' Triebe sich durchzusetzen. Aus solchen Kämpfen entstehen rätselhafte Erkrankungen, deren Aufklärung und Heilung das Arbeitsgebiet der Psychoanalyse bildet. In der Hand des ‚psychoanalytisch geschulten' Arztes bedeutet die Lehre des Univ. Prof. Dr. Sigmund Freud einen wichtigen Fortschritt bei der Behandlung derartiger seelischer Erkrankungen. Die Vorgänge dieses Filmes sind dem Leben entnommen. In keiner wesentlichen Tatsache wurde von der Krankheitsgeschichte abgewichen."[95]

Es ist die Geschichte des Chemikers Prof. Fellmann (Werner Krauss), im Film als „der Mann" bezeichnet, der mit seiner Frau (Ruth Weyher) in kinderloser Ehe lebt. Er leidet unter einer Reihe von Symptomen. Im Vordergrund steht seine Messerphobie, verbunden mit dem zwanghaften Impuls, seine Frau zu erstechen. Die Symptome treten besonders hervor, als Hans, der Vetter seiner Frau und sein Jugendfreund, die Eheleute besucht.

Im Traum erblickt der Mann seine Frau mit dem Vetter in einem Kahn auf einem dunklen Seerosenteich. Sie zieht ein Baby bzw. eine Puppe aus dem Wasser und schenkt sie dem Vetter. Eine weitere, korrespondierende Szene zeigt, wie die Frau als kleines Mädchen dem Vetter bei einem gemeinsamen Weihnachtsfest die Puppe („unsere Puppe") geschenkt hatte.

Wegen seiner Symptome äußerst beunruhigt, begibt sich der Mann in Behandlung bei dem Psychoanalytiker Dr. Orth (Pawel Pawlow). Er diagnostiziert eine schwere seelische Erkrankung. In der nun folgenden Therapie gelingt es dem Analytiker, seinen Patienten zu heilen. Die Traumdeutung spielt dabei eine wichtige Rolle.

Der *Epilog* zeigt ein Urlaubsidyll in den Bergen. Der sehnliche Kinderwunsch der Eheleute ist erfüllt. Sie haben ein Baby. Der Mann hält es stolz in den Himmel.

In seinen *Vorlesungen zur Einführung in die Psychoanalyse* legt Freud im dritten Teil seine allgemeine Neurosenlehre dar und bestimmt das Verhältnis von psychi-

---

[94] Georg Wilhelm Pabst (1886–1967) und Ufa-Produzent Hans Neumann hatten den Film als spielfilmhaften Lehrfilm konzipiert. Er rekonstruiert eine von Freud beschriebene Fallgeschichte. Als Berater unterstützten Dr. Karl Abraham (Präsident der Internationalen Psychoanalytischen Vereinigung) und Dr. Hanns Sachs (Lehranalytiker an der Berliner Psychoanalytischen Poliklinik) die Dreharbeiten. Freud stand dem Projekt ablehnend gegenüber. Er hielt es nicht für möglich, die Abstraktionen der psychoanalytischen Lehre mit den plastischen Mitteln des Films darzustellen.

[95] Transkript der Verfasser, basierend auf den deutschen Untertiteln.

schem Symptom und psychischer Krankheit. „Meine Damen und Herren! Für den Laien sind es die Symptome, die das Wesen der Krankheit bilden, und Heilung ist ihm Aufhebung der Symptome. Der Arzt legt Wert darauf, die Symptome von der Krankheit zu unterscheiden, und sagt, dass die Beseitigung der Symptome noch nicht die Heilung der Krankheit ist." (Freud, 1969, S. 350).

Das psychische *Symptom* ist eine nutzlose oder schädliche Beeinträchtigung. Mit Unlust bzw. Leiden verbunden, raubt es dem Individuum Lebensenergie. Freud spricht hier von zweierlei Kosten. Er meint damit die Kosten zur Aufrechterhaltung des Symptoms selbst und die zu seiner Bekämpfung.

Es zählt zu Freuds großen Verdiensten, den Sinn der Symptome (wie auch des Traums und der Fehlleistungen[96]) erkannt zu haben. Symptome bilden sich nicht zufällig. Sie gehören in einen angebbaren seelischen Zusammenhang und sie haben einen Sinn, d.h. ein Wozu (Funktion) und ein Woher (Genese).

An welchen Symptomen leidet der Chemiker? Welche Krankheit liegt ihnen zugrunde?

Im Zentrum der Störungen des Patienten steht die *Zwangsneurose*. Freud unterscheidet zwischen Zwangsvorstellungen, -impulsen und -handlungen.

Zwangshandlungen äußern sich als selbst auferlegte Gebote oder Verbote. Der Chemiker leidet unter dem Verbot, scharfe und spitze Gegenstände anzufassen: Brieföffner, Rasiermesser, Dolch und Essbesteck bzw. Tranchiermesser.

Im Film sieht man zunächst, dass sich der Mann rasiert und später im Labor einen Brief mit dem Brieföffner öffnet. Am Abend des ersten Tages[97] betrachtet er den Dolch – Gastgeschenk des sich ankündigenden Vetters –, legt ihn aber impulsiv weg, ein erster Hinweis auf die entstehende Symptomatik. Am zweiten Tag lässt er das Rasiermesser fallen. Er kann sich nicht mehr rasieren und muss zum Barbier gehen. Im Labor mag er den Brieföffner nicht mehr berühren und reißt den Brief mit den Fingern auf. Später, bei dem gemeinsamen Abendessen mit seiner Frau und dem Vetter, kann er weder das Fleisch tranchieren noch das Besteck anfassen. Wie so oft generalisiert das Symptom und bringt den Betroffenen auch in soziale Schwierigkeiten. Er verlässt Gattin und Vetter und geht in eine Wirtschaft. Wieder zu Hause, verspürt er beim Anblick des Dolchs den zwanghaften *Impuls*, seine Frau umzubringen. Nach Freud kommen solche Impulse nie zur Ausführung, gehen aber mit den schreckhaftesten Vorstellungen einher.

Die *Zwangsvorstellungen* belasten die Patienten mit unangenehmen Gedanken und lassen sie stets und ständig grübeln. Werner Krauss stellt den Chemiker treffend als zergrübelten Bücherwurm dar. Des Weiteren leidet der Mann unter psychogener Impotenz und Minderwertigkeitsgefühlen. Das Paar führt keine glückliche Ehe, sie ist kinderlos. Der Mann kann den gemeinsamen Kinderwunsch nicht

---

[96] *Fehlleistungen* wie Verhören, Verlesen, Versprechen, Verschreiben, Vergreifen, Vergessen und Verlieren basieren auf einer Kompromissbildung zwischen bewusster Absicht und unbewusstem Motiv. Ein Mitarbeiter redet z.B. davon, der Chef habe seine Arbeit gelyncht (statt gelobt). Der Handelnde führt das Misslingen für gewöhnlich auf Zufall zurück.

[97] Der Film zeigt drei Tage aus dem Leben des Mannes.

erfüllen. In der prägnantesten Szene gehen Mann und Frau gemeinsam die Treppe hinauf in getrennte Schlafzimmer.

Die funktionale Bedeutung des Symptoms, keine scharfen Gegenstände anfassen zu können, das „Wozu", liegt auf der Hand. Es schützt den Mann davor, seine Frau umzubringen. Das „Woher" ist nicht ganz so leicht zu ergründen. Seinen Ursprung hat es in frühen traumatischen Erfahrungen.

Der Weg der Symptombildung beginnt mit einem psychischen *Konflikt*, d.h. mit einem Streit von Wunschregungen. Das ist im psychischen Leben nichts Besonderes und so bleibt zu untersuchen, unter welchen Bedingungen der Konflikt pathogen wirkt. Freud beschreibt drei Faktoren (Bedingungen) der Neurosenätiologie.

Der erste Faktor ist die *Versagung* (*Entbehrung*)[98] durch die äußere Realität (externer Faktor), d.h. der Person wird die Möglichkeit genommen, ihre Libido zu befriedigen. Diese Bedingung ist notwendig, aber nicht hinreichend. Fehlende Libidobefriedigung macht nicht in jedem Falle krank. Dennoch kann der Mensch unbefriedigte Sexualität nur in begrenztem Maße ertragen. Freud hat in allen untersuchten Fällen von Neurose das Moment der Versagung nachweisen können.

Der zweite Faktor, der als ebenfalls notwendige, aber nicht als hinreichende Bedingung mit der externen Versagung zur Krankheitsverursachung zusammentritt, ist die *Libidofixierung* (interner Faktor). D.h., die Libido verbleibt auf einer früheren Stufe ihrer Entwicklung. Wenn sie von einer höheren zu einer niedrigeren Stufe zurückkehrt, spricht Freud von *Regression*.[99]

Dazu kommt es, wenn die Erfüllung des Befriedigungsziels in der späteren oder höher entwickelten Form auf starke äußere Hindernisse stößt. Als Folge muss sich dann die libidinöse Triebregung andere Wege bzw. Objekte[100] suchen. Ein Teil der Persönlichkeit lehnt sie ab, d.h. die Libido trifft auf eine abwehrende, ablehnende Ich-Instanz.

Aus dieser Versagung durch die Ich-Instanz resultiert als dritter Faktor die *Konfliktneigung*, ein personenspezifischer Faktor, der die Art der Kompromissbildung bei der Symptomentstehung bestimmt.

Die libidinösen Triebe setzen sich schließlich auf dem Umweg über die Regression durch, wenngleich durch die ablehnende Ich-Instanz entstellt.[101] Als Resultat

---

[98] Heute hat sich im allgemeinen Sprachgebrauch, auch bei Psychoanalytikern, der Begriff „Frustration" durchgesetzt.

[99] Das ist Freuds allgemeine Definition. Spezifischer unterscheidet er „Regressionen von zweierlei Art […], Rückkehr zu den ersten von der Libido besetzten Objekten, die bekanntlich inzestuöser Natur sind, und Rückkehr der gesamten Sexualorganisation zu früheren Stufen" (1969, S. 335).

[100] Die Psychoanalyse meint mit *Objekt* zunächst einmal ganz allgemein das Gegenüber des (wahrnehmenden) Subjekts. In diesem Sinn ist das Liebesobjekt diejenige Person, die das Subjekt anzieht. Der Begriff verweist also nicht wie im üblichen Sprachgebrauch auf einen unbelebten Gegenstand, eine Sache.

[101] Die Sexualtriebe arbeiten ausschließlich nach dem Lustprinzip. Das Ich hingegen „folgt dem *Realitätsprinzip*, das im Grunde auch Lust erzielen will, aber durch die Rücksicht auf die Realität gesicherte, wenn auch aufgeschobene oder verringerte Lust" (1969, S. 349). Deshalb sind bestimm-

bildet sich das Symptom. Die Umwege sind die Wege der Symptombildung, die Symptome sind Ersatzbefriedigungen der libidinösen Strebungen oder dienen deren Abwehr.

Als Fazit fasst Freud zusammen: „Unsere Einsicht in die Verursachung der Neurosen hat sich also vervollständigt. Zuerst als allgemeinste Bedingung die Versagung, dann die Fixierung der Libido, welche sie in bestimmte Richtungen drängt, und zu dritt die Konfliktneigung aus der Ichentwicklung, die solche Libidoregungen abgelehnt hat" (1969, S. 345).

Versagung der Libidobefriedigung (erster Faktor) trägt dazu bei, dass der Chemiker neurotisch erkrankt. Die Versagung liegt allerdings nicht in der äußeren Realität, sondern in seinem sekundären Symptom, der psychogenen Impotenz.

Libidofixierung (zweiter Faktor) bedeutet im Falle des Chemikers: Seine Libido regrediert auf die Stufe der anal-sadistischen Organisation.[102] Sein Sexualziel hat sich verändert. Statt Geschlechtsverkehr mit seiner Frau anzustreben, will er ihr Schmerzen zufügen; statt sie phallisch zu penetrieren, will er sie erstechen.[103]

Damit ist auch bereits die Konfliktneigung (dritter Faktor) angesprochen. Das Ich entstellt die Form der Libidobefriedigung. Freud schreibt dazu: „Der Liebesimpuls muss sich dann als sadistischer Impuls maskieren. Die Zwangsvorstellung: ich möchte dich ermorden, heißt im Grunde [...] nichts anderes als: ich möchte dich in Liebe genießen" (1969, S. 337).

Das Symptom des Chemikers dient der Abwehr seines Sexualtriebes und gleichzeitig der Ersatzbefriedigung. „Aber auch die Befriedigung selbst kommt dabei [beim Kampf zwischen Befriedigung und Abwehr, Anmerkung der Verfasser] nicht zu kurz; sie weiß sich auf Umwegen im Benehmen der Kranken durchzusetzen und wendet sich mit Vorliebe gegen deren eigene Person, macht sie zu Selbstquälern" (1969, S. 305).

Der Chemiker trägt selbstquälerische und grüblerische Charakterzüge. Sie äußern sich in Kombination mit dem die anale Phase kennzeichnenden Schau- und Wisstrieb. Wir sehen den Mann in vielen Szenen auf die Rolle eines handlungsunfähigen Voyeurs beschränkt, z.B. hinter Gittern, als seine Frau dem Vetter (in der Seerosenteich-Szene) ein Baby / eine Puppe schenkt.

Unbewusstes Trauma
Freud definiert *Trauma* als ökonomischen Begriff. „Wir nennen so ein Erlebnis, welches dem Seelenleben innerhalb kurzer Zeit einen so starken Reizzuwachs

---

te sexuelle Vorstellungen für das Ich unverträglich, schaffen Unlust. Beispielsweise würde die im menschlichen Wesen angelegte Bisexualität nicht nur zur Annahme hetero-, sondern auch homosexueller Anteile führen. Die Ich-Instanz lässt das bei den meisten Menschen nicht zu. So kann man sich die Entstellung der Sexualtriebe durch das Ich erklären.

[102] Zur Phasenentwicklung der Libidofunktion vgl. „Kindliche Sexualität und Ödipuskomplex" in diesem Kapitel.
[103] Libidoregression auf die anal-sadistische Stufe führt nicht in jedem Fall zur Neurose. Es muss noch das Moment der Verdrängung hinzukommen. Anderenfalls könnte sich die Störung des Chemikers etwa in Richtung auf eine Perversion entwickeln.

bringt, dass die Erledigung oder Aufarbeitung desselben in normalgewohnter Weise missglückt, woraus dauernde Störungen im Energiebetrieb resultieren müssen" (1969, S. 275). Dabei kommt es zur Fixierung, einer Art Festkleben der Libido an frühen traumatischen Erlebnissen oder Eindrücken. Der normale seelische Prozess wurde nicht zu Ende gebracht.

Das frühe traumatische Erlebnis des Mannes ereignete sich bei einem Weihnachtsfest in der Kindheit. Der Mann, seine Frau und der Vetter stehen beisammen, und das Mädchen schenkt dem Vetter die Puppe („unsere Puppe"!), das Symbol inniger Zweisamkeit und Freundschaft.

Dieser Vorgang trifft die verletzbare Kinderseele und löst Gefühle verzweifelter Eifersucht aus sowie Zorn, Wut und Hass mit den begleitenden aggressiven Handlungsimpulsen. Das frühkindliche, traumatische Ereignis hat bis ins hohe Erwachsenenalter – bis zur Traumdeutung durch den Psychoanalytiker – im Unbewussten des Mannes überdauert.

Seelische Regungen tendieren dazu, sich in Handlungen umzusetzen. Wenn das Ich diesen Impuls abweist (verwirft, verurteilt), wird ihm die Energie entzogen und er bleibt als Erinnerung bestehen. Findet der analoge Vorgang jedoch vom Ich unbemerkt statt, wird der Impuls verdrängt. Statt erinnert zu werden, bleibt er im Unbewussten erhalten und seine noch vorhandene Energie „speist" das Symptom. Die Verdrängung ist also die Vorbedingung der Symptombildung.

Traum und Traumdeutung
Aristoteles zufolge charakterisiert das Traumleben die Art und Weise, wie die Seele im Schlafzustand arbeitet. Das klassische Altertum hielt Träume für wichtig, weil man ihnen zuschrieb, die Vorhersage der Zukunft zu ermöglichen.

Zu Freuds Zeiten hingegen würdigten die exakten Naturwissenschaften Träume nicht als seriösen Forschungsgegenstand. Im Jahre 1900 veröffentlichte Freud *Die Traumdeutung*. Zum Erstaunen der Fachwelt postulierte er, dass auch der unverständlichste Traum „ein vollgültiger, sinn- und wertvoller psychischer Akt sein müsse" (1969, S. 453).

Freud unterscheidet grundlegend zwischen dem manifesten Trauminhalt und den latenten Traumgedanken. Der *manifeste Trauminhalt* ist „das, was der Traum erzählt" und besteht meist aus heterogenen visuellen Bildern. Oft erscheint er dem Träumer sinnlos und unverständlich. Die *latenten Traumgedanken*, „das Verborgene" (1969, S. 134) ergeben sich aus der Analyse des manifesten Inhalts. Sie erweisen sich ähnlich wie das Symptom und die Fehlleistungen immer als sinnreich. Die Überführung des manifesten Trauminhalts in die latenten Traumgedanken erfolgt mit Hilfe der *Traumdeutung*. Entsprechend der technischen Grundregel[104] soll der Patient Assoziationen zu Teilstücken des manifesten Traums bilden. Diese Assoziationen sind nicht selbst schon der latente Traum,

---
[104] Siehe „Analytische Therapie, Setting und Technik" in diesem Kapitel.

sondern – um mit Freud zu sprechen – die „Mutterlauge", aus welcher er gebildet wird.

In manchen Fällen kann der Träumer keine Assoziationen zu seinen Traumelementen herstellen. Freud hatte das zunächst als Defizit der Technik hingenommen, bis er auf die Idee kam, die Deutungen selbst vorzunehmen. Sie ergaben letztlich immer den gesuchten Sinn, wenn man den Symbolgehalt des manifesten Traums berücksichtigte.

In der Traumdeutung ist ein *Symbol* eine feststehende (konstante) Übersetzung zwischen manifestem Traumelement und den darin enthaltenen latenten Traumgedanken (1969, S. 160). Die meisten Symbole – wenn auch nicht alle – stellen Sexualsymbole dar. Für das männliche Glied werden z.B. herangezogen:

- Stöcke, Bäume usw.
  Tertium comparationis: die Formähnlichkeit, lang und hochragend
- Messer, Säbel, Gewehr usw.
  Tertium comparationis: die Eigenschaft des In-den-Körper-Eindringens
- Wasserhahn, Wasserschlauch usw.
  Tertium comparationis: Gegenstände, aus denen es fließt
- Werkzeuge, mit denen man etwas bearbeiten kann
  Tertium comparationis: Gegenstände, die etwas hervorbringen
- Alles, was mit Fliegen, Aufsteigen usw. zu tun hat, „Leiter, Stiege, Treppe, respektive das Gehen auf ihnen, sind sichere Symbole des Geschlechtsverkehrs" (1969, S. 167)
  Tertium comparationis: Empfinden des Schwebens und Sich-fallen-Lassens.

Um die Symboldeutung gab und gibt es heftige Diskussionen und Widerstand. Kritiker werfen ihr Unsicherheit und Willkür vor.

Freud führt folgende Argumente zugunsten der Symboldeutung an: Erstens ist „die auf der Symbolkenntnis beruhende Deutung [...] keine Technik, welche die assoziative ersetzen oder sich mit ihr messen kann. Sie ist eine Ergänzung zu ihr und liefert nur in sie eingefügt brauchbare Resultate" (1969, S. 161).

Zweitens weisen unterschiedliche Quellen der Menschheitsgeschichte auffällige Parallelen zur Traumsymbolik[105] auf: Märchen und Mythen, Witze, Folklore und Religion. Um nur wenige Beispiele zu nennen:

- Das Haus symbolisiert die menschliche Person als Ganze.
  Allgemeiner Sprachgebrauch: „Altes Haus"
- Das kaiserliche oder königliche Paar ersetzt die Eltern. Im Märchen heißt es: „Es war einmal ein König und eine Königin [...]"
- Die Geburt steht in Beziehung zum Wasser. Der Storch holt die Kinder aus dem Teich. In der Entwicklungsgeschichte der Menschheit sind alle Landsäu-

---

[105] Nicht die Psychoanalyse hat – so Freud – die Traumsymbolik in der Neuzeit entdeckt, sondern der Philosoph Scherner, K. A. (1861). *Das Leben des Traumes*. Berlin.

getiere aus Wassertieren hervorgegangen. Der Embryo ist mit der Geburt aus dem Fruchtwasser gekommen.

Die Traumdeutung geschieht gegen den Widerstand[106] des Analysanden. Ähnlich wie bei der Symptombildung liefert dieser Widerstand einen Hinweis auf einen Konflikt zwischen einer Kraft, die sich in der ihr gemäßen Form äußern möchte und einer anderen, die ihr entgegengesetzt ist. Als Kompromiss, der dabei jede mögliche Variation und jedes Mischungsverhältnis annehmen kann, ergibt sich dann der manifeste Traum.

All das findet unter den Bedingungen des Schlafes statt, also während sich der Träumer von der äußeren Realität zurückzieht. Ein Teil des Verdrängungsaufwandes gegen unbewusste Triebregungen kann deshalb entfallen. Freud spricht von der Herabsetzung des Verdrängungswiderstandes. Ein Rest, die *Traumzensur*, bleibt aber auch im Schlaf bestehen. Sie entstellt den latenten auf dem Weg zum manifesten Traum.

Unter Schlafbedingungen fällt noch eine Besonderheit auf. Üblicherweise zielen Triebregungen auf nichts anderes als ihre eigene Befriedigung auf dem Weg der Handlung. Der Schlaf schneidet ihnen allerdings den Weg zur Motilität ab. Deshalb nimmt die Triebregung den „unschädlichen" Weg der halluzinatorischen Befriedigung und sichert dadurch gleichzeitig die Fortdauer des Schlafs. Hierin besteht auch die nützliche Funktion des Traums als Wächter des Schlafs.

Drei Faktoren bedrohen die Schlafruhe:

- äußere Reize wie z.B. Lärm,
- Tagesinteressen, die sich nicht einfach abstellen lassen (Tagesreste),
- verdrängte, unbefriedigte Triebregungen, die „auf die Gelegenheit zur Äußerung lauern" (1969, S. 459).

Wenn der Wächter die Situation für zu gefährlich hält, weil die unbewussten Triebregungen (nicht nur sexueller Art) zu mächtig werden, wacht der Schlafende auf, z.B. bei Angstträumen.

Die *Traumarbeit* ist die Überführung der latenten Traumgedanken in den manifesten Trauminhalt unter Mitwirkung der Traumzensur. Sie wirkt in Gegenrichtung zur Traumdeutung. Unter den latenten Traumgedanken gibt es etliche, die der Träumer als zu sich gehörig akzeptiert, oft Anteile bewussten bzw. vorbewussten[107] Denkens. Allerdings findet sich auch ein meist scharf abgesonderter Gedankenkomplex, den er vehement von sich weist. „Dieser eine verleugnete Gedanke

---

[106] Als Widerstand gilt alles, was der Analysand im Verlauf der psychoanalytischen Behandlung dem Zugang zu seinem Unbewussten in Worten und Taten entgegensetzt.

[107] Das *Vorbewusste* bezeichnet das, was dem aktuellen Bewusstsein entgeht, ohne im strengen Sinne unbewusst zu sein, z.B. nicht aktualisierte Erinnerungen, die man aber wachrufen kann. Das Vorbewusste steht zwischen dem Bewusstsein und dem Unbewussten, ist aber von diesem schärfer (durch die Zensur) getrennt. Ein wichtiger Unterschied besteht auch darin, dass das Vorbewusste an die verbale Sprache gebunden ist.

aber, oder richtiger diese eine Regung, ist ein Kind der Nacht; sie gehört dem Unbewußten des Träumers an, wird darum von ihm verleugnet und verworfen" (1969, S. 461). Diese Regung wartet gleichsam den im Schlaf herabgesetzten Verdrängungswiderstand ab und „mogelt" sich in Verbindung mit einem unkritischen vorbewussten Traumgedanken oder einem Tagesrest durch die Schranke der Zensur. Da der Schlaf den Weg über die Handlung ausschließt, verschafft sich die unbewusste, verdrängte Triebregung Befriedigung in Form einer halluzinierten Wunscherfüllung. Hierin liegt der „Sinn alles Träumens. In jedem Traum soll ein Triebwunsch als erfüllt dargestellt werden" (1969, S. 461).

Die unbewusste Triebregung liefert die Energie für die Traumbildung. Die Zensur entstellt die latenten Traumgedanken durch Verdichtung und Verschiebung. Die *Verdichtung* komprimiert mehrere latente Gedanken. Sie erscheinen danach nur als *ein* Element im manifesten Inhalt. Umgekehrt können aber auch mehrere manifeste Inhalte nur einen einzigen latenten Gedanken repräsentieren. Die *Verschiebung* – nach Freud das Hauptmittel der Traumentstellung – ist eine Akzentverlagerung. Wesentliches der Traumgedanken äußert sich beiläufig im Trauminhalt. „Kein anderes Stück der Traumarbeit trägt so viel dazu bei, den Traum für den Träumer fremdartig und unbegreiflich zu machen" (1969, S. 463).

Die Traumentstellung setzt die Traumgedanken in visuelle Bilder um und dramatisiert sie. Dem Träumer fremde (oft sexuelle) Symbole ersetzen bestimmte Objekte und Vorgänge. Die *sekundäre Bearbeitung* ergänzt den „fertigen" Traum. Sie glättet ihn mehr oder minder rationalisierend, nachdem er als Wahrnehmungsobjekt vor dem Bewusstsein auftaucht.

Der Traum verschließt sich genau wie das Symptom zunächst dem Verständnis. Beide bedürfen in gleicher Weise der Deutung. Beide stellen eine Kompromissbildung im Kampf zwischen verdrängten Triebregungen und der zensurausübenden Ich-Instanz dar.

Da der Traum als allgemeines Phänomen im Seelenleben eines jeden eine wichtige Rolle spielt, ist die Psychoanalyse nicht mehr nur ein Beschreibungs- und Erklärungsmodell für krankhafte Symptome, sondern ebenso für Phänomene des normalen Seelenlebens. Damit änderte sich ihr wissenschaftlicher Status grundsätzlich. Freud konnte es nicht oft und nicht deutlich genug sagen: „[...] dann ist die Psychoanalyse nicht mehr eine Hilfswissenschaft der Psychopathologie, dann ist sie vielmehr der Ansatz einer neuen und gründlicheren Seelenkunde, die auch für das Verständnis des Normalen unentbehrlich wird" (1971, S. 75).

Der Film GEHEIMNISSE EINER SEELE zeigt das Traummaterial in drei unterschiedlichen Präsentationsmodi. Am engsten an die Alltagsrealität angelehnt sind die *Fantasien und Tagträume*, die der Analysand dem Analytiker erzählt.

Der *aktuelle* Traum widerfährt dem Träumer; es ist der flüchtige Traum in dem Moment, da er geträumt wird.[108] Der Film bietet dem Zuschauer diesen aktuellen

---

[108] Entsprechend dieser Definition wäre eine (filmische) Darstellung nicht möglich. Dennoch bietet der Film diesen (paradoxen) Präsentationsmodus und setzt damit den Rezipienten in eine privi-

Traum in vielfältigen Bildern, noch bevor sich der Chemiker in psychoanalytische Behandlung begibt.[109] Der manifeste Traum ist hier derjenige, den der Patient dem Analytiker in der vorletzten Sitzung erzählt. Der latente Traum ist der in dieser Sitzung vom Psychoanalytiker gedeutete Traum.

Die Darstellung einer frühen Szene des aktuellen Traums zeigt, wie sich Bahnschranken schließen. Ein Zug fährt in einer Rechtskurve nach oben. Darin sitzt Vetter Hans und winkt dem Mann grinsend zu. Der Zug erinnert an die frühe traumatische Szene beim Weihnachtsfest. Damals fuhr eine Spielzeugeisenbahn in derselben Bewegungsrichtung um den Vetter, die Frau und den Mann herum. Sind Züge nach Freud klassisch phallische Transportmittel, so deutet hier die spezifische Art der Bewegung einen erigierenden Phallus an.

Es folgt das Hochzeitsnacht-Thema. Zunächst schieben sich Stößel wild hin- und her, ein Symbol für heftigen Geschlechtsverkehr. Dann bekommen wir eine südländische Stadt zu sehen, in der das Paar wohl die Flitterwochen verbracht hat. Ein Glockenturm schraubt sich symbolträchtig aus dem Boden. Ein kleines Stöckchen schwingend, hetzt der Mann eine Wendeltreppe hinauf. Seine Bewegung verlangsamt sich nach oben hin. Wir wissen: Alle Träume, die mit Treppen steigen, nach oben klettern, fliegen usw. zu tun haben, symbolisieren den Geschlechtsverkehr. Der Mann mit seinem kleinen Stöckchen (verkümmerter Phallus) kommt also an der höchsten Stelle (Orgasmus) nicht so richtig an. Doch es kommt noch schlimmer. Oben im Turm läuten drei Glocken. Drei Frauengesichter[110] verlachen den Mann wegen seiner Impotenz („Dieses grauenhafte Lachen").[111]

Nicht nur die Frauen verhöhnen den Mann. Bereits in der ersten Traumszene fliegt er von der Terrasse seines Hauses – wild und unbeholfen mit den Armen rudernd – in die Höhe. Der Vetter sitzt grinsend in einem Baum. Ausgestattet mit einem Tropenhelm (Symbol männlicher Kontrollinstanz und sexueller Potenz) und einem Kinderspielzeuggewehr (Phallussymbol) schießt er den Mann ab, er lässt ihn nicht zum Höhepunkt kommen.

In der ersten Sitzung bei Dr. Orth erzählt der Mann dem Psychoanalytiker seine Fantasien und Tagträume. Sie beinhalten u.a. ein leeres Haus und ein leeres Zimmer mit einer Wiege darin, also Kinderlosigkeit. Weiterhin berichtet er, wie

---

legierte Position: Er kann drei Präsentationsmodi miteinander vergleichen, den aktuellen, den manifesten und den latenten Traum. Hierin besteht u.E. das hervorragende didaktische Moment des Films für das Verständnis psychoanalytischer Traumdeutung.
[109] Ausgangsmaterial für den Psychoanalytiker ist der manifeste Traum.
[110] Pabst legt mittels *match cut* drei Frauengesichter über die schwingenden Glocken.
[111] Im Alltag umgeben etliche Frauen den Mann, die ihn nicht für voll nehmen: seine Frau, seine Haushälterin und seine Assistentin. Der Film stellt sie (durch ihre Kurzhaarfrisuren) als moderne, unabhängige Frauen dar. In einer Filmszene im Chemielabor sehen wir eine junge Mutter mit ihrer kleinen Tochter. Der Chemiker kniet sich zu der Kleinen nieder und bietet ihr eine Süßigkeit an. Er begibt sich auf Augenhöhe des Kindes. Die Mutter und die Assistentin stehen auf Erwachsenenhöhe und werfen sich Blicke zu, die Bände sprechen, spöttisch, wissend. Sie wissen Bescheid: Der Mann ist kinderlos, weil impotent.

der Kopf des Vetters einen Schatten auf den Schoß seiner Frau wirft.[112] Sie spielt dabei die Rolle einer Haremsdame.

Monate später, in der vorletzten Analysesitzung, schildert der Patient seine *manifesten Trauminhalte*. Er habe „Fürchterliches geträumt" und redet von „verworrenen Bildern".

Der Psychoanalytiker deutet nun den manifesten Traum. Welche *latenten Traumgedanken* sieht er? Die seelische Erkrankung habe den Mann davor bewahrt, seine Frau zu töten. Der Wassertraum (Seerosenteich-Szene) symbolisiere die erwünschte Geburt, zeige aber auch die Rivalität zum Vetter. In der letzten Sitzung arbeitet der Analytiker mit recht allgemeinen Worten die Übereinstimmung der Kindheitserinnerung mit dem Traumbild heraus: „Der Schmerz, dass Ihre Frau als Kind ‚ihre Puppe' Hans schenkte, ist in Ihrer kinderlosen Ehe wach geblieben!" Der Mordwunsch sei als Reaktion darauf sowie auf die geträumten Demütigungen der Frauen wegen seiner Impotenz zu verstehen.

Der Psychoanalytiker deutet also sehr sparsam.[113] Wesentliche Elemente lässt er aus, z.B. Details der Haremsszene mit den dazugehörigen oralerotischen Sexualfantasien. Noch wichtiger aber: Auch den nicht verarbeiteten Ödipuskomplex, der durch die Beziehung Vetter – Frau – Mann konstelliert wird, und die daraus resultierende Eifersucht und psychogene Impotenz deutet er nicht.

Kindliche Sexualität und Ödipuskomplex
Die Definition des Begriffs *Sexualität* über die Fortpflanzungsfunktion – wie um 1900 üblich – hielt Freud für zu kurz gegriffen. Damit könne man z.B. Phänomenen der kindlichen Sexualität und der sexuellen Perversionen[114] nicht gerecht werden. Beide dienen nicht der Fortpflanzung. Der erweiterte psychoanalytische Sexualitätsbegriff reduziert das Sexuelle nicht auf das Genitale. Das sogenannte normale Sexualleben der Erwachsenen markiert nur den Endpunkt einer Entwicklung, „in welchem der Lusterwerb in den Dienst der Fortpflanzungsfunktion getreten ist und die Partialtriebe unter dem Primat einer einzigen erogenen Zone eine feste Organisation zur Erreichung des Sexualzieles an einem fremden Sexualobjekt gebildet haben" (1972, S. 103).

---

[112] Gerald Koll (1998, S. 148) deutet das als Cunnilingus-Fantasie (lat. *cunnus* „weibliche Scham", *lingere* „lecken", also orale sexuelle Stimulation des weiblichen Genitals).
[113] Das hat dem Film massive Kritik eingebracht. Das Berliner Tageblatt schreibt in seiner Abendausgabe vom 25.03.1926: „Aus Rücksicht auf die Filmzensur und Filmverständlichkeit hat man die Hauptstücke der Psychoanalyse, Beziehung zu den Eltern und die sexuellen Elemente, fast verschwiegen." Diese Kritik halten wir für überzogen, denn der Analytiker darf den Patienten nicht überfordern. Man überdenke einmal den umgekehrten Fall: Der Psychoanalytiker würde intensiv und tiefschürfend deuten, z.B. Details der Haremsszene als Cunnilingus-Fantasien. Mit Sicherheit hätte man von den meisten kontemporären Kritikern nichts anderes gehört als einen Aufschrei der Empörung über solche an den Haaren herbeigezogene Obszönitäten.
[114] Perversion, pervers (lat. *perversus* „verdreht, verkehrt"), vom Normalen abweichend, abartig, widernatürlich.

Perverse (z.B. sadistische) Anteile gibt es auch in der gesellschaftlich akzeptierten Sexualität.[115] „Für [...] den Sadismus sind die Wurzeln im Normalen leicht nachzuweisen. Die Sexualität der meisten Männer zeigt eine Beimengung von *Aggression*, von Neigung zur Überwältigung, deren biologische Bedeutung darin liegen dürfte, den Widerstand des Sexualobjektes noch anders als durch die Akte der *Werbung* zu überwinden" (1972, S. 67).

Als Perversion gilt nach Freud entweder die Veränderung des Sexualobjekts (gegengeschlechtlicher Partner) oder des Sexualziels (Vereinigung der gegengeschlechtlichen Genitalien). Als Beispiele für die Veränderung des Objekts nennt Freud Homosexualität, Ersatz durch andere Körperteile als das Genital oder auch Ersatz von Körperteilen durch Etwas außerhalb des Körpers (z.B. ein roter Damenschuh bei Fetischisten).

Exhibitionisten, Sadisten und Masochisten verändern ihr Sexualziel. Exhibitionisten haben sexuelle Bedürfnisse, die normalerweise nur die Vorbereitung für den Sexualakt darstellen, also beschauen bzw. beschauen lassen. Sadisten wollen ihrem Sexualobjekt im Gegensatz zu Masochisten Demütigungen, Schmerzen und Qualen zufügen.

Ein Filmbeispiel für perverse Anteile vor dem Hintergrund gesellschaftlich akzeptierter Sexualität bietet Das geheime Leben der Worte (E 2005) von Isabel Coixet. Der Film zeigt eine homoerotische Affäre zwischen zwei Männern, die im Maschinenraum einer Ölbohrinsel arbeiten, beide verheiratete Familienväter. Unter solchen und ähnlichen Bedingungen, z.B. im Gefängnis, begünstigt die reale Versagung, die Freiheitseinschränkung, den latenten homosexuellen Anteil.

Über die Annahme kindlicher Sexualität besteht heute weitestgehend Konsens. Dagegen galt im viktorianisch geprägten Wien das „Kind [...] als rein, als unschuldig, und wer es anders beschreibt, darf als ruchloser Frevler an zarten und heiligen Gefühlen der Menschheit verklagt werden" (1969, S. 308).

Freud beschreibt die Entwicklung des Sexuallebens (der Libidofunktion) durch aufeinanderfolgende *Phasen* (Organisationsstufen). Sie „werden normalerweise glatt durchlaufen, ohne sich durch mehr als Andeutungen zu verraten" (1972, S. 103).

Die *orale Phase* (lat. *os* „der Mund") ist die erste Stufe der Libidoentwicklung (von der Geburt bis zum zweiten Lebensjahr). Das grundlegende Bedürfnis des Säuglings besteht in der Nahrungsaufnahme. Er saugt aber auch an der Mutterbrust, wenn er den Hunger bereits gestillt hat. Freud spricht von „lutschen" oder „ludeln" und charakterisiert den darauf folgenden Zustand so: „[...] wenn er (der

---

[115] Freud verwendet den Begriff Perversion nicht moralisch abwertend. „Bei keinem Gesunden dürfte irgendein pervers zu nennender Zusatz zum normalen Sexualziel fehlen, und diese Allgemeinheit genügt für sich allein, um die Unzweckmäßigkeit einer vorwurfsvollen Verwendung des Namens Perversion darzutun" (1972, S. 70). Freud weiß aber auch: „Gewisse Perversionen entfernen sich inhaltlich so weit vom Normalen, daß wir nicht umhin können, sie für ‚krankhaft' zu erklären [...]" (1972, S. 70).

Säugling, Anmerkung der Verfasser) an der Brust gesättigt einschläft, zeigt er den Ausdruck einer seligen Befriedigung, die sich später nach dem Erleben des sexuellen Orgasmus wiederholen wird" (1969, S. 309).

Das Lutschen des satten Säuglings hat – so Freud – also keinen anderen Sinn als den des Lustgewinns. Der beteiligte Mundbereich ist eine *erogene Zone* (Körperregion als Quelle sexueller Erregung), die Lust sexueller Natur. Das erste *(Partial)objekt*[116] des kindlichen Sexualtriebes, die Mutterbrust, wird später durch einen Teil des eigenen Körpers ersetzt. Das Kind lutscht am Daumen und macht sich dadurch bei der Lustgewinnung unabhängig von der Außenwelt. Die autoerotischen Aktivitäten dehnen sich nach und nach auf andere Körperteile aus. Bei der Erkundung des eigenen Körpers macht das Kind dann die Erfahrung, dass einige Körperteile erregbarer sind als andere und findet so Zugang zur Onanie.

Die zweite prägenitale Stufe der Libidoentwicklung ist die *anal-sadistische* Phase (lat. *anus* „der After") (zweites bis drittes Lebensjahr). Im Mittelpunkt steht die erogene Schleimhautzone des Darmausgangs. Die Libidobefriedigung erfolgt durch Ausscheiden (Defäkation) und Zurückhalten der Exkremente und der Harnentleerung. Dem entspricht das Gegensatzpaar von Aktivität und Passivität, das sich später zu dem von Männlichkeit und Weiblichkeit weiter entwickelt. In dieser Phase macht sich der Schau- und Wisstrieb, aber auch der Bemächtigungstrieb deutlich bemerkbar.

Die *phallische Phase* (griech. *phallos* „das männliche Glied") (drittes bis fünftes Lebensjahr) ist die nächste Entwicklungsstufe. Die Partialtriebe vereinigen sich unter dem Primat des Phallus. Zu dieser Phase gehört der Kastrationskomplex mit dem Gegensatzpaar phallisch – kastriert. Der Ausgang des Ödipuskomplexes ist beim männlichen Kind durch die Kastrationsdrohung bedingt. Sie ist deshalb so wirksam, weil der Junge in dieser Zeit besonderes Interesse an seinem Penis[117] entwickelt und zugleich den „fehlenden" Penis beim Mädchen entdeckt.

In der *Latenzphase* (lat. *latere* „verborgen sein") (fünftes bis achtes Lebensjahr) „schläft" die Sexualität. Sexuelle Regungen äußern sich unauffälliger, z.B. in Form von zärtlichen Schwärmereien.

In der *genitalen Phase* (lat. *genus* „das Geschlecht") (achtes Lebensjahr bis zur Pubertät) lebt die Sexualität in Form einer Hinwendung zum anderen Geschlecht auf der Grundlage beschleunigter körperlicher Entwicklung wieder auf.

---

[116] Wenn Freud von Objektwahl spricht, bezieht er das meist auf die ganze Person, etwa die Mutter. Er spricht aber auch von Partialobjekten und meint damit fantasierte oder reale Körperteile wie die Mutterbrust. Viele Phänomene, z.B. den Fetischismus, kann man nicht hinreichend ohne Rückgriff auf die Fixierung des Sexualtriebes an ein Partialobjekt erklären.
Die Psychoanalytiker in der Tradition von Melanie Klein haben dem Begriff eine große Bedeutung in der Objektbeziehungstheorie gegeben und ihn weiter differenziert. In ihrer Terminologie projiziert das Subjekt libidinöse oder destruktive Triebe (z.B. beißen) auf das Partialobjekt und verleiht ihm damit ähnliche Eigenschaften wie dem Objekt (also der Person) in seiner Ganzheit.

[117] Der Begriff „Penis" bezeichnet das reale Organ, der Begriff „Phallus" – in der Antike die bildliche Darstellung des männlichen Organs – die symbolische Bedeutung.

Bis zur *Pubertät* suchen Partialtriebe relativ unabhängig voneinander nach Sexualbefriedigung. Erst dann werden sie unter dem Primat der genitalen Zone der Fortpflanzungsfunktion untergeordnet. In dieser Phase orientiert das Individuum seine sexuellen Ziele deutlicher als zuvor an einer einzigen Person (Objektwahl).

„Alles was vor dieser Wendung vorfällt, ebenso alles, was sich ihr entzogen hat, was allein dem Lustgewinn dient, wird mit dem nicht ehrenvollen Namen des ‚Perversen' belegt und als solches geächtet" (1969, S. 312).

Freud definiert den Begriff der Sexualität also weiter als seine Zeitgenossen. „Wir haben den Begriff der Sexualität nur soweit ausgedehnt, daß er auch das Sexualleben der Perversen und das der Kinder umfassen kann. Das heißt, wir haben ihm seinen richtigen Umfang wiedergegeben" (1969, S. 315).

Nur unter der Annahme frühkindlicher Sexualität lässt sich der *Ödipuskomplex* verstehen. In der Tragödie des attischen Dichters Sophokles bestimmt der Orakelspruch König Ödipus dazu, seinen Vater zu töten und seine Mutter zum Weibe zu nehmen. Ödipus versucht, dem Orakelspruch zu entgehen. Nachdem er erkennt, diese beiden Verbrechen unwissentlich begangen zu haben, blendet er sich.

Aus direkten Beobachtungen des Kindes ergibt sich, dass der „kleine Mann" die Mutter für sich allein haben will und den Vater als störend empfindet. Die erotische Natur der Bindung an die Mutter lässt sich gesichert annehmen. „Die erste Objektwahl des Menschen ist [also] regelmäßig eine inzestuöse […]" (1969, S. 329).

Auch in Psychoanalysen Erwachsener kann man den Ödipuskonflikt nachweisen.

Die nachpubertäre Aufgabe des jungen Mannes besteht in der Lösung seiner libidinösen Regungen von der Mutter, um diese Wünsche auf eine andere Frau zu richten. Außerdem muss er – je nach Entwicklung – die Unterwürfigkeit gegenüber dem Vater überwinden oder die Gegnerschaft zu ihm auflösen.[118] „Den Neurotikern aber gelingt diese Lösung überhaupt nicht […] In diesem Sinne gilt der Ödipuskomplex mit Recht als Kern der Neurosen" (1969, S. 331).

Wie illustriert GEHEIMNISSE EINER SEELE *kindliche Sexualität* und *Ödipuskomplex*?

Der Film zeigt die kindliche Sexualität des Patienten nicht direkt im Kindesalter, sondern rekonstruiert sie aus der Psychoanalyse des erwachsenen Mannes.[119]

Sein Sexualziel hat sich verändert: Er will seine Frau nicht geschlechtlich penetrieren, sondern erstechen. Damit ist sein Verhalten gemäß der freudschen Definition als pervers gekennzeichnet. „Bei der Zwangsneurose ist […] die Regression

---

[118] Ähnliches, umgekehrt Analoges, gilt für die Vaterbindung des kleinen Mädchens (Elektrakomplex). Bei den unzähligen Variationen des Ödipuskonfliktes ist jeder Fall mit der dazugehörigen Familienkonstellation einzigartig.

[119] Aus diesem Grund ist die filmische Umsetzung schwierig und die folgende Darstellung der Zusammenhänge gerät zwangsläufig etwas theoretisch.

der Libido auf die Vorstufe der anal-sadistischen Organisation das auffälligste und das für die Äußerung in Symptomen maßgebliche Faktum" (1969, S. 337). Den Grund dafür – von Freud als eines der schwierigsten Probleme der Psychoanalyse unter dem Begriff der Neurosenwahl[120] diskutiert – kann man sich grob folgendermaßen vorstellen:

Auf der Stufe der prägenitalen sadistischen Partialtriebe existiert das Gegensatzpaar männlich und weiblich noch nicht. Diese Annahme wird erst mit der Fortpflanzungsfunktion sinnvoll. Als Vorläufer finden sich aktive und passive Strebungen. Die aktiven Strebungen äußern sich als Bemächtigungstrieb, „den wir eben Sadismus heißen, wenn wir ihn im Dienste der Sexualfunktion finden" (1973, S. 114), die passiven in der Analerotik.

Die in dieser Phase auftretenden Triebregungen und die damit verbundenen Lustempfindungen bei der Erregung der erogenen Schleimhautzonen des Darms, aber auch bei der Harnausscheidung, äußern sich, bis die Eltern sie im Zuge der Reinlichkeitserziehung mit dem Mittel der Strafe unterbinden. Von den erwachsenen Erziehern als unanständig und zur Geheimhaltung bestimmt, verdrängt das Kind diese Triebregungen. Der Prozess gelingt nicht immer vollständig. Das Individuum erlebt dann den Einfluss des unvollkommen verdrängten Triebes als Versuchung. Es muss immer wieder psychische Anstrengungen aufbringen, um solche Versuchungen abzuwehren. Zum Zweck dieser Abwehr entstehen die Zwangshandlungen. Wenn sie nicht ausreichen, entwickelt das Individuum Verbote, welche die Zwangshandlungen ersetzen.

Der Film konstelliert den nicht verarbeiteten ödipalen Konflikt in der Art der Beziehung zwischen dem Vetter, der Ehefrau und dem verkindlichten (infantilisierten) Mann. Bereits durch die Rollenbesetzung verdeutlicht der Regisseur: Hans ist schlank, athletisch, attraktiv und souverän. Mit Symbolen phallischer Macht ausgestattet, wirkt er als sexuell potenter Kolonialmanager und Mann der Tat.

Die Frau erscheint zunächst als gute, treue Ehefrau. In vielen Szenen wird sie erotisch aufgeladen. Der Film baut die Paarbeziehung zwischen ihr und Hans sukzessive auf. Am ersten Abend verstellt sie kokettierend den Blick ihres Mannes auf die Gastgeschenke des Vetters, d.h. sie steht symbolisch zwischen den Männern. Als der Vetter dann wirklich eintrifft, begrüßt sie ihn überschwänglich und führt ihn mit verliebtem Blick am Arm die Treppe hinauf zu seinem Zimmer. Beim Abendessen flirten Vetter und Frau wie ein frisch verliebtes Paar. Sie lächelt ihn an und plaudert vertraulich mit ihm. Der Mann wird von Anfang an ausgegrenzt. Schließlich kann er auch die väterliche Gastgeberfunktion des Fleisch-Tranchierens nicht mehr übernehmen und verlässt die beiden.

Die fortschreitende Konstellierung der Vater-Mutter-Beziehung zwischen Vetter Hans und der Ehefrau geht einher mit der Infantilisierung des Mannes. Er

---

[120] Damit ist die Frage gemeint, unter welchen Bedingungen sich welche Neurose bildet. Freud diskutiert das Problem meist begrenzt auf die Psychoneurosen Hysterie und Zwangsneurose.

verfällt zunehmend in kindliche Verhaltensmuster. In Anlehnung an die sogenannte Urszene[121] spielt er stets die Rolle des hilflosen, verhinderten, beschränkten Zuschauers.

Gegenüber väterlichen Figuren verhält sich der Mann unterwürfig. Zum Vetter muss er hochschauen. Dem Kommissar gegenüber beugt er beim Blick auf dessen Dienstausweis demütig den Kopf nach unten.[122] Paternale Funktionen gibt der Mann ab, das Recht des Familienvaters auf Nahrungsaufteilung übernimmt seine Frau.

Am deutlichsten stellt der Film die Regression des Mannes durch die Flucht zu seiner Mutter dar. Sie bereitet ihrem Kind das Essen löffelfertig zu, da er nicht schneiden kann. Währenddessen „petzen" seine Frau und der Vetter sein Verschwinden beim Kommissar.

In seiner psychosexuellen Entwicklung konnte sich der Mann – dies gilt für die Ätiologie neurotischer Störungen insgesamt – weder von der Autorität des Vaters lösen noch seine ganze Liebe einer anderen Frau als seiner Mutter schenken.

Analytische Therapie, Setting und Technik
Die Neurologen gegen Ende des 19. Jahrhunderts konnten mit den psychischen Aspekten der Neurosen kaum etwas anfangen. Sie interessierten sich ausschließlich für pathologische Gehirnfunktionen. Damit blieben psychotherapeutische Bemühungen zwangsläufig unzulänglich.

Das änderte sich erst in den 1880er-Jahren mit den Erfolgen des Hypnotismus. Bis dahin schätzte ihn die seriöse Wissenschaft als Scharlatanerie ein. Nun musste man anerkennen, dass unbewusste seelische Vorgänge körperliche Prozesse beeinflussen. Freud war zu jener Zeit (1889) Schüler von Hippolyte Bernheim in Nancy gewesen und hatte „Jahre hindurch die hypnotische Behandlung geübt" (1969, S. 431). Später arbeitete er dann mit dem Wiener Arzt Dr. Josef Breuer zusammen, der bereits 1881 versuchte, die Hysterie der Anna O. mit Hypnose zu behandeln. In den gemeinsam veröffentlichten Studien über Hysterie[123] – Freud hatte in der Zwischenzeit selbst Erfahrungen mit der breuerschen Methode gemacht – versuchten beide Ärzte, den berühmten Fall der Anna O. auch theoretisch zu erklären: Die Kranke habe früher in ihrem Leben traumatische Erlebnisse gehabt, die sich nicht zu Handlungsimpulsen entwickelt hätten, sondern vergessen worden seien. Der

---

[121] Die Urszene ist die (fiktive) Erinnerung des erwachsenen Analysanden, als Kind die Eltern heimlich beim Geschlechtsverkehr beobachtet zu haben.

[122] Das cineastische Hauptmittel zur Darstellung der Verkindlichung besteht in Hinweisen auf Höhenunterschiede in der vertikalen Strukturierung verschiedener Elemente: Die Besteigung des italienischen Glockenturms ist für den Mann sichtbar mit Anstrengung verbunden. In seinem Labor muss er Bücher stapeln, um durch das vergitterte Fenster schauen zu können.

[123] Hysterie ist eine psychische Krankheit mit den Hauptformen der Angsthysterie und der Konversionshysterie. Bei Letzterer äußert sich der psychische Konflikt in körperlichen Symptomen und in theatralischem Verhalten.

Affekt,[124] der in solchen Fällen mit den Impulsen einhergeht, gerät dann auf falsche Bahnen (im Falle der Hysterie in Konversionssymptome[125]), er wird gleichsam „eingeklemmt". Breuers methodischen Vorstellungen zufolge sollte sich die Kranke in der Hypnose an die vergessenen Traumata erinnern und diese in starken Reaktionen entladen (Abreaktion des Affekts). Dadurch verschwand das Symptom.[126] Freud und Breuer nannten ihr Verfahren „Katharsis"[127] (Reinigung, Befreiung vom eingeklemmten Affekt).

In der *kathartischen Methode* sah Freud den unmittelbaren Vorläufer der Psychoanalyse. In der Folgezeit gab er aber die Hypnose auf. Zwar vermöge diese Methode, vergessenes Material schnell ins Bewusstsein zu heben, ihre Erfolge seien aber nicht beständig.

Im Vergleich der psychoanalytischen mit der rein hypnotischen Suggestion spricht Freud von freilegender, entfernender Chirurgie an Stelle von überdeckender, vertünchender Kosmetik. Die Hypnose lasse den Patienten untätig, verstärke die Verdrängung und verbiete die Existenz der Symptome, „ohne von deren Sinn und Bedeutung etwas erfassen zu können" (1969, S. 432). Damit bliebe der Patient schutz- und widerstandslos gegen jeden neuen Anlass der Erkrankung. Deshalb ersetzte Freud die Hypnose durch die *Methode der freien Assoziation* sowie durch die *technische Grundregel*. Der Patient auf der Couch soll auf bewusstes Nachdenken verzichten und seine spontanen Einfälle berichten. Zusätzlich bekommt er den Hinweis, er solle dem Arzt alles mitteilen, was ihm in den Sinn komme, auch wenn er es als zu unwichtig, zu unsinnig, zu deplatziert oder zu peinlich empfinde. Der Analytiker merkt dann „mit mißvergnügtem Erstaunen": Der Patient hält die „heilige Regel" nicht ein! „Bald behauptet er, es fiele ihm nichts ein [...]" oder „er schäme sich" oder „was ihm jetzt einfalle, sei wirklich zu unwichtig, zu dumm und zu unsinnig [...] und so geht es in unübersehbaren Variationen weiter, wogegen man zu erklären hat, daß alles sagen wirklich alles sagen bedeutet" (1969, S. 286–287). In einer bildlichen Metapher schildert Freud, warum es von der technischen Grundregel keine Ausnahme geben darf. „Natürlich

---

[124] Affekt ist die deskriptive Bezeichnung einer eindrucksvollen, emotionalen Erfahrung. Meist verwendet Freud diesen Begriff in einem ökonomischen Sinne und meint damit die Äußerungsform der Triebenergie.

[125] Hier äußert sich der psychische Konflikt in körperlichen Symptomen, z.B. in übersteigert-theatralischem Verhalten.

[126] Die Patientin konnte während einer längeren Hitzeperiode im Sommer nicht trinken, ohne dafür einen Grund angeben zu können. Sobald das Wasserglas ihre Lippen berührte, stieß sie es weg. Breuer legte den traumatischen Hintergrund mit dem Mittel der Hypnose offen. Die Kranke berichtete voller Abscheu, wie der kleine Hund ihrer englischen Gesellschafterin – „das ekelhafte Tier" – aus einem Glas getrunken habe. Nachdem die Patientin noch während der Hypnose ihrem Ärger Ausdruck gegeben hatte, konnte sie nachher wieder aus einem Wasserglas trinken. Die Störung war erst einmal beseitigt.

[127] *Katharsis* bezeichnet nach Aristoteles in der Poetik die höchste Form konsistenter Dramaturgie: der verständige, gefühlsmäßige Mitvollzug einer im Theater dargestellten Handlung führt im Verlauf über deren Aufbau, Zuspitzung und Abschluss beim Zuschauer zur Entladung dessen seelischer Leidenschaften.

verträgt die analytische Kur ein solches Asylrecht nicht. Man versuche etwa in einer Stadt wie Wien, für einen Platz wie der Hohe Markt oder für die Stephanskirche die Ausnahme zuzulassen, dass dort keine Verhaftungen stattfinden dürfen, und mühe sich dann ab, einen bestimmten Missetäter einzufangen. Er wird an keiner anderen Stelle als an dem Asyl zu finden sein" (1969, S 287).

Die freie Assoziation ist nicht wirklich frei, sondern durch das Unbewusste determiniert. Sie liefert das früher vergessene Material zwar nicht auf direktem Weg, es lässt sich aber durch Deutung[128] rekonstruieren.

Üblicherweise verläuft die Analyse zu Beginn positiv. Der Patient arbeitet begeistert mit. Es kommt zum Phänomen der *Übertragung*. Das ist die unbewusste Wiederholung früherer Beziehungsmuster des Patienten, die nicht im Verhalten des Analytikers begründet liegt. Der Arzt wird unbewusst in die Rolle der geliebten oder gefürchteten Eltern versetzt. Diese Gefühlsbindung an den Arzt stammt also nicht aus der Analyse selbst.

In der Übertragung wird die Triebenergie vom Symptom abgezogen und auf den Analytiker umgelenkt. Eine neue, künstliche Neurose entsteht, die sogenannte *Übertragungsneurose*. Dabei überwiegen erst einmal positive Gefühle. Dahinter treten früher oder später negative, feindselige Affekte hervor. Der Patient baut Widerstände dagegen auf, dass Unbewusstes bewusst wird. Sie können unterschiedliche und vielfältige Formen annehmen und wechseln auch in der Intensität. Oft wird zunächst die technische Grundregel zum Angriffspunkt des Widerstands. Dann äußert er sich in intellektueller Form und der Patient beginnt zu argumentieren. Schließlich richtet er sich gegen den Psychoanalytiker, wird also zum Übertragungswiderstand. Freud beschreibt die große Bedeutung des Widerstands und betont, „daß diese unsere Erfahrung mit dem Widerstande der Neurotiker gegen die Beseitigung ihrer Symptome die Grundlage unserer dynamischen Auffassungen der Neurosen geworden ist" (1969, S. 290). Der Widerstand enthält „viel von dem wichtigen Material aus der Vergangenheit des Kranken" und dient entsprechend als Ansatzpunkt der Analyse.

Die theoretische Auseinandersetzung mit Widerstand und Übertragung führt direkt zum Begriff der Verdrängung. Erinnern wir uns: In der Vergangenheit des Patienten gab es eine seelische Regung für einen Handlungsimpuls. Dieser hat sich jedoch aufgrund äußerer und innerer Versagung nicht in eine Handlung umgesetzt, sondern wurde zusammen mit dem beteiligten Affekt ins Unbewusste abgeschoben. Darin besteht der pathogene, symptombildende Vorgang. Die Verdrängung geht zwar vom Ich des Patienten aus, läuft aber von diesem unbemerkt und richtet sich gegen aggressive und sexuelle Triebe des Es. Die Krankheitssymptome bieten einen Ersatz für verbotene Befriedigungen. In der Therapie kommt

---

[128] *Deutung* ist nicht nur die Aufdeckung des latenten (verborgenen) Sinnes von Träumen, sondern auch von anderen Äußerungen des Unbewussten (z.B. Fehlleistungen), und bezieht sich auch auf Worte und sogar Verhaltensweisen des Subjekts.

es nun darauf an, die Verdrängung aufzuheben, d.h. Unbewusstes bewusst zu machen.

Der Psychoanalytiker muss verhindern, dass die in der Übertragungsneurose vom Symptom auf ihn umgelenkte Libido ins Unbewusste zurückkehrt. Dort nämlich würde sie sich wieder an das Symptom binden und es mit Energie versorgen. Der Analytiker arbeitet aktiv mit der Übertragung und kann sie überwinden, indem er dem Patienten nachweist, dass dessen Gefühle – positiv oder negativ – nicht aus der aktuellen analytischen Situation stammen, sondern aus früheren, konflikthaften Beziehungen. Sie aktualisieren alte Konflikte. Eigentlich dürfte dieser Nachweis nicht schwerfallen, denn der Therapeut gibt durch sein Verhalten weder Grund noch Anlass für übermäßig zärtliche oder feindselige Gefühle gegenüber seiner Person. Dennoch erfordert es in der Praxis ein hartes Stück Arbeit.

Gelingt es, die Verdrängung aufzuheben und die Übertragung zu überwinden, verschwindet das Symptom. Das darf man sich aber nicht als einfachen, einmaligen Vorgang vorstellen. Meist nähern sich Arzt und Patient in langwieriger, mühsamer Arbeit dem frühen Trauma von vielen Seiten, um es in seiner symptombildenden Funktion zu überwinden.

Der Analytiker sitzt auf dem sogenannten *Fauteuil* am Kopfende rechtwinklig zur Couch, auf welcher der Patient liegt. Diese Anordnung des Couch-Fauteuil-*Settings* entspricht der Grundhaltung des Analytikers, seiner Abstinenz: Er ist positiv zugewandt und lässt den Patienten ausschließlich auf der Basis des Wortes gewähren. Durch das Setting kann sich der Analytiker in der geforderten gleichschwebenden Aufmerksamkeit halten. Er vermeidet den Blickkontakt, der leicht intimisierend wirken kann.

Der Patient liegt auf der Couch.[129] Die liegende Position ähnelt der beim Schlafen und Träumen, um damit kontrollierte Regression zu gestatten und gleichzeitig nicht auf die fundamentale Rationalität der Sprache zu verzichten. Es gilt, möglichst alle Quellen der Ablenkung zu eliminieren, so dass der Patient sich vollständig auf seine eigenen Fantasien und innerseelischen Prozesse konzentrieren kann. Er soll nicht nach Botschaften in der Körperhaltung, Mimik und Gestik des Analytikers suchen. Die Beschränkung auf das Wort – Anna O. hat dafür den Begriff *talking cure* erfunden – schneidet den Analysanden soweit wie möglich von motorischer Aktivität ab. Er lernt, eigene Bedürfnisse besser zu verstehen, kann sie aber (außer dem Bedürfnis, sich verbal zu äußern) innerhalb der Psy-

---

[129] Freud spricht nie von Couch, sondern von Ruhe- oder Liegebett bzw. Diwan. Das Original, früher Bestandteil der Praxis in der Berggasse 19 in Wien, befindet sich heute im Freud-Museum in Hampstead, Maresfield Gardens, in London.
Über die Couch ist viel geschrieben, geredet, gewitzelt und gelästert worden. Einer Anekdote zufolge, die Nicht-Analytiker gern bemühen, soll Freud das Setting auch damit begründet haben, er halte es nicht aus, täglich acht Stunden lang angestarrt zu werden. Das mag so gewesen sein, ist aber nicht der Hauptgrund dafür, warum Psychoanalytiker die Couch-Fauteuil-Anordnung bis heute fast unverändert beibehalten.

Standbild 23: GEHEIMNISSE EINER SEELE. *Der Chemiker (Werner Krauss) ersticht im Traum die helle Erscheinung seiner Frau (Ruth Weyher) in Anwesenheit seiner Assistentin. Filmstill 1:04:40*

choanalyse nicht ausleben. Das soll er in seinen „realen, außeranalytischen Beziehungen" versuchen.

Insgesamt begünstigt und beschleunigt das Setting die Übertragung, die Freud als entscheidend für die psychoanalytische Therapie betrachtet und bietet damit den wesentlichen Rahmen, die Symptombildung rückgängig zu machen.

Was bringt der Film über die psychoanalytische Therapie, die Technik und das Setting zur Darstellung? Der Mann lernt den Psychoanalytiker durch eine Fehlleistung kennen. Nachdem er seine Frau und Vetter Hans beim Abendessen zurückgelassen hat, geht er in ein Wirtshaus. Als er es später verlässt, vergisst er seinen Haustürschlüssel auf dem Tisch. Ein anderer Gast trägt ihm den Schlüssel nach. Er gibt dem Mann zu verstehen, dass diese Fehlhandlung kein Zufall gewesen sei, sondern der Mann wolle eigentlich nicht nach Hause und habe deshalb den Schlüssel liegen gelassen. In diesem Zusammenhang stellt er sich als Psychoanalytiker Dr. Orth vor.

Am nächsten Tag meldet sich der Mann als Patient bei Dr. Orth an und spricht von seiner rätselhaften Angst, Messer zu berühren und dem Impuls, seine Frau zu töten. Der Arzt diagnostiziert eine schwere seelische Erkrankung, stellt aber auch ihre Heilung mit der Psychoanalyse in Aussicht: „Wir kennen solche Erkrankungen, aber auch die Möglichkeit ihrer Heilung."

Eine monatelange Therapie im klassischen Setting beginnt. Der Mann liegt auf der Couch, der Psychoanalytiker sitzt auf dem Fauteuil. Er instruiert seinen Patienten: „Unterdrücken Sie keinen Einfall, weil sie ihn für unwichtig oder unsinnig halten!" Der Patient beginnt stockend zu reden und lässt dann seinen Assoziationen freien Lauf. In mühsamer Arbeit, nur ausschnitthaft durch Untertitel kommentiert, deckt der Analytiker die unbewussten seelischen Konflikte auf, die zur Krankheit geführt haben. Im Mittelpunkt der therapeutischen Arbeit steht die Traumdeutung. In der letzten Sitzung deutet Dr. Orth die entscheidende, frühe traumatische Szene. Der Patient erinnert sich daran, wie sehr ihn seine Frau in der Kindheit verletzt hatte, als sie die Puppe dem Vetter schenkte. Es hält den Patienten nicht mehr auf der Couch. Er springt auf, ergreift ein auf dem Tisch liegendes Messer und sticht wütend und außer sich auf die imaginäre Erscheinung seiner Frau ein. Der Analytiker fasst das Geschehen für den Mann in Worte: Er könne nun wieder ein Messer berühren, er sei geheilt. Plötzliches Erinnern und Heilung fallen zusammen.

Entwicklungen
Die Psychoanalyse nach dem Tode Sigmund Freuds war zu keinem Zeitpunkt ein feststehendes System aus einem Guss. Bereits zu seinen Lebzeiten hatte Freud sie fortwährend entwickelt, überarbeitet und in Teilen auch verworfen.

Nach den Studien über Hysterie aus dem Jahre 1895 – oft als Beginn der Psychoanalyse bezeichnet – analysierte Freud zunächst die Bedeutung von Träumen, Kindheitserlebnissen und Sexualität für die psychische Entwicklung der Persönlichkeit, um dann den Ödipuskomplex als Kern der Neurose herauszuarbeiten. In seinen späteren Arbeiten erweiterte er diese grundlegenden Ideen und errichtete einen theoretischen Überbau, den er als *Metapsychologie* bezeichnete: In Freuds Verständnis gehören das Instanzenmodell (Strukturmodell) und topische Gesichtspunkte[130] „zu einem [...] Überbau der Psychoanalyse, von dem jedes Stück ohne Schaden und Bedauern geopfert oder ausgetauscht werden kann, sobald seine Unzulänglichkeit erwiesen ist" (1971, S. 62).

Auf der anderen Seite nennt er unverzichtbare Kernelemente der Psychoanalyse: „Die Lehren vom Widerstand und von der Verdrängung, vom Unbewußten, von der ätiologischen Bedeutung des Sexuallebens und der Wichtigkeit der Kindheitserlebnisse sind die Hauptbestandteile des psychoanalytischen Lehrgebäudes" (1971, S. 68). Die Verdrängungslehre sieht er als „Grundpfeiler, auf dem das Gebäude der Psychoanalyse ruht [...] Jede Forschungsrichtung, welche diese beiden

---

[130] Freud denkt hier an die Beziehung der einzelnen Instanzen untereinander, von der „man in räumlicher Ausdrucksweise spricht, wobei aber ein Anschluß an die reale Hirnanatomie nicht gesucht wird" (1971, S. 62).

Tatsachen (Übertragung und Widerstand, Anmerkung der Verfasser) anerkennt und sie zum Ausgangspunkt ihrer Arbeit nimmt, darf sich Psychoanalyse heißen […]" (1971, S. 152).

Davon ausgehend kann man im Umkehrschluss die Weiterentwicklung der Psychoanalyse (Ausdifferenzierung, Ergänzung, Modifikation), aber auch Gegnerschaft danach beurteilen, wie weit sich solche Konzepte von Sigmund Freuds ursprünglichen theoretischen Aussagen entfernt haben. Aus unserer Sicht ergeben sich dann fünf Hauptrichtungen, die sich gegenseitig ergänzen, beeinflussen, aber auch (im Falle der Gegnerschaft) widersprechen:

– Die Ich-Psychologie (Anna Freud, Heinz Hartmann, Erik H. Erikson[131]) arbeitet auf der Grundlage der freudschen Triebtheorie und des Strukturmodells.
– Die Selbst-Psychologie (Heinz Kohut) übernimmt das freudsche Strukturmodell und ersetzt die Triebtheorie durch Vorstellungen, die auf sogenannten Repräsentanzen beruhen.
– Die Objektbeziehungstheorie (Melanie Klein, Donald Winnicott, Michael Balint, Otto Friedemann Kernberg) setzt mit Klein den Schwerpunkt bei der Theorie der Partialobjekte, mit Kernberg bei der Expressiven Therapie der Borderline-Persönlichkeitsorganisation.
– Die empirische Säuglings- und Kleinkindforschung (Margaret Mahler, René Arpad Spitz) verschiebt den Fokus in Richtung frühe Kindheit.
– Die Gegner (Alice Miller, Jeffrey M. Masson) distanzieren sich von Sigmund Freud oder bekämpfen ihn.

Diese fünf Hauptrichtungen sind von ihren Vertretern im Wesentlichen nach dem Tode Freuds entwickelt worden. Bereits zu seinen Lebzeiten mussten er und seine Anhänger und Mitstreiter[132] sich in den Jahren 1911 bis 1913 mit den Dissidenten Alfred Adler (1870–1937) und Carl Gustav Jung (1875–1961) auseinandersetzen. Freud hielt die adlersche Individualpsychologie für die bedeutsamere, weil sie auf der Triebtheorie begründet war.

Kurz vor dem Weimarer Kongress im Jahre 1911[133] löste Adler die Verbindung mit der Psychoanalyse. Freud stellte dazu fest: „Die ‚Individualpsychologie' Adlers ist jetzt eine der vielen Richtungen, welche der Psychoanalyse gegnerisch sind […]" (1971, S. 187).

Der zentrale Gedanke in Adlers System ist „der Wille zur Macht".[134] Als Motor des seelischen Geschehens äußert er sich in wichtigen Punkten der Lebensgestaltung und Charakterbildung. Freud kritisiert daran, Adler trage nur jenen Trieb-

---

[131] Wir nennen hier nur die jeweiligen Hauptrepräsentanten.
[132] Viele Schüler seiner Generation unterstützten Freud als loyale Mitarbeiter (Karl Abraham, Max Eitingon, Sandor Ferenczi, Otto Rank, Ernest Jones, Abraham A. Brill, Hans Sachs, Oskar Pfister, Jan Egbert Gustaaf van Emden, Theodor Reik u.a.).
[133] Dritter Internationaler Psychoanalytischer Kongress am 21. und 22.09.1911 in Weimar.
[134] Am Rande bemerkt Freud: „Adler ist hierin so konsequent, daß er die Absicht […] oben zu sein,

regungen Rechnung, welche dem Ich genehm sind. Damit verdecke die Theorie die unbewussten Motive. Freud argumentiert sowohl theoretisch als auch empirisch: „Es ist unmöglich und durch die Beobachtung zurückzuweisen, daß das – männliche oder weibliche – Kind seinen Lebensplan auf eine ursprüngliche Geringschätzung des weiblichen Geschlechts begründen und sich zur Leitlinie den Wunsch machen könne: ich will ein rechter Mann werden." Und weiter: „Es gibt Frauen, in deren Neurose der Wunsch, ein Mann zu sein, keine Rolle gespielt hat" (1971, S. 190).

Der Geringschätzung des Unbewussten – es tritt in Adlers System nur noch als psychologische Besonderheit des ‚nervösen Charakters' auf – entspricht sein fehlendes Verständnis für die Verdrängung.

Die biologische Seite der adlerschen Theorie zur Entstehung von Neurosen ist „die greifbare Organminderwertigkeit oder das subjektive Gefühl derselben" (1971, S. 191). Diese Grundlage der adlerschen Annahmen hält Freud nicht für tragfähig. In der *Selbstdarstellung* geht er darauf nicht näher ein, kann sich aber einen kurzen Kommentar nicht versagen: „Nur der Bemerkung sei Raum gegönnt, daß die Neurose dann ein Nebenerfolg der allgemeinen Verkümmerung würde, während die Beobachtung lehrt, daß eine erdrückend große Mehrheit von Häßlichen, Mißgestalteten, Verkrüppelten, Verelendeten es unterläßt, auf ihre Mängel mit der Entwicklung von Neurose zu reagieren" (1971, S. 191).

Zusammenfassend kritisiert Freud: „Das Lebensbild, welches aus dem adlerschen System hervorgeht, ist ganz auf dem Aggressionstrieb gegründet; es lässt keinen Raum für die Liebe" (1971, S. 193).

Über Jung schreibt Freud: „Jung versuchte eine Umdeutung der analytischen Tatsachen ins Abstrakte, Unpersönliche und Unhistorische, wodurch er sich die Würdigung der infantilen Sexualität und des Ödipuskomplexes sowie die Notwendigkeit der Kindheitsanalyse zu ersparen hoffte" (1971, S.80).

Freud kritisiert also, dass Jung den Ödipuskomplex nur symbolisch verstehe: Die Mutter bedeute im übertragenen Sinne das Unerreichbare, der Vater wäre eine ‚innerliche' Instanz, von der man sich frei zu machen habe, um selbstständig zu werden. Alles Konkrete am Konflikt des Neurotikers deute Jung zu Allgemeinem um, als Nichterfüllen der Lebensaufgabe. Die jungsche Therapie arbeite kaum mit der Vorgeschichte und den Wegen der Symptombildung des Patienten. Stattdessen setze sie auf moralische Belehrungen.

In der *Selbstdarstellung* von 1925 schließt Freud die Auseinandersetzung mit Adler und Jung so ab: „Man kann heute, nach einem Jahrzehnt, feststellen, daß beide Versuche an der Psychoanalyse schadlos vorübergegangen sind" (1971, S. 81).

---

sogar als die stärkste Triebfeder des Sexualaktes preist. Ich weiß nicht, ob er diese Ungeheuerlichkeiten auch in seinen Schriften vertreten hat" (1971, S. 188).

Ich-Psychologie
Anna Freud (1895–1982) ergänzte die durch ihren Vater begründete Psychoanalyse in Übereinstimmung mit ihm auf Grundlage der Triebtheorie und des Instanzenmodells um Aspekte der Ich-Entwicklung.

In der Geschichte der Psychoanalyse als Lehre vom Unbewussten galt die Beschäftigung mit dem Ich bisher als unpopulär. Erst relativ spät modifizierte Sigmund Freud seine Arbeitsrichtung und schenkte dem Ich größere Aufmerksamkeit: „Die pathologische Forschung hat unser Interesse allzu ausschließlich auf das Verdrängte gerichtet. Wir möchten mehr vom Ich erfahren […]" (1975, S. 288). Seitdem – so Anna Freud – „läßt das Arbeitsprogramm der analytischen Forschung sich sicher nicht mehr mit dem Namen Tiefenpsychologie decken" (1984, S. 8).

Das Ich und die Abwehrmechanismen (1936) versteht sich als Lehrbuch, welches die Abwehrtechniken aus den Arbeiten Sigmund Freuds zusammenstellt und ergänzt.[135]

Abwehr ist eine Operation des Ich gegen Triebimpulse aus dem Es (die auf dem Boden des Ich ins Bewusstsein drängen und Befriedigung suchen) sowie gegen peinliche und unerträgliche Vorstellungen und Affekte, die an diese Triebimpulse gekoppelt sind. Ein Spezialfall der Abwehr ist die Verdrängung. Als der wirksamste Mechanismus bei der Bewältigung von Trieb und Affekt bekämpft sie vor allem sexuelle Triebregungen. Anna Freud hält Verdrängung für einen (lebensgeschichtlich) späten Abwehrtyp[136] mit besonderer Bedeutung bei der Hysterie.

Frühe Abwehrmechanismen sind Spaltung, projektive Identifizierung, Omnipotenz, Entwertung, primitive Idealisierung, Verleugnung und Ungeschehenmachen. Sie spielen bei der Borderline-Persönlichkeitsstörung eine wichtige Rolle.[137] Ein Beispiel für einen reifen Abwehrmechanismus ist Sublimierung. Sie lenkt den Trieb auf Ziele höherer sozialer, gesellschaftlicher und kultureller Wertigkeit. Dies setzt die Kenntnis solcher Normen und Werte voraus, in Termini des Instanzenmodells also die Bildung des Über-Ich.

Anna Freud hat die Parallelen zwischen diesen Abwehrmechanismen und neurotischen Entwicklungen an Kleinkindern erforscht und analysiert.[138] Die entscheidende Lücke in der psychoanalytischen Technik besteht bei Kindern im Verzicht auf die freie Assoziation. Damit entfallen Möglichkeiten zur Untersuchung von Es-Anteilen, aber auch Hinweise darauf, wie der Ich-Widerstand funktioniert. Aus diesem Grund hat Anna Freud in der Psychoanalyse von Kindern die

---

[135] Anna Freud zählt insgesamt zehn Abwehrmechanismen auf (vgl. 1984, S. 36).
[136] Relativierend sei angemerkt, dass sie die Einteilung der Abwehrmechanismen nach ihrem Entstehungszeitpunkt für „eines der ungeklärtesten Gebiete innerhalb der analytischen Theorie" (1984, S. 43) hält.
[137] In Kapitel 3.1.2 erklären wir sie genauer an einem Filmbeispiel.
[138] Als Mitbegründerin der englischen Kinderpsychoanalyse arbeitete sie mit kriegstraumatisierten Kindern. Sie praktizierte ihre Methode – insbesondere die Spielanalyse – an der Hampstead Child-Therapy Clinic, einer führenden Forschungs- und Ausbildungsstätte auf dem Gebiet der Psychoanalyse des Kindes, die sie ab 1952 auch als Direktorin leitete.

freien Assoziationen der Erwachsenen durch die Spielhandlungen des Kindes ersetzt. Den Störungen des freien Einfalls beim Erwachsenen entsprechen die Spielstörungen beim Kind. Da aber eine vollständige Gleichsetzung problematisch sein kann, hat Anna Freud die Analyse der Affektverwandlungen als neues technisches Ersatzmittel genutzt. Damit ist Folgendes gemeint: Üblicherweise reagiert das Kind auf bestimmte Anlässe mit speziellen, zu erwartenden Affekten. Wird es z.B. seinen Geschwistern gegenüber zurückgesetzt, reagiert es mit Kränkung und Eifersucht. Erwartet es Strafe, hat es Angst. Bekommt es einen Wunsch erfüllt, freut es sich. Wenn der zu erwartende Affekt ausbleibt, sei das durch eine bestimmte Form der Ich-Abwehr bedingt.

Anna Freud schildert folgendes Beispiel: „Ein kleines Mädchen reagiert auf Situationen, die sie enttäuschen, scheinbar überhaupt nicht. Alles, was sich beobachten läßt, ist ein Zucken des Mundwinkels. Sie verrät damit die Fähigkeit des Ich, unwillkommene psychische Vorgänge zu beseitigen und durch physische zu ersetzen. Es wäre wieder nicht überraschend zu erfahren, daß sie im Kampf mit ihrem Triebleben hysterisch reagiert" (Anna Freud, 1984, S. 33).

Allgemein formuliert zeigt sich, „daß bestimmte Neurosen feste Beziehungen zu bestimmten Abwehrmechanismen haben, wie etwa die Hysterie zur Verdrängung, die Zwangsneurose zur Isolierung und zum Ungeschehenmachen" (1984, S. 29), aber auch zur Regression und Reaktionsbildung.[139]

Selbst-Psychologie
Heinz Kohut (1913–1981) gilt als Gründer der Selbstpsychologie in der Psychoanalyse. Zusammen mit anderen Selbstanalytikern der Nachkriegszeit griff er zwar das Strukturmodell Freuds auf, ergänzte bzw. ersetzte[140] aber die freudsche Triebtheorie um bzw. durch ein Repräsentanzenmodell.

Eine *Eltern-Repräsentanz* ist bei Kohut ein psychischer „Raum" im kindlichen Selbst, in welchem die Eltern das Größen-Selbst (grandioses Selbst) des Kindes in einer frühen Entwicklungsphase (erstes bis drittes Lebensjahr) fördernd zurückspiegeln.

Der Begriff *Selbst* meint bei Kohut das Erleben des Individuums, Zentrum des psychischen Universums zu sein; Mittelpunkt von Antrieb und Wahrnehmung, die kohärente, harmonische Einheit von Zeit und Raum.

---

[139] Die Reaktionsbildung funktioniert in Gegenrichtung zu einem unbewussten Wunsch. So richtet sich die übermäßige Härte des Ex-Offiziers in AMERICAN BEAUTY (R Samuel Mendes, USA 1999) als Abwehr gegen seine (homosexuellen) Wünsche nach Zärtlichkeit.
[140] Fachexperten bewerten nicht einheitlich, ob es sich um Ergänzung oder Ersatz handelt. Alice Miller (1981, S. 264) sieht es so: „[…] Heinz Kohut gebrauchte zunächst Begriffe aus der Triebtheorie, die sich neben seinen differenzierten und einfühlsamen Falldarstellungen wie Fremdkörper ausnehmen."
Unserer Auffassung nach stellen Triebziele, Abwehrmechanismen und Konflikte in Kohuts System untergeordnete Aspekte des Selbst dar. Freud nahestehende Kritiker verweisen auf die Vernachlässigung der Sexualität in der Selbstpsychologie.

Selbstobjekte sind diejenigen Personen (oder deren Funktionen) aus der kindlichen Umgebung, die das Selbstgefühl wecken und fördernd beeinflussen.

Das Selbst entwickelt sich ausgehend von einem infantilen, fragilen, fragmentierten Stadium hin zu einer kohäsiven, stabilen, erwachsenen Struktur.

In der primären narzisstischen Phase (erstes bis drittes Lebensjahr) entsteht im Idealfall das bipolare *Kern-Selbst* durch Verbindung des archaischen frühkindlichen Größen-Selbst mit den idealisierten Eltern-Repräsentanzen. Der eine Pol umfasst Strebungen (Ambitionen), der andere Ideale, Werte und Ziele. Der Spannungsbogen zwischen den beiden Polen mobilisiert Begabungen und Fähigkeiten. Das bipolare Kern-Selbst beeinflusst den Lebensentwurf des Individuums. Nach Abschluss dieses Prozesses kommt es zu einer Phase der Loslösung und Individuation. Im günstigsten Fall erfolgt die Relativierung der grandiosen Repräsentanzen durch dosierte, liebevolle Frustration seitens der Eltern und mündet in stabile *Selbst-* und *Objektkonstanz*. Als Resultat entsteht dann ein tragfähiges Selbstwertgefühl auf Grundlage eines starken Selbst.

Zu einer Störung kann es kommen, wenn das kindliche Selbst in der frühen narzisstischen Phase keine einfühlsamen (empathischen)[141] Reaktionen der Eltern erfährt. Dann kann die ursprüngliche Grandiosität nicht in ein verlässliches Selbstwertgefühl, in realistische Ambitionen und erreichbare Zielsetzungen umgewandelt werden. Das Kind kann sein Selbst nicht gesichert aufbauen und es entsteht ein Defekt im Selbst.

Kohut unterscheidet psychische Störungen und ihre Analysierbarkeit danach, ob überhaupt und wie ausgeprägt sich in der frühen Entwicklung ein Kern-Selbst gebildet hat. „Bei den narzißtischen Persönlichkeits- und Verhaltensstörungen sind im Gegensatz zu den Psychosen und Borderline-Zuständen in der frühen Entwicklung [nur] die Umrisse eines spezifischen Kern-Selbst hergestellt worden." Dagegen hält er Psychosen, „einschließlich der verdeckt psychotischen Persönlichkeitsorganisationen (zentrale Leere, aber eine gut entwickelte periphere Schicht von Abwehrstrukturen), für die [er] den Begriff Borderline-Zustände verwende[t]", für nicht heilbar, da sich in der frühen Entwicklung kein Kern-Selbst gebildet habe (1989, S. 26–28).

Kohut erweitert also das Spektrum der psychoanalytisch behandelbaren Störungen um narzisstische Defekte. Borderline-Persönlichkeitsstörungen, wie im Filmbeispiel EIN MÖRDERISCHER SOMMER, aber auch Psychosen, hält er für nicht therapierbar.

Objektbeziehungstheorie
Wie Sigmund Freud ging auch Melanie Klein von der Dualität des Lebens- und Todestriebes aus. Im Gegensatz zu Freud verortet Klein die Hauptmechanismen der kindlichen Entwicklung jedoch *vor* der ödipalen Phase.

---

[141] In der deutschen psychoanalytischen Literatur hat sich als Übersetzung des englischen Begriffs *empathy* der Fachbegriff Empathie durchgesetzt.

Im Zentrum ihrer Anschauungen stehen *Partialobjekte*, also reale oder fantasierte Körperteile, im Wesentlichen die Mutterbrust. Auf sie richten sich sowohl Libido als auch Todestrieb. Dadurch entsteht angsterregende Ambivalenz. Der frühe Mechanismus der Objektspaltung hält sie in Schach. Die Mutterbrust wird in eine „gute" und eine „böse" Brust gespalten. Das geschehe nicht nur, weil die Mutterbrust für den Säugling gewährend und versagend ist, sondern weil das Kind seine Liebe und seinen Hass auf sie projiziere.

Laut Klein erhalten die Partialobjekte in der kindlichen Fantasie Eigenschaften, die denen einer Person ähneln. Alle Partialobjekte, aber auch die Totalobjekte (die gesamte Person) unterliegen einer solchen Spaltung. Das kennzeichnet die *paranoid-schizoide Position*[142] während der ersten sechs Lebensmonate. In der darauf folgenden *depressiven Position* (ab dem sechsten Lebensmonat) verliert der Spaltungsmechanismus an Schärfe und es wächst die Fähigkeit des Kindes, die Mutter als ganzes Objekt zu erfassen.

Mit der Spaltung der Partialobjekte einher geht die Spaltung in ein „gutes" und ein „böses" Ich. Das Ich bildet sich wesentlich durch Introjektion (Verinnerlichung, Aufnahme der Außenwelt in das Ich) der Objekte.

Die kleinschen Auffassungen über frühkindlichen Sadismus, unbewusste Fantasien und Analysierbarkeit des Kleinkindes sind innerhalb der Psychoanalyse nicht unwidersprochen geblieben. Die Auseinandersetzung zwischen ihr und Anna Freud führte die britische psychoanalytische Vereinigung an den Rand der Spaltung. Noch heute diskutieren Fachleute Melanie Klein kontrovers. Positiv würdigen sie ihre Ausgestaltung der Konzepte frühkindlicher Entwicklung, negativ bewerten sie ihre schwer zugängliche, eigenwillige Begrifflichkeit. Zu ihren schärfsten Gegnerinnen zählt Alice Miller, die das kleinsche Konzept des (von Geburt an) grausamen Säuglings scharf angreift. Aber auch Klein nahestehende Personen wie ihre Tochter Melitta Schmideberg (1904–1983) und ihre Mitarbeiterin Paula Heimann (1899–1982) waren (ab ca. 1934) mit ihr verfeindet.

Die filmische Bearbeitung des Bühnenstücks von Nicolas Wright (1988) stellt diese Konflikte dar. Mrs Klein (R Ingemo Engström, D 1995) mit Erika Pluhar in der Rolle Melanie Kleins ist ein Drei-Frauen-Drama mit Kleins Tochter Melitta und der ehemaligen Sekretärin und Analysandin Paula in den beiden antagonistischen Rollen.

Im Film trauert die 52-jährige Klein (1934 in London) über den Tod ihres Sohnes Hans, der bei einem Unfall in den Bergen ums Leben gekommen ist. Melitta geht allerdings nicht von einem Unfall aus, sondern vermutet Suizid und sieht ihre Mutter in der Mitschuld. Das führt zu einer erbitterten Auseinandersetzung der Kontrahentinnen. Sie ge- bzw. missbrauchen die psychoanalytische Begrifflichkeit, um sich gegenseitig zu verletzen.

Ein weiterer Vertreter der Objektbeziehungstheorie ist Otto Friedemann Kernberg (geboren 1928 in Wien). Er gilt als Begründer der *Expressiven Psychotherapie*

---

[142] Klein bevorzugt den Begriff „Position" gegenüber dem der „Phase".

und befasst sich vornehmlich mit der Borderline-Psychopathologie.[143] Im Gegensatz zur deskriptiv-operationalisierten Diagnostik nach ICD-10 bzw. DSM-IV beruht die Expressive Therapie mit dem strukturellen Interview auf einem anderen diagnostischen Zugang und auf einem anderen Behandlungsmodell. Innerpsychische Konflikte sind Kernberg zufolge im Gegensatz zur klassischen psychoanalytischen Auffassung von Neurosen nicht verdrängt und deshalb aus dem Unbewussten heraus wirksam, sondern „sie werden eher in wechselseitig dissoziierten Ich-Zuständen ausgedrückt" und manifestieren sich in „Abwehr durch primitive *Dissoziation*[144] oder Spaltung" (1993, S. 21). Neben diesem Hauptabwehrmechanismus kommen alle weiteren frühen Abwehroperationen zum Einsatz. Das ist Ausdruck der präödipalen Pathogenese der Störung.

Das zentrale Therapieziel besteht in der Analyse primitiver Abwehroperationen und in der Wiederherstellung und Integration früher fragmentierter Selbst- und Objektanteile. Der geheilte Patient ist von diesen ehemals (Ich-)energiebindenden Mechanismen befreit.

Die grundlegende Technik der Expressiven Therapie ist die Übertragungsanalyse, der Versuch, innere Selbst- und Objektrepräsentanzen des Patienten zu identifizieren, zu verstehen und zu deuten, um diese zu realistischen und stabilen Vorstellungen zu integrieren. Die Deutung erfolgt auf Grundlage der *technischen Neutralität*, also der gleichmäßig distanten Grundhaltung des Therapeuten (1993, S. 67). Sie muss im Gegensatz zur klassischen Psychoanalyse nicht durchgängig eingehalten, sondern kann kurzzeitig aufgegeben werden, wenn der Patient sich selbst, andere oder den therapeutischen Prozess gefährdet. Der Therapeut soll in diesem Fall zusätzlich strukturierende Parameter einführen, z.B. Ratschläge, Verbote oder soziale Unterstützungsangebote. Er muss die technische Neutralität dann aber wieder herstellen.

Verglichen mit der klassischen Psychoanalyse setzt der Expressive Therapeut das Instrument der Deutung, insbesondere die genetische Deutung (Herstellen von Einsicht in unbewusste Momente der Vergangenheit) erst relativ spät im Therapieverlauf ein. Denn der Patient ist erst dann in der Lage, eine kognitive Verbindung zwischen aktuellen, realen und frühen Objektbeziehungen herzustellen, wenn er bereits integrierte Vorstellungen seiner selbst und anderer entwickelt hat.

---

[143] Kernberg leitete ein Therapieforschungsprojekt am New York Hospital-Cornell Medical Center, Westchester Division. Er gilt seit vielen Jahrzehnten als internationaler Borderline-Experte. Mit seinem Team veröffentlichte er 1993 das Handbuch *Psychodynamische Therapie bei Borderline-Patienten*. Darin bezeichnen die Autoren ihr Verfahren der Expressiven Therapie als *Transference Focused Psychotherapie* (*TFP*).

[144] Die abgespaltenen Teile sind weiterhin aktiv, entziehen sich jedoch der willkürlichen Kontrolle. Dissoziation bedeutet auch: Die Konfliktkonstellation beruht nicht auf gut differenzierten, konsolidierten Instanzen (Ich, Es, Über-Ich), sondern auf zerrissenen, präödipalen Zuständen, die in der Übertragung als chaotische Affektmischungen erkennbar werden.

Empirisch orientierte Säuglings- und Kleinkindforschung
Die empirisch orientierte Säuglings- und Kleinkindforschung betont die Bedeutung früher Phasen für die spätere Persönlichkeitsentwicklung und Beziehungsgestaltung. Mahler (1897–1985) differenziert das freudsche Phasenmodell der psychosexuellen Entwicklung hinsichtlich der ersten drei Lebensjahre. Die kindliche Sexualität hat bei ihr allerdings weniger Gewicht als bei Freud. Ihr Entwicklungsmodell der „psychischen Geburt des Kindes" umfasst sechs, durch fließende Übergänge gekennzeichnete Phasen und stützt sich auf empirische Untersuchungen in Kindergärten (Mahler, 1980).

In der *autistischen Phase* (von der Geburt bis zur sechsten Woche) sind die Sinne des relativ reaktionsarmen Säuglings noch nicht fertig ausgebildet und erfordern physiologische Nachreifung. In der *symbiotischen Phase* (zweiter bis sechster Monat) erlebt sich das Kleinkind als untrennbare Einheit mit der Mutter und kann nicht zwischen Ich und Nicht-Ich unterscheiden. Erst in der folgenden *Loslösungs- und Individuationsphase* (fünfter bis zwölfter Monat) beginnt das Kind, den eigenen Körper von dem der Mutter zu unterscheiden. Loslösung bedeutet also Entwicklung des eigenen Körperschemas, aber auch Abgrenzungskompetenz. *Individuation* meint Entwicklung intrapsychischer Autonomie. In dieser Phase spielt die Entfernung von der Mutter eine wichtige Rolle. Übergangsobjekte, z.B. Kuscheltiere, ersetzen die Mutter in ihrer Abwesenheit. Misslungene Loslösung und Individuation können bis ins Erwachsenenalter pathogene Wirkung entfalten. In der *Übungsphase* (elfter bis achtzehnter Monat) lernt das Kleinkind krabbeln, stehen und laufen, kann sich also aus eigener Kraft von den Bezugspersonen entfernen und damit Nähe und Distanz regulieren. Das ist entscheidend bei der Entwicklung von Autonomie. Dabei braucht das Kind die Mutter aber immer wieder als emotionale Anlaufstation. In der *Wiederannähe-*

Standbild 24: DIE KLAVIERSPIELERIN. Die Mutter (Annie Girardot) kontrolliert die Handtasche ihrer 39-jährigen Tochter Erika Kohut (Isabelle Huppert). Filmstill 0:00:58

rungsphase (18. bis 25. Monat) hat es bisweilen Trennungsangst und Rückversicherungswünsche. Bei Ablehnung durch die Mutter reagiert es mit Trotz, um dadurch die Aufmerksamkeit zurückzugewinnen. Experten sehen Unregelmäßigkeiten und Brüche in dieser Phase als ursächlich für spätere Aufmerksamkeitsdefizit- und Hyperaktivitätsstörungen (ADHS) an. Die kognitive Entwicklung macht in diesem Alter entscheidende Fortschritte. Mahler lokalisiert in dieser Phase auch die Entdeckung der eigenen Geschlechtlichkeit und weicht hier von Freud ab, der die gesamte Entwicklung bis zum Erwachsenenalter unter dem Primat der Sexualität sieht. Die letzte Phase ist die der *Konsolidierung* (Verfestigung) *der Individualität und der Anfänge der emotionalen Objektkonstanz* (24. bis 36. Monat). Das Kind entwickelt im Idealfall ein stabiles innerseelisches Bild der geliebten Bezugspersonen, auch wenn diese physisch abwesend sind. Es integriert „gute" und „böse" Objekte (die „gute" und „böse" Mutter im kleinschen Sinne) zu einer Gesamtrepräsentanz. Missglückt diese Vereinigung, kann daraus – in Übereinstimmung mit den Konzepten von Kohut, Klein und Kernberg – eine Borderline-Störung entstehen. Mahlers zentrales Thema ist also die Loslösung des Kindes aus der frühen symbiotischen Beziehung zur Mutter als Voraussetzung für den erfolgreichen Individuationsprozess.

Der Film DIE KLAVIERSPIELERIN (R Michael Haneke, D, F, Ö, P 2001) zeigt am Beispiel der Klavierlehrerin Erika Kohut (Isabelle Huppert) die späten Folgen misslungener Loslösungs- und Individuationsprozesse. Die Protagonistin ist Ende 30, lebt mit ihrer Mutter (Annie Girardot) zusammen und teilt mit ihr nach dem Tod des Vaters die gemeinsame Wohnung und sogar das Ehebett. Sie hat keine Privatsphäre. Die Mutter kontrolliert ihre Tochter vollständig und hat sie bereits seit ihrer Kindheit zur Klavierspielerin abgerichtet. Als Erwachsene flieht Erika in Autoaggression und sexuelle Perversionen.

Mit Mahler lässt sich die Ätiologie dieser Störungen in der Loslösungs- und Individuationsphase annehmen. Was in dieser Zeit nicht gelingt, kann im späteren Leben ohne therapeutische Unterstützung nicht mehr nachgeholt werden.

Noch stärker als Mahler hat Spitz (1887–1974) die Bedeutung der Mutter-Kind-Beziehung im ersten Lebensjahr betont. Er systematisierte die empirischen Methoden und arbeitete mit (Entwicklungs-) Testverfahren und Videoanalysen. Dadurch gilt er heute noch als einer der bedeutendsten psychoanalytisch orientierten Entwicklungspsychologen. Seine Studien über Hospitalismus und anaklitische Depression in Säuglingsheimen und Findelhäusern in den USA um 1940 haben ihn bekannt gemacht. Wurde den Kleinkindern ihre Mutter teilweise entzogen, zeigten sie das Verhalten der anaklitischen Depression, fehlte die Mutter vollständig, reagierten sie mit Hospitalismus. *Anaklitische Depression* äußert sich zunächst in Weinerlichkeit, Kontaktverweigerung (bzw. verzweifelter Anklammerung, wenn Kontakt doch zustande kommt), in einer gefrorenen Starre des Gesichtsausdrucks und in körperlicher Symptomatik wie Schlaflosigkeit, Gewichtsabnahme und Anfälligkeit für Krankheiten.

Im Falle von *Hospitalismus* liegen zunächst ähnliche Symptome vor, die sich dann aber noch verschärfen: Die Kinder wirken leer, völlig apathisch, und verfallen körperlich und psychisch zunehmend. Spitz stellte fest, dass die meisten im Alter von vier Jahren weder sitzen, stehen, laufen noch sprechen konnten. Die Sterblichkeitsquote erhöhte sich in auffälliger Weise (24 von 90 Kindern in dem Findelhaus starben im ersten Lebensjahr). Diese Befunde waren insofern bemerkenswert, als es nach den damaligen Vorstellungen den Kindern in den Heimen an nichts mangelte. Körperliche Versorgung und Hygienebedingungen waren in Ordnung.

Heute definiert man den Begriff Hospitalismus (auch *Deprivationssyndrom*, lat. *deprivare* „berauben") etwas allgemeiner als Spitz, nämlich als negative körperliche und psychische Auswirkung eines längeren Krankenhaus- oder Heimaufenthaltes bei Kleinkindern. Als schwerste Form des Hospitalismus gilt das *Kaspar Hauser*[145]*-Syndrom*: eingepfercht und körperlich misshandelt, werden dem Kind fast alle Reize entzogen. Sehenswerte Filmbeispiele dazu sind DER WOLFSJUNGE (R Francois Truffaut, F 1970) und KASPAR HAUSER – JEDER FÜR SICH UND GOTT GEGEN ALLE (R Werner Herzog, D 1974).

Gegnerschaft
Alice Miller (1923–2010) war zunächst psychoanalytisch tätig, gab ihre Praxis und Lehrtätigkeit aber 1980 auf und erklärte schließlich 1988 ihren Austritt aus der Internationalen Psychoanalytischen Vereinigung (IPA). In ihrem Werk *Das verbannte Wissen* formuliert sie ihren damaligen Standort.

Sie verwirft den Begriff „Verführungstheorie", da er von schuldhaften Anteilen beim Kind ausgehe und ersetzt ihn durch den Begriff „Missbrauch". Darunter versteht sie sexuellen Kindesmissbrauch, aber auch narzisstischen Machtmissbrauch durch die Erwachsenen. Die von ihr so bezeichnete *Schwarze Pädagogik*, der sie auch die freudsche Triebtheorie zuordnet, rede von fantasiertem Missbrauch: Das Kind verdränge eigene, aggressive und sexuelle Impulse und projiziere sie nach außen. In einer Replik auf Anna Freud schreibt sie: „Diese Auffassung hat wichtige Konsequenzen für die analytische Praxis, die alles, was der Patient über seine Kindheit erzählt, als dessen Phantasien und nach außen projizierte, eigene Wünsche zu betrachten hat. So wird das Kind der Triebtheorie zufolge nicht für die Bedürfnisse des Erwachsenen real mißbraucht, sondern es phantasiert angeblich diesen Mißbrauch, indem es eigene aggressive und sexuelle Wünsche (Triebwünsche) verdrängt und sie projektiv als von außen auf es gerichtet erleben kann" (1981, S. 10).

Nach 1990 formuliert Miller ihre Positionen zunehmend radikaler. Sie wirft Freud schließlich vor, dass er „die Möglichkeit eines überprüfbaren Zugangs zur Kindheitsrealität bestritten und die Arbeit des Analytikers auf das Gebiet der Phantasien des Patienten beschränkt hat" (1988, S. VII) und „daß die Psychoana-

---

[145] Die genauen Lebensumstände im Falle Kaspar Hausers sind wissenschaftlich umstritten.

lyse gerade diesen (emotionalen) Zugang (zur Kindheit, Anmerkung der Verfasser) *um jeden Preis verhindert*" (Hervorhebung der Verfasser). Trotz ihrer überzogenen Formulierungen gegen die freudsche Psychoanalyse ist Miller ihr langer Kampf gegen Kindesmissbrauch hoch anzurechnen. Noch kurz vor ihrem Tode ist sie durch die Aufdeckung massenhafter Sexualverbrechen in den Reihen der katholischen Kirche bestätigt worden.

Dass Jeffrey M. Masson mit seiner Darstellung *Was hat man dir, du armes Kind, getan? Sigmund Freuds Unterdrückung der Verführungstheorie* Freud in unzulässiger Weise pervertiert, lässt sich leicht erkennen. Er schreibt: „Ich bin […] der Überzeugung, daß Freud seine eigene Entdeckung aus dem Jahre 1896 – daß Kinder in vielen Fällen in ihren eigenen Familien sexueller Gewalt und sexuellem Mißbrauch ausgesetzt sind – als so belastend empfand, daß er sie buchstäblich aus seinem Bewußtsein tilgen mußte" (1984, S. 17). Masson wirft Freud vor, Kindesmissbrauch aufgrund eigener Erfahrung aus seinen theoretischen Konzepten entfernt zu haben.

Demgegenüber schrieb Freud in seiner 23. Vorlesung zur Einführung in die Psychoanalyse: „Aber […] der Sachverhalt ist nachweisbar der, daß die in der Analyse konstruierten oder erinnerten Kindererlebnisse einmal unstreitig falsch sind, das andere Mal aber ebenso sicher richtig und in den meisten Fällen aus Wahrem und Falschem gemengt" (1969, S. 358). Und weiter: „Besonderes Interesse hat die Phantasie der Verführung, weil sie nur zu oft keine Phantasie, sondern reale Erinnerung ist." Und: „Glauben Sie übrigens nicht, daß sexueller Mißbrauch des Kindes durch die nächsten männlichen Verwandten durchaus dem Reiche der Phantasie angehört" (1969, S. 361).

Die Aussagen Massons sind also falsch wie so viele andere in der Anti-Freud-Literatur. Dazu gehören auch solche Ansätze, die aufgrund einer unzulässig verkürzten Vorstellung darüber, wie empirische Wissenschaft zu funktionieren habe, der freudschen Psychoanalyse den Anspruch auf Wissenschaftlichkeit absprechen. Nicht nur das Terrain der Psychoanalyse ist unüberschaubar, sondern auch die Wege und Irrwege ihrer Kritik.

3.2.3 Integrative Psychotherapie als Perspektive

Bei aller Diversität der therapeutischen Verfahren und Methoden[146] sind heute folgende Grundrichtungen besonders bedeutsam:

Tiefenpsychologische Therapien (klassische Psychoanalyse und tiefenpsychologisch orientierte Psychotherapieverfahren), die (Kognitive) Verhaltenstherapie, Humanistische Therapien (klientzentrierte Gesprächstherapie, Gestalttherapie

---

[146] Die Therapierichtungen und -methoden mit den entsprechenden, z.T. verwirrenden Bezeichnungen stellen sich als kaum noch überschaubar dar. Nach Einschätzung von Matthias Hermer (2000, S. 21) hat sich die Zahl der Verfahren seit den sechziger Jahren bis zur Jahrtausendwende von wenigen Dutzend auf mehrere hundert erhöht.

und Psychodrama) sowie die Paar- und Familientherapie und Systemische Therapie. Zusätzlich gibt es ergänzende, spezielle Verfahren wie autogenes Training und Hypnose.[147]

Vor dem Hintergrund der Zersplitterung und den teilweise heftigen Kontroversen der großen Therapieschulen mit Universalitätsanspruch besteht ein nachvollziehbares Bedürfnis nach Gemeinsamkeit und Konsens. Lassen sich bei den großen therapeutischen Grundrichtungen Verhaltenstherapie und Psychoanalyse integrationsfähige Bestandteile finden?

Im Folgenden versuchen wir, für diese beiden Therapierichtungen vor dem Hintergrund ihrer allgemeinen Grundvoraussetzungen, der Wissenschaftlichkeit und Wirksamkeit integrationsfähige Elemente zu identifizieren.

Möglich wäre ein direkter Vergleich der theoretischen Grundlagen von Verhaltenstherapie und Psychoanalyse. Günstigstenfalls käme man als Resultat zu einer Synthese in einem übergreifenden Modell. Die entsprechenden Versuche sind in der Vergangenheit jedoch oft am Komplexitätsgrad und hohen Abstraktionsniveau der Metatheorien gescheitert.

Das umgekehrte Extrem läge in dem Versuch, einzelne Methoden aus Verhaltenstherapie und Psychoanalyse zu vergleichen. Dabei begegnet man zunächst demselben Problem wie beim Vergleich der Metatheorien. Denn die Methoden sind in den übergeordneten Theorien verortet und aus ihnen hergeleitet. Diese Schwierigkeit verschärft sich noch durch fehlende oder zumindest mangelnde Entsprechung auf der Konkretionsebene des Methodenvergleichs. Mit welchem psychoanalytischen Äquivalent wollte man etwa die verhaltenstherapeutische Methode des Shaping vergleichen? Welche verhaltenstherapeutische Methode findet sich als Äquivalent psychoanalytischer Deutung?

Einen Ausweg sehen wir darin, für den Vergleich der therapeutischen Richtungen eine „günstige Mitte" zwischen Theorie und Methode zu suchen. Dazu wählen wir *Wirkfaktoren* als Ansatzpunkt. Sie sind im Gegensatz zu therapeutischen Methoden nicht direkt beobachtbar, sondern „sie werden aus dem beobachtbaren Wirkungsspektrum eines Verfahrens erschlossen und sind also theoretischer Natur" (Reinecker, 1999, S. 132). Als Konstrukte bündeln Wirkfaktoren bestimmte Teilbereiche der Theorie und treten deshalb nicht so abstrakt auf wie die Metatheorie und nicht so konkret wie die Methoden.

Aus der Vielfalt der in der Literatur aufgelisteten Wirkfaktoren bedienen wir uns der vier von Klaus Grawe (1995b), allerdings in leicht modifizierter Form.[148] Wir nutzen sie im Folgenden, weil sie sich in der Wirkungsforschung weitestgehend durchgesetzt haben. Wir modifizieren sie, weil sie in grawescher Prägung eine Affinität zur Verhaltenstherapie mitbringen und eine Vorentscheidung für diese therapeutische Richtung begünstigen würden. In abgewandelter, neutrali-

---

[147] Vgl. dazu Gerald C. Davison und John M. Neale (2002).
[148] Klärung statt motivationale Klärung, Problemaktualisierung (unverändert), Ressourcenorientierung statt Ressourcenaktivierung, Problembewältigung statt aktive Hilfe zur Problembewältigung.

sierter Form dienen diese vier Faktoren als *tertium comparationis*. Sie umgreifen dann als Vergleichsgrundlage gemeinsame Merkmale beider Richtungen.

Ziel unserer Untersuchung der Integrationsfähigkeit ist es, auf Basis der allgemeinen Grundvoraussetzungen und mit Hilfe der modifizierten Wirkfaktoren Elemente Integrativer Psychotherapie sichtbar zu machen. Zu deren Veranschaulichung erörtern wir Beispiele aus Filmen.

Wissenschaftlichkeit als Grundvoraussetzung
Als Grundvoraussetzung und allgemeine Bedingung moderner Psychotherapie gilt ihre Wissenschaftlichkeit in Form theoretischer Fundierung und empirischer Überprüfbarkeit.[149] Damit grenzt sich Psychotherapie von anderen Methoden ab wie z.B. glaubensbasierter Seelsorge, Wunderheilungen, Exorzismus usw. Was genau soll nun wissenschaftlich fundiert und überprüfbar sein?

Standen zunächst jeweils die zentralen Theoriebestandteile (z.B. das Instanzenmodell, die Triebtheorie der Psychoanalyse oder die Lerngesetze der Verhaltenstherapie) im Vordergrund der Diskussion, so hat sich mittlerweile der Schwerpunkt in Richtung auf Effektivität und Effekte verschoben. Damit stellt sich dann erstens die Frage, ob (eine) Psychotherapie(form) überhaupt wirkt (Bewertung und Evaluation einer Maßnahme), und zweitens, ob die eine Therapieform besser wirkt als die andere (Therapievergleichsstudie).

Zur Beantwortung dieser Fragen hat sich die Psychotherapieforschung (in Anlehnung an die Pharmaforschung) auf das Laborexperiment verlegt und sich durch diese methodische Verengung eine Reihe von Schwierigkeiten eingehandelt.

Die Operationalisierung (d.h. die Angabe, durch welche Operationen die Fragestellung bzw. Hypothese geprüft werden soll) und die Messung von Therapieerfolg setzen zunächst einmal eine Definition voraus: Was will man unter Therapieerfolg verstehen? Darüber besteht aber kein Konsens.
Gäbe es den, müsste man als nächsten Schritt Therapeuten auswählen, welche die zu prüfende Therapieform in reiner Ausprägung vertreten und Patienten, die das entsprechende Störungsbild adäquat abbilden. Beide Forderungen erscheinen in forschungsmethodischer Hinsicht illusorisch. Die meisten Therapierichtungen gestalten sich im Gegenteil heterogen.[150] Auch wenn eine Therapieform in Reinkultur denkbar wäre, wird man wohl kaum Therapeuten finden, die sie 1:1 umsetzen.

---

[149] Einige Autoren fordern dies bereits in der Definition. „Psychotherapie ist ein Prozeß, der theoretisch fundiert sein muss […] Psychotherapie ist empirisch zu überprüfen, insbesondere was deren Wirksamkeit betrifft […]" (Urs Baumann et al., 1984, S. 3).
[150] Für die Verhaltenstherapie zählt Jürgen Kriz folgende Verfahren auf: „Systematische Desensibilisierung, Aversionstherapien, Biofeedbacktherapie, Reizkonfrontation, Stimuluskontrolle, Token-Programm, Selbstinstruktionstraining, Training sozialer Kompetenz, Rational-Emotive Therapie (um nur einige zu nennen) […]"(In Hermer, 2000, S. 54).

Patienten repräsentieren i.d.R. nicht das reine Störungsbild. Komplikationen und Komorbiditäten (gemeinsames Auftreten verschiedener psychiatrischer Erkrankungen bei einer Person) sind an der Tagesordnung.
Als Fazit kann man also festhalten: Die für valide Aussagen erforderlichen, kontrollierten und standardisierten Laborbedingungen mit „reinem treatment" und „reinen" Störungsbildern lassen sich in der Praxis nicht realisieren.
Die genannten Kritikpunkte gelten für die Evaluation von Einzelmaßnahmen, für Therapievergleichsstudien und erst recht für komplexe Metaanalysen[151].

Welche programmatischen Konsequenzen folgen daraus?
Zunächst einmal gilt es, Wissenschaftlichkeit in der Definition des Psychotherapiebegriffs nicht so eng zu fassen, dass sie bestimmte Therapieformen, wie z.B. Psychoanalyse, gegenüber anderen, wie etwa Verhaltenstherapie, benachteiligt.

Im Rahmen einer umfassenden Therapietheorie muss vor dem Nachdenken über Fragen der Operationalisierung und Messung die (Re-)Formulierung der inhaltlichen Ziele stehen: Was soll als erstrebenswerter Therapieerfolg gelten? Damit muss u.E. auch eine (Rückkehr zur) Diskussion der zentralen Leitkonstrukte und Theoriebestandteile einhergehen. Erst darauf aufbauend sind methodische Überlegungen sinnvoll. Das Laborexperiment zur Beantwortung der Effektivitätsfrage erscheint heute als unangemessene Verengung. Der Gegenstandsbereich, über den Aussagen zu treffen sind, bezieht sich nicht auf Situationen, die durch ein artifizielles, experimentelles Design abgebildet werden können. Psychotherapie findet nicht im Labor statt, sondern im realen Leben. Es ist kein Zufall, dass die deutlichsten Fortschritte der Integration verschiedener Psychotherapieansätze in der Berufspraxis stattfinden. Insofern muss sich der Forschungsschwerpunkt in diese Richtung verschieben; die Forschung begleitet dann als Prozess- und Aktionsforschung die jeweiligen Praxisfelder.

Wissenschaftlichkeit als Grundvoraussetzung moderner Psychotherapie beschäftigt sich gemäß der Definition von Baumann et al. zunächst damit, ob (überhaupt) etwas wirkt. Die anschließende Frage (Was wirkt wie?) ist die nach den Mechanismen der Wirksamkeit.

Wirksamkeit von Psychotherapie
Konsens besteht darüber, dass die Beziehung zwischen Therapeut und Patient als wichtigstes heilendes Agens wirkt. Des Weiteren versucht man heute in Abgrenzung zu früheren Therapievergleichsstudien, allgemeine Wirksamkeitsbedingungen für alle Therapierichtungen anhand von Wirkfaktoren zu bestimmen. Die Anschauungen gehen jedoch an wichtigen Punkten auseinander. Zum einen unterscheiden sich die verschiedenen Vorschläge in der Anzahl und Zusammenstel-

---

[151] Metaanalysen systematisieren und integrieren mit Hilfe quantitativer statistischer Methoden die Ergebnisse verschiedener Einzelstudien (Primärstudien) zur selben Fragestellung.

lung solcher Wirkfaktoren.[152] Was im Überblick beliebig erscheint, zeigt bezogen auf einzelne Autoren: Jeder hat seine eigenen Favoriten.

Ein weiterer wichtiger Punkt fehlender Übereinstimmung betrifft zum anderen die Frage, ob die therapeutische Beziehung als Wirkfaktor zu bezeichnen ist. Experten unterscheiden zwischen spezifischen und unspezifischen Wirkfaktoren. *Spezifische Wirkfaktoren* sind wirksam *und* (Hervorhebung der Verfasser) können theoretisch erklärt werden. *Unspezifische Wirkfaktoren* zeigen eine beobachtbare Wirkung, es fehlt aber eine theoretische Erklärung, z.b. bei solchen Maßnahmen wie Handauflegen, Auramassage u.ä. In diesem Sinne gilt dann auch die therapeutische Beziehung als unspezifisch, weil ihre umfassende theoretische Erklärung noch aussteht.

Eine solche terminologische Bestimmung hält Reinecker (2000, S. 133) allerdings für wenig ergiebig, weil sie vom Stand der Forschung und Theorieentwicklung abhängt. Was heute noch theoretisch unklar ist, kann jedoch morgen bereits geklärt sein.[153]

Unabhängig davon, ob man nun die therapeutische Beziehung weiterhin als unspezifischen Wirkfaktor bezeichnen möchte oder nicht,[154] besteht in der empi-

---

[152] Neben den vier genannten von Grawe finden wir beispielsweise sechs Faktoren bei Jürgen Eckert (in Christian Reimer, Jürgen Eckert, Martin Hautzinger & Eberhard Wilke, 1996), nämlich intensive, emotional besetzte vertrauensvolle Beziehung, Erklärungsprinzip bezüglich Krankheitsursache und Behandlungsmethode, Problemanalyse, Vermittlung von Hoffnung, Vermittlung von Erfolgserlebnissen und Förderung emotionalen Erlebens. Bei Hermer (2000, S. 21) begegnen uns in Anlehnung an Sol Louis Garfield und Allen E. Bergin sieben Faktoren: „therapeutische Beziehung, Erwecken von Hoffnung, Katharsis, Vermittlung eines ‚Mythos', also einer Problemerklärung, Unterstützung, Ermutigung zu neuen Verhaltensweisen oder Veränderung von Kognitionen (Garfield & Bergin, 1994)."
Heinz Hummitzsch bemerkt dazu: „Das Problem dieser Wirkfaktoren besteht aber unter anderem darin, daß sie [...] in hohem Maße beliebig sind, die unterschiedliche Zahl von Wirkfaktoren in den verschiedenen Veröffentlichungen ist ein Indiz dafür [...]" (2000, S. 249).

[153] Günter Schiepek führt einen anderen Grund gegen die Unterscheidung an: „[...] keiner der bislang in der Literatur genannten spezifischen oder unspezifischen Wirkfaktoren wirkt aus sich selbst heraus, sondern nur im Kontext" (in Hermer, 2000, S. 71). In neueren Forschungskonzepten gehe es immer um komplexe Prozesse, an denen Klient und Therapeut gemeinsam mitwirken. Aus diesem Grund spricht Schiepek von Variablen, Beschreibungskategorien oder Beschreibungskonstrukten und konzeptualisiert Psychotherapie als Prozessgestaltung. Damit entfiele die Bezeichnung der therapeutischen Beziehung als (unspezifischer) Wirkfaktor.

[154] Einige Autoren halten an dem Begriff fest. Rainer Sachse bezeichnet die therapeutische Beziehung als spezifischen Wirkfaktor, wenn sie das entscheidende Arbeitsfeld, das zentrale therapeutische Agens darstellt. Entsprechend nennt er sie spezifisch, wenn er sie, als Basis betrachtet, als Grundlage für die darauf aufbauende „eigentliche" Therapie (in Hermer, 2000, S. 160). Reinecker findet das nicht sinnvoll: „Es stellt einen sogenannten kategorialen Fehler dar, davon zu sprechen, man wolle zunächst eine ‚gute therapeutische Beziehung' herstellen und darauf aufbauend eine Reihe spezieller Techniken realisieren. Die Qualität einer therapeutischen Beziehung zeigt sich *nur* in der Umsetzung von therapeutischen Techniken, so wie sich umgekehrt therapeutische Techniken nur innerhalb des Rahmens einer therapeutischen Beziehung realisieren lassen [...]" (2000, S. 134).

risch orientierten Psychotherapieforschung weitestgehend Konsens darüber, dass sie die wichtigste Bedingung für den Behandlungserfolg darstellt.

Die therapeutische Beziehung
Die beiden Therapierichtungen konzeptualisieren die therapeutische Beziehung allerdings unterschiedlich. In den frühen Entwicklungsphasen der Verhaltenstherapie hatte die Beziehungsgestaltung kaum eine Rolle gespielt. „Persönliche Beziehungen sind für die Heilung neurotischer Störungen nicht wesentlich, obgleich sie unter Umständen nützlich sein könnten" (Hans-Jürgen Eysenck & Stanley Rachman, 1968, S. 21). Der Verhaltenstherapeut funktionierte allenfalls als *reinforcement*. Heute bestreitet kein Vertreter der Verhaltenstherapie die Bedeutung der therapeutischen Beziehung in ihrem untrennbaren Zusammenhang mit den Techniken der Durchführung.

Der Therapeut in der Kognitiven Verhaltenstherapie übernimmt die Rolle des Experten. Ähnlich wie der Pädagoge verfügt er über einen Wissensvorsprung, und zwar über das klinische Bild der Störung in ihrer Gesamtheit und die Vorgehensweise im Einzelnen. Das ermöglicht ihm, einen angemessenen Therapieplan vorzuschlagen. Der Klient wird laufend über die Entwicklung informiert und kann – vergleichbar mit einem verständigen Schüler – optimal mitarbeiten. Der therapeutische Prozess ist rational geplant und transparent, der Behandlungsplan in Phasen gegliedert. Der Klient weiß zu jedem Zeitpunkt, in welcher Phase er sich gerade befindet. Die Arbeitsinhalte sind bewusstseinsnah, die Kommunikationsformen denen des Alltags angenähert.

Eine solche Therapeut-Klienten-Beziehung sehen wir in dem Lehrfilm ANGST VON 0–10. Insbesondere in der Vor- und Nachbereitungsphase imponiert der therapeutische Prozess durch Rationalität, Transparenz und den diskussionsbasierten, gemeinsamen Arbeitscharakter.

Die Therapeut/Pädagoge-Klient/Schüler-Analogie gilt jedoch als bedenklich, denn therapeutische Interaktionen folgen anderen Gesetzmäßigkeiten als pädagogische.

Die Psychoanalyse konzeptualisiert die Therapeut-Patienten-Beziehung als Übertragungsbeziehung (vgl. Kapitel 3.2.2). Um diese Art der Beziehung zu befördern, verhält sich der Analytiker abstinent[155] und arbeitet mit der Technik der freien Assoziation.

Der Psychoanalytiker muss die Übertragung zunächst einmal erkennen. Dazu soll er sie von angemessenen Reaktionen des Patienten unterscheiden. Kernberg definiert: „Übertragung ist der unangemessene oder verzerrte Aspekt der Reaktion des Patienten auf den Therapeuten" (1984, S. 266).

---

[155] Kernberg (1993, S. 30) spricht von technischer Neutralität. Nach A. Freud „verweist [sie] auf die gleichmäßig distante Haltung des Therapeuten zu den im Konflikt liegenden emotionalen Kräften des Patienten – dem Es, dem Überich, der äußeren Realität und dem agierenden (im Gegensatz zum beobachtenden) Ich-Anteil des Patienten" (A. Freud, 1936).

Der Analytiker wird die Übertragung schließlich deuten. Das erfolgt im gesamten Verlauf der Psychoanalyse aber erst relativ spät.[156]

Dem Kernstück des therapeutischen Prozesses auf der Seite des Therapeuten, dem Dreischritt *Klärung, Konfrontation, Deutung* entspricht auf Analysandenseite die Triade *Erinnern, Wiederholen, Durcharbeiten*. Die Technik der freien Assoziation verhilft ihm dazu, sich an frühe, bis dahin unbewusste Kindheitsszenen zu erinnern. Er reinszeniert sie in der Beziehung zum Analytiker. Nur wenn es durch Wiederholen vergangener traumatischer oder verdrängter Erlebnisse gelingt, die damals beteiligten Gefühle wieder zu beleben, können diese Erfahrungen durchgearbeitet und als Erinnerung in die Persönlichkeit des Patienten integriert werden. Dieser Prozess gestaltet sich bisweilen anstrengend und schmerzhaft, kaum jemals als ein einmaliges Aha-Erlebnis, sondern als unterschiedlich akzentuierte Annäherung an das frühe Trauma aus verschiedenen Bedeutungs- und Zeitzusammenhängen.

In GEHEIMNISSE EINER SEELE sehen wir in der entscheidenden Therapieszene, welche das frühe Trauma der Puppenschenkung an den Vetter wieder aufleben lässt, wie der Patient hoch emotionalisiert von der Couch aufspringt, einen Briefföffner vom Tisch des Therapeuten greift und damit auf seine (imaginierte) Frau einsticht.[157] Die Deutung des Analytikers fällt kurz und deskriptiv aus. Er weist den Patienten darauf hin, er könne jetzt wieder ein Messer anfassen.

Die psychoanalytisch konzeptualisierte Übertragungsbeziehung unterscheidet sich grundlegend von der Beziehungsgestaltung in der Verhaltenstherapie. Insofern Letztere – auch aus eigener Sicht – mit dem freudschen Unbewussten[158] nichts anfangen kann, verweist die Art der Beziehungsgestaltung auf Probleme der Integrationsfähigkeit beider Therapierichtungen. Dennoch gibt es Versuche integrativer Beziehungsgestaltung. Ein Beispiel dafür sehen wir in einer Szene in FAMILY LIFE. Sie zeigt ein Gespräch zwischen dem Therapeuten Dr. Donaldson und der Patientin Janice Baildon.

Kurz zuvor war Janice von ihren Eltern in die Psychiatrie eingeliefert worden. Die Art und Weise ähnelte einer Abschiebung. Die Eltern hatten sie gezwungen, ihr Baby abzutreiben und ihr gleichzeitig vorgehalten, wie unchristlich das sei

---

[156] Aus der Übertragung des Patienten können Gegenübertragungen des Analytikers entstehen. Damit sind solche emotionalen Reaktionen des Therapeuten gemeint, die mit seinen eigenen ungelösten Konflikten zu tun haben. Auch seine Gegenübertragungen muss der Psychoanalytiker zunächst einmal erkennen. Er sollte sie auf jeden Fall im therapeutischen Prozess berücksichtigen, dem Patienten gegenüber jedoch nicht offenlegen.

[157] Die filmische Darstellung ist idealtypisch pointiert. Der Patient benötigt hier nicht mehrere Annäherungen an sein Kindheitstrauma, sondern ein einziges kathartisches Erlebnis reicht. Auch die schlagartige Auflösung des Symptoms ist der filmischen Verdichtung und der pädagogischen Absicht geschuldet.

[158] Wenn Verhaltenstherapeuten vom Unbewussten sprechen, steht dahinter eine andere als die freudsche Vorstellung. Sie meinen damit unbemerkt ablaufende Automatismen wie z.B. Schaltvorgänge beim Autofahren.

(„Wer so was tut, gehört selbst weggemacht"). Janice ist verwirrt. Sie wird auf einer offenen Station unter der Leitung von Dr. Donaldson behandelt.

Das therapeutische Gespräch[159] zwischen Therapeut und Patientin entwickelt sich zunächst folgendermaßen:

Dr. D. Was verbinden Sie mit dem Wort Sünde?
J. B.   In meinem Fall bedeutet Sünde, anderen Menschen nicht wehzutun, wie ich es getan habe.
Dr. D. Und wenn andere Leute Ihnen wehtun?
J. B.   Das tun sie nicht.
Dr. D. Das tun sie nicht?
J. B.   Vielleicht habe ich da außergewöhnliches Glück. Jedenfalls tun sie mir nicht weh. Die anderen sind zu nachsichtig mit mir. Ich finde nicht, dass andere Leute mir wehtun. Nicht so, wie ich meinen Eltern.
Dr. D. Sind sie sicher?
J. B.   Ja.
Dr. D. Und als Sie Ihr Baby verloren haben?
J. B.   *antwortet nicht sofort, steht auf und sucht nach Zigaretten. Dadurch wird das Gespräch zunächst unterbrochen und etwas später wieder aufgegriffen, nachdem Janice ihre Zigaretten gefunden hat.*

Zuerst einmal bekommen wir einen Eindruck über das *Setting*. Es hat keinerlei Ähnlichkeit mit einer klassisch-psychoanalytischen Anordnung. Janice liegt nicht auf der Couch, sondern Therapeut und Patientin sitzen mit großem Abstand versetzt gegenüber. Janice geht sogar während des Gesprächs umher und sucht nach ihren Zigaretten. Es fehlt aber auch die sachlich orientierte Arbeitsatmosphäre der Verhaltenstherapie. Es gibt keine Absprachen über Zielsetzung und Zeitplan der Sitzung.

Die *Art der Kommunikation und die Rollenverteilung* zwischen Therapeut und Patientin entsprechen weder der Verhaltenstherapie noch der Psychoanalyse. Die Beteiligten haben keine Experten-Laien-Beziehung (wie in der Verhaltenstherapie), aber auch keine Arzt-Patienten-Beziehung (wie in der Psychoanalyse), sondern ein offenes dialogisches Ergänzungsverhältnis.

Die *Gesprächsform* scheint zu Beginn des ersten Abschnitts weder auf eine psychoanalytische noch auf eine verhaltenstherapeutische Orientierung des Arztes hinzuweisen. Zunächst beginnt Dr. Donaldson klärend mit einer offenen Frage („Was verbinden Sie mit dem Wort Sünde?"). Janices Antwort verleugnet ihre pathologische familiäre Situation. Trotzdem reagiert der Therapeut nicht argumentativ oder gar belehrend, sondern fragt mehrfach nach. Die Nachfragen dienen der Klärung. Die letzte („Und als Sie Ihr Baby verloren haben?") enthält allerdings bereits eine leichte Konfrontation. Der Therapeut bleibt dabei vorsichtig und einfühlsam. So vermeidet er z.B. den Begriff „Abtreibung". Klärung und Konfrontation sind Techniken sowohl der Verhaltenstherapie als auch der Psy-

---

[159] Übersetzung und Transkription der Verfasser, 0:36:15–0:37:17.

Standbild 25: FAMILY LIFE. Dr. Donaldson und Janice Baildon, klarer Abstand. Filmstill 0:02:02

choanalyse. Deutung als ausschließlich psychoanalytische Intervention kommt im ersten Gesprächsabschnitt nicht vor.

Abschnitt zwei des Gesprächs beinhaltet abgespaltene Selbstanteile, Gefühle der Unwirklichkeit (0:37:17–0:38:00), Rückzugsmöglichkeiten vor den Eltern und ein Therapieziel (0:47:24–0:48:31).

Dr. D. Sie sprachen einmal von einer anderen Person, die in Ihnen ist?
J. B. Ja.
Dr. D. Ist sie die Böse?
J. B. (*überlegt*) Ja. Als ob ich keine Kontrolle über mein Handeln hätte.
Dr. D. Angenommen, diese böse Person wäre ein Teil Ihrer Persönlichkeit, meinen Sie nicht, dass dessen ständige Unterdrückung etwas mit diesem unwirklichen Gefühl zu tun haben könnte?

Später (0:47:24–0:48:31):
Dr. D. Wenn Ihre Gefühle ins Spiel kommen, das bloße Gefühl zu existieren, ob es nun angenehm ist oder nicht; irgendwie verrückt zu sein, von der Welt abgenabelt, ist dann Ihre einzige Rückzugsmöglichkeit.
J. B. Es gibt einem ein gewisses Gefühl der Sicherheit?
Dr. D. Ja. Sie können das Missfallen Ihrer Eltern nicht ertragen. Es bringt Sie derart aus der Fassung, dass Sie nur noch entweder gehorchen können oder in völlige Verwirrung gestürzt werden. Sie müssen dazu in der Lage sein, das heißt, wir müssen Ihnen dazu verhelfen, sich gegen Ihre Eltern wehren zu können, ohne sie für ihre Missbilligung zu hassen.

J. B.   Ja.
Dr. D. Das braucht Zeit.

Wir erkennen hier sowohl genuin verhaltenstherapeutische Elemente (also solche, die *nur* innerhalb der Verhaltenstherapie vorkommen), als auch genuin psychoanalytische. Die verhaltenstherapeutische Ausrichtung zeigt sich im Themawechsel durch den Therapeuten beim Übergang zwischen den Gesprächsabschnitten, in weiteren gezielten, fast schon drängenden Interventionen („[…] *meinen Sie nicht*, dass dessen ständige Unterdrückung etwas mit diesem unwirklichen Gefühl zu tun haben könnte?" Hervorhebung der Verfasser) und in geschlossenen Fragen („Ist sie die Böse?"). Ein Psychoanalytiker würde die Patientin frei assoziieren lassen. Allerdings arbeitet Dr. Donaldson mit den psychoanalytischen Techniken der Klärung, Konfrontation und Deutung. Er beginnt mit einer offenen Frage – formal in Aussageform – („Sie sprachen einmal von einer anderen Person, die in Ihnen ist") und geht dann zu einer geschlossenen Frage über. Noch immer geht es um Klärung. Janice überlegt, antwortet bejahend und bringt als neues Moment Kontrollverlust über ihr Handeln ins Gespräch.

Erst jetzt arbeitet der Therapeut zunehmend konfrontierend. Seine nächste Frage beinhaltet die Verbindung zwischen der „bösen Person" und dem „unwirklichen Gefühl". Als geschlossene Frage mit einer Hypothese ist sie im Konjunktiv gestellt („Angenommen, diese böse Person wäre ein Teil Ihrer Persönlichkeit, meinen Sie nicht, dass dessen ständige Unterdrückung etwas mit diesem unwirklichen Gefühl zu tun haben könnte?").

Die Konfrontation geht dann in Deutung über. Die erste Deutung stellt eine Verbindung zwischen einem Gefühl der eigenen Existenz und einer Rückzugsmöglichkeit her, die zweite bezieht sich auf das Missfallen der Eltern. Die Deutungen sind direkt, sichern aber das Einverständnis der Klientin.

Hier kommt ein therapeutisches Kommunikationselement mit ins Spiel, welches in beiden Therapierichtungen gleichermaßen eingesetzt wird, nämlich die *Konsenssicherung*. Verhaltenstherapeuten legen Wert darauf, von Beginn an im Konsens mit dem Klienten zu arbeiten; Psychoanalytiker achten darauf, dass der Patient mit den Deutungen übereinstimmt oder sie zumindest innerlich annehmen kann.

Zusammenfassend ergibt sich also: Das auf Grundlage der therapeutischen Beziehungsgestaltung betrachtete Integrationspotenzial von Verhaltenstherapie und Psychoanalyse ist theoretisch-konzeptionell durch fehlende Übereinstimmung zur Arbeit mit dem Unbewussten begrenzt. Es eröffnen sich aber Integrationsmöglichkeiten in der Praxis: Der Therapeut kann sowohl Elemente der Verhaltenstherapie (Zielformulierung, transparentes Vorgehen) als auch der Psychoanalyse (Deutung auf der Grundlage vorbereitender Klärung und Konfrontation) einsetzen und immer wieder im Konsens mit dem Klienten sichern.

Einschränkend sei jedoch auch hier auf die filmische Verdichtung der beiden Gesprächsabschnitte hingewiesen. Wir erfahren weder etwas über Phaseneinteilung, Therapie- und Zeitpläne, auf welche Verhaltenstherapeuten großen Wert legen, noch über die Entwicklung einer Übertragungsbeziehung oder über die Deutung unbewusster Traumata.

Wirkfaktoren
Zur weiteren Untersuchung der Integrationsfähigkeit von Verhaltenstherapie und Psychoanalyse betrachten wir nun die graweschen Wirkfaktoren in der von uns modifizierten Form. Zunächst wenden wir uns dem Faktor *Klärung* zu.

Viele Patienten leiden darunter, ihr eigenes gestörtes Verhalten nicht zu verstehen. Sie wollen wissen, was mit ihnen los ist, auch wenn das manchmal schmerzhaft wirkt. Eine (Er-)Klärung bildet die Grundlage für das Verständnis und entlastet. Keine Erklärung zu haben, bedeutet hingegen hilflos ausgeliefert zu sein.

Klärung kann bedeuten: Erklärung, Aufklärung und Vermittlung von Einsicht. Verhaltenstherapeutische Schulen sehen den Schwerpunkt der klärungsbezogenen Intervention bei Förderung von Einsicht, Klientenschulung und Psychoedukation. Bergers (2000, S. 199) Forderung, dass „Aufklärung des Patienten über den wissenschaftlichen Erkenntnisstand seines Störungsbildes [...] integraler Bestandteil jeder Therapie sein" sollte, wird man als überzogen einschätzen dürfen.

Im Prozess der Verhaltenstherapie dient Klärung insbesondere zu Beginn dem Motivationsaufbau und der gemeinsamen Erarbeitung von Zielkonsens, im weiteren Verlauf dem therapeutischen Vorgehen, aber auch der eindeutigen und gesicherten Rollenverteilung zwischen Klient und Therapeut. Grawe spricht treffend von „bewusstseinsschaffenden Interventionen für [alle] problemrelevante[n] Zusammenhänge" (1998, S. 582).

Klärung wirkt häufig entängstigend. Sie kann dem Klienten auch das Gefühl erhöhter Kontrolle geben und gewinnt so den Charakter einer eigenständigen, neu erworbenen Ressource. Aus psychoanalytischer Sicht dient Klärung in erster Linie als Grundlage im Gesamtprozess der drei Schritte „Klärung, Konfrontation, Deutung". Allerdings läuft sie als Erster der drei aufeinander folgenden und verzahnten Bestandteile nicht isoliert ab. Sie dient der Aufdeckung unklarer, vager oder widersprüchlicher Aspekte im verbalen und nonverbalen Verhalten des Patienten und schafft die Voraussetzung für die Deutung. Der Therapeut könnte etwa fragen: „Ihre letzte Äußerung verstehe ich nicht. Könnten Sie mir ein Beispiel geben?"

Wie die beiden nächsten Schritte kann sich Klärung auf unterschiedliche Bereiche beziehen, nämlich auf die gegenwärtige Abwehr und die Übertragungsbeziehung, aber auch auf die Vergangenheit.

In einem kleinen Beispiel Kernbergs (1993, S. 23) ist die Beziehung zum Therapeuten Gegenstand der Klärung: „Ich bemerke, daß Sie jedesmal, wenn ich meinen Stuhl bewege, mit ängstlichem Gesichtsausdruck auf Ihre Uhr gesehen haben. Fällt Ihnen irgendetwas dazu ein?"

Konfrontation folgt als zweiter Schritt, geht wie die Klärung der Deutung voraus und beruht auf der Entscheidung des Therapeuten, *dass* bestimmte Fakten bedeutsam sind. Beispielsweise sagt der Therapeut: „Sie sind heute zehn Minuten zu spät gekommen." *Deutung* als letzter und wichtigster Schritt integriert die Ergebnisse der beiden ersten. Sie formuliert Hypothesen über den Zusammenhang zwischen (vor-)bewussten Verhaltensweisen des Patienten und unbewussten Determinanten, um unbewusste Konflikte zu lösen. Ein weiteres Beispiel von Kernberg zeigt sowohl den Dreischritt „Klärung, Konfrontation, Deutung" als auch die zeitliche Reihenfolge. Zunächst wird die (weniger bedrohliche) Abwehr und erst dann das Abgewehrte angesprochen: „Der Therapeut bemerkt, daß die Patientin schweigt, und wegen ihrer zusammengeballten Fäuste und ihres Gesichtsausdrucks vermutet er, daß mit dem Schweigen die Wut auf den Arzt abgewehrt wird. Der Therapeut sagt: ‚Ich frage mich, ob Sie schweigen und mit geballten Fäusten dasitzen, weil Sie fürchten, daß, wenn Sie sprechen, Ihre Wut zum Vorschein kommt und einem von uns oder beiden Schaden zufügen könnte?'" (Kernberg, 1993, S. 62).

Man erkennt hier die Prinzipien der Klärung, Konfrontation und Deutung, gleichzeitig aber auch, wie schwierig sie voneinander zu trennen sind. Durch die Beschreibung und Feststellung des Verhaltens möchte der Therapeut klären, ob die Patientin seine Sichtweise teilt (d.h., ob sie überhaupt realisiert, dass sie schweigend mit geballten Fäusten da sitzt). Seine Vermutung, warum die Patientin nicht spricht (weil sie ihre eigenen Aggressionen fürchtet und möglicherweise auch die Vergeltung des Therapeuten), ist Konfrontation und Deutung zugleich.

Übereinstimmend geht es sowohl in der Verhaltenstherapie als auch in der Psychoanalyse um Klärung in ihrer Funktion als Erklärung, Aufklärung und Motivationsfaktor. Der Lehrfilm Geheimnisse einer Seele gibt ein Beispiel: Die Hauptperson, der Chemiker Prof. Fellmann, zeigt sich in hohem Maße erschreckt und verstört über seine rätselhafte Angst, Messer zu berühren, und über den Impuls, seine Frau zu töten. Er versteht es nicht. Der Psychoanalytiker Dr. Orth erklärt dem Mann, die Psychoanalyse kenne solche seelischen Erkrankungen und könne sie heilen. Diese Erklärung beruhigt ihn. Es gibt also einen Experten, der sich mit dem Problem auskennt. Das reicht ihm erst einmal und motiviert ihn, die Psychoanalyse zu beginnen. Wir sehen hier den beruhigenden, entängstigenden, aber auch den motivationalen Effekt der Erklärung.

Über den richtigen Zeitpunkt der Klärung dürfte sich unserer Meinung nach ein schulenübergreifender Konsens nicht schwierig gestalten. Der Therapeut sollte im gesamten therapeutischen Prozess vom Erstkontakt bis zum Ende der Therapie immer dann klärend eingreifen, wenn es sich als notwendig erweist. Das hängt natürlich von vielerlei Faktoren ab, u.a. von der Schwere der Störung. In dem Film Ich hab dir nie einen Rosengarten versprochen besteht die wichtigste Klärung für Deborah in der Vermittlung der Einsicht, dass sie selbst die Welt ihrer Götter und Dämonen mental produziert. Die Auseinandersetzung damit zieht sich durch die gesamte Therapie.

Keine Übereinstimmung gibt es, wenn man die unauflösbare Verzahnung des psychoanalytischen Dreischritts „Klärung, Konfrontation, Deutung" betont und dann Klärung nur als Voraussetzung für die Deutung unbewussten Materials ansieht. Insofern die Verhaltenstherapie mit dem Konstrukt des Unbewussten im freudschen Sinne nicht arbeitet, kennzeichnet diese Sichtweise ausschließlich die Psychoanalyse.

Übereinstimmung gäbe es, wenn man der Deutung trotz ihrer hervorgehobenen Stellung und ihrer späten zeitlichen Verortung im Dreischritt „Klärung, Konfrontation, Deutung" auch oder sogar vorwiegend klärende Funktion zuordnete. So etwa sieht es Berger: „Einige therapeutische Schulen sehen den Schwerpunkt ihrer veränderungsrelevanten Arbeit in Klärungsprozessen. Die Aufdeckung biographisch bedeutsamer [...] Faktoren durch genuine Deutungen von Übertragungs- und Gegenübertragungsphänomenen in der therapeutischen Beziehung ist zum Beispiel ausschließlich dem Aspekt der Klärung zuzuordnen" (2000, S. 201). Dagegen würden Psychoanalytiker möglicherweise den Sonderstatus der Deutung geltend machen. Verhaltenstherapeuten hingegen müssten einige Anstrengungen unternehmen, um Klärung auf diesem Niveau verstehen und einlösen zu können.

Insgesamt gewinnt also der (Wirk-)Faktor „Klärung" zwischen Verhaltenstherapie und Psychoanalyse umso mehr an Integrationspotenzial, je stärker man die klärende Komponente der Deutung betont.

Jeder kennt wohl den Impuls, vor Problemen wegzulaufen. Dagegen betonen alle Therapierichtungen, der Patient müsse sich mit dem auseinandersetzen, was ihn ängstigt.

Bei der *Problemaktualisierung* geht es darum, Bedingungen zu (re-)konstruieren, die den Klienten die mit den (ursprünglichen) Problemsituationen einhergehenden Affekte noch einmal erleben lassen.

Die Verhaltenstherapie erreicht das durch Konfrontation, also durch aktive Auseinandersetzung mit der belastenden Situation. Dazu unterbindet der Therapeut durch Reaktionsverhinderung (*response prevention*), dass der Klient auf automatisiertes Vermeidungsverhalten ausweicht. Für erfolgreiche Angstbewältigung muss er sich der bedrohlichen Situation stellen, in ihr verbleiben und sie unbeschadet überstehen.

Dabei sollte das Ausmaß an erlebter Angst über einem bestimmten Niveau liegen (*no pain, no gain*) und die Dauer der Exposition so gewählt werden, dass der Klient die Angstreduktion noch während der Exposition spüren kann. Die entscheidende Variable für den Therapieerfolg besteht in der Intensität der emotionalen Auseinandersetzung mit dem, was Angst macht. Moderne Verhaltenstherapeuten legen Wert darauf, die Kontrolle der Bewältigung der einzelnen angstbesetzten Situationen mit fortschreitender Therapie sukzessive dem Klienten zu übertragen.

Auch in der Psychoanalyse muss sich der Patient mit seiner Angst auseinandersetzen. Freud erachtet es als notwendig, das Beängstigende nicht *in absentia* (in Abwesenheit) zu bearbeiten. Ihm geht es um die Reinszenierung traumatischer Erlebnisse in der Übertragung. Dies ist durchaus nicht nur als intellektuelle Auseinandersetzung zu verstehen, sondern als bisweilen hochemotionaler Prozess.

Welche Gemeinsamkeiten lassen sich im Hinblick auf den Wirkfaktor Problemaktualisierung für die beiden Therapierichtungen identifizieren, wo liegen die Unterschiede?

Übereinstimmend steht das emotionale Wiedererleben früherer Erfahrungen im Zentrum, die (Re-)Aktivierung des Affekts. Nach Reinecker sind in der Frage der Konfrontation „die einzelnen psychologischen Auffassungen nicht sehr weit voneinander entfernt [...], hier wären sich Freud, Wolpe, Rachman etc. wohl durchaus einig" (Reinecker, 1999, S. 168).

Therapeuten aller Schulen müssen sich darauf einstellen, dass Problemaktualisierung die Beziehung zum Klienten belastet. In ANGST VON 0–10 greift die Klientin ihre Therapeutin gerade in dem Moment verbal an, als diese die entscheidende Konfrontation einleitet: Die Klientin soll allein von der Busendhaltestelle nach Münster-Stadtmitte fahren. Sie zieht alle argumentativen Register und bringt die Therapeutin mit rationalisierenden Argumenten dazu, ihre Maßnahme (die in der Vorbereitung bereits gemeinsam verabredet worden war) fallen zu lassen.

Generell gehört die Problemaktualisierung nicht in die erste, frühe Phase der Therapie. Die therapeutische Beziehung sollte zunächst gesichert belastbar sein.

Übereinstimmend für alle Therapierichtungen gilt auch: In bestimmten Fällen ist konfrontative Problemaktualisierung kontraindiziert, z.B. bei Psychotikern in fast allen Phasen ihrer Krankheit, insbesondere während psychotischer Episoden. Vertreter der Expressiven Therapie (vgl. Kapitel 3.2.2) warnen vor sogenannten genetischen Deutungen (Übertragungsdeutungen), welche die präödipalen traumatischen Erfahrungen einbeziehen) in frühen Phasen der Therapie bei Borderline-Patienten. Für diese sei es erst einmal notwendig, ihre fragmentierten Selbstanteile zu integrieren.

Der wesentliche Unterschied zwischen Verhaltenstherapie und Psychoanalyse liegt in der Bestimmung dessen, was genau Problemaktualisierung bedeuten soll. Entsprechend der verhaltenstherapeutischen Annahme erhalten neutrale, dem Bewussten zugängliche Situationen angstbesetzte Bedeutung. Das gilt es zu verändern.

Die Kernannahme der Psychoanalyse bezieht sich auf verdrängte, unbewusste Traumata.

Dementsprechend unterscheiden sich die dazugehörigen Methoden. In der Verhaltenstherapie soll die Stimulusqualität durch Konfrontation, d.h. durch Auseinandersetzung mit der ängstigenden Situation, verändert werden. Dazu werden die Angstitems auf spezielle Weise (graduiert, massiert bzw. *in sensu, in vivo*; vgl. Kapitel 3.2.1) dargeboten.

In der Psychoanalyse begegnet uns Konfrontation als der zweite Schritt zwischen Klärung und Deutung und dient als Vorbereitung für die Deutung unbewussten Materials.

Ein Filmbeispiel für die Problemaktualisierung bietet die Bearbeitung des „erinnerten" Geschwistermordes in dem Film ICH HAB DIR NIE EINEN ROSENGARTEN

VERSPROCHEN. Deborah reagiert als Fünfjährige mit Hass, Zorn, Schmerz und Eifersucht auf die Geburt ihrer Schwester Suzy. Sie wünscht ihr den Tod. In ihrer Erinnerung nimmt sie das Baby aus dem Körbchen, um es aus dem Fenster zu werfen. Erst im letzten Moment hindert sie ihre Mutter daran.

Um das emotionale Wiedererleben der frühen Situation vorzubereiten, arbeitet Deborahs Ärztin zunächst mit einer Klärung. Durch detaillierte Rekonstruktion weist Frau Dr. Fried der Patientin nach, dass sie als Fünfjährige zu dieser Tat körperlich gar nicht fähig gewesen wäre. Dadurch kann Deborah sich schnell emotional in die damalige Situation versetzen. „Deborah war wieder im Zimmer, war wieder fünf Jahre alt und wollte mit ihrem Vater das Baby ansehen. Ihre Augen waren auf der Höhe seiner Handknöchel, und wegen der Rüschen am Körbchen mußte sie sich auf ihre Zehenspitzen stellen, um über den Rand zu gucken."

Durch das Wiedererleben der damaligen Situation mit den begleitenden Emotionen kann sie auch erstmals ihre falsche Erinnerung („Ich habe sie nicht einmal angefaßt […]" Green, 2010, S. 225) korrigieren. Die emotionale Reinszenierung befreit Deborah von der belastenden Schuld.

Das integrationsfähige Moment zwischen Verhaltenstherapie und Psychoanalyse reduziert sich letztendlich auf die allgemeine (auch für andere Therapierichtungen geltende) Einsicht, dass der Betroffene sich mit dem auseinandersetzen muss, was ihn ängstigt.

Was dies allerdings ausmacht, erscheint uns nicht mehr integrierbar: dem Bewusstsein zugängliche, angstbesetzte Situationen oder Objekte auf der einen Seite, unbewusste Traumata einschließlich unbewusster Aspekte der Übertragungsbeziehung andererseits.

Entsprechend lassen sich auch die dazugehörigen Methoden nicht kombinieren: Exposition von Angstitems versus verbales Hinführen auf zu deutende unbewusste Inhalte durch Konfrontation.

Jede Person verfügt über Ressourcen, d.h. Möglichkeiten, mit belastenden Problemen konstruktiv umzugehen. Synonym wird bei der *Ressourcenorientierung* oft von Stärken oder Potenzial gesprochen, also von solchen Fähigkeiten und Fertigkeiten, die der Klient trotz, wegen oder unabhängig von seiner Störung bereits in die Therapie mitbringt.

Moderne Krankheitsmodelle berücksichtigen im Gegensatz zur Defizitorientierung älterer Ansätze auch protektive Faktoren (Schutzfaktoren als Gegenspieler zu Risikofaktoren). Dazu zählen u.a. interne und externe Ressourcen (auch als internale oder personale bzw. externale oder relationale Ressourcen bezeichnet).

Interne Ressourcen sind z.B. Fähigkeiten und Fertigkeiten, ein stimmiges Gefühl der eigenen Person (Kohärenzgefühl[160]), Optimismus, zuversichtliche Selbsteffi-

---

[160] Das Kohärenzgefühl, *sense of coherence* (*SOC*), bildet das Kernelement im Konzept der Salutogenese (im Gegensatz zur Pathogenese fokussiert sie die Blickrichtung auf Grundprinzipien der Gesundheit) von Aaron Antonovsky (1977). Er meint damit nicht etwa eine spezielle Copingstra-

zienzerwartung, positives Sozialverhalten, aber auch Copingstrategien. Eine solche dispositionale Auffassung (Ressource als Persönlichkeitsmerkmal) wird in der Literatur häufig vertreten.

Externe Ressourcen sind Mittel und Kräfte, die eine Person in ihrer Umwelt aktivieren kann, z.b. ein gesichertes Einkommen, günstige Wohn- und Arbeitsverhältnisse, Versicherungen, soziale Netzwerke wie hilfreiche familiäre Strukturen, aber auch die therapeutische Beziehung.[161]

Verhaltenstherapeuten stellen bei ihrer Arbeit die Ressourcen des Klienten in den Vordergrund und sehen sie als Potenziale, die in ihm schlummern (Grawe, 1998, S. 135) und nur noch aktiviert werden müssen.[162] Diese Perspektive läuft jedoch Gefahr, in einen unreflektierten Optimierungsdiskurs (nach Art des positiven Denkens, *think positive!*) abzuleiten, wenn Probleme grundsätzlicher Art nicht oder nur oberflächlich bearbeitet werden. Als Resultat verlässt dann der Patient mit einer ganzen Liste (von ihm) neu entdeckter Möglichkeiten die Praxis des Therapeuten und sucht wenig später mit anderen (verschobenen) Symptomen erneut Hilfe.

Psychoanalytiker sind zwar davon überzeugt, dass sich Fähigkeiten und auch Fertigkeiten des Patienten als Folge psychoanalytischer Behandlung verbessern, allerdings haben sie andere begriffliche Vorstellungen: Sie verstehen Ressource zunächst als Grundvoraussetzung der Analysierbarkeit. Freud hat z.B. bestimmte charakterliche Eigenschaften des Patienten wie dessen Introjektions- und Übertragungsfähigkeit in der Beziehung zum Analytiker, aber auch Verbalisations-, Reflexionsfähigkeit und ein Mindestmaß an Intelligenz als Vorbedingung für die analytische Arbeit gefordert. Patienten ohne solche Ressourcen hat er gar nicht erst behandelt.

Eine grundlegende Schwierigkeit besteht sowohl für Verhaltenstherapeuten als auch für Psychoanalytiker darin, für die Vielfalt möglicher Ressourcen offen zu sein, ohne sich gleichzeitig von einer restriktiven Gesundheitspolitik vereinnahmen zu lassen. Kostenträger im Gesundheitswesen drängen im Rahmen der Ressourcenorientierung meist nur auf verkürzte (aber trotzdem als effektiv deklarierte) und damit kostenreduzierte Therapien.

Gibt es in der ressourcenorientierten Arbeit einen integrationsfähigen Überschneidungsbereich zwischen Verhaltenstherapie und Psychoanalyse?

---

tegie, sondern eine generelle Lebenseinstellung (1993, S. 4), die ein Gefühl der Verstehbarkeit, Sinnhaftigkeit und Handhabbarkeit umfasst.

[161] Beziehungsnetzwerke werden in der Literatur bisweilen als *interpersonelle Ressourcen* bezeichnet und dann den externen Ressourcen zugeordnet.

[162] Über die erforderliche Höhe des externen, therapeutischen Beitrages zur Aktivierung von Ressourcen gibt es unterschiedliche Auffassungen. Clive Reuben (1993) meint, dass Klienten bereits über alle Ressourcen verfügen und diese leicht aktivierbar seien, Stevan Hobfoll (1988) hält den notwendigen externen Beitrag für erheblich. Eine mittlere Position vertreten Grawe (1997) und Frank Nestmann (1996). Sie gehen davon aus, interne müssten um externe Ressourcen ergänzt werden.

Therapeuten beider Grundrichtungen sehen sich zu Beginn der Therapie mit Patienten konfrontiert, die sich als defizitär erleben. Mit einer übereinstimmenden Sichtweise zwischen Therapeut und Patient ist nicht zu rechnen. Der Verhaltenstherapeut hat die Ressourcen des Klienten von Anfang an im Blick und arbeitet aktiv mit ihnen. Aus psychoanalytischer Sicht können individuelle Fähigkeiten und Fertigkeiten des Patienten erst dann wirksam werden, wenn unbewusste Traumata oder Anteile der Übertragungsbeziehung bearbeitet worden sind. Die Ressourcen kommen dann im Zusammenhang mit der in ihrer Gesamtheit rekonstruierten Persönlichkeit als Erweiterung seiner „Arbeits-, Liebes- und Genussfähigkeit" zum Tragen. Ohne die Bearbeitung der unbewussten Dynamik kann allenfalls kurzfristige Entlastung des Patienten erreicht werden und es kann zu Symptomverschiebung kommen.

In K-Pax (R Ian Softley, UK, BRD, USA 2001) übernimmt der Patient Prot (Kevin Spacey), der behauptet, vom 1000 Lichtjahre entfernten Planeten K-Pax zu kommen, zum Missfallen seines Psychiaters Dr. Mark Powell (Jeff Bridges) Therapeutenfunktion. Er arbeitet mit den Ressourcen seiner (Mit-) Patienten und erklärt dem Arzt: „Alle Lebewesen besitzen die Fähigkeit zur Selbstheilung." Dem Zwangsneurotiker Howie gibt er als erste (von drei) Aufgabe(n), im Garten der Anstalt nach dem blauen Vogel der Glückseligkeit Ausschau zu halten. Das verfolgt Howie nun mit großer Ernsthaftigkeit, denn er glaubt, nachdem er alle drei Aufgaben gelöst habe, sei er geheilt. Als er den Vogel tatsächlich sichtet, geraten alle Patienten aus dem Häuschen, alle sind (emotional) beteiligt. Sogar Doris Archer, „Ihre Königliche Hoheit", die in ihrem Zimmer für zwei gedeckt hat, seit elf Jahren auf ihren Gemahl wartet und ihr Gemach niemals verlässt, bequemt sich, aus ihrem Zimmer herauszutreten.

Misst man Prots Erfolg an der Aktivierung der Patienten, so kann man durchaus zu einem positiven Urteil kommen.

Der Film bietet allerdings weniger ein Anschauungsbeispiel für gelungene Integration im Falle von Ressourcenorientierung, sondern eher dafür, wie ein professioneller Therapeut hier Möglichkeiten verschenkt.

Als Filmbeispiel für erfolgreiche Integration im Umgang mit Ressourcen sehen wir die Arbeit der Therapeutin Frau Dr. Fried in dem Film Ich hab dir nie einen Rosengarten versprochen. Auf der Grundlage psychoanalytischer Vorstellungen bezieht sie in ihrer Arbeit Ressourcen aus drei Bereichen mit ein. Die Patientin verfügt über hohe künstlerische und intellektuelle Begabungen und erweist sich mit fortschreitender Therapie in einem bemerkenswerten Maße als fähig zur Selbstreflexion.

Mit diesen Kräften arbeitet die Ärztin, wenn auch erst relativ spät im Therapieverlauf. Dabei setzt sie auf eine bestimmte Art von Arbeitsteilung. Sie selbst legt das Fundament, indem sie der Patientin ermöglicht, die kreativen Anteile ihrer Störung überhaupt erst einmal wahrzunehmen und überlässt ihr dann weitere Aktivitäten in Eigeninitiative. Die Patientin nimmt z.B. ihre Sonderreifeprüfung in Angriff und (re-)aktiviert damit ihre intellektuellen

Fähigkeiten. Dass sie sich das überhaupt zutraut, zeigt ihre Selbsteffizienzerwartung.

Als Beispiel für ein hohes Maß an Selbstreflexionsfähigkeit, aber auch Selbstironie begegnet uns Deborahs Liste über ihre Kenntnisse und sich daraus ergebende mögliche Jobs.[163] Als Kenntnisse führt sie an: „Anlagen zur Gefühllosigkeit" und „Kenntnisse der Begleiterscheinungen fast aller Geisteskrankheiten und Fähigkeit, sie täuschend echt zu spielen aufgrund persönlicher Anschauung des Originals". Dazu passen ihrer Meinung nach die möglichen Jobs „professioneller Attentäter" und „Schauspieler".
Der Punkt „Anlagen zur Gefühllosigkeit" wird so kommentiert: „Sie [Deborah] empfand es als besonders schmerzlich, daß sie ‚professioneller Attentäter' auslassen mußte. Sie war sich der Tatsache bewußt, daß sie zu unbeholfen und ungeschickt war, und professionelle Attentäter müssen drahtig und anmutig sein. Sie hatte einen solchen Mangel an *atumai* (Anmut, Anmerkung der Verfasser), daß ihre Opfer bestimmt immer in die falsche Richtung fallen würden; und als sie sich vorstellte, wie sie unter dem Körper eines zweihundertfünfzig Pfund schweren ehemaligen Ringers hervorzukriechen versuchte, wußte sie, daß [professioneller Attentäter] eine unmögliche Sache war" (Green, 2010, S. 257).

Die Ärztin arbeitet einerseits auf der Grundlage psychoanalytischer Ätiologieannahmen und bezieht andererseits Fähigkeiten sowie Fertigkeiten der Patientin (interne Ressourcen), aber auch weitere Hilfsangebote über ihr Therapieangebot hinaus (externe Ressourcen) mit ein.

Das Beispiel zeigt: Der Faktor Ressourcenorientierung weist auf die Integrationsfähigkeit der therapeutischen Richtungen Psychoanalyse und Verhaltenstherapie hin. Dazu müssten Psychoanalytiker allerdings ihren Blick für solche Ressourcen schärfen, die konkreter sind als die allgemeinen Voraussetzungen für Psychoanalysierbarkeit, und diese Ressourcen dann in den therapeutischen Gesamtprozess einbeziehen. Die Hoffnung darauf, der Patient wäre dazu nach Abschluss der Therapie schon allein fähig, reicht nicht.

Auf der anderen Seite müssten Verhaltenstherapeuten berücksichtigen, dass der allzu frühe Einsatz eng definierter Ressourcen nicht positiv greift, sofern nicht grundsätzliche (unbewusste) Probleme vorher bearbeitet worden sind.

Bei der *Problembewältigung* steht aus verhaltenstherapeutischer Sicht das Einüben spezifischer Fertigkeiten im Vordergrund.[164] Defizite im Umgang mit prak-

---

[163] Die Auflistung ist zudem noch witzig, wenngleich etwas unrealistisch. Ulrike Willutzki (in Hermer, 2000, S. 209) fordert „Respekt vor manchen Lösungsversuchen, die [...] zunächst geradezu bizarr erscheinen."

[164] Beim Problem*lösen* geht es hingegen um die Vermittlung und das Training von *allgemeinen* Strategien zur Lösung unterschiedlicher Probleme. „So gesehen passt Problemlösen optimal in das Spektrum verhaltenstherapeutischer Verfahren. Problemlösen weist darüber hinaus verschiedene

tischen und lebensnahen Problemstellungen sollen beseitigt werden. Der Therapeut hilft aktiv in Form direkter Anleitungen.

Dazu gehört etwa die Vermittlung von Methoden des Zeitmanagements, das Einüben von Entspannungstechniken, Atemübungen, Ärgerbewältigungs-Strategien oder Ablehnungstraining bei Alkoholikern. *Prompting* (s. Kapitel 3.2.1) als elementare Technik des operanten Konditionierens verweist auf die Spezifität und Enge der therapeutischen Intervention. Spricht der Klient zu leise, kann der Therapeut etwa sagen: „Sprechen Sie bitte lauter!"

Das Ziel der Problembewältigung besteht in größerer Unabhängigkeit und Selbstständigkeit des Klienten. Entgegen seiner bisherigen Hilflosigkeit soll er die Möglichkeit von Kontrollüberzeugung und Kontrollerfahrung bekommen und lernen, seine Angelegenheiten in die eigene Hand zu nehmen. Damit verfügt er dann gleichzeitig über eine neue Ressource.

Beide Konzepte finden sich eher bei Verhaltenstherapeuten als bei psychoanalytisch orientierten Therapeuten.

Die klassische Psychoanalyse sieht Problembewältigungsmaßnahmen überhaupt nicht vor und betrachtet eine (zu) frühe Bearbeitung des symptomatischen Verhaltens als nicht zweckdienlich. In der Mitte zwischen diesen Behandlungsgegensätzen liegt die Expressive Therapie von Kernberg. Zur Frage der technischen Neutralität führt er aus: „Aufrechterhalten, wenn möglich. Kann bei Ausagieren des Patienten zeitweise aufgegeben werden. Muß dann durch deutende Technik wiederhergestellt werden" (1993, S. 19). Der Therapeut soll unter bestimmten Bedingungen aktiv eingreifen, z.B. durch Grenzsetzung und Verbote, aber auch durch Ratschläge – und zwar dann, wenn der Patient sich selbst, andere Personen oder den Behandlungsprozess gefährdet. Der Therapeut stellt die technische Neutralität wieder her, indem er die Gründe für ihr vorheriges Verlassen anspricht.[165]

Der Wirkfaktor Problembewältigung gibt Hinweise auf mangelnde Integrationsfähigkeit von Verhaltenstherapie und klassischer Psychoanalyse. Die Expressive Therapie zeigt aber, in welche Richtung man denken muss, wenn man hier unterschiedliche therapeutische Ansätze kombinieren möchte.

Die Therapeutin in dem Film ICH HAB DIR NIE EINEN ROSENGARTEN VERSPROCHEN verfolgt einen integrativen Ansatz. Sie bietet Bewältigungshilfen an, u.a. soziale Unterstützung durch das medizinische Pflegepersonal, aber auch durch Institutionen außerhalb der Klinik. Beide unterstützen die Patientin und helfen

---

Parallelen zum Einsatz von Bewältigungsstrategien auf (siehe D'Zurilla & Chang, 1995)" (Reinecker, 2000, S. 292).

[165] Laut Kernberg könnte er dann sagen: „Früher, als Sie sich die Pulsadern aufschnitten, nannte ich einige mögliche Gründe, welches Ihre zugrundeliegenden Motive gewesen sein könnten. Damals weigerten Sie sich, mir zuzuhören, so daß ich Ihnen sagen mußte, ich müßte die Behandlung beenden, wenn Sie sich weiterhin schneiden würden. Ich tat dies aus folgendem Grund: Wenn Sie sich während der Therapie weiterhin selbst verletzt hätten, so hätten Sie damit nicht nur sich selbst, sondern auch der Behandlung geschadet. Nun, da Sie sich nicht mehr länger schneiden, können wir zu der Frage zurückkehren, warum Sie sich dies antaten" (1993, S. 157).

aktiv beim Übergang von der Psychiatrie ins öffentliche Leben (z.B. bei der Zimmersuche, Kontakt zum Kirchenchor usw.).

Methodenkombination
Bezieht man Integration(sfähigkeit) ausschließlich auf *psycho*therapeutische Konzepte, so lässt sich Kombination als eine Vorform von Integration betrachten.[166] Im Gesundheitssystem wird der Begriff *Methodenkombination* aber oft verwendet, um die Verbindung von Psychotherapie mit somatoformen Behandlungsmethoden,[167] insbesondere mit der Psychopharmakotherapie zu bezeichnen. Eine solche gemeinsame Anwendung von Psychotherapie und Psychopharmakotherapie ist bei bestimmten Störungsbildern (schizophrene Störung, schwere Depression, Magersucht) sinnvoll und aus der klinischen Praxis nicht mehr wegzudenken. Sie stützt sich auf fachlichen Konsens in folgenden Punkten:

– Charakteristika des Störungsbildes erfordern – unabhängig von der Auffassung verschiedener Therapieschulen – bestimmte Interventionsstrategien (Störungsspezifität).
– Die meisten psychischen Störungen können heute gezielt psychotherapeutisch, aber auch pharmakologisch beeinflusst werden.
– Bei bestimmten Krankheitsbildern wie Schizophrenie und schwerer Depression machen Psychopharmaka eine psychotherapeutische Behandlung überhaupt erst möglich.

Als Beispiel für Methodenkombination gilt die Behandlung von Magersucht (*Anorexia nervosa*). Das Hauptbehandlungsverfahren dabei ist die Psychotherapie. Sie erhält hier deshalb so große Bedeutung, weil genuin psychologische Aspekte wie Abhängigkeits- und Autonomiekonflikte, Körperschemastörungen, Selbstwertprobleme und Sexualängste krankheitstypisch sind. Zusätzlich zu den psychotherapeutischen Interventionen sollte der Gesamtbehandlungsplan Ernährungsberatung, Körpertherapie, Ergotherapie und berufliche Belastungserprobung im Rahmen der Wiederherstellung der Gesundheit und Wiedereingliederung des Kranken in die Gesellschaft (Rehabilitation) umfassen. Psychopharmaka können bei zusätzlicher Ausbildung einer sekundären Depression notwendig sein.

---

[166] So z.B. sieht es Michael Broda (in Hermer, 2000, S. 185). Er beschreibt als Abfolge in der Entwicklung: Transparenz, Methodenkombination, Methodenintegration. Zunächst müssen die verschiedenen Therapieansätze offen liegen und durchschaubar sein (Transparenz). Kombination bedeutet dann, dass sie bzw. ihre Teilkomponenten nebeneinander oder aufeinander folgend eingesetzt werden. Hier verortet Broda den gegenwärtigen Entwicklungsstand. Methodenintegration sei ein dialektischer Prozess, in dem aus unterschiedlichen Systemen Neues entsteht. Durch Zusammenfügen von Teilkomponenten werde das ursprüngliche System verändert oder sogar abgeschafft.

[167] Somatoforme (synonym: somatische, biologische) Behandlungsverfahren umfassen neben medikamentöser Behandlung (Psychopharmakotherapie) all jene Methoden, die über Veränderung körperlicher Funktionen eine Besserung psychischer Störungen bewirken wollen, wie z.B. Lichttherapie, Schlafentzug, aber auch weitere wie Elektrokrampftherapie (EKT), Insulinschocktherapie und Lobotomie.

Manche Autoren betonen die Bedeutung medikamentöser Behandlung auch für Zwangsstörungen. So empfehlen Kathrin Hoffmann, Sven Barnow und Hans Jörgen Grabe selektive Serotonin-Wiederaufnahmehemmer[168] (z.B. Fluoxetin), konstatieren beträchtliche Nebenwirkungen und Behandlungsdauer („Die Behandlungsdauer beträgt in günstigen Fällen durchschnittlich zwei Jahre, oft aber auch erheblich länger") und stellen abschließend fest: „Ein großes Problem bei der pharmakologischen Behandlung der Zwangserkrankung liegt darin, dass nach Absetzen der Medikamente die Rückfallquoten erschreckend hoch sind" (2008, S. 70). Viele Experten teilen eine solche Auffassung über die medikamentöse Behandlung von Zwangsstörungen nicht, und zwar aufgrund der Leistungen der kognitiven Verhaltenstherapie *ohne* Medikamente.

Offene Fragen und kaum Konsens gibt es außerdem in folgenden Punkten: Bei leichten und mittelschweren Formen der Depression erscheint eine Kombination von Pharmakotherapie und Psychotherapie fragwürdig. Diese Formen sprechen positiv auf entweder nur die eine oder nur die andere Therapie an. Das Problem ist als differentielle Indikation bekannt. Ludwig Teusch bemerkt dazu: „Noch fehlen klare Handlungsregeln für einen alternativen Einsatz von Psychotherapie oder Pharmakotherapie" (2000, S. 253).

Sequentielle Kombination betrifft die Anordnung von Maßnahmen auf der Zeitachse. Zu welchem Zeitpunkt soll welche Methode zum Einsatz kommen? Zwar wird immer wieder behauptet, man solle etwa bei schweren depressiven Störungen mit einer medikamentösen Behandlung beginnen, um den aktuellen Leidensdruck zu reduzieren und den Patienten überhaupt erst für Psychotherapie aufzuschließen. Als gesichert kann diese zeitliche Anordnung aber keineswegs gelten. „Es wird jedoch bei weitem nicht ausreichend belegt, ob nicht sofortige psychotherapeutische Interventionen wirksamer wären" (Teusch, 2000, S. 252). Der Forschungsstand zu langfristigen Auswirkungen von Kombinationsverfahren gilt insbesondere bezüglich sequentieller Effekte als schwach.

Kontroverse Diskussionen gibt es bzw. gab es bei den somatischen Behandlungsformen Elektrokrampftherapie (EKT), Lobotomie und Insulinkomabehandlung. In vielen Psychiatriefilmen haben sie große Bedeutung.

Diese Verfahren zur Behandlung von Schizophrenie entstanden ungefähr zu gleicher Zeit. 1935 experimentierte der ungarische Arzt Ladislas Meduna mit der Auslösung von Krämpfen mit Kampfer, etwas später (1938) lösten Ugo Cerletti und Lucio Bini die Krämpfe mit Elektroschocks aus. Manfred Sakel versetzte seine Patienten in ein Insulinkoma. Der portugiesische Psychiater Egas Moniz entwickelte die präfrontale Lobotomie.

---

[168] Selektive Serotonin-Wiederaufnahmehemmer (SSRI) zählen zu den neuen Antidepressiva. Sie werden in erster Linie bei der Behandlung depressiver Störungen, jedoch auch bei Angst-, Panik-, Zwangs- und Essstörungen eingesetzt.

Einiges davon gehört heute der Vergangenheit an. Die Insulinschocktherapie des Wiener Arztes Sakel wurde wegen der hohen Risiken und Kosten in den 1960er Jahren weitestgehend abgeschafft.[169]

Bei der präfrontalen Lobotomie werden Nervenbahnen zwischen Frontallappen und Thalamus durchtrennt. In den 1930er- und 1940er-Jahren in den USA häufig angewandt, gab man sie in den 1950er-Jahren auf. Dies hängt nach Einschätzung etlicher Autoren nicht etwa mit der partiellen Zerstörung von Gehirnarealen zusammen, sondern mit der Entwicklung neuer Medikamente.

In den Schlussszenen des Filmes EINER FLOG ÜBER DAS KUCKUCKSNEST (R Milos Forman, USA 1975) wird Mc Murphy (der psychisch gesund ist) einer Lobotomie unterzogen. Die Aussage des Häuptlings Bromden („So lass ich dich nicht hier!") bezieht sich darauf, dass die Ärzte Mc Murphys Persönlichkeit zerstört haben.

Bereits vor 1940 hatte Cerletti Krampfzustände bei Hunden ausgelöst. Später probierte er die Elektroschocks – so seine Bezeichnung – auch am Menschen aus. Seit diesen Tagen hat sich in der Anwendung vieles geändert. Heute bereitet man den Anfall durch ein Anästhetikum und ein Muskelrelaxans (Succinylcholin) vor. Im Gegensatz zur früheren bilateralen EKT leiten die Ärzte den Strom (mit einer Spannung von 70–130 Volt) nur noch durch die nichtdominante, rechte Gehirnhemisphäre.

In manchen Filmen (FAMILY LIFE, DIE ANSTALT) sind die Krämpfe kaum noch sichtbar, aber unter Zwang durchgeführt. In anderen Filmen (z.B. in EINER FLOG ÜBER DAS KUCKUCKSNEST) sieht man, wie sich der Körper krümmt und aufbäumt. Die Behandlung ist in diesem Fall nichts weiter als eine Strafmaßnahme an einem psychisch Gesunden.

Daher stellt sich die Frage nach der Indikation und den Wirkmechanismen. Letztere sind unbekannt.[170]

Gibt es überhaupt eine positive Indikation? Einige Psychiater sehen EKT als letztes Mittel bei Patienten mit schwerer Depression und im Falle der perniziösen Katatonie (Variante der katatonen Schizophrenie mit hohem Fieber, Kreislaufstörungen und oft tödlichen Verlauf). Hier kann sie möglicherweise lebensrettend wirken, da die Kranken sonst an Kreislauf- und/oder Nierenversagen sterben. Diese Diagnose kommt jedoch äußerst selten vor.[171]

---

[169] Dennoch wurde der amerikanische Mathematiker und Nobelpreisträger John Nash damit fast zu Tode behandelt. Als Folge der „Therapie" erlitt er schwere Gedächtnisverluste. Seine sich über Jahre entwickelnde (der Fachwelt unverständliche) Genesung (Remission) bleibt bis heute unerklärlich. Dieser Fall war Vorlage für den Film A BEAUTIFUL MIND (R Ron Howard, USA 2001). Er basiert auf dem Buch *Genie und Wahnsinn* von Sylvia Nasar aus dem Jahre 1999.

[170] „Der Wirkmechanismus der EKT ist nicht bekannt. […] dass mit dem Verfahren Risiken verbunden sind, wird kaum ein Arzt leugnen" (Davison & Neale, 2002, S. 334, 335).

[171] Auf dem ersten Europäischen EKT-Kongress in Graz 1992 berichtete der Psychiater Prof. Dr. Klaus Dörner von der Westfälischen Landesklinik für Psychiatrie und Psychosomatik, er habe in den letzten zehn Jahren keinen einzigen Fall für die Notwendigkeit einer EKT gesehen (DIE ZEIT vom 06.11.1992, S. 41).

Fazit
Die Entwicklung im Gesundheitswesen und der psychosozialen Versorgung ist durch ökonomische Restriktionen und Kostensenkungsprogramme gekennzeichnet. In besonderem Maße gilt das für die Psychotherapie. Der Preis ihrer Anerkennung als Kassenleistung ist ihre Einpassung in die Strukturen des Medizinsystems. In diesem Zusammenhang kommen auch psychotherapeutische Verfahren auf den Prüfstand und müssen ihre Effektivität nachweisen.

Dabei gerieten in erster Linie die Therapieziele ins Visier. „Die (Wieder-)Herstellung von Arbeitsfähigkeit und alltäglichem Funktionieren bei subjektiver Zufriedenheit – gemessen an standardisierten Lebensqualitätsindizes – macht den heimlichen Lehrplan der neuen kassenfinanzierten Psychotherapie aus […]" (von Kardoff in Hermer, 2000, S. 114).

Die Methoden der Operationalisierung und Messung reduzieren die so definierten Therapieziele auf quantitative Größen. Das resultiert dann oft in der Gleichsetzung von Effektivität mit Verkürzung der Therapie. Evaluation findet unter verengenden Laborbedingungen statt.

Die Mittel zur Durchsetzung dieser Ziele sind operationalisierte Diagnostik, manualisiertes, an Checklisten orientiertes Vorgehen, Ressourcenorientierung und Kurzzeitbehandlungen in Form von *treatment packages*.

Insgesamt ist dieses Programm mit der Verhaltenstherapie besser vereinbar als mit der Psychoanalyse. Letztere betrachtet die Ursachen und Strukturen hinter den Symptomen, arbeitet tiefenpsychologisch und entsprechend mit anderen diagnostischen Zugängen. Sie definiert auch die Therapeutenrolle mit der nach wie vor geltenden Abstinenz anders. Verhaltenstherapeuten sehen sich dagegen eher in der Rolle des pädagogisch orientierten Therapeuten, der Aufklärung und Psychoedukation leistet.

Der generelle Trend in der psychosozialen Versorgung geht in Richtung einer Kombination von Verhaltenstherapie mit medikamentöser Behandlung.

Demgegenüber stehen erste Ansätze einer Integrativen Psychotherapie. Sie kombiniert Elemente und Methoden aus Psychoanalyse und Verhaltenstherapie störungsspezifisch mit somatoformen Ansätzen, und zwar mit dem Ziel, aus den Teilkomponenten qualitativ Neues zu entwickeln.

Unsere Untersuchung anhand modifizierter Wirkfaktoren gibt Hinweise auf das Integrationspotenzial der beiden therapeutischen Hauptrichtungen. Klärungsprozesse sind aus der Sicht beider Therapierichtungen für die meisten Patienten in allen Therapiephasen hilfreich. Das Beispiel aus dem psychoanalytischen Lehrfilm GEHEIMNISSE EINER SEELE zeigt die positive, entängstigende und motivierende Wirkung von Klärung.

Ebenso gilt übereinstimmend, dass sich der Patient im Sinne der Problemaktualisierung mit dem auseinandersetzen muss, was ihn ängstigt oder belastet. Weder eng umgrenzte angstauslösende Situationen noch tiefer liegende traumatische Erfahrungen sind *in absentia* zu bewältigen. Das breite Spektrum der Ressourcen bietet sowohl dem Psychoanalytiker als auch dem Verhaltenstherapeuten ein reichhaltiges Angebot. Wenn Kostenträger im Gesundheitswesen auf vordergründig kostenreduzierenden Ressourceneinsatz drängen, müssen Therapeuten deswegen nicht auf sinnvolle Ressourcenarbeit verzichten. Der Wirkfaktor „Problembewältigung" zeigt allerdings Grenzen der Integrationsfähigkeit. Dennoch sind Entwicklungen in diese Richtung denkbar, wenn man als übergreifendes Ziel die Eigenständigkeit und Unabhängigkeit des Patienten im Auge hat.

Betrachtet man Psychotherapie als komplexen Gesamtprozess im Hinblick auf die therapeutische Beziehung unter theoretisch-konzeptuellen Gesichtspunkten, so ergibt sich eine weniger positive Beurteilung des Integrationspotenzials der beiden Therapierichtungen. Die psychoanalytisch konzeptualisierte Übertragungsbeziehung unterscheidet sich von der enger strukturierten Beziehung in der Verhaltenstherapie.

Auf der anderen Seite gibt es aber bereits Kombinations- und Integrationsansätze in vielen therapeutischen Bereichen. Ähnlich wie in unserem Filmbeispiel FAMILY LIFE kombinieren Therapeuten in der Praxis Elemente psychoanalytischer Beziehungsgestaltung (z.B. abstinente Grundhaltung, Deutung) mit solchen aus der Verhaltenstherapie (z.B. gemeinsame Zielvereinbarung, Konsenssicherung). Ein weiteres Beispiel dafür bietet die Expressive Therapie. Sie achtet zu Beginn des therapeutischen Prozesses auf eine abstinente Übertragungsbeziehung, gibt die technische Neutralität unter bestimmten Bedingungen auf und führt dann strukturierende Parameter (z.B. Ratschläge, Unterstützungsangebote) ein, wie sie auch ein Verhaltenstherapeut einsetzen würde.

Die Untersuchung der Wirkfaktoren, aber auch der therapeutischen Beziehung lässt also insgesamt erkennen, in welche Richtung Versuche zur Integration der therapeutischen Grundrichtungen Psychoanalyse und Verhaltenstherapie gehen können.

Abbildungen

1 Horizontalschnitt durch das menschliche Auge 11
2 Reizmuster 19
3 Ähnlichkeitsfaktor Form 20
4 Ähnlichkeitsfaktor Helligkeit 20
5 Ähnlichkeitsfaktor Größe 20
6 Ähnlichkeitsfaktor Lage 21
7 Ähnlichkeitsfaktor Raumorientierung 21
8 Prinzip der konsequenten Form 21
9 Wolkenkratzer, Froschperspektive 22
10 Pokal oder Gesichter? 23
11 Amodale Figur 24
12 Vexierbild, versteckte Silhouette Napoleons auf der Insel St. Helena 24
13 Hund gesucht 25
14 Mehrdeutigkeit der retinalen Projektion 26
15 Licht, Schatten, Raum, Objekt 28
16 Luftperspektive 28
17 Umrisskonkurrenz ohne Raumwirkung, Überschneidung mit Raumwirkung 29
18 Würfel 29
19 Gerader Zaun, gebogener Zaun 30
20/21 Texturgradient, Oberflächenstruktur an einem natürlichen Beispiel 31
22 Magnifikation 33
23 Wahrnehmungsidentität bewegter Quadrate 35
24 Wahrgenommene Kausalität bewegter Quadrate 35
25 Stretch and shrink 36
26 Bewegungsgradienten und Fließmuster 38
27 Die zwölf Geschworenen und ihre Sitzordnung 51
28 Vier Varianten im Milgram-Experiment 88
29 Katastrophenspirale bei Zwangsgestörten 105
30 Anspannungs-Verlaufskurve 105
31 Vulnerabilitäts-Stress-Modell (Ätiologie) 126
32 Vulnerabilität x Stress im Zeitverlauf (Pathogenese) 129
33 Klassisches Konditionieren nach Pawlow 140
34 Operantes Konditionieren nach Skinner 140
35 Zwei-Faktoren-Modell nach Mowrer 143
36 Sigmund Freud (06.05.1856–23.09.1939), Begründer der Psychoanalyse 155

Standbilder

1 DOWN BY LAW. Zack (Tom Waits), Jack (John Lurie) und Roberto (Roberto Benigni) im Orleans Parish Prison. Gerichteter Blick, gemeinsamer Plan. Filmstill 0:57:35   15
2 METROPOLIS. Vordergrund-Hintergrund-Komposition. Filmstill 0:47:51   25
3 CITIZEN KANE. Tiefenschärfe und Linearperspektive, starke Raumwirkung. Filmstill 0:39:46   32
4 LOST HIGHWAY. Das Haus als dunkles Labyrinth, Verweigerung von Raumwirkung und Orientierung. Filmstill 0:34:24   32
5 DARK STAR. Der Exot, ein „nichtsnutziges Hüpfgemüse". Filmstill 0:29:59   36
6 KITCHEN STORIES. Folke Nilsson (Tomas Nørström) beobachtet Isak Bjørvik (Joachim Calmeyer). Filmstill 0:15:31   45
7 DIE ZWÖLF GESCHWORENEN. Im Mittelpunkt der Protagonist (Henry Fonda). Filmstill 0:11:21   50
8 RASHOMON. Der bewaffnete Bandit Tajomaru (Toshiro Mifune). Internetquelle: Zugriff am 17.07.2012. http://i2.listal.com/image/1499271/600full-rashomon-screenshot.jpg   59
9 NIGHT ON EARTH. Rassistische Diskriminierung unter Schwarzen. Filmstill 0:51:41   66
10 BLUE EYED. Jane Elliott im Workshop. Filmstill 0:08:54   72
11 DAS EXPERIMENT. Tarek (Moritz Bleibtreu) und seine Mitgefangenen müssen nackt antreten. Filmstill 1:13:48   78
12 I WIE IKARUS. Die wissenschaftliche Autorität und die Versuchsperson als Lehrer. Filmstill 0:20:44   86
13 BESSER GEHT'S NICHT. Was haben Melvin (Jack Nicholson) und Monk (Tony Shalhoub) gemeinsam? Viele Ängste und Zwänge, beide fürchten sich vor Infektionen. Internetquellen: Zugriff am 17.07.2012. http://www.cinemaxx.de/art/film/43519_szene_gross_05.jpg. Zugriff am 17.07.2012. http://speedtorrent.to/cache/79958-35-monk.jpg   102
14 BESSER GEHT'S NICHT. Was haben Melvin (Jack Nicholson) und Monk (Tony Shalhoub) gemeinsam? Ebd.   108
15 EIN MÖRDERISCHER SOMMER. Eliane (Isabelle Adjani) besucht Pinpon (Alain Souchon) in der Werkstatt. Filmstill 0:17:00   120

16	DAS WEISSE RAUSCHEN. Lukas (Daniel Brühl) hört die Stimme seiner Schwester Kati (Anabelle Lachatte). Sie spricht aber nicht. Filmstill 0:33:33	124
17	ICH HAB DIR NIE EINEN ROSENGARTEN VERSPROCHEN. Deborah (Kathleen Quinlan) mit längs aufgeschnittenen Pulsadern. Internetquelle: Zugriff am 17.07.2012. http://www.einhorn-film.at/filme_hij/ich_hab_dir_nie_1.jpg	130
18	BERLIN CALLING. DJ Ickarus (Paul Kalkbrenner), verwirrt in der U-Bahn. Filmstill 0:37:52	135
19	FAMILY LIFE. Janice Baildon (Sandy Ratcliff) und ihre Mutter (Grace Cave). Filmstill 0:08:47	145
20	A CLOCKWORK ORANGE. Gewaltvideos und Todesangst als „Therapie" für Alexander de Large (Malcolm Mc Dowell). Filmstill 1:09:38	149
21	DIE ANSTALT. Psychiatrie im Selbstversuch. Archivbild der DENKmal-Film GmbH	149
22	ANGST VON 0–10. Die Angst steht der Klientin an der Bushaltestelle deutlich ins Gesicht geschrieben. Filmstill 0:51:17	150
23	GEHEIMNISSE EINER SEELE. Der Chemiker (Werner Krauss) ersticht im Traum die helle Erscheinung seiner Frau (Ruth Weyher) in Anwesenheit seiner Assistentin. Filmstill 1:04:40	178
24	DIE KLAVIERSPIELERIN. Die Mutter (Annie Girardot) kontrolliert die Handtasche ihrer 39-jährigen Tochter Erika Kohut (Isabelle Huppert). Filmstill 0:00:58	187
25	FAMILY LIFE. Dr. Donaldson und Janice Baildon, klarer Abstand. Filmstill 0:02:02	198

Tabellen

1	Sinnesmodalitäten, Charakteristika	9
2	Figur und Grund	23
3	Acht Varianten der Beobachtung	43
4	Höhe des Stromschlages, Schülerreaktion	85
5	Klassifikationsachsen in ICD-10 und DSM-IV	97
6	Kodierungsebenen am Beispiel depressiver Störungen in der ICD-10 und dem DSM-IV: mittelgradige depressive Episode	98
7	Melvins Zwangsstörung, Ätiologieannahme	103
8	Systematik der Reizkonfrontation	146

Filme

A Beautiful Mind (R Ron Howard, USA 2001) 211
A Clockwork Orange (R Stanley Kubrick, GB 1970/71) 33, 95, 138,144ff.
American Beauty (R Samuel Mendes, USA 1999) 183
Angst von 0–10 (R Volker Anding, D 2000) 138, 144, 149ff., 152, 154, 195, 203
Berlin Calling (R Hannes Stöhr, D 2008) 99, 129ff.
Besser geht's nicht (R James L. Brooks, USA 1997) 99, 101ff.
Blair Witch Project (R Daniel Myrick, Eduardo Sánchez, USA 1999) 37
Blue Eyed (R Bertram Verhaag, D 1996) 56, 70ff.
Christine (R John Carpenter, USA 1983) 36
Citizen Kane (R Orson Welles, USA 1941) 31f.
Dark Star (R John Carpenter, USA 1974) 36
Das Experiment (R Oliver Hirschbiegel, D 2001) 75ff.
Das Fenster zum Hof (R Alfred Hitchcock, USA 1954) 43
Das geheime Leben der Worte(R Isabel Coixet, E 2005) 170
Das Schweigen der Lämmer (R Jonathan Demme, USA 1991) 94, 96
Das weisse Rauschen (R Hans Weingartner, D 2001) 95, 99, 119ff.
Der Name der Rose (R Jean-Jacques Annaud, D/F/I 1986) 43
Der Wolfsjunge (R Francois Truffaut, F 1970) 189
Die Anstalt (R Hans-Rüdiger Minow, D 1978) 44, 138, 144, 148ff., 211
Die fabelhafte Welt der Amélie (R Jean-Pierre Jeunet, F/D 2001) 43
Die Klavierspielerin (R Michael Haneke, D, F, Ö, P 2001) 188
Die üblichen Verdächtigen (R Bryan Singer, USA 1995) 57
Die zwölf Geschworenen (R Sidney Lumet, USA 1957) 10, 41, 51ff.
Down by Law (R Jim Jarmusch, USA 1986) 14f.
Ein mörderischer Sommer (R Jean Becker, F 1980) 95, 99, 108ff., 184
Einer flog über das Kuckucksnest (R Milos Forman, USA 1975) 211
Family Life (R Ken Loach, GB 1971) 99, 134ff., 138, 196, 211, 213
Fight Club (R David Fincher, USA/F 1997) 95
Freud – the Secret Passion (R John Huston, USA 1962) 156
Full Metal Jacket (R Stanley Kubrick, GB 1987) 43
Geheimnisse einer Seele (R Georg Wilhelm Pabst, D 1926) 8, 35, 138, 160ff., 196, 201, 212
Ghost Dog – Der Weg des Samurai (R Jim Jarmusch, USA 1999) 61
I wie Ikarus (R Henri Verneuil, F 1979) 8, 43, 75, 84ff.

Ich hab dir nie einen Rosengarten versprochen (R Anthony Page, USA 1977) 99, 118ff., 121f., 138, 201, 204f., 206, 208
Jackie Brown (R Quentin Tarantino, USA 1997) 38
Kaspar Hauser – Jeder für sich und Gott gegen alle (R Werner Herzog, D 1974) 189
Kitchen Stories (R Bent Hamer, N/S 2003) 7, 10, 41, 43ff.
K-Pax (R Ian Softley, UK, BRD, USA 2001) 206
Leichen pflastern seinen Weg (R Sergio Corbucci, F/I 1968) 114
Letters from Iwojima (R Clint Eastwood, USA 2006) 62
Lost Highway (R David Lynch, USA 1997) 31f., 94
Margot at the Wedding (R Noah Baumbach, USA 2007) 93
Metropolis (R Fritz Lang, D 1927) 25
Monk (R Diverse, USA 2002–2009) 102
Mrs Klein (R Ingemo Engström, D 1995) 185
Night on Earth (R Jim Jarmusch, USA 1991) 8, 10, 16, 56, 65ff.
No Country for old Men (R Ethan und Joel Coen, USA 2007) 39, 94
Rashomon (R Akira Kurosawa, J 1950) 56, 58ff.
Seven Beauties (R Lina Wertmüller, I 1975) 79
Spellbound (R Alfred Hitchcock, USA 1945) 94
Spiel mir das Lied vom Tod (R Sergio Leone, I 1968) 114
Spun (R Jonas Åkerlund, USA 2002) 33
The Killer inside Me (R Michael Winterbottom, USA 2010) 114
Trainspotting (R Danny Boyle, GB 1996) 95
Verhaltenstherapie bei Ängsten (R Steffen Fliegel, D 1980) 138, 144, 147ff.

Literatur

Allport, G. W. (1954). *The nature of prejudice*. Reading, MA: Addison-Wesley.
American Psychiatric Association. (1996). *Diagnostisches und statistisches Manual psychischer Störungen* (DSM IV). Göttingen: Hogrefe.
Andrew, G. (1999). *Stranger than paradise. Mavericks – Regisseure des amerikanischen Independent- Kinos*. Mainz: Bender.
Aristoteles (1979). *Poetik*. Leipzig: Reclam.
Arnheim, R. (1974). *Film als Kunst* [1932]. München: Hanser.
Arnheim, R. (2000). *Kunst und Sehen. Eine Psychologie des schöpferischen Auges* (3., unveränderte Aufl.). Berlin: de Gruyter.
Arnheim, R. (2004). *Die Seele in der Silberschicht*. Frankfurt am Main: Suhrkamp.
Aronson, E., Wilson, T. D. & Akert, R. M. (2004). *Sozialpsychologie*. (4., aktualisierte Aufl.). München: Pearson Studium.
Asch, S. E. (1952). *Social Psychology*. New York: Prentice Hall.
Balázs, B. (2001). *Der sichtbare Mensch*. Frankfurt am Main: Suhrkamp.
Bandelow, B. (2006). Sex, Drogen und Videos. Narzisstische und Borderline-Störungen. In K. Jaspers & U. Wolf (Hrsg.), *Kino im Kopf. Psychologie und Film seit Sigmund Freud* (S. 142–147). Berlin: Bertz & Fischer.
Bandura, A. (1969). *Principles of behavior modification*. New York: Holt, Rinehart & Winston.
Bandura, A. (1986). *Social foundations of thought and action. A social cognitive theory*. Englewood Cliffs, NJ: Prentice Hall.
Bateson, G., Jackson, D. D., Haley, J. & Weakland, J. (1956). Toward a theory of schizophrenia. *Behavioral Science*, 1, 251–264.
Baumann, U. & Perrez, M. (Hrsg.). (1998). *Lehrbuch Klinische Psychologie – Psychotherapie*. Bern: Huber.
Benjamin, W. (1963). *Das Kunstwerk im Zeitalter seiner technischen Reproduzierbarkeit*. Frankfurt am Main: Suhrkamp.
Berger, M. (Hrsg.). (2000). *Psychiatrie und Psychotherapie*. München: Urban & Schwarzenberg.
Berkeley, G. (1912). *Versuch einer neuen Theorie der Gesichtswahrnehmung*. Leipzig: Meiner.
Bettelheim, B. (1980). *Erziehung zum Überleben. Zur Psychologie der Extremsituation*. Stuttgart: Deutsche Verlags-Anstalt.
Bleuler, E. (1911). *Dementia praecox oder Gruppe der Schizophrenien*. Leipzig: Deuticke.

Bödecker, A. & Brinkhoff, K. (2003). Der Blick in die Köpfe. Darstellungen psychischer Andersartigkeit im Spielfilm – eine psychologisch-filmwissenschaftliche Analyse. In Y. Ehrenspeck & B. Schäffer (Hrsg.), *Film- und Fotoanalyse in der Erziehungswissenschaft. Ein Handbuch* (S. 183–202). Opladen: Leske & Budrich.

Brown, J. F. (1931b). The thresholds for visual velocity. *Psychologische Forschung*, 14, 249–268.

Brunswik, E. (1934). *Wahrnehmung und Gegenstandswelt.* Leipzig: Deuticke.

Bühler, K. (1934). *Sprachtheorie.* Jena: Fischer.

Cardinal, M. (1979). *Schattenmund.* Reinbek: Rowohlt.

Conant, J. (2006). Die Welt eines Films. *Deutsche Zeitschrift für Philosophie*, 54, 87–100.

Crow, T. J. (1980). The molecular pathology of schizophrenia. More than one disease process. *Brit. Med. J.*, 280, 66–68.

Csikszentmihalyi, M. (1992). *Flow.* Stuttgart: Klett-Cotta.

Davison, G. C. & Neale, J. M. (2002). *Klinische Psychologie* (6., vollständig überarbeitete und aktualisierte Aufl.). Weinheim: Psychologie Verlags Union.

Deleuze, G. (1989). *Das Bewegungs-Bild. Kino I.* Frankfurt am Main: Suhrkamp.

Descartes, R. (1637). *La Dioptrique.*

Dilling, H., Mombour, W. & Schmidt, M. H. (Hrsg.). (1993). *Internationale Klassifikation psychischer Störungen.* ICD-10, Kapitel V (F). Klinisch-diagnostische Leitlinien (2. Aufl.). Bern: Huber.

Dörner, K. & Plog, U. (1996). *Irren ist menschlich. Lehrbuch der Psychiatrie/Psychotherapie.* Bonn: Psychiatrie Verlag.

Duncker, K. (1929). Über induzierte Bewegung. Ein Beitrag zur Theorie optisch wahrgenommener Bewegung. *Psychologische Forschung*, 12, 180–259.

Ehrenfels, C. von (1890). Über Gestaltqualitäten. *Vierteljahresschrift für wissenschaftliche Philosophie*, 14, 242–292.

Ehrenspeck, Y. & Schäffer, B. (Hrsg.). (2003). *Film- und Fotoanalyse in der Erziehungswissenschaft. Ein Handbuch.* Opladen: Leske & Budrich.

Epiktet (1905). *Unterredungen.* Jena: Diederichs.

Estel, B. (1983). *Soziale Vorurteile und soziale Urteile: Kritik und wissenssoziologische Grundlegung der Vorurteilsforschung.* Opladen: Westdeutscher Verlag.

Fallend, K. & Reichmayr, J. (1992). Psychoanalyse, Film und Öffentlichkeit. Konflikte hinter den Kulissen. In B. Eppensteiner (Hrsg.), *Siegfried Bernfeld oder die Grenzen der Psychoanalyse. Materialien zu Leben und Werk* (S. 132–152). Basel: Stroemfeld.

Faulstich, W. (2002). *Grundkurs Filmanalyse.* München: Wilhelm Fink.

Fechner, G. T. (1860). *Elemente der Psychophysik.* Leipzig: Breitkopf & Härterl.

Festinger, L. (1957). *A theory of cognitive dissonance.* Evanston, IL: Row & Peterson.

Fiedler, P. A. (1997). Therapieplanung in der modernen Verhaltenstherapie. *Verhaltenstherapie und Verhaltensmedizin*, 18, 7–39.

Fischer, R. (1992). *David Lynch – Die dunkle Seite der Seele* (3., erweiterte Aufl.). München: Heyne.
Fliegel, S., Groeger, W. M., Künzel, R., Schulte, D. & Sorgatz, H. (1998). *Verhaltenstherapeutische Standardmethoden* (4. Aufl.). Weinheim: Psychologie Verlags Union.
Freud, A. (1984). *Das Ich und die Abwehrmechanismen.* Frankfurt am Main: Fischer.
Freud, S. (1971). *Selbstdarstellung. Schriften zur Geschichte der Psychoanalyse.* Frankfurt am Main: Fischer.
Freud, S. (1969). (1916–17 [1915–17]) *Vorlesungen zur Einführung in die Psychoanalyse,* Wien. G. W., Bd. 11; *Studienausgabe,* Bd. 1.
(1921 c) *Massenpsychologie und Ich-Analyse,* Wien. G. W., Bd. 13.
(1923 b) *Das Ich und das Es,* Wien. G. W., Bd. 13.
(1933a [1932]) *Neue Folge der Vorlesungen zur Einführung in die Psychoanalyse,* Wien. G. W., Bd. 15; *Studienausgabe,* Bd. 1. Frankfurt am Main: Fischer.
Frey, D. & Greif, S. (1997). *Sozialpsychologie. Ein Handbuch in Schlüsselbegriffen* (4. Aufl.). Weinheim: Beltz.
Frölich, M., Middel, R. & Visarius, K. (2005). *Außer Kontrolle. Wut im Film.* Marburg: Schüren.
Frommhold, K. (2006). David Lynchs Lost Highway (USA 1997) – eine düstere Seelentopographie, die in die Abgründe des ödipalen Martyriums führt. In L. Wohlrab (Hrsg.), *Filme auf der Couch. Psychoanalytische Interpretationen* (S. 37–51). Gießen: Psychosozial-Verlag.
Gibson, J. J. (1973a). *Die Sinne und der Prozeß der Wahrnehmung.* Bern: Huber.
Gibson, J. J. (1973b). *Die Wahrnehmung der visuellen Welt.* Weinheim: Beltz.
Gilbert, D. T. (1991). How mental systems believe. *American Psychologist,* 46, 107–119.
Giordano, M. (1999). *Das Experiment. Black Box.* Reinbek: Rowohlt.
Gombrich, E. H. (1994). *Das forschende Auge. Kunstbetrachtung und Naturwahrnehmung.* Frankfurt am Main: Campus.
Gombrich, H. E. (1994). James Gibson. Ein revolutionärer Wahrnehmungspsychologe. In H. E. Gombrich (Hrsg.), *Das forschende Auge. Kunstbetrachtung und Naturwahrnehmung* (S. 59–67). Frankfurt am Main: Campus.
Gottschaldt, K. (1929). Über den Einfluß von Erfahrung auf die Wahrnehmung von Figuren. *Psychologische Forschung,* 12, 1–87.
Grawe, K. & Braun, U. (1994). Qualitätskontrolle in der Psychotherapie-Praxis. *Zeitschrift für Klinische Psychologie,* 23, 242–267.
Grawe, K. (1995). Grundriß einer Allgemeinen Psychotherapie. *Psychotherapeut,* 40, 130–145.
Grawe, K. (1998). *Psychologische Therapie.* Göttingen: Hogrefe.
Green, H. (2010). *Ich hab dir nie einen Rosengarten versprochen* (10. Aufl.). Reinbek: Rowohlt.

Guttmann, G. (1997). Physiologie. In J. Straub, W. Kempf & H. Werbik (Hrsg.), *Psychologie. Eine Einführung* (S. 161–200). München: Deutscher Taschenbuchverlag.

Haber, R. N. & Hershenson, M. (1973). *The psychology of visual perception.* New York: Holt, Rinehart & Winston.

Heider, F. (1958). *The psychology of interpersonal relations.* New York: Wiley.

Helmholtz, H. von (1867). *Handbuch der physiologischen Optik.* Leipzig: Voss.

Hermer, M. (Hrsg.). (2000). *Psychotherapeutische Perspektiven am Beginn des 21. Jahrhunderts.* Tübingen: dgvt-Verlag.

Hilgard, E. R., Atkinson, R. C. & Atkinson, R. L. (1971). *Introduction to Psychology.* New York: Harcourt Brace Jovanovich.

Hubel, D. H. & Wiesel, T. N. (1959). Receptive fields of single neurons in the cat's striate cortex. *Journal of Physiology*, 148, 574–591.

Hyler, S. & Moore, J. (1996). Teaching Psychiatry? Let Hollywood help! *Academic Psychiatry*, 20, 4, 217–221.

Iwanow-Smolensky, A. G. (1977). On the methods of examining the conditioned food reflexes in children and in mental disorders. *Journal of the Experimental Analysis of Behavior*, 28, 181–184.

Jablensky, A. (1959). Schizophrenia. The epidemiological horizon. In S. R. Hirsch & D. R. Weinberger (Hrsg.), *Schizophrenia* (S. 206–252). Oxford: Blackwell Science.

Jacobson, E. (1938). *Progressive relaxation.* Chicago, IL: University of Chicago Press.

Jaeggi, E. (1995). *Zu heilen die zerstossnen Herzen. Die Hauptrichtungen der Psychotherapie und ihre Menschenbilder.* Reinbek: Rowohlt.

James, W. (1950). *The Principles of psychology* (2 vols.). New York: Holt, Rinehart & Winston. (Original erschienen 1890)

Jaspers, K. & Wolf, U. (2006) *Kino im Kopf. Psychologie und Film seit Sigmund Freud.* Berlin: Bertz & Fischer.

Kanfer, F. H., Reinecker, H. & Schmelzer, D. (1996). *Selbstmanagement-Therapie* (2. überarbeitete Aufl.). Berlin: Springer.

Kanizsa, G. (1970). *Organization in vision.* New York: Praeger.

Kant, I. (1781). *Kritik der reinen Vernunft.*

Katz, D. (1950). *Gestalt psychology.* New York: The Ronald Press.

Kebeck, G. (1994). *Wahrnehmung. Theorien, Methoden und Forschungsergebnisse der Wahrnehmungspsychologie.* Weinheim: Juventa.

Kernberg, O. F. (1993). *Psychodynamische Therapie bei Borderline-Patienten.* Bern: Huber.

Klein, M. (1932). *Die Psychoanalyse des Kindes.* Wien.

Koch, E. R. (2008). *Die CIA-Lüge. Folter im Namen der Demokratie.* Berlin: Aufbau Verlag.

Koffka, K. (1935). *Principles of Gestalt psychology.* London: Kegan Paul.

Kohut, H. (1987). *Wie heilt die Psychoanalyse?* Frankfurt am Main: Suhrkamp.

Köhler, W. (1921). *Intelligenzprüfungen an Menschenaffen*. Berlin: Springer.
Köhler, W. (1958). *Dynamische Zusammenhänge in der Psychologie*. Bern: Huber.
Koll, G. (1998). *Pandoras Schätze. Erotikkonzeptionen in den Stummfilmen von G. W. Pabst*. München: Diskurs-Film-Verlag.
Kraepelin, E. (1893). *Psychiatrie* (4. Aufl.). Leipzig: Abel (Meixner).
Krempel, L. (2005). *Visualisierung komplexer Strukturen. Grundlagen der Darstellung mehrdimensionaler Netzwerke*. Frankfurt am Main: Campus.
Laing, R. D. (1998). *Das Selbst und die Anderen*. München: Deutscher Taschenbuch Verlag.
Leiße, O., Buhl, T., Leiße, U.-K. & Berger, U. (2006). *Psychologie und Soziologie*. München: Oldenbourg.
Lewin, K. (1969). *Grundzüge der topologischen Psychologie*. Bern: Huber.
Liddle, P. F. (1987). The symptoms of chronic schizophrenia. A re-examination of the positive-negative dichotomy. *Brit. J. Psychiat.*, 151, 145–151.
Liebsch, D. (Hrsg.). (2005). *Philosophie des Films. Grundlagentexte*. Paderborn: mentis.
Lück, H. E., Miller, R. (Hrsg.). (1993). *Illustrierte Geschichte der Psychologie*. München: Quintessenz.
Luhmann, N. (1990). *Die Wissenschaft der Gesellschaft*. Frankfurt am Main: Suhrkamp.
Luhmann, N. (1995). *Die Kunst der Gesellschaft*. Frankfurt am Main: Suhrkamp.
Mahler, M., Pine, F. & Bergman, A. (1980). *Die psychische Geburt des Menschen*. Frankfurt am Main: Fischer.
Marks, I. M. (1981). *Cure and care of neuroses*. New York: Wiley.
Massong, J. M. (1984). *Was hat man dir, du armes Kind, getan? Sigmund Freuds Unterdrückung der Verführungstheorie*. Reinbek: Rowohlt.
Merleau-Ponty, M. (1966). *Phänomenologie der Wahrnehmung*. Berlin: de Gruyter.
Metz, C. (1973). *Sprache und Film*. Frankfurt am Main: Athenäum.
Metzger, W. (1936). *Gesetze des Sehens*. Frankfurt am Main: Kramer.
Michaels, C. F. & Carello, C. (1981). *Direct perception*. Englewood Cliffs, NJ: Prentice Hall.
Michotte, A. (1963). *The perception of causality*. London: Methuen.
Mikunda, C. (2002). *Kino spüren. Strategien der emotionalen Filmgestaltung*. Wien: WUV Universitätsverlag.
Miller, A. (1981). *Du sollst nicht merken*. Frankfurt am Main: Suhrkamp.
Miller, A. (1988). *Das verbannte Wissen*. Frankfurt am Main: Suhrkamp.
Milgram, S. (1974). *Das Milgram-Experiment. Zur Gehorsamkeitsbereitschaft gegenüber Autorität*. Reinbek: Rowohlt.
Mischel, W. (1968). *Personality and assessment*. New York: Wiley.
Monaco, J. (1980). *Film verstehen. Kunst, Technik, Sprache, Geschichte und Theorie des Films und der Medien*. Reinbek: Rowohlt.
Moore, G. E. (1960). *Philosophical studies*. London: Routledge & Kegan Paul.
Moreno, J. L. (1946). *Psychodrama* (Vol. 1). New York: Beacon House.

Moreno, J. L. (1959). *Gruppentherapie und Psychodrama.* Stuttgart: Klett.
Mowrer, O. H. (1960). *Learning theory and behavior.* New York: Wiley.
Münsterberg, H. (1914). *Psychology: General and applied.* New York: Appleton-Century-Crofts.
Münsterberg, H. (1970). *The photoplay. A psychological study* [1916]. New York: Dover.
Nasar, S. (1999). *Genie und Wahnsinn.* München: Piper.
Neisser, U. (1979). *Kognition und Wirklichkeit: Prinzipien und Implikationen der kognitiven Psychologie.* Stuttgart: Klett-Cotta.
Nisbett, R. E. & Ross, L. (1980). *Human inferences: Strategies and short comings of human judgement.* Englewood Cliffs, NY: Prentice Hall.
Nuechterlein, K. H., Dawson, M. E., Gitlin, M., Ventura, J., Goldstein, M. J., Snyder, K. S., Yee, C. M. & Mintz, J. (1992). Developmental processes in schizophrenic disorders. Longitudinal studies of vulnerability and stress. *Schizophrenia Bulletin,* 18, 387-425.
Palmer, S. E. (1982). Symmetry, transformations and the structure of perceptual systems. In F. Beck (Ed.), *Organization and representation in perception.* Hillsdale, New York: Erlbaum.
Pawlow, I. P. (1927). *Conditioned reflexes. An investigation of the psychophysiological activity of the central cortex.* Oxford: Oxford University Press.
Postman, N. (1994). *Wir amüsieren uns zu Tode. Urteilsbildung im Zeitalter der Unterhaltungsindustrie.* Frankfurt am Main: Fischer.
Pudowkin, W. I. (1928). *Filmregie und Filmmanuskript.* Berlin: Verlag der Lichtbühne.
Reed, E. (1988). *James J. Gibson and psychology of perception.* New Haven: Yale University Press.
Reid, T. (1764). *Inquiry into the human mind.*
Reinecker, H. & Schmelzer, D. (Hrsg.). (1996). *Verhaltenstherapie, Selbstregulation, Selbstmanagement.* Göttingen: Hogrefe.
Reinecker, H. (Hrsg.). (1999). *Lehrbuch der Verhaltenstherapie.* Tübingen: dgvt-Verlag.
Reisz, K. & Millar, G. (1988). *Geschichte und Technik der Filmmontage.* München: Filmland Presse.
Rodley, C. (Hrsg.). (2006). *Lynch über Lynch.* Frankfurt am Main: Verlag der Autoren.
Rogers, C. R. (1951). *Client-centered therapy.* Boston: Houghton Mifflin.
Rogers, C. R. (1976). *Die nicht-direktive Beratung.* München: Kindler.
Rosenthal, R. & Jacobsen, L. F. (1968). *Pygmalion in the classroom. Teacher expectation and intellectual development.* New York: Holt, Rinehart & Winston.
Ross, L. & Nisbett, R. E. (1991). *The person and the situation. Perspectives of social psychology.* New York: Mc Graw-Hill.
Rubin, E. (1921). *Visuell wahrgenommene Figuren.* Kopenhagen: Gyldendalske Boghandel.

Scheffer, B. & Jahraus, O. (Hrsg.). (2004). *Wie im Film. Zur Analyse populärer Medienereignisse.* Bielefeld: Aisthesis.

Schmidt, L. R. (2001). *Klinische Psychologie. Entwicklungen – Reformen – Perspektiven.* Tübingen: dgvt-Verlag.

Schneider, K. (1992). *Klinische Psychopathologie* (14. Aufl.). Stuttgart: Thieme.

Schnell, R. (2000). *Medienästhetik. Zu Geschichte und Theorie audiovisueller Wahrnehmungsformen.* Stuttgart: Metzler.

Schönpflug, W. & Schönpflug, U. (1997). *Psychologie* (4. Aufl.). Weinheim: Psychologie Verlags Union.

Schulte, D. (1974). Ein Schema für Diagnose und Therapieplanung in der Verhaltenstherapie. In D. Schulte (Hrsg.), *Diagnostik in der Verhaltenstherapie* (S. 75–104). München: Urban & Schwarzenberg.

Secord, P. F. & Backman, C. W. (1964). *Social psychology.* New York: Mc Graw-Hill.

Seeßlen, G. (2007). *David Lynch und seine Filme* (6. erweiterte und überarbeitete Aufl.). Marburg: Schüren.

Seligman, M. E. P. (1971). Phobias and preparedness. *Behavior Therapy, 2,* 307–320.

Sherif, M. (1935). A study of some social factors in perception. *Archives of Psychology,* 187, 1–60.

Skinner, B. F. (1953). *Science and human behavior.* New York: Macmillan.

Skinner, B. F. (1984). The phylogeny and ontogeny of behavior. *The Behavioral and Brain Sciences, 7,* 669–711.

Stampfl, T. G. & Levis, D. J. (1973). *Implosive therapy. Theory and technique.* Morrisontown, NJ.: General Learning Press.

Straub, J., Kempf, W. & Werbik, H. (1997). *Psychologie. Eine Einführung.* München: Deutscher Taschenbuchverlag.

Tajfel, H. (1981). *Human groups and social categories. Studies in social psychology.* Cambridge, MA: University Press.

Tolman, E. C. (1932). *Purposive behavior in animal and man.* New York: Appleton-Century-Crofts.

Warwitz, S. A. (2001). *Sinnsuche im Wagnis. Leben in wachsenden Ringen.* Baltmannsweiler: Schneider Verlag Hohengehren.

Watzlawick, P. (1976). *Wie wirklich ist die Wirklichkeit?* München: Piper.

Watzlawick, P., Beavin, J. H. & Jackson, D. D. (1969). *Menschliche Kommunikation. Formen, Störungen, Paradoxien.* Bern: Huber.

Watzlawick, P. & Beavin, J. (1980). Einige formale Aspekte der Kommunikation. In P. Watzlawick, J. H. Weakland (Hrsg.), *Interaktion. Menschliche Probleme und Familientherapie* (S. 95–110). Bern: Huber.

Weber, E. H. (1851). *Die Lehre vom Tastsinn und Gemeingefühle.* Braunschweig: Vieweg.

Wedding, D., Boyd, M. A., Niemiec, R. M. (2010). *Movies and mental illness.* Göttingen: Hogrefe.

Wertheimer, M. (1923). Untersuchungen zur Lehre von der Gestalt II. *Psychologische Forschung*, 4, 301–350.
Wertheimer, M. (1925). *Über Gestalttheorie*. Vortrag vor der Kant-Gesellschaft, Berlin am 17. Dezember 1924. Erlangen: Verlag der Philosophischen Akademie.
Wiesing, L. (2002). *Philosophie der Wahrnehmung*. Frankfurt am Main: Suhrkamp.
Wohlrab, L. (Hrsg.). (2006). *Filme auf der Couch. Psychoanalytische Interpretationen*. Gießen: Psychosozial-Verlag.
Wolf, H. E. (1979). *Kritik der Vorurteilsforschung*. Stuttgart: Enke.
Wolpe, J. (1958). *Psychotherapy by reciprocal inhibition*. Palo Alto, CA: Stanford University Press.
Wolpe, J. (1973). *Praxis der Verhaltenstherapie*. Bern: Huber.
Wulff, H. J. (Hrsg.). (1990). *Film und Psychologie I. Kognition – Rezeption – Perzeption*. Münster: MAkS Publikationen.
Wundt, W. (1896). *Grundriß der Psychologie*. Leipzig: Engelmann.
Zimbardo, P. G. (2005). *Das Stanford-Gefängnis-Experiment*. Goch: Santiago.
Zimbardo, P. G. & Gerrig, R. J. (1999). *Psychologie* (7. Aufl.). Berlin: Springer.
Žižek, S. (2002). *Was Sie immer schon über Lacan wissen wollten und Hitchcock nie zu fragen wagten*. Frankfurt am Main: Suhrkamp.

Sachwörter

Abwehr(mechanismus)   69, 103, 110ff., 113, 158, 182f.
Affekt(ivität)   62, 175
  armut   123
  verflachung   123
Agens-Zustand   88
Ähnlichkeitseffekt   49f.
Akkomodation   12, 26
Akteur-Beobachter-Divergenz   57ff.
Alpha-Fehler   52
amodale Figur   24
anaklitische Depression   188
Anhedonie   123
antisoziale Persönlichkeit   96
Aphasie   14
Assimilationseffekt   50
Assoziation   164
  freie   175f., 183, 196
Ätiologie   92, 99
  der Borderline-Persönlichkeitsstörung   113ff.
  der Schizophrenie   125ff., 137f.
  des Zwangs   103ff.
Attribution(s)   56ff.
  externale   56
  fehler   57ff., 60
  internale   56
  kausale   56f.
autokinetischer Effekt   34
Aversion(stherapie)   104, 144

Befund   48f.
Beobachtung   41ff.
Berlin-Frankfurter Schule   17f.
Beta-Fehler   52f.
Beurteilungsfehler   47ff.

Bewegung(s)
  gradient   37f.
  induzierte   38f.
  radiale   33
  reale   33
  stroboskopische   34
  transversale   33
binokularer Mechanismus   26
bipolare Zelle   12
Black Box   79, 83
blinder Fleck   13
Borderline-Persönlichkeitsstörung   92, 93, 99, 106ff., 186
Brailleschrift   15
Bulbus   11

Chaining   148
Chiasma opticus   13
Ciliarmuskel   12, 26
Colliculus superior   13
Coping   127, 129, 132, 205
core belief   104f.
Cornea   11
Couch   177, 179
critical life events   126

deep focus   31
Deindividuation   80
Dementia praecox   117
Depersonalisation   123
Depression   98
Deprivation(ssyndrom)   189
Derealisation   123
Destruktionstrieb   158
Deutung   176, 196, 199, 201
  genetische   186

Diathese 125, 137
  -Stress-Modell 125
Diskriminierung 55, 65, 67, 70ff.
Dispositionshypothese 81, 83, 90
Dissoziation 186
Dopamin 138
Doppelbindung(stheorie) 134ff., 136
DSM-IV 96ff., 100
dynamisch 157

Eigenbewegung 38
Einseitigkeitseffekt 50
Elektrokrampftherapie 209, 211
Elementarismus 17
Emotion 62
Empirische Säuglings- und Kleinkind-
  forschung 180, 187ff.
Entwertung 112f.
ereigniskorreliertes Potenzial 14
Eros 158
Es 157, 158f.
Evaluation 192
Expressive Psychotherapie 185f.,
  208, 213
Extraktionstheorie 37

Fading 148
feature detection 13
Fehlleistung 161
Fehlurteil 64
Figur 23f.
Flooding 146
Flow 40
Folter 82
Fovea centralis 12, 27
fotonisches Sehen 12
Fotorezeptor 12
Funktionelle Magnetresonanztomo-
  graphie 15
Fusion 12, 27

Ganglienzelle 12
Gefälle 30

Gegenübertragung 196
Gestalt(theorie) 19ff.
Größen-Distanz-Relation 27
Grund 23f.
Grundgesetz der Einfachheit 19

Habituation(straining) 146
Halluzination 119
  akustische 119
  gustatorische 119
  haptische 119
  olfaktorische 119
  visuelle 119
Halo 49
Halo-Effekt 49f.
Hierarchieeffekt 50
high expressed emotion 127, 129
Hospitalismus 188f.
Hypnose 174
Hysterie 174

ICD-10 96ff., 100
Ich 157f.
  -Psychologie 180, 182ff.
  -Störung 123
Identifizierung 159
Identitätsintegration 110f.
Implosion 146
Individualpsychologie 180f.
in-group 64, 65, 69
Instanzenmodell 157ff.
Insulinschocktherapie 209, 211
integrative Psychotherapie 190ff.
Intergroup-Effekt 50
Plastizität
  intramodale 15
  intermodale 15
Introjektion 159, 185
Inzidenz 117
Iris 11
Isomorphie 18

Kaspar Hauser-Syndrom 189

Katastrophisierung 105
Kategorisierung 63
Katharsis 175
Kern-Selbst 114, 184
Klärung 196, 197ff., 199, 200ff., 204, 212
Klassifikationssystem 96
Klinische Psychologie 91
Kognition 151
kognitive Dissonanz 89
kognitive Wende 55, 152
Kohärenz(gefühl) 204
Komorbidität 97f., 193
Konditionieren 103f.
  instrumentelles 140
  klassisches 103f., 139ff.
  operantes 140
  respondentes 103f., 139ff.
Konflikt 162
  -neigung 162f.
Konfrontation 196, 197f., 199, 200f.
Kontamination 121.
Kontrasteffekt 49
Konvergenz 12, 27
Kortex 10, 12ff.
Kuleschow-Effekt 49

Lebenszeitprävalenz 101
Leipziger Schule 17
libidinöse Besetzung 159
Libido 157, 158
  -fixierung 162f.
  -regression 162
Lobotomie 209, 210
logischer Fehler 49
Löschung 144
low key 31
Ludovico-Methode 144

Magnifikation 33
Makula lutea 12
Metapsychologie 179
Methoden

-integration 209
-kombination 209f.
Milgram-Experiment 84ff.
monokularer Mechanismus 26, 27ff.
Motilität 157, 166
Mutismus 121

Neologismus 121, 122
Nervus opticus 13
Neurose 97, 99
Nucleus geniculatum laterale 13

Objekt 162, 171
  -beziehungstheorie 180, 184ff.
  -konstanz 188
  Partial- 171, 185f.
  -repräsentanz 110f., 114
Ödipuskomplex 113, 159, 172
Off-Zenrum-Feld 13
ökologische Optik 37
ökologischer Realismus 37
omnipotente Kontrolle 112f.
On-Zentrum-Feld 13
operational(isiert)e Diagnostik 97, 99, 110
optical flow pattern 38
optisches Fließmuster 38ff.
Ordnungszwang 101f.
out-group 64, 65, 69

Paragrammatismus 121, 122
Paralogik 121
Paranoia 118
Pathogenese 99, 103ff.
  der Borderline-Persönlichkeitsstörung 113ff.
  der Schizophrenie 125ff.
  des Zwangs 103ff.
Persönlichkeits
  -störung 106
  -psychologie 55
Perspektive 22, 27ff.
Perversion 169f.

perzeptuelle Salienz   57
Phänomenologie   18
Phase   170
   anal-sadistische   171
   autistische   187
   genitale   171
   Individuations-   187
   Konsolidierungs-   188
   Latenz-   171
   narzisstische   184
   orale   170
   phallische   171
   symbiotische   187
   Übungs-   187
   Wiederannäherungs-   188
Phi-Phänomen   34
pictorial cue   27, 31
PMA (Paramethoxyamphetamin)   130
Position   76, 185
   depressive   185
   paranoid-schizoide   185
Positiv-Negativ-Konzept   124
Prägnanzgesetz   19
Prävalenz   91, 117
Primacy-Effekt   49f.
Primärvorgang   158
primitive Idealisierung   112f.
Problem
   -aktualisierung   202ff., 212
   -bewältigung   207ff., 212
Projektion   69, 103
projektive Identifizierung   112
Prompting   148, 208
psychische Störung   96
Psychoanalyse   155ff.
psychoanalytisches Strukturmodell   110, 157
psychodynamische Diagnostik   110
Psychopath   96, 106
Psychopharmakotherapie   209
Psychophysik   17
Psychose   97, 99
Psychotherapie   138

Pupille   11
Pygmalion-Effekt   50

Querdisparation   27

Rassismus   55, 70ff.,
rational-emotive Therapie   153
Reaktion(s)   140
   (un)konditionierte   140ff.
   -verhinderung   146, 202
   Vermeidungs-   143
Realitäts
   -prinzip   162
   -prüfung   110f.
Recency-Effekt   50
Refraktion   12
Regression   113f., 116, 162f.
Rehabilitation   209
Reiz
   -differenzierung   63
   -gruppierung   63
response prevention   146, 202
Ressource(n)   204ff.
   externe   204f.
   interne   204f.
   interpersonelle   205
   -orientierung   204ff., 207, 212
Retina   12
retinotopes Bild   13
rezeptives Feld   13
reziproke Hemmung   145
Rhodopsin   12
Rolle   76

Sachaussage   62
Salutogenese   204
Scheinbewegung   34
Schizophrenie   117ff.,
   hebephrene   118
   katatone   118
   paranoide   118, 119f.
   undifferenzierte   118
sekundäre Bearbeitung   167

Sekundärvorgang 158
Selbst-Psychologie 180, 183f.
Selbstrepräsentanz 110
selfserving bias 58
Setting 177, 197
Sexualität 169ff.
Shaping 148
Sinne(smodalitäten) 9
Situationshypothese 81f.
Sklera 11
skotonisches Sehen 12
social identity approach 69
Sozialpsychologie 55ff.
Soziologie 55
Spaltung 69, 103, 111f., 117
Spontanremission 101
Stäbchen 12
Stanford-Prison-Experiment 75, 80f., 84
Status 76
Stereotyp(isierung) 63f., 66
Stigma 66, 71
Stimulus 140
   diskriminanter 140
   konfrontation 146
   (un)konditionierter 140ff.
Störungsmodell 96
Stress(or) 126, 129
stretch and shrink 36
stroboskopische Bewegung 34
Strukturmodell 157ff.
Sublimierung 182
Substitution 121
Symbol 165f.
Symptom 161
   -verschiebung 206
systematische Desensibilisierung 145

technische Grundregel 164, 175
technische Neutralität 186, 195, 208
Tendenz zur Mitte 49
Texturgradient 29ff., 37f.
Thalamus 13f.

therapeutische Beziehung 195ff.
Tiefenschärfe 32
time out 149
token economy 148f.
Traum 164ff.
   -arbeit 166
   -deutung 164ff.
   latenter 164, 169
   manifester 164, 169
   -Zensur 166
Trauma(tisierung) 114, 116
   kumulative 116
   unbewusste(s) 163f.
Trieb 158
   -ziel 158
   libidinöser 162
Tunnelexperiment 35
Typ-1/2-Schizophrenie 124

Übergangsobjekt 187
Über-Ich 157, 159f.
Übersummativitätsprinzip 17
Übertragung(s) 176f., 195f.
   -beziehung 196, 213
   -neurose 176
   -widerstand 176
Unbewusstes 157f., 196
Ungeschehenmachen 113, 182
Urszene 174
Urteil 62

Validität 47
velocity transposition 34
Verdichtung 121, 122, 167
Verdrängung 158, 176f., 182
Verhaltenstherapie 138, 139ff., 212
   kognitive 152, 154
Verleugnung 112
Versagung 162
Verschiebung 167
Verstärkung 140
Vorbewusstes 166
Voreingenommenheit 64, 68

Vorgefasstheit   64
Vorurteil   55, 62ff.
Vulnerabilität(s)   125, 126
  -Stress-Coping-Modell   127

Wahn   118
  -einfall   118
  -stimmung   118
  -system   119
  -wahrnehmung   118
waterboarding   82
Widerstand   166
Wirkfaktor   191, 193f., 200ff.
  (un)spezifischer   194

Zapfen   12
Zwang(s)   99ff.
  -gedanke   100ff., 104
  -handlung 100ff., 104, 161
  -impuls   100, 161
  Kontroll-   101
  -neurose   161, 173
  -vorstellung   161
Zwei-Faktoren-Modell   104, 142

Wenn Sie weiterlesen möchten ...

Gerald Hüther

**Bedienungsanleitung
für ein menschliches Gehirn**

In der modernen Hirnforschung wurden bahnbrechende Entdeckungen gemacht. Die sogenannte Plastizität des menschlichen Gehirns bedeutet, dass es lebenslang veränderbar, ausbaubar, anpassungsfähig ist. Sogar die Masse der Gehirnzellen ist, entgegengesetzt der früheren Auffassung der Wissenschaftler, nicht endgültig festgelegt, sondern kann im Verlauf des Lebens noch zunehmen. Nach den neuesten Erkenntnissen der Hirnforscher hat die Art und Weise der Nutzung des Gehirns einen entscheidenden Einfluss darauf, welche neuronalen Verschaltungen angelegt und stabilisiert oder auch destabilisiert werden. Die innere Struktur und Organisation des Gehirns passt sich also an seine konkrete Benutzung an.

Wenn das Gehirn eines Menschen aber so wird, wie es gebraucht wird und bisher gebraucht wurde, dann stellt sich die Frage, wie wir eigentlich mit unserem Gehirn umgehen müssten, damit es zur vollen Entfaltung der in ihm angelegten Möglichkeiten kommen kann.

In einer leicht lesbaren, bildreichen Sprache geht der Neurobiologe Gerald Hüther diesem Fragenkomplex nach und gelangt zu Erkenntnissen, die unser gegenwärtiges Weltbild erschüttern und die uns zwingen, etwas zu übernehmen, was wir bisher allzu gern an andere Instanzen abgegeben haben: Verantwortung.

Gerald Hüther

Die Macht der inneren Bilder

Wie Visionen das Gehirn, den Menschen und die Welt verändern

Innere Bilder – das sind all die Vorstellungen, die wir in uns tragen und die unser Denken, Fühlen und Handeln bestimmen. Es sind Ideen und Visionen von dem, was wir sind, was wir erstrebenswert finden und was wir vielleicht einmal erreichen wollen. Es sind im Gehirn abgespeicherte Muster, die wir benutzen, um uns in der Welt zurechtzufinden. Wir brauchen diese Bilder, um Handlungen zu planen, Herausforderungen anzunehmen und auf Bedrohungen zu reagieren. Aufgrund dieser inneren Bilder erscheint uns etwas schön und anziehend oder hässlich und abstoßend.
Innere Bilder sind also maßgeblich dafür, wie und wofür wir unser Gehirn benutzen.

Woher kommen diese inneren Bilder? Wie werden sie von einer Generation zur nächsten übertragen? Was passiert, wenn bestimmte Bilder verloren gehen? Gibt es innere Bilder, die immer weiterleben? Benutzen nur wir oder auch andere Lebewesen innere Bilder, um sich im Leben zurechtzufinden? Gibt es eine Entwicklungsgeschichte dieser inneren Muster?

Der Hirnforscher Gerald Hüther sucht in seinem neuen Buch nach Antworten auf diese Fragen – nicht als Erster, aber erstmals aus einer naturwissenschaftlichen Perspektive. So schlägt er eine bisher ungeahnte Brücke zwischen natur- und geisteswissenschaftlichen Weltbildern, die eine Verbindung zwischen materiellen und geistigen Prozessen, zwischen der äußeren Struktur und der inneren Gestaltungskraft aller Lebensformen schafft. Diese Synthese gelingt dem Autor mit der ihm eigenen Leichtigkeit in der Darstellung.

Holger Kuße
Kulturwissenschaftliche Linguistik
Eine Einführung

Die kulturwissenschaftliche Linguistik ist eine korrelative Methode, die systemische Merkmale von Einzelsprachen, pragmatische Konventionen von Sprachkulturen und vielfältige Textsorten aufeinander bezieht.

Der Band nimmt insbesondere das Deutsche, Englische, Französische und Russische in den Blick und zeigt an zahlreichen Beispielen die Vielfalt und Fruchtbarkeit des Ansatzes.

Gerhard Büttner / Veit-Jakobus Dieterich
Entwicklungspsychologie in der Religionspädagogik

Jean Piaget und Lawrence Kohlberg haben Stufentheorien etabliert, die spezifische Zugangsweisen auch zu religiösen Themen im Altersfortschritt von Kindern erklären können.

Daran anschließend entstanden die Arbeiten z.B. von Oser, Fowler, Streib speziell für den Bereich der Religionspädagogik. In jüngster Zeit haben psychologische Forschungen vor allem im angelsächsischen Raum das Bild der religiösen Entwicklung z.T. deutlich modifiziert. Sie werden erstmalig für den deutschen Sprachraum vorgestellt und gewinnen Relevanz für das pädagogische Handeln.

Warum handelt der Mensch wie?

V&R

Heinz Jürgen Kaiser /
Hans Werbik

Handlungspsychologie
Eine Einführung

UTB 3741
2012. 235 Seiten mit 40 Abb., kartoniert
ISBN 978-3-8252-3741-7

Auch als E-Book erhältlich:
ISBN 978-3-8385-3741-2

Handlungstheorien versuchen, menschliches Verhalten als Handlungen zu erklären.
Diese Einführung legt dar, durch welche Grundannahmen, welches Menschenbild und welche Forschungslogik psychologische Handlungstheorien geprägt sind.
Ein Schwerpunkt der Darstellung liegt auf Anwendungsmöglichkeiten der Handlungstheorie und der aktuellen methodologischen Diskussion in den Sozialwissenschaften.

Vandenhoeck & Ruprecht

Kommunizieren – aber richtig!

Markus Plate
Grundlagen der Kommunikation
Gespräche effektiv gestalten

UTB 3855
2013. 184 Seiten mit 5 Abb. und 40 Tab., kartoniert
ISBN 978-3-8252-3855-1

Auch als E-Book erhältlich:
ISBN 978-3-8385-3855-6

Wir alle kommunizieren täglich. Doch so natürlich Kommunikation für uns ist, so schnell verfangen wir uns in Problemen und Konflikten. Woran liegt das?

Das Buch liefert Theorie und Praxis zu neun modernen Klassikern der Kommunikation und Kommunikationstheorie, deren Inhalte kompakt dargestellt werden. Viele Übungen ermöglichen das direkte Ausprobieren und schulen ein Repertoire an Techniken, die Konfliktlösungen und ein konstruktives Miteinander ermöglichen.

Vandenhoeck & Ruprecht